디지털 시대의 인터넷 윤리

디지털 시대의 인터넷 윤리

김대균

경상국립대학교출판부

저자의 말

이 책을 처음에 쓴 것은 인터넷 시대가 되면서 현실 공간 못지않게 사이버 공간에서 윤리도 절실히 요구된다는 생각에서였다. 인터넷을 기반으로 해서 예전에는 상상도 하지 못했던 새로운 공간이 하나 더 생겼고, 마냥 신기해하고 즐기는 사이에 법망으로는 어찌지도 못하는 윤리적 문제들에 대한 대응이 필요했다고 볼 수 있다.

사이버 공간의 확장은 일과 놀이를 하는 데에서 인간에게 새로운 재미와 편리를 가져다주었다. 그런데도 우려하는 것은 사이버 공간에서 활동하는 네티즌들의 불완전한 자아를 신뢰할 수 없기 때문이다. 현실 공간에서 활동하는 시민(citizen)은 시각, 청각, 미각, 후각, 촉각을 모두 작동하는 통합 감각적 인간이다. 이에 비해서 사이버 공간에서 활동하는 네티즌(netizen)은 시각과 청각만을 작동하는 부분 감각적 인간이다. 따라서 사이버 공간에서 일과 놀이를 하는 네티즌은 부분 감각에 따라 불완전한 판단으로 인해 오류를 범할 가능성이 더 커진다.

현실 공간에서 일과 놀이를 하는 시민은 하나의 이름을 가진 통합적 자아를 모습으로 드러낸다. 일을 하든 놀이를 하든 이름을 걸고 행동을 하고 행위의 결과도 자신의 이름과 함께한다. 그러나 사이버 공간에서 활동하는 네티즌은 파편화된 자아로서 모습을 드러내지 않고 행동할 수 있다. 남자가 여자로, 아이가 어른인 듯, 내성적인 사람이 외향적인 사람처럼 행동할 수 있다. 현실 공간에선 통합된 자아로서 예의범절을 지키는 사람도 사이버 공간에는 자아 속에 악만 파편화된 자아가 들어가 온갖 무례와 폭력을 일삼을 수도 있다.

디지털 네트워크가 일상으로 자리 잡게 되면서 날마다 디지털 시대가 주는 새로운 경험을 하게 되었다. 그런데 디지털 기술의 발전과 함께 인간의 삶이 더 편리해지고 인간의 품위가 높아진 면만 있는 것이 아니라 인간이 저급해지는 것도 기술과 결합하고 있다는 것도 알아차리게 되었다. 스마트폰을 통한 집단 괴롭힘, 디지털카메라를 통한 동영상 촬영·유포 등만 봐도 디지털 기술이 인간다움을 빼앗아 가는 역할도 하고 있다는 점을 일깨운다. 이제는 디지털 시대에 맞는 디지털 시민성이 요구되고 있고, 그 중심에 디지털 리터러시의 핵심에 자리하고 있는 디지털 윤리교육에 대한 필요성이 강조되고 있다.

본 교재는 인터넷 윤리교육에서 활용하기 위해서 구상되었고 디지털 시대의 요구에 맞추어 디지털 윤리와 인공지능 윤리를 더하여 발간하게 되었다. 사이버 공간에서의 질서도 법에 의존하기보다는 네티즌들의 자율성으로 유지되는 것이 더 통합적이고 총체적이며 근본적인 대책이 될 수 있다. 따라서 본 교재는 네티즌들의 윤리적인 힘을 기르는 데 목적을 두고 가르칠 가치가 있고 배울 가치가 있는지에 대한 질문에 따라 내용을 선정했다.

교재의 구성은 장별로 '본문', '생각 정리하기', '활동하기', '참고하기'로 나누었다. '본문'은 네티즌들이 이미 알고 있을지라도 미처 생각하지 못했던 것들을 알아챌 수 있도록 명료하게 서술했다. 사실에 대해 알려주는 역할보다는 가치를 찾아가면서 자신을 돌이켜 볼 수 있도록 하는 데 초점을 두었다. 추상적인 진리를 접하기보다는 구체적인 공감을 하는 기회를 갖도록 하는 것이 교재 도서의 역할이라 생각했다.

'생각 정리하기'는 '본문'의 내용에 대한 생각을 정리할 수 있도록 구체적인 사실이나 사건을 주로 활용했다. '본문'의 범위가 넓기 때문에 모두를 포괄할 수는 없지만 생각도 정리하고, 정서 체험도 가능한 둘, 혹은 셋을 제시했다. 수업을 할 때는 '본문'에 대해서는 발표식으로 하고, '생각 정리하기'를 활용해서 토론식으로 이끌어 갈 수 있을 것이다. '생각 정리하기'는 주로 인터넷 기사를 활용했다. "공표된 저작물은 보도·비평·교육·연구 등을 위해서는 정당한 범위 안에서 공정한 관행에 합치되게 이를 인용할 수 있다."(「저작권법」, 제28조)는 관점에서 인용하되, 가능한 한 뉴스 기사처럼 여러 매체에 동시에 보도된 것을 활용했다. 수업을 운용할 때는 더 자유롭게 '본문' 내용을 심화할 수 있는 생각거리로 토론식 수업을 할 수 있을 것이다.

'활동하기'는 강의를 듣는 학생들이 인터넷을 활용해서 실제로 복습하는 기회를 갖도록 과제를 내는 데 편리하도록 했다. '본문'과 관련되는 내용을 사이버 공간에서 복습하거나 심화학습을 할 수 있도록 홈페이지나 관련 사이트를 활용해서 활동 체험형으로 과제를 부과했다. '활동하기'는 수강생들의 자율적 활동으로도 충분하지만, 과제를 부과하거나 발표식, 토론식 수업에서도 활용할 수 있을 것이다.

'참고하기'는 강의 주제와 관련되는 보충 자료를 제시한 것이다. 수업 시간에 다룰 내용은 아니지만 예습이나 복습으로 읽게 된다면 강의 내용을 더 폭넓게 이해하는 데 도움이 될 수 있다.

인터넷 윤리, 디지털 윤리를 수강하는 목적이 사이버 공간에서의 윤리를 알기 위한 것에 국한되지는 않을 것이다. 인터넷 윤리, 디지털 윤리에 대해 수강하고 학습함으로써 현실 공간의 자신을 발견하는 기회가 될 수도 있다. 윤리교과의 특성상 지식에 그치지 않고, 정서적으로 공감하고 실천으로 연결될 수 있도록 역할을 해야 하는 의무의식이 있다. 기술의 발달 속도는 빠르고, 사이버 공간은 계속해서 넓어지고, 디지털 시대의 새로운 문제들이 발생하기 때문에 교재가 따라잡지 못한 부족한 부분은 수강생들의 역량으로 메꿀 수 있다고 생각된다. 인터넷 윤리, 디지털 윤리의 수강으로 사이버 공간과 현실 공간에서 더 큰 자유로움을 얻게 될 것이라 믿어 의심치 않는다. 『디지털 시대의 인터넷 윤리』를 발간하게 도와주신 경상국립대학교 출판부에 감사드린다.

2021년 12월

김대군

목차

1장

윤리와 디지털 윤리의 이해

1. 윤리의 의미와 디지털 윤리

1) 윤리의 의미

인간은 다른 동물과 달리 삶을 선택해서 살아갈 수 있는 자율적 존재이다. 인간처럼 생명이 있는 모든 존재들은 삶의 촉진에 지향성을 갖고 있다. 그런데 다른 동식물들과는 달리 인간의 삶의 지향성은 주어진 대로가 아니라 자신의 의지에 따라 다양하게 변화될 수 있다. 어떤 선택을 하는가에 따라 개별 인간들의 삶은 예측 불가능한 다양한 미래를 갖게 된다. 선택을 할 때 옳고 그름의 기준이 되는 것을 도덕 또는 윤리라고 한다.

옳고 그름의 기준이 언제 어디서 어떻게 생겨났는지에 대해서는 다양한 의견들이 있다. 사람들이 살아가면서 필요에 따라 조금씩 마련한 것이 쌓여서 체계화된 것으로 보는 관점도 있고, 신이 있어서 제시해 준 것을 인간이 따르게 된 것으로 보는 관점도 있고, 인간이 소망하는 바를 충족시키기 위해 자연의 섭리를 본뜬 것으로 보는 입장도 있다. 어떤 관점을 따르더라도 인간다운 삶을 살기 위해서 윤리, 도덕이 있다는 점은 분명하다. 그 기원에 대해 의견이 다르다고 해서 윤리, 도덕이 없다고 결론을 낼 수는 없다.

서양의 어원

서양의 어원으로 따져 보면 윤리(Ethics)는 희랍어의 'ethos'(custom, habit, character or disposition. 사회의 풍속, 관습, 특성이나 성향)이라는 말에서 유래되었고 도덕(moral)은 'mos'(manner, custom, way-집단생활에서 구성원의 태도나 행동을 규제하는 집단행동 준칙)라는 라틴어에서 유래되었다. 문화권이 달라서 다른 용어를 사용했을 뿐이지 의미로 보면 두 용어 모두 사회생활을 하는 인간의 문화적 용어라는 것을 알 수 있다. 인간 삶의 외부로부터 주어진 것이라기보다는 인간 내부의 삶에서 사회질서를 유지하기 위해 형성된 개념으로 볼 수 있다.

동양의 어원

동양의 어원으로 보면 윤리는 《예기 禮記》에 있는 "악(樂)이란 윤리를 통하는 것이다(樂者, 通倫理者也)"라는 표현에서 찾아볼 수 있다. 글자의 풀이에 의하면 '윤(倫)'이란 '인간사의 조리', '이(理)'란 '사물의 본성에 따라 가공하는 것'을 의미하므로 윤리는 살아가는 데에서 이치에 맞게 사람의 언행을 가공하는 것으로 해석해 볼 수 있다. 도덕은 유가나 도가의 해석에 따라 달라지지만 어원으로 보면 "인간이 머리로 알 수 있는 길대로 감"(道)을 통해서 "얻게 되는 것"(德)이다. 머리로 이치를 알고 실천하여 마음으로 얻게 되는 것이라 해석할 수 있다.

도덕과 윤리의 구분

어원을 찾아 뜻매김을 해 볼 수는 있으나 오늘날 쓰고 있는 도덕, 윤리를 굳이 어원으로 따져 끼워 맞추기를 할 필요는 없다. 어원은 이해를 돕기 위한 방편일 뿐이다. 희랍어가 라틴어로 번역되면서 또는 오늘날 용어로 쓰이면서 의미의 변천을 겪기 때문에 현재 어떻게 사용하고 있는가가 중요한 것이다. 동양에서도 뜻글자를 사용하는 입장에 따라 다르게 해석되고 있기 때문에 하나로 통일해 뜻매김을 하는 것이 가능하지 않다.

현재 윤리와 도덕은 보통 구분되지 않고 쓰이고 있다. 사람으로서 지켜야 할 도리가 도덕, 윤리다. 어떤 사안을 볼 때 옳으냐 그르냐의 관점에서 올바른 경우에 도덕, 또는 윤리라는 말을 쓴다. 옳고 그른 문제가 아니면 무도덕(amoral)한 사안이고 올바르지 않으면 부도덕(immoral) 또는 비윤리적(unethical)적이라고 한다. 굳이 도덕과 윤리를 구분하자면 도덕은 개인들의 행위와 판단 일반을 통칭하는 용어로 쓰이고, 윤리(학)는 도덕에 관한 학문적 탐구나 이론적인 체계를 가리킬 때 사용한다. 도덕을 개인적이고 규범적인 것으로 생각하는 반면, 윤리는 특정 공동체나 사회에서 설정해 둔 선악의 기준으로 이해하는 경우도 있다. 도덕을 개인의 존속을 위해, 윤리는 사회의 존속을 위해 생긴 것으로 보는 견해도 있다. 그래서 도덕을 개인의 내적 양심과 관련시키고 윤리를 사회의 보편적인 규칙으로 관련시키기도 한다. 요컨대 윤리와 도덕은 같이 또 따로 쓰이고 있는데 하나로 뜻매김을 할 수 없을 정도로 오래된 용어에서 발전되어 왔기 때문에 맥락에 따라 더 적절하게 새로운 뜻매김을 하면서 사용 가능한 용어라 하겠다.

윤리학은 '어떻게 사는가'라는 사실에 관한 학문이라기보다는 '어떻게 살아야 하는가'에 대한 대답을 추구하는 당위에 관한 학문이다. 즉 윤리학은 인간 삶의 도덕적 차원이 갖는 성격과 정당성에 관심을 갖는다. 윤리학은 인간의 행위를 지도하는 일련의 원리를 제공해야 한다고 주장되기도 하고, 그리고 도덕적인 신념을 표현할 때 사용하는 여러 가지 진술(옳다, 좋다, 바람직하다 등)을 분석해야 한다는 견해도 있다. 견해 차이가 있음에도 불구하고 윤리학의 주요 관심사는 도덕적인 가치판단과 가치판단의 근거를 탐구하여 실천하고자 하는 데 있다는 것은 누구나 인정하고 있다.

2) 디지털 윤리의 요청

윤리적 문제를 해결하기 위하여 현실의 문제에 윤리학 이론을 응용하는 윤리학의 분야를 응용윤리학이라고 한다. 현실에서 부딪히는 실천적인 문제를 다루는 윤리학을 이론윤리학과 구별하여 응용윤리학(applied ethics) 혹은 실천윤리학(practical ethics)이라 한 것이다. 응용윤리학은 이미 확립된 윤리학의 근본적인 원리들을 특정의 도덕 문제에 적용함을 함축한 의미를 가진다. 윤리학이 순수 이론만 다루는 학문이 아니라 실천적인 의미를 내포하고 있기 때문에 이론윤리학이라는 말보다는 규범윤리학이란 말을 주로 사용하게 된다. 규범윤리학이 일반적이고 근본적인 원리들을 다룬다면 응용윤리학은 보다 구체적인 원리나 규칙을 발전시켜 이를 특정의 문제에 적용해 도덕 문제를 해결하는 방안을 탐구한다. 전통윤리학에서는 규범윤리학이 주를 이루고 있었던 것에 비하면 오늘날의 현대윤리학에선 응용윤리학의 비중이 커지고 있다.

응용윤리학의 영역

현대사회의 복잡다단한 사회 문제들을 윤리학적인 방법으로 해결하려는 차원에서 응용윤리학의 역할에 기대를 하게 된 것이다. 응용윤리학의 목표는 이론적인 것을 넘어 실질적인 해결 방법이나 적어도 해결 방법에 이르도록 도와주려는 데 있다. 전통윤리학에서도 현실 문제에 관심이 없었던 것은 아니지만 일반적인 도덕이론 내지 원칙을 탐구하는 데 초점을 두고 현실적인 도덕 문제는 단지 이론에 대한 보완 내지 반례로 활용했다고 볼 수 있다.

시대적 요구에 부응하기 위해서 응용윤리학의 영역도 계속해서 커지고 있다. 새롭게 대두되는 사회 문제에 따른 윤리적 대응이기 때문에 기존에는 상상도 할 수 없었거나 관심이 생기지 않았던 주제들이 새로운 윤리적 중심을 이루기도 한다. 환경 문제가 생기기 이전에는 환경윤리학에 대한 관심도 없었다. 인터넷 시대가 오기 전에는 디지털 윤리라는 개념조차 성립될 수 없었다. 현시점에서 보면 환경윤리학, 디지털 윤리학, 경제윤리학, 생명윤리학, 직업윤리학(기업 윤리, 공직 윤리, 법조 윤리, 의료 윤리, 근로 윤리, 공학 윤리, 예술 윤리 등), 문화윤리학(음식 윤리, 건축 윤리, 의복 윤리, 관광 윤리, 놀이 윤리, 음악 윤리, 미술 윤리, 무용 윤리, 영화 윤리, 스포츠 윤리) 등이 새롭게 형성되거나 발전하고 있다. 가장 최근에 형성된 응용 윤리 분야가 인터넷 윤리, 디지털 윤리라 할 수 있다. 디지털 기기가 발달하고 인터넷이 일상화되면서 디지털 윤리, 인터넷 윤리도 응용윤리학의 대표적인 지위를 확보해 가고 있다.

인터넷 윤리의 의미

인터넷 윤리는 사이버 공간에서 '어떻게 살아야 하는가'에 대한 윤리학적 답을 추구하는 윤리학의 한 분과이다. 우리는 우리 자신을 위해, 사회 전체를 위해, 우리가 원하는 좋은 삶을 위해 인터넷에서 어떻게 행동해야 하는지에 관심을 갖고 있다. 인터넷의 역사가 오래된 것이 아니기 때문에 인터넷상에서 어떻게 행동해야 하는가라는 질문에 대한 답도 축적된 것이 없다. 인터넷 공간은 인간이 만든 것이기 때문에 미완성되어 있고 불완전하다. 앞으로 과학기술의 발전에 따라 사이버 공간의 모습도 계속해서 달라질 것이고 네티즌들의 행위 양식들도 변해 갈 것이다. 그러나 현재 인터넷 생활을 하는 중에 바람직한 삶과 관련하여 여러 가지 문제들이 발생하기 때문에 인터넷 윤리에 대한 요청이 드세어지고 있다.

인터넷을 활용하는 사람들은 홀로 접속을 하더라도 접속한 사이버 공간은 사회적 공간이기 때문에 함께 공존할 수 있는 원리들을 배워야 한다. 사이버 공간에서도 인간성, 개성, 관계성, 사회성, 도덕성, 규칙성 같은 윤리적 쟁점에 대한 인식이 포함된다. 인터넷 활용이 전자기술의 발달을 기반으로 자판, 마우스, 터치, 음성으로 작동되는 조작에 의존하지만 사이버 공간에서 일과 놀이를 수행하는 데에는 적절한 사고, 조화, 판단 같은 윤리적 배려를 바탕으로 하는 것들이 요구된다. 일을 하는 과정에서 윤리적 배려가 있어야 전자기술이 인간관계에 해악을 가하지 않고 인간관계를 순조롭게 뒷받침하며, 인간은 그 혜택을 누릴 수 있게 된다. 그렇지 않을 경우 인간이 디지털 기기의 지배를 당하지 않을까 하는 우울감에 시달리는 시대가 올 수도 있다.

디지털 윤리의 배경

디지털 기기의 발달로 혈류의 나노봇이 콜레스테롤을 고칠 수 있을 것으로 기대하고 있다. 신체의 칩은 건강을 추적하고 의사는 물론 보험 회사와 정보를 공유할 수 있다. 음악, 영화, 건강 기록, 은행 업무 등 거의 모든 것이 디지털화되거나 자동화되어 가고, 무엇을 먹고 마시고 보고 소통하는지 추적할 수 있는 시대로 가고 있다. 이러한 디지털화 방향은 인간의 웰빙과 안전을 향상시킬 수도 있지만 소외와 사생활 침해가 될 여지도 있다. 인간과 기계가 비슷해지는 인공지능(AI, Artificial intelligence)이 현실화되면서 디지털 윤리에 대한 관심도 커지고 있다. AI가 의미하는 것은 바로 기계 내부로 인간의 일부가 들어가는 것으로 인간화된 기계가 존재한다는 것이다. 어떤 인간은 더 잘난 AI를 만들고 어떤 인간은 더 잘난 AI의 지배하에 있게 된다는 우려를 사는 시대가 되었다. 디지털 윤리에 더 중점을 두지 않으면 인간의 발명품으로 인해 멸종 위기에 직면할 수 있다는 경고가 나오기도 한다.

디지털 윤리의 개념

디지털 시대가 되면서 디지털 윤리강령이 새롭게 요구되고 있다. 디지털 윤리는 "정보의 생성, 조직, 보급 및 사용과 윤리 간의 관계에 초점을 맞춘 윤리의 한 분야"라고 볼 수 있다. 디지털 윤리는 온라인 및 디지털 매체를 활용하는 네티즌, 시민이 건전한 방식으로 자신을 관리하도록 하는 개인윤리적 차원과 관련 법, 제도, 정책 등 사회윤리적 차원에서 연구되어 왔다. 윤리적 성찰이 디지털 시대의 기술적 과제에 대한 지속 가능한 솔루션을 해결하고 찾는 데 기여할 수 있고 기여해야 한다.

디지털 윤리의 주제

디지털 윤리는 디지털 정보 통신 기술(ICT, Information and Communication Technologies)이 사회와 환경 전반에 미치는 악영향을 예방하고자 한다. 디지털 윤리의 주요 주제는 개인정보 보호, 정보 과부하, 인터넷 중독, 정보 격차, 인공지능 감시, 지적 재산권, 디지털 성폭력, 디지털 민주주의 등으로 새로운 주제들이 계속 더해지고 있는 과정에 있다. 디지털 시대의 모든 사람들이 디지털 윤리에 관심을 가져야 한다. 디지털 윤리의 기준도 크게 보면 기존의 윤리들과 적용 방식이 다르지 않다. 비윤리적 행위는 사회적 규범에 반하는 행위 또는 대중이 용인할 수 없는 행위이고, 윤리적 행동은 비윤리적 행동과 정반대이다. 윤리적 행동은 대부분의 사회적 규범을 따르며 그러한 행동은 대중에게 허용되고 있다. 예를 들면 학생이 더 높은 점수를 받기 위해 과제물 작성 시 표절을 했다면 비윤리적이다. 이것은 사회적 규범에 어긋나고 대다수의 사람들이 이러한 행위를 용납할 수 없다고 생각할 것이다. 반면에 학생이 과제 작성을 창의적으로 하면서 더 높은 점수를 받기 위해 텍스트 인용 및 참조를 했고 주석을 달았다면 윤리적이다. 이것은 사회적 규범에 어긋나지 않고 대다수의 사람들이 이 행위를 용인할 수 있기 때문이다.

디지털 윤리 대상들의 양면성

윤리적 행위와 비윤리적 행위를 디지털 윤리에서도 쉽게 단정할 수 있는 것은 아니다. 공공장소의 디지털 감시는 범죄 또는 테러 공격과 같은 의도하지 않거나 의도적인 위험에 직면한 안전과 보안을 보장해야 한다는 측면에서는 지지를 받는다. 그러나 동시에 민주주의 사회의 기반을 구축하는 자율성, 익명성 및 신뢰를 위협하기 때문에 논란이 된다. 전자태그(RFID : Radio-Frequency Identification)를 통해 개인을 추적할 수 있는 기술도 암묵적인 위험과 이점으로 논란이 된다.[1] 신경망, 인식 알고리즘 및 데이터 마이닝은 모두 기술적 능력을 넘어 더 넓은 맥락에서 이해해야 하는 의미를 가지고 있다. 디지털 기술은 중립적이지 않고 인간, 문화 및 사회적 가치를 담고 있다. 다른 곳에서는 완전히 다른 것이 되고 기술의 의미와 가치가 다양한 방식으로 나타난다. 디지털 윤리는 디지털 기술, 디지털 문화가 인간의 자유와 창의성을 억압하는 것이 아니라 증진할 수 있도록 하는 기준이 되는 역할을 하는 것에 있다.[2]

디지털 윤리, 인터넷 윤리의 필요성

디지털 윤리와 인터넷 윤리는 밀접한 관련이 있고 중첩된다. 인터넷 환경과 디지털 환경이 분리될 수 없는 경우가 많다. 스마트폰에 디지털카메라가 있고, 그 카메라로 촬영한 동영상을 인터넷에 업로드해서 몸캠 문제, 디지털 폭력 문제를 일으킨다. 인터넷 생활, 디지털 생활을 바르게 하기 위해서 요구되는 윤리 규범이 인터넷 윤리, 디지털 윤리이다. 윤리를 알고 있어야 하는 이유는 사이버 공간에서 벌어지는 다양한 선택 상황에서 느끼는 불확실성에 대해 대처하는 능력을 길러 주기 때문이다. 자기 기준으로 보면 잘 알고 있는 듯한 일들도 쟁점에 부딪히게 되면 불확실한 상황 때문에 당황할 때가 있다. 최선의 선택이 무엇인지 불확실할 때도 있고, 자신의 가치, 신념, 선택이 다른 사람들과 일치되지 않을 때도 있다. 사이버 공간의 윤리적 쟁점의 토대를 이해하기 위해서는 윤리학에 대한 이해와 윤리적 딜레마에 대처하는 훈련이 필요하다.

일상적으로 이런 문제를 해결하기 위해서 자신의 직관이나 신념에 의존하는 경향이 있지만 바로 그 신념으로 인해서 다른 갈등이 생길 수도 있다. 그래서 의사결정을 하는 데 다양한 접근이 요구되는 것이다. ①우리 자신의 신념, ②과학, ③상식, ④법, ⑤직업 강령, ⑥윤리적 원리들이 도움을 줄 수 있다. 흔히 문제의 파장이 크면 법으로 해결해야 한다고 생각한다. 윤리가 해결하지 못하는 것을 법이 해결해 줄 것이라는 법 만능주의적 사고가 있다. 그러나 법망은 언제나 제한적이다. 어떻게 해야 하는가 하는 갈등 사태는 법이 알려주지 않는 곳에서 주로 생긴다. 새로운 사례들은 새로운 입법의 필요성을 제기하지만 현재의 법들은 어떤 대답도 주지 못하고 너무 모호한 경우가 많다. 이것은 윤리이론과 원칙들에 의존하게 되는 이유가 된다.

윤리이론과 원리들은 어려운 문제해결 방법을 준비해 놓고 있는 것은 아니지만 규칙과 조약들의 제약에서 자유롭게 문제 상황을 탐구할 수 있는 여지를 제공한다. 윤리학은 규범, 법, 규칙들과 일치하지 않는 결론에 논쟁을 허용한다. 윤리학은 논쟁이 끝이 날 수 없는 사안이라 하더라도 의무론이나 공리주의 같은 이론적 근거에 의한 유용한 지침들을 제공한다. 여러 관점의 윤리이론들은 정답을 제공하는 것이 아니라 문제를 제기하는 기능을 하고 있다고 볼 수 있다. 어떤 사안에 대해서 윤리학은 사태를 더 복잡다단하게 해서 결정을 내릴 수 없도록 혼란스럽게 할 수도 있다. 때때로 윤리학자들은 실제 상황을 다루는 데 비현실적인 목표를 설정한다는 비난을 받기도 한다. 그렇지만 이러한 과정은 윤리적 쟁점을 명확하게 하고 삶을 선택하는 데 자유를 누리도록 기여하게 된다.

사이버 공간에서 생기는 복잡다단한 사태에서도 윤리학이 항상 모범답안을 제시하지는 못한다. 사이버 공간의 생태는 끊임없이 변하고 있고, 네티즌들도 세대가 바뀌기 때문에 기존의 지침들이 영속될 수도 없다. 따라서 인터넷 윤리는 네티즌들을 구속하기 위한 것이 아니라 네티즌들이 사이버 공간에서 더 많은 자유를 누릴 수 있는 터전을 마련해 주는 역할을 하게 된다. 윤리는 인간을 구속하는 것이 아니라 인간다움의 자유를 만끽하게 도움을 준다.

2. 윤리학의 유형과 이론들

1) 윤리학의 유형

(1) 기술윤리학

과학적 연구

기술윤리학(descriptive ethics)은 현실적 도덕에 관한 사실적 연구를 말한다. 이것은 규범윤리학의 입장에서 보면 윤리학의 영역에 들어가지 않는다. 그러나 사실을 다루는 많은 심리학자, 사회학자, 문화인류학자들이 도덕 규범과 도덕 현상을 규명하기 위하여 사용해 온 방법 중의 하나다. 현실적 도덕의 경우 그 자료(구체적인 도덕적 판단 표준, 개인이나 사회가 받아들이는 규칙)를 과학적으로나 혹은 철학적으로 연구할 수 있다. 먼저 과학적 관점에서는 이러한 자료를 과학적 절차를 거쳐 기술하고 설명할 경험적 사실의 집합으로 생각할 수 있다. 이것은 개인의 도덕적 의식에 초점을 두거나 문화 전반의 여러 도덕적 제도와 관행에 대해 초점을 둠으로써 가능하다.

경험의 설명

개인이 가진 현실적 도덕은 삶에 대한 그의 경험의 한 부분이기 때문에 경험적으로 연구될 수 있다. 그가 가진 도덕 판단은 기술될 수 있고 그 원인과 결과도 탐구될 수 있다. 왜 한 개인이 어떤 행동에 어떠한 영향을 미치는가를 밝혀 주는 심리적 설명을 할 수가 있다. 심리학자들은 개인의 양심의 기준과 성장을 연구할 수 있고 더 나아가서는 그 개인의 도덕적 경험을 무의식적인 소원, 불안 그리고 그가 알지 못하는 정서적인 갈등과도 연관시킬 수 있다.

도덕 연구에 관한 사실과학

사회적 차원에서도 과학적 탐구를 통해 현실적 도덕에 대한 경험적 지식을 추구하고 또 얻을 수 있다. 인류학자, 사회학자, 역사학자 그리고 사회심리학자들은 여러 다른 사회와 각 시대의 다양한 도덕률을 탐구해 왔다. 그들은 한 문화권 내에서 존재하는 경쟁과 사회적으로 상이한 계급에 속하는 사람들의 생활 속에 작용하는 도덕 규범을 연구해 왔다. 그들은 한 문화권에서 일반적으로 받아들여지는 규범과는 다른 규범을 가진 이탈자들이 있다는 사실을 관찰하고 설명하기도 했다. 또한 그들은 도덕 규칙과 표준이 사회제도와 갖는 관계와 또 사회제도를 유지하는 데 어떠한 역할을 하는가를 검토했다. 이러한 현실적인 도덕의 사회적 양식은 역사적인 연구, 인류학적인 현장 조사 그리고 사회학적인 분석기술에 따라 좌우된다. 한 개인의 생활 그리고 사회의 구조와 기능 속에 존재하는 도덕 현상에 대한 이러한 경험적 지식은 현실적 도덕에 대한 과학적 기술이며 설명이라고 볼 수 있는데 이러한 점에서 기술윤리학이라고 부르고 있다(폴 테일러, 김영진 역, 1988 : 15-16). 즉, 기술윤리학은 도덕 연구에 관한 사실과학으로서 각 사회의 도덕 현상을 경험적, 과학적으로 설명하고, 있는 그대로 기술하여 밝히고자 한다.

(2) 규범윤리학

규칙들의 체계

하나의 도덕적 표준이나 규칙이 모든 도덕 행위자들에게 타당하다는 말은 어떤 도덕 행위자의 성질과 행동을 판단함에서도 그것에 호소하는 것이 정당화될 수 있다는 것을 말한다. 그러한 표준과 규칙들이 일연의 체계를 이룬 것을 '규범윤리적 체계'(normative ethical system)라고 부르며 이러한 체계를 구축하고 정당화하는 활동을 규범윤리학(normative ethics)이라고 한다.

도덕적 규범

규범윤리학은 도덕적인 규범(moral norm)을 인생의 길잡이로 설정한다. 규범윤리학은 도덕 이론을 연구하며, 도덕 원리들을 합리적으로 정당화할 수 있는 기반을 마련한다. 어떤 규범윤리학자들은 도덕적인 의무와 책임을 제시하는 객관적인 도덕적 진리(moral truth), 즉 해야 할 것과 하지 말아야 할 것을 지시하는 객관적인 기준이 있다고 믿는다. 그리고 어떤 학자들은 이와 반대로 윤리적인 원칙이나 규범은 욕구하거나, 할 만한 가치가 있는 것으로 믿는 것에 불과하다고 주장한다.

규범적 질문

규범윤리학자들은 항상 도덕적인 가치판단을 제시한다. 따라서 그들은 '옳은 것은 무엇인가?', '좋은 것은 무엇인가?', '인생에서 가치 있는 것은 무엇인가?', '인생은 살 만한 가치가 있는가?', '나는 무엇을 해야만 하는가?' 등의 규범적인 질문에 관심을 기울인다. 그러나 쾌락주의, 공리주의 등을 논의하는 것으로 시작되는 규범 윤리의 연구는 불가피하게 여러 가지 의문과 문제점에 부딪힌다. 예를 들면 규범윤리학은 쾌락이 선인지 아닌지 여부를 물을 수 있고 또 고통의 원인이 되는 행동은 나쁘다고 주장할 수 있다. 이런 것들이 규범적인 질문이며 논점들이다.

(3) 분석윤리학

도덕에 대한 연구

분석윤리학(analytic ethics) 또는 메타윤리학은(metaethics)은 도덕의 의미나 진술, 논리에 대해 연구한다. 분석윤리학의 목적은 도덕적인 논의의 의미론적, 논리적 그리고 인식론적인 구조를 분명하고도 완전하게 이해하려는 것이다. '의미론적'이라는 말은 단어와 진술의 의미를 지시한다. 의미론은 단어와 진술이 가진 각기 다른 종류의 의미에 대해서뿐만 아니라 단어와 진술이 의미하는 바가 무엇인가에 대해서도 연구한다. '논리적'이란 말은 어떤 사람이 자기 논의의 결론이 그것을 지지하기 위해 제기한 근거로부터 도출된다는 것을 증명하려고 할 때 그 논의에 나타난 진술들 사이의 관계를 지칭한다. '인식론적'이란 말은 지식을 지칭한다. 인식론은 지식이란 무엇이며 어떻게 해서 지식이 얻어질 수 있는가 하는 문제를 다루는 철학의 한 분야이다(폴 테일러, 19-20).

의미 분석

일반적으로 분석윤리학의 과제는 두 가지로 구분된다. 첫째는 도덕적 논의에 사용되는 용어들의 의미를 분석하는 것이고, 둘째는 도덕적 신념이 참이냐 또는 거짓이냐를 보일 수 있는 추론의 규칙과 인식의 방법을 검토하는 것이다. 분석윤리학의 첫 번째 과제는 바로 개념 분석이라고 할 수 있다. 도덕 언어 속에서 가령 '좋다', '옳다', '의무', '해야 한다', '선택', '쾌락', '욕구' 등의 윤리적 언어의 의미와 복잡한 상호관련성을 명확하게 밝히는 것이다.

논리 분석

분석윤리학의 두 번째 과제는 도덕적 추론의 논리에 대한 분석이라고 할 수 있다. 여기서 윤리학자들의 의무는 사람들이 어떤 행위에 관한 찬반양론에 대해서 도덕적 근거를 제시하거나 어떤 도덕 판단에 관한 수용과 거부에 대해서 정당화하려고 할 때에 수반되는 논리적 규칙을 명백히 하는 것이다. 도덕적 신념이 어떻게 참 또는 거짓이 되는 것을 안다고 주장할 수 있는가를 밝히려고 한다. 분석윤리학의 두 번째 과제는 그 자체적으로 볼 때 이중적이다. 그 하나는 도덕적 진리 또는 도덕적 지식과 같은 것이 있는가 하는 문제이고 다른 하나는 만일 그런 것이 있다면 어떻게 얻을 수 있는가 하는 문제이다.

분석윤리학과 규범윤리학의 관계

이제 분석윤리학과 규범윤리학의 논리적 관계를 알아보자. 분석윤리학은 규범윤리학의 전제를 탐구한다. 만일 윤리학자가 도덕 규범의 체계를 세우고 이러한 규범이 모든 사람에게 정당하게 구속력을 가진다고 주장한다면, 그는 도덕 규범이 정당화될 수 있는 절차가 있고 또 자신도 이러한 절차를 따르고 있다는 것을 전제한다. 즉, 그는 도덕적 지식을 가지고 있다는 것을 주장하며, 따라서 이러한 지식이 가능하다는 것을 가정한다. 실로 분석윤리학에서 문제가 되는 것은 바로 이러한 가정이다. 도덕 판단에서 '안다', '참인', '타당한', '정당화할 수 있는'과 같은 단어를 사용하고 있다는 바로 그 점이 분석윤리학의 문제가 된다. 이런 단어들은 규범윤리학에서도 사용되지만 분명하고 주의 깊게 분석되지 않은 채 사용되고 있다. 이러한 말들을 분석하는 것이 바로 분석윤리학의 과제다. 따라서 메타윤리학 또는 분석윤리학은 규범윤리학에 논리적으로 선행한다고 주장할 수 있을 것이다. 분석윤리학의 문제는 규범윤리학의 발전이 성공적으로 이루어지기 위해 그 전에 먼저 해결되어야 한다고 보는 것이다.

2) 윤리학의 이론들

(1) 결과주의

결과주의는 판단의 동기나 행위의 진행 과정보다는 행위의 결과에 도덕적 중점을 두는 것이다. 행위를 했을 때 그에 따른 결과가 유익하면 그 행위는 도덕적인 것으로 받아들여지고 결과가 유익하지 않으면 그 행위는 도덕적이지 않은 것으로 받아들여진다. 그런데 이 입장에 의하면 누구에게 이익이 되는 것인지는 논란이 될 수 있다. 자기의 이익 여부로 선을 따지는 이기주의도 있으나 최대 다수의 선이 되어야 한다고 보는 공리주의자들도 있다. 공리주의자들은 개별 이익을 보는 것이 아니라 '최대 다수를 위한 최대의 이익'을 염두에 두고 있다. 이것이 가능하지 않을 때 최소한의 해를 끼치는 것이 되어야 한다고 본다.

결과주의의 주요 문제점은 어떤 행위가 최선이나 최소의 악을 산출할 것임을 확실히 예측하는 것은 불가능하다는 것이다. 그리고 결과주의는 예측하지 못했거나 의도

되지 않은 결과에 대해서 찬양하거나 비판하게 되는 문제점도 있다. 그래서 만일 사람을 해치고자 의도했지만 의도대로 안 되었을 경우 처벌받지 않을 수도 있다. 그러나 도우려고 했는데도 우연히 해치게 된 경우 결과주의에 따르면 처벌받을 수도 있다.

(2) 의무론

의무론은 행동의 외적인 결과가 아니라 행동 특성 그 자체에 강조점을 둔다. 여기서 강조점은 행위의 결과가 가져오는 이익이나 손해와 상관없이 행위의 올바름에 있다. 의무론자들은 어떤 비용을 치르더라도 지켜져야 할 특정 의무가 있다는 것이다. 칸트(I.Kant)는 정언명령(定言命令)[3]으로 세 가지 당연한 의무를 제시하고 있다. 세 가지 정언명법의 공식은 다음과 같다.

1. 보편화 가능한 방식으로 행동하라.
2. 인간을 목적으로 대우하고 단지 수단으로 대우하지 마라.
3. 다른 사람이 자신에게 해 주기를 바라는 방식으로 행동하라.

이러한 이론은 또한 행위자의 합리적 의도와 관련된다. 행위자의 의도가 도덕적으로 올바른지 행위자가 이성적으로 선택한 것인지가 유일하게 도덕적으로 지지될 수 있는 가치가 있는지를 결정하게 된다. 그래서 우연히 올바른 행동을 한 것은 칭찬의 가치가 없는 것이다. 행위자들은 그들의 의무를 행하려고 의도해야 한다.

의무론의 근본적인 문제점은 결과와 상관없이 행위자들에게 단지 의무만 수행하라고 요구한다는 것이다. 그래서 예를 들면 비록 다른 사람의 감정을 해치거나 위험에 빠뜨리는 결과를 낳더라도 오로지 진실을 말하는 것이 의무가 되기도 한다. 둘째 문제점은 의무의 목록에 대한 합의가 없고 여러 의무가 충돌하면 어떻게 해야 하는지 대답이 없다는 것이다.

(3) 결의론(Casuistry)

결의(決疑)란 '의심을 해결한다'는 뜻으로 애매모호한 상황에서 어떻게 행해야 할지에 대해 구체적인 답변을 해 준다는 의미이다. casuistry란 말은 case라는 단어에서 나왔는데 일반적 원리를 case(사례)에 따라 적용하는 윤리적 결정을 가리키는 말이다. 결의론은 행위 규범을 해석할 때 자연법칙, 사회규범, 종교 규율 등에 관한 광범한 지식을 동원하여 그런 일반 원리를 특정한 구체적인 인간 행위의 갈등적 상황에 적용하여 그 해결을 모색하는 방법이다. 결의론은 구체적인 도덕적 문제의 해결을 온갖 '상황적 조건과 더불어' 해결하려는 것을 특징으로 한다. 요컨대 사회적 관습이나 종교의 율법 등에 비추어 도덕적인 문제를 해결하려는 입장으로 볼 수 있다.

이 이론은 이전의 사례들을 바탕으로 해서 잘못의 정도나 책임의 범위를 분석하고 결정하는 것을 옹호한다. 개별적 사례들을 비교해서 그것들이 공통적으로 가지고 있는 측면들로부터 해결책을 찾고, 이러한 결론들을 미래의 결정을 위한 바탕으로 삼는 것을 의미한다. 일반적으로 윤리학이 선악 판단의 기준에 관한 보편적 이론을 추구하는 데 비하여, 결의론은 구체적인 도덕적 문제 상황에서 여러 상황적 조건과 결부해 해결하려는 것을 특징으로 한다.

이 이론의 문제점으로는 각 사례들의 차이가 다양하기 때문에 적절한 유형을 정립해야 하는 과제를 갖고 있다고 지적되고 있다. 여러 가지의 새로운 경우들(cases)이 존재하며 끊임없이 생겨나기 때문에 이전의 관습, 율법을 통해서 해결할 수 없는 문제들이 많다. 기존의 법 조항이나 판례를 가지고 새로운 사건들을 판단하는 데 적절하지 않은 사례들이 계속해서 나올 수 있는 것과 마찬가지다.

(4) 맥락주의

맥락주의(Contextualism) 관점에서는 보편타당한 윤리설을 구축하는 것이 불필요하다고 본다. 도덕적 문제들은 구체적인 환경에 대한 해석과 그 환경을 이루고 있는 복잡성을 이해해서 해결해야 한다. 부분이 가지는 특성은 그들 고유의 특성이라기보다는 보다 큰 전체와의 맥락 안에서만 이해될 수 있다는 것이다. 그 문제와 관련된 역사적 문화적 전통을 받아들이고 일차적으로 비교 사례 분석에 의해 해결 방법을 찾아야 된다는 생각이다. 맥락주의자들은 어떤 두 사례들도 일치되지 않는다고 믿는데, 같게 취급한다면 불공정하다고 본다. 그래서 각자가 일어난 맥락 내에서 신중한 결정을 할 것을 옹호한다.

칸트주의자들과 공리주의자들은 적합한 규칙과 원칙을 지키는 원칙주의자들이지만, 덕 윤리 입장에서는 현실의 문제해결을 위해서는 구체적인 문화와 제도적 상황에서 구성원들의 역할을 충족시키는 데 적합한 덕을 획득하는 데 초점을 맞추고 있다. 이러한 덕 윤리 입장은 사회제도적 역할 맥락 내에서 행위와 인격을 개념화한다는 점에서 맥락주의와 상통한 면이 있다.

이 접근에 대한 주요 비판은 이것이 상대주의적이어서 판단이나 실천을 결정하는 데 일반적 규칙이나 원리를 제공하지 못한다는 것이다. 따라서 어떤 행위가 도덕적으로 받아들일 만한지 판단할 방법이 없다는 것이다. 그 행위를 자체로 판단할 것이 아니라 맥락에서 그 행위를 판단하는 것이 맥락이 절대적으로 고정되어 있는 것이 아니기 때문에 판단의 어려움을 겪게 한다.

(5) 덕 윤리

덕 윤리는 동서양 윤리에서 덕목을 제시하는 윤리적 입장들을 통틀어 가리키는 말로 볼 수 있다. 덕 윤리는 외적 행위들의 옳고 그름과 행위의 결과들에 대한 옳고 그름의 판단보다는 개인의 내적 활동들(특성, 동기, 성향, 인격)에 대한 판단이 더 큰 도덕적 중요성을 갖는다는 이론적 전망을 가리킨다. 사람의 행위보다는 그 사람이 갖추고 있는 됨됨이에 도덕적 잣대를 대고 있다.

서양에서는 1950년대 말에 인격 판단의 중요성에 대해 의미 부여가 미약한 현대 의무론 및 목적론적 접근들에 대한 반박을 하면서 발전되었다. 그 원천은 인격과 습관에 대한 아리스토텔레스적인 접근을 서양의 대표적인 덕 윤리의 입장으로 본다. 이것은 행위나 행위의 결과보다 도덕적 인격에 가치를 둔다.

덕을 바탕으로 한 접근은 덕을 습관화할 수 있도록 훈련함으로써 덕스러운 방식으로 행위할 수 있게 한다고 가정한다. 덕스럽게 행동하는 것은 행복을 창출하는 최선의 접근을 선택하거나 최선의 결정에 도달될 때까지 일반적 원리에 대해 신중하게 생각하도록 한다. 이 이론은 도덕 문제해결을 위해 규칙에 의존하는 것을 거절한다. 따라야 할 규칙이 없다면 어떻게 덕스러운 결정을 알 수 있는지 의문을 제기해 왔을지라도 우리는 덕이 있기 때문에 안다고 대답한다.

덕 윤리에 대한 비판은 무엇이 덕인지, 덕으로 인정할 수 있는 것은 어떤 것인지

정의할 수 없다는 것에서 시작된다. 덕의 의미에 대한 보편성이 없는 상태에서 덕스럽게 행동해야 할 때와 아닐 때가 확실하지 않다는 것이다. 그리고 덕 윤리의 행위자 중심의 관점은 개별 사안에 대해서 어떻게 행동해야 하는지에 대한 구체적인 지침을 제공하지 못한다는 비판을 받고 있다. 덕을 갖춘 존재는 어떤 행동을 하더라도 모두 도덕에 맞아떨어진다는 주장은 믿음을 강요하는 것과 다르지 않다. 부분적인 덕을 가진 사람은 덕을 가진 사람으로 봐야 하는지도 의문이 들고, 부분적인 덕과 부분적인 악덕을 가진 사람이 있다면 덕목 간 충돌을 해결해야 할 과제도 남게 된다.

(6) 직관주의

직관주의자들은 도덕을 사람들이 직관하는 인지적인 것이라고 본다. 선과 악의 구별을 직관을 통하여 직접 알 수 있다고 하는 주장한다. 선과 악에 대한 지식은 추론되거나 연역된 것이 아니라 즉각적으로 주어진다는 말이다. '노란'색을 따져서 알 수 있는 것이 아니라 객관적이고 실재적인 것이기 때문에 직관할 수 있듯이 "좋다"는 것도 객관적이고 실재적인 것이라고 본다. '노란'이라는 말을 정의할 수 없지만 알 수 있듯이 '선', '악'도 정의할 수 있는 것은 아니지만 직관적으로 자명하다고 본다.

이 이론은 윤리적 의사결정에서 직접적인 통찰이나 지각의 형식을 중시하는 입장으로서 주관의 역할에 관심을 두고 있다. 이것은 특별한 사례들에 대해서 어떻게 도덕적 직관을 사용하는지를 이해하게 한다. 직관주의자들은 인간이 본래 잘못된 것에서 옳은 것을 구분하는 능력을 타고났거나 실천을 통해서 획득할 수 있다고 믿는다.

이 이론은 윤리적 의사결정에 대한 시각으로서는 의미 있는 지위를 갖고 있지만 독자적 이론으로서는 비판을 받고 있다. 무엇보다도 결정은 이성적 노력 대신에 개인적 편견을 바탕으로 한다고 보는 사람들의 비판이 있고, 두 가지 이상의 도덕적 직각이 서로 충돌할 때 어떤 것이 옳은지 그른지 골라낼 객관적 방법이 없다는 것도 지적되고 있다.

(7) 상대주의

윤리적 상대주의는 도덕이나 윤리의 기원을 인간이 이루어 놓은 사회에서 이끌어 낸다. 따라서 '타당한 도덕 체계'는 개별 장소와 시간에 따라 상대적이라고 보는 입장이다. 경험적으로 볼 때 도덕 발달의 어떤 관점, 허용 가능한 행동, 도덕적 진리에 대해서 다양한 관점들이 있고 불일치한 영역이 나타난다는 것을 근거로 든다.

윤리적 상대주의는 다양한 차이에 주목하는 이론이다. 윤리적 절대주의처럼 고정된 시각을 주장하지 않고 오류들 와중에서 옳은 판단을 하는 더 나은 방법을 찾고자 하는 관점에 서 있다. 상대주의자들은 어떤 사람들은 도덕적 진리에 대해서 모르지만 또 다른 사람들은 안다는 주장을 하지 않는다. 도덕적 규칙들은 단지 사회풍습이나 문화의 우연적 산물일 뿐이라고 본다. 옳고 그름을 문화나 종교가 옳은지 그른지를 알려주는 것을 바탕으로 해서 판단하는 것이다. 결과적으로 다른 사람의 다른 태도를 존중하고 그들의 사회적 규범과 풍습의 맥락에서 최선책을 그들이 받아들인 것으로 존중해야 한다는 입장에 있다. 상대주의자들의 도덕 판단에 대한 생각은 오직 문화적 맥락 안에서 생기고 내부적으로 지속적으로 수정되어야 한다는 데 있다. 이러한 관점은 다문화적 맥락에서 유용한 이론이다. 상대주의는 자신의 풍습과 다른 사회풍습을 받아들이고 존중할 수 있는 가능성을 열어 둔다.

상대주의에 대한 주요 반박은 보편적으로 옳고 그르게 되는 행위를 판단할 방안이 없다는 것이다(R. Macklin, 1999). 어떤 도덕 규범은 사람들이나 문화권에서 인정하느냐의 여부와 관계없이 적용될 수 있다는 사실을 간과한 것이다. 개인에 따라 문화권에 따라 똑같은 도덕 규범을 따르지 않는다는 사실이 보편적 도덕 규범이 없다는 증거는 아니라는 점에서 한계를 지적받는다.

(8) 실용주의

윤리적 실용주의는 미국 실용주의 이론가들의 철학적 입장에 토대를 두고 있다. 본질적으로 실용주의 이론과 실천과의 기본 연결점이 있다는 신념에 의해 이끌린다. 이 입장에서는 이론이 반드시 실천을 이끌지만 실천 또한 이론을 형성하기 위해 필요하다는 것이다. 그래서 실용주의는 보건 윤리, 생명의료 윤리, 직업 윤리 같은 응용 윤리학의 분야들에 이론적 지침을 제공하고 있다. 이러한 이유는 윤리적 문제들에 지침 원리들을 제시함으로써 방향을 제공할 뿐만 아니라 이론이 실천에서 어떻게 실현될 수 있는지 경험으로써 이론적 가정을 지지하기 때문이다. 이론은 현실적 반영에서 수정될 수 있고 실천은 현실적 욕구와 산출을 반영하기 위해 수정될 수 있다. 실용주의는 지침을 위해 원리를 사용하지만 원리들을 오류 가능성이 없는 것으로 보지는 않는다. 차라리 실용주의자들은 원리들이 어떻게 실제 세계에 적용되고 적합하게 조정될 수 있는지를 이해하고자 한다.

실용주의가 갖는 분명한 문제는 기회주의적으로 나타난다는 것이다. 어떤 행위나 신념도 쓸모만 있으면 정당화될 수 있다는 것이다. 이 원리는 판단은 어떤 것에건 적합하게 조정될 수 있다는 관점을 가지고 있기 때문이다. 실용주의자들은 변화에 너무 쉽게 따르고, 도덕적 판단을 불변하는 진리 대신에 사회적 유행을 바탕으로 해서 하게 된다는 위험을 안고 있다.

(9) 자유주의

자유주의는 밀(John Stuart Mill)에 의해 이전의 자유에 대한 의견들을 집대성하여 틀을 갖추게 된다(J.S. Mill, 1956). 그는 《자유론》 속에서 다른 사람의 자유를 존중하지 않고 제멋대로 행동을 해서는 안 된다는 생각을 표명하고 있다. 정치적인 측면에서 자유주의는 개인이 사회의 기초가 된다는 사상으로 사회제도는 개인들을 위하여 존재해야 한다고 규정된다. 정치적 자유주의는 성별, 인종, 경제적 지위와 무관하게 모든 시민에게 참정권을 주어야 한다는 내용을 담고 있다. 그리고 법의 지배와 자유민주주의를 강조한다.

정치적 자유주의는 오늘날엔 사회문화 전반적으로 확산되어 있다. 성적 자기결정의 자유, 종교적인 자유, 사상의 자유, 의사표현의 자유, 정부로부터 사생활을 침해받지 않을 자유 등 모든 영역에서 기본적인 가치로 자리 잡고 있다. 문화적 측면에서의 자유주의는 일반적으로 문학, 예술, 학문, 도박, 성, 성매매, 낙태, 피임, 술, 마약, 안락사 등에 대한 정부의 규제를 반대한다.

사이버 공간에서까지 자유주의는 대중적인 윤리적 지침을 제공하고 있다. 가장 단순한 자유주의의 형태는 자유와 관용과 관련된다. 자유주의자들은 모두가 제공된 그들의 자유가 다른 사람들의 유사한 자유를 침해하지 않는 한 행동에서 자유로워야 한다고 주장한다. 밀은 누구든지 다른 사람들의 자유를 침해할 수 있는 경우는 오직 자기 보호를 위해 필요할 때뿐이라고 본다.

이 이론에 대한 비판은 주로 공동체주의와 맥락적 관련을 가진 다양한 윤리설에서 나타나고 있다. 자유주의는 공공의 이익보다는 개인의 자유를 지나치게 강조하기 때문에 공동체적 삶에 위해를 가한다고 본다.

(10) 배려 윤리

길리건(Carol Gilligan)과 같은 여성학자들이 이 이론을 발전시켰다(C. Gilligan, 1982). 길리건이 윤리에서 주목한 것은 인간관계, 책임, 상호의존성, 유대, 애착, 동정심, 사랑 등 인간의 정서적 관계다. 자유주의는 정의라는 중심 추와 연관된 추상적 담론 아래 인간을 냉담함 속에 방치한 것으로 이해했다. 자유주의는 개인의 권리 차원에서 사회를 보고, 공동체주의는 공동체와의 관계 속의 개인을 보는 데서 알 수 있듯이 관점의 토대가 다르다. 자유주의는 권리 간의 갈등을 도덕 문제의 원인으로 보는 데 비해서 배려 윤리에서는 공동체를 향한 책임 간의 갈등에 주목한다.

보살핌의 윤리는 공동체 구성원으로서 도움을 필요로 하는 사람들에 대한 책임이 있다고 가정한다. 보살핌의 차원에서 때때로 개인의 자유를 침해할 수도 있다고 본다. 공동체의 선은 개인의 자율성을 유지하고 강화하는 역할을 하겠지만, 경우에 따라서는 공동체의 선을 실현하기 위해 다른 사람들의 자유 행위에 간섭할 수도 있다. 다른 사람들에게 의존하고 있기 때문에, 그들에 대해 생각하고, 관심을 갖고, 그들의 필요에 대해 마치 자신의 필요에 대해서처럼 민감하게 생각하는 것이 책임 있는 행동이라고 본다. 배려 윤리는 상호의존성, 의사소통, 책임을 고려함으로써 관계를 유지하는 것을 강조함으로써 감정을 중시하고 있다.

보살핌의 윤리는 온정주의(paternalism)가 모습을 달리한 형태라고 비판받아 왔다(리사 슈와츠 외 공저, 40). 비판자들은 이 이론이 미성년자들도 자신의 결정을 할 수 있고, 간섭을 원하지 않는데도 그들의 이익을 위해서 법제도가 개입하는 것에 대해서 비판적이다.

(11) 권리론

권리는 어떤 일을 하거나 누릴 수 있는 힘이나 자격을 가리키는 말이다. 자신이 가치 있다고 생각되는 행동의 양식을 옹호하는 수단으로 권리라는 말을 사용한다. 권리는 정당화가 필요 없는 특별한 행위 양식으로 고려될 수 있다. 권리는 옹호되기 위하여 지지해 주는 것이 요구된다. 예를 들면 인간은 치료받을 권리를 가지고 있지만 이 권리를 병원 없이 수행될 수는 없고, 의학적 직업적으로 간호하는 사람이 없어도 수행될 수 없다. 이러한 점에서 권리는 의무가 따르게 된다. 의무는 사람으로서 마땅히 해야 하는 일을 가리키는 말이다. 누군가가 권리를 가진 사람이 욕구를 성취하도록 도와야 할 때 그 사람에게 의무가 부여되는 것이다. 두 가지 유형의 권리가 있는데 부여되는 의무에 의해 구별될 수 있다(리사 슈와츠 외 공저, 40-41).

적극적 권리는 다른 사람들에게 자신을 적극적으로 지지하도록 요구한다. 예를 들면 교육과 보건은 다른 사람들에게 권리를 가진 사람이 그들의 목적을 이루도록 적극적으로 도울 것을 요구하고 있다. 적극적인 권리는 적극적인 의무를 부여하고 있다. 이에 비해서 소극적인 권리는 다른 사람의 역할에 불간섭을 요구한다. 예를 들면 방해받지 않을 것을 선택할 권리가 있다. 이것은 다른 사람들이 권리를 가진 사람을 길목에서 불러 세우지 못하도록 의무를 부여한다. 소극적 권리는 적극적 권리보다 더 큰 비중을 항상 가진다. 소극적 권리는 소극적 의무를 부여한다.

권리론의 문제는 권리 간에 경쟁할 가능성이 있다는 점이다. 이러한 문제는 하나 이상의 권리가 관련되거나 두 개의 권리가 동시에 지지될 수 없을 때 생긴다. 둘 이상의 권리 간에 갈등이 있을 때도 생길 수 있다. 갈등은 개인과 개인, 개인과 공동체, 개인 내에서 권리 간에 생길 수도 있다. 갈등은 결과적으로 윤리적 문제를 일으키게 된다(R. Dworkin, 1978).

(12) 원칙주의

보참(Beauchamp)과 칠드레스(Childress)는 1983년에 처음으로 응용윤리학의 현대 이론적 윤곽을 제시했다. 그들의 주장에 의하면 어떤 결정이 윤리적으로 그럴 듯하려면 제공된 원칙들이 존중받고 균형 잡힌 것이어야 한다는 것이다. 그래서 그들은 이전부터 여러 원칙들이 제시되어 왔음에도 불구하고 네 가지 원칙들을 제안했다(T.L. Beauchamp, J.F. Childress, 1994).

자율성 존중의 원칙(The Principle of Respect for Autonomy)

첫째, 자기결정과 자기통제를 할 수 있는 인간의 능력이며, 정보를 바탕으로 해서 이성적 선택을 할 수 있게 하는 능력이 자율성이다(R. Downie, K. Calman, 1994.). 윤리학에서는 모든 인간은 특정 환경과 관계없이 독립적이고 무조건적 가치를 지니며, 자신의 운명을 스스로 결정할 능력을 가지고 있다고 본다. 이것은 인간존중 사상을 그 배경으로 하고 있다. 이 원칙은 개인은 누구나 자신의 일을 결정할 자율권을 가지며 그것이 타인에게 피해를 주지 않는 한 어느 누구도 그 권리를 침해받아서는 안 된다는 원리를 전제하고 있다. 이러한 인간 존중과 인간의 자율성 존중을 역설한 대표적인 학자는 칸트(I. Kant)이다. 칸트는 모든 인간이 무조건적 가치를 지니며, 나아가 자신의 운명을 스스로 결정할 능력을 갖기에 한 개인을 목적이 아니라 단지 수단으로 다루는 것은 이러한 개인의 자율성을 침해하게 된다고 본다.

악행 금지의 원칙(The Principle of Nonmaleficence)

둘째, 악행 금지의 원칙은 가장 오래되고 기본적인 윤리 지침 중의 하나이다. 이 원칙은 의무론이든 목적론이든 모든 윤리이론이 인정하는 원칙이다. 남에게 해를 끼치지 말라는 윤리 원칙은 너무도 당연한 것이다. 여기서 악행이란 넓게는 명예, 재산, 사생활, 자유 등의 훼손을 의미하나 좁은 의미로는 신체적, 심리적 이해관계의 훼손을 말한다.

선행의 원칙(The Principle of Beneficence)

셋째, 선행이라고 하면 일상적으로 자비로운 행위, 친절한 행위, 동정적인 행위 등을 의미하며 이타주의, 사랑, 인간적인 행동 등도 선행의 일종으로 여긴다. 넓은 의미로는 다른 사람에게 심적, 물적 이득을 주려는 모든 형태의 행동이 선행에 속한다고 볼 수 있다. 이 원칙은 악행 금지의 원칙과 연속선상에 있기 때문에 분명하게 구분하는 것이 불가능하기는 하나 적어도 선행의 원칙은 피해를 주는 행위를 피하는 것을 넘어서 타인을 적극적으로 돕는 것까지 포함한다는 점에서 구분할 수 있다. 이러한 선행의 원칙은 크게 두 가지 원칙으로 구성되어 있다. 하나는 적극적인 선행(positive beneficience)의 원칙이고 다른 하나는 효용(utility)의 원칙이다. 적극적인 선행의 원칙은 이득의 제공을 요구하고, 효용의 원칙은 이득과 손실의 균형을 요구한다. 이득의 창출이나 해악의 제거 및 예방에는 위험 부담이 따르므로 이러한 이득과 손실의 균형은 선행 원칙에서 중요하다. 하지만 선행 원칙은 적극적인 선행을 골격으로 하고 있는, 즉 타인에게 적극적인 선을 베풀라고 하는 주장으로서 흔히 온정적 간섭주의가 부모가 자식을 사랑하여 자식의 행복을 위해 간섭하듯이 당사자의 의사보다도 당사자에게 선한 것이라면 이를 증진하도록 노력해야 한다는 것이다.

정의의 원칙(The Principle of Justice)

넷째, 이 원칙은 주로 분배에 대한 것이다. 모든 재화의 분배는 정의롭게 되어야 한다는 것이다(J. Rawls, 1971). 정의롭다는 것은 각 사람들에게 정당한 몫을 돌려주는 것이라고 정의한다. 형식적 정의로는 같은 것은 같게 다른 것은 다르게 대우하는 것이 기준으로 제시되고 있다. 실질적 정의로는 형식적 정의의 문제점들을 보완하고자 공정한 절차적 정의를 제시하기도 한다. 전통적인 정의론이 분배의 기준으로 제시한 것은 크게 네 가지이다. 능력에 따른 분배, 성과에 따른 분배, 투여된 노력에 따른 분배, 필요에 따른 분배이다. 이 네 가지 원칙은 일정한 총량의 재화를 두 사람 이상에게 어떻게 분배할 것인가에 관한 잣대들이다.

공리주의적 정의

이러한 정의로운 분배에 대한 분배 이론들은 비교되는 네 가지 관점을 볼 수 있다. 공리주의적 이론(utilitarian theories) 입장에서는 공리성의 원칙을 기준으로 하고 있다. 이 이론은 행위의 시인과 부인은 공리성에 의해 결정됨으로 사회 전체의 유용성이 극대화되는 방향으로 서비스가 분배될 때 사회 정의가 실현된다고 주장한다. 이 입장의 문제는 최대 다수의 이익을 빌미로 소수 집단의 이익이 무시될 수 있다는 것이다.

자유주의적 정의

한편 자유주의 이론(libertarian theories)에서 정의는 자유시장에서 개인의 자유로운 거래에 의해 얻어진다. 이 입장에서는 모든 형태의 정형적 정의관을 거부하고, 외부적 강제 없이 자유시장에 의해 거래가 이루어지면 모두 정의롭다고 주장한다.

공동체주의적 정의

그리고 공동체주의 이론(communitarian theories)의 관점은 근본적으로 도덕공동체의 다양성을 인정하므로 정의에 대한 입장도 공동체에 따라 달라질 수밖에 없다고 본다. 공동체를 넘어서 존재하는 관점이란 없으며, 역사와 문화를 초월할 수 있는 길이란 존재하지 않는다고 한다. 개인의 권리도 그 개인이 속한 공동체의 표준에 따라 내용이나 범위가 달라지게 된다. 자유 계약이 그 공동체의 공공선이나 공동체의 가치를 증진하면 허용되고, 그렇지 않으면 허용되지 않는다.

평등주의적 정의

평등주의 이론(eqalitarian theories)은 자유와 평등의 조화를 꾀하되 평등에 우선성을 두고 자유를 수용하려는 입장이다. 평등주의에서는 모든 편익, 서비스 등에 대한 접근도가 모든 사람들에게 동등하게 제공되는 것이 가장 정의로운 것이라고 주장한다. 분배에서 가난한 사람과 부유한 사람들에게 다른 종류의 서비스를 제공하는 것은 정의롭지 못하다고 주장한다. 평등주의 분배에서 가장 큰 결점은 정부의 개입이 있어야 가능하기 때문에 간접비용이 크게 소요되며, 비효율, 부패 그리고 서비스의 질 저하와 같은 현상이 일어나 실제적으로 평등을 이루기 어렵다는 단점이 있다.

◈ 생각 정리하기

생각 나누기 1

유명 온라인 카드 게임 사이트의 클라이언트(접속하는 사용자)프로그램을 변조하여 정상적으로는 보이지 않아야 할 상대방의 패를 알 수 있도록 하는 프로그램을 만들어, 유리한 상태로 게임을 하여 막대한 사이버 머니를 부당으로 취득, 이를 판매한 혐의로 30대의 프로그래머가 구속되는 일이 있었다.[4]

위의 사례들의 문제점을 윤리학적 결과주의와 의무론을 바탕으로 해서 적은 후 발표해 보시오.

생각 나누기 2

디지털 원주민이라 할 수 있는 대학생들이 디지털 매체를 일상적으로 이용함에 따라 대학생 대상 사기성 글들도 많다. 대학생들이 주로 사용하는 앱들은 대학생들의 필요와 욕구에 맞춤형이어서 편리하고 유용한 기능이 많다. 그러나 '익명'으로 글을 올릴 수 있는 경우 이를 악용하여 사기성 글이 게시되어 가려볼 수 있는 안목이 필요하다.

게임, 쇼핑 등 인터넷 생활에서 자신이나 지인이 사기를 당한 경험이 있다면 적고 그 원인을 분석해 보시오.

◈ 활동하기

1. 올해 인터넷 윤리 영역에서 화제가 되었던 용어들을 검색해서 읽고 윤리학적 입장을 채택해서 평가하고 자신의 생각을 적어 보시오.

2. 디지털 시대에서 윤리의 역할을 예방 윤리(preventive ethics)의 관점에서 적어 보시오.

◈ 참고하기

윤리의 어원

凡音者生於人心者也

樂者通倫理者也

是故知聲而不知音者禽獸是也

知音而不知樂者衆庶是也

唯君子爲能知樂

무릇 음은 사람의 마음에서 생겨난 것이다.

악은 윤리에 통하는 것이다.

이런 까닭으로 소리를 알면서 음을 알지 못하는 것은 금수가 이것이요.

음을 알면서 악을 알지 못하는 것은 뭇사람이 이것이다.

오직 군자만이 악을 알 수 있다.

출처 : 樂記 5

프리마파시 의무론[prima facie duties]

프리마파시는 '얼핏 보기에'라는 뜻으로 볼 수 있다. 응용윤리학자 윌리엄 로스에 제시되었다. 인간들은 각자 사회계약의 참여자이다. 사회계약에 의하여 법적, 도덕적 권리와 의무가 발생한다. 그런데 둘 이상의 의무가 서로 충돌하여 어느 하나를 지키면 다른 하나를 지키지 못할 경우에는 어떻게 해야 할까? 점심 약속을 한 친구를 만나려 가는 중에 둘째 아들이 공을 차다가 발이 꺾였으니 집으로 데려가라는 연락이 왔을 때를 가정해 보자. 프리마파시 의무론의 대답은 응급 상황에 처한 아들에 대한 의무가 친구에 대한 의무보다 앞선다는 것을 얼핏 봐서도 안다는 것이다. 운동을 하다 다친 것은 재조정하기에 너무 늦은 반면, 친구와 만나는 것은 얼마든지 재조정할 수 있기 때문이다. 다만 이 경우와 달리 의무의 우선순위를 정하는 일이 쉬운 일이 아니기 때문에 이 관점의 한계는 있다.

출처 : 루 매리노프, 김익희 옮김, 『철학상담소』(서울 :북로드, 2006), p.48 정리

2장

사이버 공간의 쾌락과 고통

1. 쾌락과 고통, 분노, 금욕의 윤리

1) 쾌락의 윤리학

일반적으로 쾌락(快樂)은 유쾌하고 기쁘고 즐거운 상태를 가리키는 말이다. 배고플 때 먹는 쾌락, 음악을 들으면서 귀를 호강하는 쾌락, 몸의 접촉이 주는 따스함을 느끼는 쾌락 등 결은 다르지만 긍정적인 느낌으로 포괄적으로 쾌락이라고 받아들인다. 감각이 주는 쾌락은 시각적, 청각적, 촉각적, 후각적, 미각적 쾌감처럼 감각적 경험으로 주어지는 것도 있고, 정신 또는 마음에 생각으로 주어지는 것도 있다.

에피쿠로스(Epikouros)는 쾌락이 유일한 선이라고 주장했다. 사람들은 유쾌할 때 행복하고 불쾌할 때 불행하다. 그래서 먹고 마시고 노는 것을 쾌락 추구로 보는 입장에서는 에피쿠로스가 탐욕적인 인간이라는 선입견을 가질 수 있다. 그러나 에피쿠로스는 탐욕을 추구했던 것이 아니라 쾌락에도 질적 차이가 있음을 인정하고 정원에서 제자들과 담소하며 자신의 내면을 즐기는 것을 삶의 유일한 즐거움으로 생각했던 인물로 알려지고 있다. 따라서 쾌락이라는 말보다는 우리말로 보면 즐거움을 추구하는 윤리를 주창했던 것으로 볼 수 있다.

디오게네스의 낙천성

소크라테스의 인성을 이루고 있는 여러 요소들 중에서 자유분방하고 낙천적인 성격을 이어받는 계보로 디오게네스(Diogenes)를 들고 있다. 그의 캐릭터는 알렉산더 대왕과의 일화에서 잘 알 수 있다. 그가 술통 속에서 개처럼 살고 있지만 사람들에게 교훈을 주는 것으로 알려져 알렉산더가 찾아간 일이 있었다. 마침 술통을 수리하고 있는 디오게네스에게 자신이 마케도니아의 왕이라는 것을 알려주자 자신을 코린트의 개, 디오게네스라고 소개를 한다. 누추한 모습을 보고 알렉산더 왕이 도와줄 일이 없느냐고 묻자 디오게네스는 당신이 햇볕을 가리고 있으니 오른쪽으로 조금만 비켜 달라고 한다. 이후 알렉산더 대왕은 자신의 참모에게 가능하다면 왕의 옷을 벗어 던지고 디오게네스의 옷을 입고 싶다는 말을 했다고 한다. 이러한 디오게네스의 권력과 명예 같은 인간의 욕망을 벗어던진 초연한 삶의 영향을 에피쿠로스가 이어받았다고 본다.

데모크리토스의 원자론

또한 에피쿠로스는 유복한 집안에서 태어나 이오니아의 타오스로 유학해서 데모크리토스(Demokritos)학파의 학문을 배웠다. 쾌락을 유일한 선으로 주장한 데는 데모크리토스의 원자론을 받아들인 것과 무관하지 않다. 데모크리토스는 만물을 이루고 있는 근본 물질이 있는데 그것을 원자(Atom)라고 봤다. 모든 물질은 쪼개지게 되어 있으며 계속해서 쪼개 보면 더 이상 쪼갤 수 없는 단계에 도달하게 되는데 이것이 원자라는 것이다. 사람도 원자로 이루어져 있고, 영혼도 원자로 이루어져 있다고 봤다. 인간의 사고도 원자의 운동에 의해 일어난다고 봤다. 데모크리토스의 원자론을 신봉하여 에피쿠로스가 쾌락을 추구하게 되었다고 본다. 영혼도 원자들의 조합이기 때문에 죽음은 원자가 분해된 상태에 불과하다는 것이다. 내세가 없기 때문에 이 세상에서 가능한 한 많은 즐거움을 누려야 한다고 생각해서 쾌락을 추구하는 것이 선이라고 본 것이다. "죽음은 우리에게 아무것도 아니다. 우리가 존재할 때는 죽음이 존재하지 않으며, 죽음이 존재할 때 우리는 존재하지 않는다. 죽음과 함께 모든 감각과 의식이 끝나기 때문에 죽음에는 쾌락도 고통도 없다"라는 말에 그의 죽음관이 잘 나타나 있다.

마음의 평온

쾌락을 주장하면서도 살아 있는 동안이나마 지속되는 쾌락을 중시했다. 일시적인 쾌락이 불쾌로 바뀐다면 쾌락이 없는 만도 못한 것이기에 마음이 동요되는 것을 피하는 데 관심을 두었다. 에피쿠로스는 단순한 육체적 쾌락이 아니라 마음의 평온 유지를 더 중시하게 된 것이다. 진정한 즐거움은 욕망에서 벗어나 자신의 정신을 평온하게 하는 일이라고 했는데, 욕구를 억지로 절제하는 금욕적인 평온이 아니라 자신의 내면에서 솟아나는 감동을 즐기는 평온을 최고의 즐거움으로 보고 그 즐거움을 최고의 윤리적 가치라고 가르쳤다.

아타락시아

어떻게 하면 진정한 즐거움을 누릴 수 있을까에 대한 관심을 가졌던 그는 최고선은 아타락시아(ataraxia : 마음의 평온을 유지하면서 즐거움을 누리는 상태)라고 본다. 마음의 평온은 오직 자기 자신 속에서 찾을 수 있는 것이고, 평온을 지속하고 심화할 수 있는 주체도 자기 자신뿐이다. 평온을 유지하고 있을 때 인간은 비로소 삶의 즐거움을 알게 되기 때문에 우리 삶의 목적은 즐거움을 유지하는 일이다. 그의 쾌락주의는 욕망을 줄여 나가는 것이다. 행복은 욕망을 줄여 갈 때 성취감이 높아지면서 찾아온다고 봤다.

고통을 수반하지 않는 쾌락

쾌락을 추구하되 고통이 수반되지 않는 쾌락을 추구해야 한다고 봤다. 쾌락에는 고통을 수반하지 않는 쾌락과 고통을 수반하는 쾌락이 있는데 고통을 수반하는 것으로는 성적 욕구의 충족, 과식, 명예욕, 음주 등의 욕구 충족을 들고 있다. 필수적이지 않는 욕망과 공허한 욕망을 추구하게 되면 고통을 수반하게 된다. 공허한 욕망으로 보고 있는 명예욕 추구를 단적으로 살펴보면 명예를 추구하는 자들은 권력에 욕심이 있고, 권력은 칼에서 나온다고 본다. 칼엔 피가 묻기 마련이기 때문에 피 묻는 칼로 마음의 평온을 찾는 것은 불가능하다고 본다.

우정과 철학적 담소

고통을 수반하지 않는 쾌락으로는 필수적인 욕망에 포함시킨 참다운 우정과 철학적 담소를 들고 있다. 에피쿠로스는 철학을 함으로써 불필요한 욕망을 없애고, 사람들과 우정을 나누며 정원(Garden)이라고 부르는 학교를 세워 친구들을 응접하고 담소하는 것을 즐기면서 여생을 보냈다. 그는 육체적인 쾌락에 빠지거나 세속적인 일에 관여하는 것을 백안시하면서 외적인 변동이나 내적인 감정에 의해서 흔들리지 않는 생활을 강조한 것이다.

윤리적 쾌락주의

에피쿠로스 쾌락은 인간이 누구나 쾌락을 추구한다는 사실에서 추적한 심리적 쾌락주의 요소를 가지고 있다. 자신의 마음을 잘 미루어 보면 고통보다는 쾌락을 좋아한다는 것을 알 수 있다. 나도 쾌락을 좋아하고 다른 사람들도 다 쾌락을 고통보다 더 좋아한다는 것을 근거로 삼는다. 더 나아가 바람직한 삶을 살기 위해서는 고통이 수반되지 않는 쾌락을 추구해야 한다는 윤리적 쾌락주의 입장에 서게 된다. 따라서 그가 덕으로 간주하는 절제는 지혜를 근거로 해서 더 큰 쾌락을 얻도록 하는 태도라고 보게 되었고, 용기는 고통과 위험 혹은 고달픔을 참고 견디어 쾌락을 얻으려는 마음 자세라고 보았다. 욕망을 통제하고 고통을 제거하고 그리하여 마음을 평정에 도달하는 것이 그의 최종 목적이었다. 쾌락에 집착하여 추구하다 보면, 오히려 쾌락을 얻을 기회가 줄어들어 쾌락을 누리지 못하는 상태가 되는 쾌락주의의 역설을 인식하고 있었던 것이다.

2) 고통, 분노, 금욕의 윤리학

(1) 고통의 윤리학

육체적 고통과 정신적 고통

인간은 여러 가지 고통을 느끼고 산다. 육체에 해를 가하는 긁힘이나 찔림 같은 사소한 것에서부터 불치병으로 죽음에 이르는 심각한 것에 이르기까지 다양한 육체적 고통을 느끼기도 하고, 낯선 사람들로부터 멸시 같은 사소한 것부터 아는 사람들의 배반 같은 감내하기 어려운 크나큰 심리적 내상으로부터 고통을 겪는다.

사적인 경험

이러한 고통은 사적인 경험이기 때문에 공유될 수 없는 특성이 있다. 보고 듣고 만지는 것과 같은 감각적 경험에서는 바깥에 그에 상응하는 대상이 있어 다른 사람과 공유할 수 있지만, 고통에는 바깥의 존재가 없다(P. Brand & Ph. Yancey, 267). 고통당하는 사람의 고통을 나눈다는 말이 있지만 불가능하다. 누군가가 나누어 느낀다면 그것은 고통당하는 사람의 고통을 나누는 것이 아니라 그만의 새로운 고통을 느끼는 것이다.

윤리적 고통주의

일반적으로 고통은 부정적 경험으로 나쁜 것, 악(惡)으로서 체험된다고 간주되고, 그 본성상 제거되고 거부되어야 할 것으로서 여겨진다. 이러한 맥락에서 윤리적 고통주의(painism)는 도덕적 가치는 개인의 고통에 대한 경험에 기반하며 고통이 유일한 악이라고 본다. 레비나스는 고통은 그 자체의 현상성에서는 본래적으로 쓸모없는 것이며 '아무것도 아닌 것을 위한 것'이라고 단정 짓는다(E. Levinas, 93). 리차드 라이더(Richard Ryder)는 고통(pain)은 육체적, 정신적 모든 괴로움을 포함하는 것으로 보고 도덕적 목적은 타인들의 고통을 경감하는 것이라고 본다(박장호 편저, 214-219). 도덕적으로 중요한 것은 고통의 정도이지 누가 그것을 경험했는가나 무슨 고통을 경험했는가가 아니다. 쾌락 추구보다 고통 배제가 우선이라고 보는 점이 쾌락주의와 다른 점이다. 쾌락주의 입장에서는 쾌락이 고통의 양보다 더 크다면 그것은 바람직하다고 보지만 고통주의 입장에서는 고통과 쾌락의 총합을 거부한다. 고통의 지수는 총합개념이 아니라 각자가 느끼고 있는 그만큼이다. 100사람이 100만큼의 고통을 느낀다고 해서 고통의 총량이 10000이 되는 것이 아니라 100이라는 것이다. 그리고 100만큼의 고통은 다른 사람의 쾌락이 100이라고 해서 상쇄될 수 있는 것이 아니라고 본다. 각 개체는 고통과 도덕성에서 하나의 섬인 것이다.

도덕적 가치로써 고통의 감소

자유, 평등, 우애, 정의 등의 가치를 도덕적 가치로 여기는 것은 고통을 줄여 주기 때문이다. 사람들이 정의를 추구하는 것도 정의가 사람들의 감정을 덜 상하게 하고 고통을 줄여 줄 것이라고 믿기 때문이다. 고통은 간접적으로 이득을 가져올지라도 언제나 나쁜 것이다. 모든 나쁜 것들의 공통점은 고통을 가져온다는 것이다. 거짓말, 사기, 절도 등이 나쁜 것은 고통을 야기하기 때문이라고 보는 것이 고통주의 관점이다. 불의, 불평등, 자유의 억압도 고통을 야기하기 때문에 나쁜 것이다.

요컨대 고통주의에서는 극단적인 고통을 피하는 것이 극단적인 쾌락을 얻는 것보다 더 중요하다고 본다. 도덕 명법은 각 사례에서 최대로 고통을 느끼는 사람의 고통을 줄이고자 노력해야 한다는 것이다. 고통이 더 큰 사람을 돕는 것의 원칙이란 참을 만한 작은 고통을 겪는 수백 사람을 돕는 것보다 심한 고통을 겪는 단 한 사람을 돕는 것을 우선한다는 것이다. 고통은 종족 초월의 공동의 적이기 때문에 고통을 느끼는 모든 존재자가 윤리적 배려의 주체가 된다.

(2) 분노의 윤리학

감정주의(emotivism)에서는 도덕적 판단들은 감정을 표현한 것에 불과하다고 말한다. "X는 좋다"는 것은 진리를 주장한 것이 아니라 감정적 주장이라는 것이다. 옳다, 그르다, 좋다, 나쁘다 등은 모두 주관적인 태도나 감정의 표현에 불과한 것이다.

감정윤리학

20세기 감정주의가 득세하기 이전에도 흄(D.Hume)은 "이성은 정념의 노예이고 또 노예일 뿐이어야 하며, 정념에게 봉사하고 복종하는 것 이외에는 결코 어떤 직무도 탐낼 수 없다", "도덕성은 판단된다기보다는 느껴진다."라며 유사한 아이디어를 내놓았다.[1] 감정윤리학에서는 도덕의 원천을 고통과 쾌락에서 찾고 있다. 쾌락을 주는 성품은 언제나 긍지와 사랑을 불러일으키지만 불편함을 주는 사람은 모두 경멸과 증오를 불러일으킨다. 분노의 씨앗이 되는 것이 불선인 것이다.

분노의 윤리성

어떻게 해야 하는가에 대한 답으로서 분노를 터뜨려야 한다고 하는 분노의 윤리를 지지하는 사람들은 분노를 정의, 용기와 같은 덕으로 간주하고 분노를 도덕적 행위 양식으로 본다. 분노할 일이 있는데도 분노를 하지 않는다면 그것은 정의롭지 못할 뿐만 아니라 용기가 부족한 것으로 비겁자가 되는 것이라고 본다. 분노의 감정을 표출하는 것이 올바른 도덕 판단이고 도덕적 행위가 된다는 것이다. 어떤 사람들은 분노가 사실을 설명하고 옳고 그름을 판단하는 데 간단명료하기 때문에 다른 판단 기준보다 유용하다고 한다. 과학적 방법에서 더 간단하게 더 많이 설명할 수 있는 것이 더 낫다는 신념과 같다.

분노의 표출과 덕

그러나 분노는 도덕성을 적절하게 설명하는 데 명료한 것도 아니고 도덕적 가치로

지지될 수는 없다. 분노가 일게 되고 분노를 표출을 하게 되면 옳고 그름은 모두 분노 속에 매몰되기 때문이다. 윤리적 덕목이나 가치들(배려, 믿음, 사랑, 우정, 존경 등)에서 분노로 변할 수는 있어도 분노가 윤리적 덕목이나 가치로 바뀌기는 어렵다. 분노는 일순간에 여러 덕목(배려, 믿음, 사랑 등)들을 사라지게 하지만, 분노가 없어진다고 해서 새롭게 그런 덕목들이 되살아나지는 않는다. 세네카(Lucius Seneca)는 분노를 모든 정념 중에서 가장 잔인하다고 본다(김대군, 61-82). "누구든지 분노에 사로잡히면 어떠한 의무도 잊어버린다." 분노의 표출이 상대방을 반성하게 하거나 일을 바로 잡는 계기가 될 수 있다 하더라도 분노는 수단에 그칠 뿐이고 유일한 수단이 아니기 때문에 정의로운 목적을 위해서라도 정당화될 수 없다. 윤리적 가치나 덕목이 살아 있게 하기 위해서는 분노로 나아가지 않도록 하는 것이 최선이라 하겠다.

분노의 표출 대상

분노의 감정은 모든 사람이 가질 수 있는 것으로 그 자체를 억압할 수 있는 것은 아니다. 어떻게 표출하고 해소하는가가 중요한데 분노의 감정은 주로 자신보다 약한 자에게 해소한다는 데 문제가 있다. 강자에게는 분노가 생기더라도 표출할 수 없으면서 약자에게는 분노가 유일하게 옳고 그름을 자는 잣대인 듯이 폭발하는 경우가 많다. 분노가 유일하게 옳고 그름을 자는 잣대가 된다는 것은 가치가 전도된 상황에서나 있을 법한 일이다. 분노가 도덕적 가치가 될 수도 없지만 각자가 가지고 있는 분노의 잣대도 신뢰할 수 없다는 것을 알 수 있다.

분노에 대한 윤리학적 입장

플라톤(Plato)은 『국가』(플라톤, 164)에서 소크라테스(Socrates)를 통해서 인간의 영혼이 이성적인 부분, 기개적인 부분, 욕구적인 부문으로 이루어져 있다는 주장을 한다. 여기서 소크라테스의 입을 빌어 기개적인 부분(The spirited part)을 "그것을 통해서 화내는 부분"이라고 한다. 기개에 대해 "부정의에 대항하여 도덕적 분개를 느낄 수 있게 해주는 영혼의 능력"이라며 "이기적이라기보다 이타적이며, 사적인 것이라기보다는 공동선을 지향한다"라고 풀이했다. 플라톤은 분노가 이성이 욕구에 밀린 경우에 나타나는 것으로 보는데 여기서 기개적인 분노는 올바름, 정의에 대한 가치판단을 통해 파악한 것이다.

인간을 '이성적 동물'로 규정한 아리스토텔레스도 적절한 분노의 긍정적인 의미를 찾고 있다. 아리스토텔레스의 『수사학』, 『니코마코스 윤리학』 등에서 제시된 분노는 중용(中庸)과 연관된다. 아리스토텔레스는 분노에 내재된 과도한 폭력성을 경계하면서도 분노가 중용에 따라 표현된다면 괜찮은 감정으로 간주했다. 『수사학』2권에서 분노(Orgē)를 '누군가가 자신이나 자신에 속한 것을 얕잡아 본 경우 그럴 만하지 않다고 생각되는 경우 보복하고자 하는 고통을 수반하는 욕구'(Aristoteles, 16)라고 규정한다. 분노가 쾌락을 동반하는 경우 그 이유는 복수심은 하나의 형상을 동반하는데 형상은 꿈과 마찬가지로 즐거움의 원인이 된다는 것이다. 아리스토텔레스는 중용과 관련해 분노에서는 온화함이 중용이고 성마름과 화낼 줄 모름은 과도한 상태들이라고 본다(플라톤·아리스토텔레스, 247). 그러니까 아리스토텔레스 관점에서 분노는 그 자체로 문제가 되는 개념은 아닌 것이다.

성경에서는 신의 분노와 인간의 분노가 나오는데 인간의 분노를 불필요한 것으로 본다. 신은 전지전능(全知全能)하기 때문에 상황을 잘못 해석하지 않고 통제를 잃지 않기 때문에 항상 죄와 부정의에 대해서 분노를 낸다(Gary R. Collins, 121). 그러나 인간의 분노는 싸움을 유발함으로 죄라고 규정짓는다(욥 19: 29). "분노를 품는 자와 사귀지 말며 울분한 자와 동행하지 마라. 그 행위를 본받아서 네 영혼이 그 올무에 걸려들까 염려된다"라며 경고하고 있다(잠 22:24-25). 부당한 대우를 받았을 때 보일 수 있는 정당한 반응은 분노가 아니라 사랑이라고 한다. 성경에서는 사람들의 분노 발산을 죄로 보고 있는 것이다.

불가에서 세 가지 불선의 뿌리를 말하고 있는데[2] 탐(貪), 진(瞋), 치(痴) 중에서 분노에 해당되는 개념은 진(瞋, anger, repugnance)이다(호법 등 지음, 진(瞋)심소).[3] 진은 마음에 들지 않는 대상에 대해 미워하게 하는 마음 작용이다. 괴로운 느낌에는 분노의 번뇌가 잠재되어 있는데 신체적 통증과 심리적인 고통을 느낄 때 제어되지 않는 마음에서는 분노의 잠재성향이 잠재되어 있다가 나타나게 된다(김재성, 25). 불가에서는 욕심내는 것은 성취되면 성취될수록 더 큰 욕심을 내게 되고, 좌절되면 좌절되어 슬퍼서 분노하고, 분노하면 욕구는 더 커지는 것을 중생들의 삶이라 봤다(용타, 19). 불가에선 중생들의 삶에서 분노는 악의 근원이 되기 때문에 제거해야 한다고 본 것이다.

유가에서 분노는 칠정의 하나인 노(怒)인데, 여러 감정 중의 하나로 생각되고 있다. 일상적으로 분노는 내적으로 인내하거나 표현되더라도 빨리 완화해야 할 잘못된 감정 표현으로 보고 있다. 『주역』에는 "산 밑에 못이 있는 것이 손(損) 괘이니, 군자는 이 괘를 보고 성냄을 경계하고 욕심을 억제하여 이상(理想)에의 대성(大成)을 지향한다"[4]라는 말이 있다. 유가에서 말하는 징분질욕(懲忿窒慾), 즉 분노가 치밀어서 분할 때에는 물로 불을 끄듯이 해야 하고, 욕심 막기를 흙으로 물을 막듯이 해야 한다[5]는 것이 산택손(山澤損) 괘인 것이다. 유가에서는 분노를 물로 불을 끄듯이 완전히 제거해야 할 부정적인 것이라 본 것이다.

스토아학파도 분노를 전적으로 부정적으로 보는 입장을 취한다. 금욕주의자로 볼 수 있는 세네카(Seneca)는 분노를 악으로 본다. 분노가 가져오는 해악이 다른 어떤 정념보다 크기 때문이다. 또한 분노에 사로잡히면 어떠한 의무도 잊어버리며, 분노는 모든 것을 가장 선하고 가장 성실한 존재로부터 정반대로 변모시킬 수 있기 때문이다. "분노를 자식에게 주면 어버이도 죽이고, 왕에게 주면 폭군이 된다"(손병석, 54)는 것이다. 그래서 분노를 고통과 폭력, 상처를 남기는, 일말의 인간성도 보여 주지 못하는 정념으로 타인뿐만 아니라 자신조차 파멸시키는 것으로 봤다.

(3) 금욕의 윤리학

금욕(禁慾)은 인간이 일상적으로 느끼는 욕망들을 이성적으로 억제하는 것을 말한다. 인간은 기본적으로 식욕, 성욕, 수면욕을 비롯해서 다양한 욕망이 있다. 식욕을 억제하는 단식은 건강을 위해서나 의사 표현을 위해서 종종 접할 수 있는 것이다. 성욕은 종교, 문화 등에 따라서 다양하게 금욕의 양식들이 제시되고 있다. 물욕은 인간 삶에서 지나치지 않도록 권장하기도 한다. 식욕, 성욕, 수면욕 등은 금욕이 지나치면 건강에 해가 되는데도 금욕을 하려는 사람들도 있다. 물욕, 명예욕에 대해서도 금욕을 미덕으로 여기는 사람들도 있지만 추구하는 것을 삶의 목적으로 여기는 사람들도 있다. 어떻게 살아야 하는가에 대한 대답으로서 금욕에 대한 윤리적 관점도 다르게 나타난다.

에피쿠로스학파가 쾌락을 찾도록 권장한 데 비하여 스토아학파에서는 개인적인 고락을 염두에 두지 말고 하늘이 무너져도 의무를 다하라고 역설했다(스털링 램프레히트, 김태길 외공역, 135-136). 선한 사람에게는 어떠한 해악도 닥쳐오지 않는다고 한 소크라테스의 사상을 받아들여 발전시킨 것이다. 즉, 인간은 자기 자신의 능력으로 좌우할 수 없는 것에 대한 감정적인 얽매임으로부터 벗어나야 하며, 재난의 공포로부터 벗어나야 하고 외적 사물에 대한 욕망으로부터 벗어나야 하며 타인들의 호악에 따라 좌우되는 태도로부터 벗어나야 한다는 것이다.

에픽테투스의 인내

스토아학파의 에픽테투스(Epictetus)는 네로 황제 측근의 노예로 태어났다. 나중에 자유민이 되었으나 평탄치 않은 생애로 그는 참고 견디라(Bear and forbear)는 것을 생활신조로 삼고 있었다. 어려운 상황 속에서, 요행조차 바랄 수 없는 상황에서 인간의 존재나 행위까지도 우주의 필연법칙에 따른 것이라고 마음을 달랬다. 인간은 드라마에 나오는 배우와 다를 바가 없이 단편에 나올 수도 있고 장편에 나올 수도 있고, 가난뱅이 역할을 맡을 수도 있고 장애자 역할을 맡을 수도 있다고 생각했다. 그는 섭리에 따라 순응하는 것이 인간의 도리라고 봤다. 욕망에 사로잡혀 섭리를 깨닫지 못하여 감정에 휘둘리면 자신의 의무를 이행할 수 없다는 것이다.

부동심

에픽테투스는 인간이 도달할 수 있는 최고의 경지를 부동심(apatheia)의 상태라고 봤다. 아파테이아는 감정이 완전히 억제된 상태로 자연의 섭리에 순응하고 신의 의지와 합일된 모습이라 하겠다. 부동심의 상태는 교육에 의해 도달할 수 있다. 교육은 섭리를 알게 도와주는 것이다. 죽음은 잃어버린 것이 아니라 돌려준 것을 알 때 평정심을 갖게 되지만 자연의 섭리를 깨닫지 못할 때에는 슬픔, 기쁨, 노여움, 안타까움, 갈등, 불안감을 갖게 된다는 것이다.

로고스

에픽테투스는 우주는 유기체를 이루고 하나의 법칙인 이성(losgos)에 의해 움직이므로 우주의 일부인 인간도 이성에 따라 움직일 때 자연에 순응한다고 봤다(엄정식, 1998). 그는 헤라클레이토스(Herakleitos)가 주장한 '만물은 로고스의 지배를 받아 아무런 충돌 없이 조화와 통일을 유지하고 있다'라는 관점을 이어받았다. 이성을 공유하고 섭리의 지배를 받고 있기 때문에 각계각층의 사람들은 동료일 수 있고 도덕적 견지에서 동화될 수 있다고 봤다. 그리고 유한한 존재인 인간은 동포들을 위하여 봉사해야 하고 모든 고난을 참고 견뎌야 한다고 가르친다.

마음의 평온

에피쿠로스의 쾌락주의와 에픽테투스의 금욕주의가 가진 공통점은 감정을 억누르고 마음의 평온을 찾는 것에 있다. 에피쿠로스는 아타락시아에 이르기 위해 우선 욕구를 충족시킴으로써 욕망으로부터 벗어나야 한다고 주장하는 반면 에픽테투스는 이성에 복종하고 의지에 의해 욕망의 씨앗을 마멸시켜야 아파테이아에 이른다고 보는 점에서 차이가 있다. 이들의 주장으로 볼 때, 쾌락과 고통은 상대적이면서 서로 맞물려 있는 것으로 보인다. 쾌락을 추구하는 것과 고통을 제거하는 것이 자신의 바깥에 있는 것이라기보다는 마음을 다스리는 것과 무관하지 않다는 것을 알 수 있다.

2. 사이버 공간의 잉여쾌락과 비극

1) 사이버 공간의 잉여쾌락

사이버 공간은 현실 공간에 비하면 다른 사람의 이목을 두려워하지 않게 된다. 모니터를 통해서 소통을 하지만 대면 관계가 아니기 때문에 스스로 모습을 드러내지 않는 한 부호로써 작동하게 된다. 자신을 드러내지 않을 수 있다는 것이 자신조차 잊게 만들기도 한다. 그곳에서는 내가 누군지에 대한 의문을 가질 필요 없이 욕구에 따라 마음 가는 대로 행동할 수 있다. 그래서 평소에 쌓인 스트레스를 날릴 수 있는 유희의 세계로서 해방구 역할을 하게 된다.

공정한 기회균등의 공간

사이버 공간은 누구에게나 열려 있다. 그가 가진 경제력이나 지위를 묻지 않고 받아들인다. 직업, 계층, 성별을 구별하지 않고 열려 있는 공정한 기회균등의 공간이다. 놀이에서도 차별받지 않고 시작할 수 있다. 그야말로 현실 공간의 연고로부터 자유로울 수 있다. 학연, 지연, 혈연을 따지지 않고 받아들이는 공간이기 때문에 인정(人情)스럽지 않을 수 있지만 연고에 따른 부당한 대우를 받을 일은 없다. 누구나 평등하게 욕구를 실현할 수 있는 유희 공간이기 때문에 현실 공간에 비하여 제약을 덜 받고 갖가지 즐거움을 추구할 수 있는 곳이다.

행복감

사이버 놀이 공간의 존재가치는 사이버 공간이 주는 쾌락에 있다고 해도 지나친 말이 아니다. 쾌락은 모든 사람이 추구하는 것으로 삶을 행복하다고 느끼게 하는 핵심 요소이다. 행복을 느끼는 사람들은 정신적이든 육체적이든 쾌락과의 관련을 통해서 행복을 느낀다. 현실에서 이익, 성취, 명예의 획득이나 과거에 대한 흐뭇한 추억, 미래에 대한 즐거운 희망은 쾌감을 제공하며 행복하게 한다. 그러나 현실 세계에서 쾌락을 누리기는 쉽지 않다. 쾌락을 주는 것은 많지만 한꺼번에 얻을 수 있는 것도 아니며, 설령 어느 하나를 얻더라도 다른 것이 고통을 제공하기 때문에 현실적 쾌락은 뜻과 달리 멀리 있는 경우가 많다. 그런데 사이버 공간은 현실 공간에서 얻을 수 없는 쾌락을 손쉽게 접할 수 있게 하는 편리함이 있다.

쾌락의 제공

사이버 공간은 가상놀이를 하는 인간들이 욕망할 수 있는 다양한 쾌락을 제공하고 있다. 유희성과 소망 충족, 친밀성과 신화적 만남의 소망, 호기심 충족, 표현 욕구 충족, 익명성의 쾌락, 권력 욕구 충족, 저항정신의 발휘, 현 존재 초월의 욕망 충족, 환상 체험 등 놀이가 줄 수 있는 여러 가지 쾌락성을 갖추고 있다(홍성욱, 백욱인 엮음,

260-270). 이러한 사이버 공간이 제공하는 쾌락은 인간의 욕구와 사이버 놀이 공간의 존재 속성이 맞물려서 생성된 것이다. 위와 같은 쾌락적 요소들은 사이버 놀이 공간에 들어가서 가상놀이를 하는 인간에게서 개별적으로 혹은 복합적으로 충족된다.

유희의 공간

무엇보다도 사이버 놀이 공간에 들어가게 되면 우선 일상의 지루함을 벗어날 수 있는 재미를 얻는다. 흥미를 끌 만한 것들이 다양하고, 독특하며, 자극적이어서 현실 공간에 비해서 재미를 느낄 가능성이 크다. 인간의 마음을 사로잡아 왔던 모든 유희적 요소들이 사이버 공간에는 기대 이상으로 갖추어져 있다. 현실에서는 상상에 그칠 수밖에 없는 오락적 요소들도 다채롭게 갖추어져 있다. 노래와 춤, 섹스, 도박을 비롯해서 오락적 요소들이 마우스를 클릭하는 간단한 동작을 통해 쉽게 눈앞에 펼쳐지고 체험할 수 있다. 현실 공간에 비해 더 개별 취향에 최적화된 오락의 장이 펼쳐져 있다. 여기에서는 선택받지 못하면 금방 사라지고 인간의 욕구를 기반으로 끊임없이 새로운 오락의 장이 창조된다. 오직 시각과 청각에 의해서만 접할 수 있는 것이지만 인간의 욕망을 최적화하는 데 현실적 장애가 덜하다. 오감을 동원하는 현실 공간보다 시청각에 의존하는 한계가 있지만 높은 수준의 흥분(high stimulation)을 제공하기 때문에 몰입의 정도는 더 큰 것으로 나타나고 있다(추병완, 6).

욕구 충족의 공간

사이버 놀이 공간에 들어가게 되면 누구든 욕구의 중심에 설 수 있다. 온라인을 통해 새로운 놀이자로서 성격을 창조하고, 중심이 되어 영향력을 끼칠 수 있다. 현실 공간에서 싫어했던 것은 할 이유가 없다. 마음에 드는 놀이자만 만나고, 마음에 드는 놀이만 하면 된다. 애써 참을 필요도 없으며, 못난 사람으로 살 필요가 없다. 잘할 수 있는 공간만 찾아서 욕구를 충족하면 된다. 어려지고 싶으면 어려지면 되고, 성별을 바꾸고 싶으면 바꾸어 버리면 된다. 외모나 성격에 신경 쓸 이유도 없으며 이름이건 소속이건 새롭게 바꿀 수 있다. 소속하고 싶은 공간이 있으면 가입해서 회원으로 활동할 수 있고, 손님으로 남고 싶으면 손님으로 남을 수 있다. 오로지 자신의 욕구 충족을 위해 행동할 수 있다.

공간정체성의 해방

사이버 놀이 공간에 들어서게 되면, 현실에서 자신을 구속했던 자아정체성이나 공간정체성으로부터 자유로워진다. 이름이나 주소가 사이버 공간에 주어짐으로써 이름이 알려지지 않거나 집이 없어서 생긴 고통은 사라진다. 현실 공간에서는 돌아갈 곳이 없는 방랑 생활이 초라하기 그지없다. 돌아가서 몸을 눕힐 공간이 없어 마음을 둘 안식처도 잃게 된다. 그러나 사이버 공간에서 방랑의 끝은 항상 현실 공간이기 때문에 돌아갈 곳이 없는 불안감도 없다. 자유롭게 이름과 주소를 바꿀 수 있으므로 익명성이 주는 자유를 만끽하는 무명의 낭만객으로도 활약할 수 있다. 채팅방, 게임 사이트, 음란물 사이트 등은 익명성으로 인한 환상이 가능한 사이버 놀이 공간이다. 성인인증을 받아야 하는 곳에서도 가입과 탈퇴가 자유롭기 때문에 자신의 존재를 드러내지 않은 채 현실 공간에서 해 보지 못했던 시도들을 과감하게 해볼 수 있는 자유로 인해 쾌감을 느낄 수도 있다.

탈억제 효과

또한 사이버 공간에 들어가게 되면 탈억제 효과(disinhibition effect)[6]로 감정이 정화되는 체험을 할 수 있다. 탈억제 효과란 사이버 공간에서 긴장이 완화되고 구속감을 훨씬 적게 느끼며, 보다 개방적으로 자신들을 표현하게 되는 것이다. 앞의 익명성과도 관련되는 것으로 사이버 공간에서는 일상적인 현실 공간에서 하지 못하던 행동과 감정 표현을 서슴없이 하게 된다. 비밀스러운 감정, 두려움, 소망을 솔직하게 드러낸다. 경우에 따라 타인들에게 친절함과 관대함을 보여 주기도 한다. 어떤 경우엔 무례한 언어나, 욕설을 발설하기도 한다. 이러한 탈억제 효과로 재미와 흥분은 더 강하게 경험되며, 억눌린 감정을 해소하는 효과도 있다.

잉여쾌락의 추구

사이버 공간은 놀이자로서 인간들이 욕망하는 다양한 쾌락을 경험하게 한다. 이러한 욕망의 충족으로 인해 사람들은 점점 사이버 공간에서 보내는 시간이 늘어만 간다. 한번 들어가면 사이버 공간이 제공하는 쾌락을 뿌리치기 어려워 일하는 인간보다 놀이하는 인간이 되기 쉽다. 가상놀이를 하는 인간이 사이버 공간에서 추구하는 것은 다양할 수 있지만, 가장 기본적인 것은 쾌락이다. 사이버 놀이 공간에서 즐길 수 없다면 굳이 현실 공간을 마다하고 사이버 공간으로 들어갈 이유가 없다. 현실 공간에서 누리는 쾌락 이상을 누리고자 사이버 공간에 들어간다. 그래서 사이버 공간에서는 정상적인 쾌락 수준을 넘어서는 잉여쾌락[7]을 추구하게 된다.

과감한 놀이자로 돌변

사이버 공간에서 과수요로써 추구하는 잉여쾌락은 직접 놀이에 가담하지 않고서도 마우스만 클릭하는 감상자로서 누릴 수 있다. 그림, 동영상, 인터넷 소설 등은 인쇄출판물이 갖는 흡인력과 중독성 이상을 갖고 있다. 주로 잉여쾌락은 폭력성이나 음란성으로 논란이 되는 것들에서 추구된다. 부끄러움이 많아 현실 공간에서 다른 사람과 잘 섞이지 못하는 사람들도 사이버 공간에서는 과감한 놀이자로 돌변할 수 있다. 따라서 사이버 공간에서는 순수 예술이나 문학에 관심을 갖기보다 현실 공간에서 소비할 수 없었던 성적 욕구를 충족시키기 위해 가상놀이를 하는 놀이자나 감상자로 잉여쾌락을 추구하게 된다. 부끄럼이 많고 자의식이 강한 사람들도 사이버 공간에서는 익명성임으로 음란물을 자유롭게 다운받고, 심지어 다양한 사이버 범죄에 가담하기도 한다(D. Young, 41). 현실로 돌아오면 그렇지 않지만 과감하게 자신의 몸을 직접적으로 노출하거나 사진이나 동영상으로 노출하는 등 현실 공간과는 다른 자아로서 인터넷에서 주체가 된다. 현실 공간에서는 성매매나 유사 성매매 행위를 하지 않을 사람들이 온라인상에서는 자유롭게 음란물을 접하거나 유포하는 데 가담할 수도 있다.

욕망 충족의 안전 보장

이렇듯이 사이버 공간에서 잉여쾌락의 추구가 가능한 것은 현실 공간에서와는 달리 욕망의 무한 충족에서 안전이 보장된다는 점에 있다. 마음 놓고 통제되었던 호기심을 무한 충족시키며 보상을 받는 것이 가능하다. 촉각, 미각, 후각으로 맛보는 기쁨은 없지만 시청각으로 무절제한 쾌락의 추구가 허용된다. 적당한 도를 넘지 않고, 처지나 때를 가리고, 자기 힘으로 절제할 수 있는 한도 내에서 욕구를 적절하게 충족하는 것을 도덕적이라고 한다면, 사이버 공간에서 쾌락 추구는 눈앞의 단일 쾌락 추구로 방종하게 된다(박성호, 156-157).

따라서 사이버 공간에서 놀이는 가담하는 것부터가 현실 공간에서 추구할 수 없었던 잉여쾌락을 추구하고자 하는 것으로 볼 수 있다. 잉여쾌락은 단지 음란물에서만 얻을 수 있는 것이 아니라 사이버 게임, 사이버 도박, 사이버 폭력 등 다양한 가상놀이에서 느낄 수 있다. 나날이 업데이트가 가능한 온라인 게임 같은 경우 그래픽, 음악, 스토리가 새로운 정보 기술과 결합되어 기존에 느끼지 못했던 새로운 쾌락을 제공한다. 항상 수요자보다 앞서가는 공급자로서 잉여쾌락을 산출하고 있다.

2) 사이버 놀이 공간의 비극

사이버 놀이 공간이 나날이 영토 확장을 함으로써 이익과 쾌락이 증대되는 측면도 있지만, 사이버 놀이 공간에 대한 의존성은 여러 가지 비극을 불러오고 있다. 비극의 시작은 사이버 공간에 매달려 있는 시간이 길어지고, 빠져나오기가 점점 힘들어지는 것과 맞물려 있다. 사이버 공간에서 빠져나왔다 하더라도 그곳에서 무슨 일이 일어나고 있을 것 같아 궁금해서 견디기 어려워지는 후유증이 생기기도 한다. 뭔가 업데이트되었을 것 같고, 쪽지가 와 있을 것 같고, 마감이 임박한 이벤트가 시작되었을 것 같아 마음이 안정되지 않는 경우도 생긴다. 사이버 공간에서 떠나지 못하는 사이에 신체적 문제가 생기는 사람들도 있다. 눈, 어깨, 허리, 손목, 머리 등에 피로와 통증이 오고 불규칙한 식사나 수면으로 건강을 해치기도 한다.[8] 사이버 공간에 오래 머물면서 여러 사이트에서 시간을 보낼수록 통신료, 정보이용료를 비롯한 경제적 비용도 커지게 되고 정신적·물질적 장애에 시달리게 된다. 가히 사이버 공간은 자기절제를 하지 못하는 경우 인간에게 새로운 비극을 안겨다 주는 측면이 있다고 볼 수 있다.

사이버 공간의 비극성

사이버 공간의 비극성은 주로 가상놀이를 하는 인간의 잉여쾌락 추구와 관련된다. 사이버 공간에서 취하는 이익들이 현실 공간에서 취하는 것과 다를 바가 없는 경우 필수적인 것들도 있지만, 상당 부분은 과잉수요로 잉여쾌락을 제공하는 것들로 비극을 초래한다. 특히 사이버 놀이 공간의 존재 자체로 유해환경을 제공하는 음란사이트, 엽기사이트, 반사회적 사이트, 사행심 조장 사이트들은 존재 목적이 잉여쾌락을 제공하는 데 있다. 이러한 사이트에 들어가게 되면 제공되고 있는 자료들을 외면하기가 쉽지 않다. 사진, 동영상, 게임, 소설, 만화, 채팅 등을 통하여 시간을 허비하고, 왜곡된 지식이나 불필요한 정보를 얻게 된다. 쾌락을 누릴 자유도 중요하지만 잉여쾌락을 추구하고 있는 이런 예들은 결과적으로 쾌락의 제공보다 비극을 초래한다. 자극의 둔감화, 모방 행동, 범죄 유발, 가상과 현실의 혼동 등 물질적, 정신적으로 피해를 당하는 일들이 맞물려 있다.

예의 없음

사이버 공간이 낳는 비극성으로 예의 없음도 들 수 있다. 사이버 놀이 공간에서는 파렴치해지기 쉽다. 홈페이지나 이메일, 대화방, 채팅을 통하여 이루어지는 언어 사용이 위아래 없이 저급하고 폭력적인 경우가 많다. 욕설, 인격 모독, 허위사실 유포, 비방 등 사이버 언어폭력의 예는 일상적일 정도다. 은어, 비속어, 축약어, 소리 나는 대로 쓰는 말들도 사이버 공간의 품위를 떨어뜨리고 있다. 사이버 공간이 인간다움을 잃게 되면, 결국 놀이 공간으로 기능을 제대로 할 수 없게 된다. 상호 쾌락을 증진할 수 있어야 놀이 공간으로 확장될 수 있는 것이다. 두 번 다시 들어가고 싶지 않은 사이트는 놀이 공간으로서 자격을 잃은 셈이다.

중독

사이버 공간의 비극성은 무엇보다도 중독으로 인한 피해로 나타난다. 사이버 중독[9]은 사회적, 정신적, 육체적, 금전적 지장을 받는 상태로서 의존성, 내성, 금단 현상 등을 그 특징으로 하고 있다. 사이버 중독은 게임 중독, 채팅 중독, 음란물 중독, 주식 중독, 쇼핑 중독 등 다양한데, 현실 공간의 생활에 피해를 줄 정도로 심각하다. 마약이나 알코올과 같은 약물만이 중독의 위험이 있는 것이 아니라 도박, 성행위, 인터넷 등 인간의 모든 활동이 중독될 수 있는데, 사이버 중독은 행동적 중독에 해당된다. 현실 공간에서 약물 중독처럼 사이버 공간에서 행동적 중독이 우려되고 있다.

인간관계 실패

무엇보다도 사이버 공간에 들어섬으로써 초래되는 비극은 대면적 인간관계의 실패라고 볼 수 있다. 컴퓨터 화면을 접하는 시간은 늘어나고 인간을 직접 만나는 일은 줄어들게 된다. 따라서 친구, 가족, 애인의 역할을 인터넷이 하게 되어 현실에서 인격적 만남의 장애를 겪게 된다. 인터넷에서 만나는 상대방은 이미 가상놀이를 하는 존재로 만나기 때문에 현실적 인간과는 다르다. 현실 공간에서는 놀이자로 만나는 것이 아니기 때문에 사이버 놀이 공간에서 시간을 많이 보내게 되면 현실 공간의 대면 관계에서 재미를 찾기가 어려워진다.

◈ 생각 정리하기

생각 나누기 1

프로이드는 "쾌락 원칙을 넘어서 (Beyond the pleasure Principle)"에서 인간의 욕망을 충족시키는 유일한 대상은 죽음뿐이라고 한다. 삶은 어떤 식으로건 긴장을 가져온다고 본 것이다. 그래서 인간은 긴장을 낮추기 위한 목적을 가지고 생활하는데 그 긴장을 낮추어 얻는 것이 쾌락이다. 긴장하고 흥분한 것을 가라앉히는 것이 쾌이고 긴장과 흥분이 증가하는 것이 불쾌로 보기 때문에 불쾌를 없애고자 하는 욕망의 충족은 죽음에 의해서나 가능한 것이다. 그렇지만 산다는 것은 살아야 하는 것이기 때문에 쾌락의 원칙에 현실 원칙을 보완해서 의욕을 가지고 살아간다. 일례로 긴장하지 않으려면 학교에 나가지 않는 것이 쾌락의 원칙을 따르는 것이지만 공부를 하고, 취업도 하고 살아가야 하기 때문에 현실 원칙을 더해서 살아가는 것이다. 공부를 하지 않고 취업도 하지 않으면 긴장이 증가될 터이니 결국 현실 원칙을 따르는 것은 긴장을 낮추고자 하는 쾌락 원칙에 봉사하는 것이라 할 수 있겠다. 만족을 뒤로 미루어 두는 셈이다.

현실에 의해 지연되는 쾌락, 신기루가 없으면 사막을 걷지 못하듯이 욕망의 지연이 없으면 인간은 존재하지 못한다. 이러한 인간의 삶을 지속해 주는 것이 쾌락이다. 라캉에 따르면 쾌락 원칙은 기쁨(흥분)에 대한 제한으로 작동한다. 그 법칙은 대상이 가능하면 덜 즐겁도록 명한다. 동시에 대상은 끊임없이 그의 즐거움에 부과된 제한들을 어기고, 그 기쁨 원리를 넘어서려고 시도한다. 대상이 감당할 수 있는 쾌락의 양은 정해져 있기에 이를 넘어서면 쾌락은 고통이 된다. 주이상스는 잉여쾌락이자 곧 고통이라고 볼 수도 있다고 했다.

라캉이 말하는 잉여쾌락의 관점에서 사이버 공간에서 추구하는 잉여쾌락에 대해 생각해 보고 정리해서 발표해 보자.

◈ 활동하기

인터넷 검색 엔진을 활용하여 주이상스(Jouissance)를 검색해 보자.

1. 주이상스는 고통을 수반하는 즐거움인지 고통을 수반하지 않는 즐거움인지 검색 자료를 바탕으로 적어 보시오.

2. 사이버 공간에서 주이상스에는 어떤 것들이 있는지 라캉, 지젝(Slavoj Zizek) 등의 관점들을 바탕으로 해서 적어 보시오.

◈ 참고하기

불교 : 고통의 윤리학

불교는 인간의 열반, 즉 고통으로부터의 완전한 해방을 추구했다고 볼 수 있다. 3법인을 바탕으로 불교의 고통의 윤리학에 접근해 보자. "3법인(三法印)에서 법인이란 불교의 기치로서 불교의 일대 특색을 나타낸 것이다. 최초에는 '일체개고(一切皆苦)'·'제행무상(諸行無常)'·'제법무아(諸法無我)'의 세 가지를 가리켰으나, 후에는 '일체개고'를 대신하여 '열반적정(涅槃寂靜)'이 들거나 혹은 이 두 가지를 넣어서 4법인(四法印)이라고도 한다. 고타마는 이 현실 세계는 모두 고(苦)(一切皆苦)라고 하는 현실 인식에서 시작하여 그것이 고(苦)인 원인은 인간 자신의 마음속에 있는 자기모순에 있다고 했다. 즉 이 세상에 존재하고 있는 것은 시시각각 변화하고 있는데(諸行無常), 인간은 항상 불변을 바라고 또 모든 것은 무엇 하나 고정적 실체인 것은 없는데도(諸法無我) 그것을 실체라고 고집하려 하는 데에 고의 원인이 있다고 한다. 따라서 올바른 지혜에 의해서 자기모순에 빠진 자기를 반성하며 욕망을 버리고 집착에서 벗어날 때야말로 아무것에도 어지럽혀지지 않은 이상적인 '열반적정'의 경지를 얻을 수 있다는 것이 불교의 기본적 입장인 것이다."

고(苦)는 구체적으로 생로병사(生老病死)의 4고와 사랑하는 자와 이별(離別)하지 않으면 안 되는 데서 오는 고통인 애별리고(愛別離苦), 미운 사람이라도 만나야만 되는 데서 오는 고통인 원증회고(怨憎會苦), 구(求)해도 얻을 수 없는 데서 오는 고통인 구부득고(求不得苦), 모든 것에 집착하는 데서 생기는 고통인 5취온고(五取蘊苦)의 4고를 더하여 4고8고(四苦八苦)로서 정리하고 있다.

출처 : 위키백과

3장

사이버 공간의 존재와 자아정체성

1. 사이버 공간의 존재성

1) 사이버 공간의 의미와 존재

사이버 공간은 컴퓨터가 만들어 낸 새로운 공간이다. 현존하는 인간의 대면 관계가 형성되는 물리 공간이 아니라 현 존재자의 대리 자아가 또 다른 대리 자아와 다차원적 상호작용이 이루어지는 새로운 사회적 장이다(R.Mckinnon, 1995). 처음에는 컴퓨터가 만들어 내는 문자를 통한 상호작용에 초점이 주어졌으나 지금은 컴퓨터 테크놀로지를 매개로 이미지 중심의 사회적인 만남과 상호작용이 이루어지는 커뮤니케이션 공간으로서, 미디어가 형성하는 새로운 형태의 사회를 가리키는 개념으로 확장된 것이다. 메타버스(Metaverse)의 세계는 현실과 가상 공간을 결합해 초연결·초실감 디지털로 확장된 세계로 계속 영역을 확장하고 있다.

사이버 공간의 어원

원래 사이버(Cyber)란 용어는 수학자 로버트 위너(R.Winner)가 메시지의 소통과 통제 이론을 지칭하기 위해서 Cybernetics라는 용어를 만들어 내면서 등장한 개념이다. 어원으로 보면 선박의 키잡이를 뜻하는 그리스의 'kubernetes'에서 유래된 말이다. 거친 바다를 항해하는 조타수처럼 순간순간 스스로 모든 결정을 내려야 하는 자율적인 인간으로서 의미를 지닌 키잡이와 관련되는 개념이다. 이후 윌리엄 깁슨(W.Gibson)이 1984년 『뉴로맨서』(Neuromancer)라는 소설에서 사이버 현실이 구현된 컴퓨터 네트워크 세계를 사이버스페이스(Cyberspace)라고 함으로써 널리 사용되는 계기가 되었다. 그는 '여러 나라의 수십억 명의 사람들이 매일 경험하는 공감각적 환상(consensual hallucination)'을 사이버스페이스라고 했다(윌리엄 깁슨, 노혜경 역, 68). 그런데 현시점에서 보면 사이버 공간은 환상이라기보다는 실질적인 현실과 같이 체험하고 상호작용할 수 있는 행동 가능한 공간이 되었다.

비물질적 세계

현재 사이버 공간은 통신매체에 의해서 실존하고 있다. 컴퓨터 네트워크로 연결되어 있는 인터넷은 사이버 공간을 인식하게 하는 대표적인 예다. 인터넷과 웹(Web) 기술의 발달로 포털 사이트, 전자정부, 전자도서관, 인터넷 뱅킹, 온라인 쇼핑 등 사이버 공간에서 생활은 일상화되었다. 이제는 사람, 공간, 사물, 서비스가 모두 연결되는 초연결 시대가 되었다. 사이버 공간에서 펼쳐지는 세계는 물질을 기반으로 하는 현실 세계와는 달리 비트(bit)로 구성된 비물질적인 세계이다. 그래서 현실 세계와 비교해서 사이버 세계라고 한다. 현실 공간은 물질의 펼쳐진 확장성과 연장성이 있다면, 사이버 공간은 물질의 넓이, 높이, 길이로 펼쳐지는 연장된 공간이 존재하지 않는다. 연장성의 부재로 거리도 시간도 없다. 사이버 공간은 어디로든 이동 가능하며 물리적 현실 공간 같은 고정된 영토가 존재하지 않는 탈영토화된 공간으로 볼 수 있다.

사이버 공간의 존재성

사이버 공간의 존재는 인간에 의해 창조되었다는 특징이 있다.[1] 현실 공간이 어떻게 출현되었는지에 대해서는 신화적, 종교적, 과학적 설명과 해석이 공존하고 있으며, 그 기원에 대해서는 신비스러운 상태로 남아 있다. 현실 공간에서 인간은 세계를 구성하고 있는 일부에 지나지 않으며, 절대적 지위를 누릴 수 있는 존재가 아니다. 따라서 현실 공간에서 이루어지는 인간의 삶에는 종교가 큰 역할을 하고 있다. 그러나 사이버 공간은 인간이 만든 공간으로서 인간의 지위가 절대적이다. 태생에 대한 신비감도 없으며, 작동 원리에서도 신비감이 없다. 사이버 공간의 미래도 오로지 인간에게만 달려 있는 특징이 있다.

가능태와 현실태

조물주가 인간인 사이버 공간의 존재는 현실 공간에 비해서 미완성되고 불완전한 존재다. 조작된 공간으로서 시각과 청각에 의해서만 인식될 수 있는 공간이다. 촉각, 미각, 후각이 작동될 수 없는 태생적 한계를 지니고 있다. 그렇다고 해서 존재하지 않는다고 볼 수는 없다. 감각들은 비트 형식으로 존재하며, 제한적이지만 감각할 수 있게 한다. 플라톤의 관점에 서서 현실 공간조차 이데아를 모방한 가짜에 불과하다고 본다면 사이버 공간은 가짜 중의 가짜일 것이다(이동성, 161). 그러나 컴퓨터를 켜기 전에는 존재하지 않았지만, 인터넷을 연결함과 동시에 사이버 공간에서 상품을 보고, 주문해서 결국 현실 공간에서 물건을 받을 수 있다는 점에서 '가능적'으로 존재한다고 볼 수 있다. 이 점에서 아리스토텔레스의 '가능태(potentiality)'[2]의 관점이 사이버 공간의 존재를 설명하기에 더 적절하다고 생각된다. 전원이 꺼져 있으면 존재하지 않지만, 전원이 켜지면 '가능태'로서 존재하고 사이트에 접속하거나 특정 애플리케이션(applications)을 작동하면 현실태로 실현될 수 있다.

사이버 공간의 존재는 현재 시점에서 볼 때 논의는 가능해도 정보통신기술이 하루가 다르게 새로워지기 때문에 확정할 수는 없다. 문자 중심에서 아바타(avatar)와 제작 콘텐츠(UCC) 중심으로 이동하면서 공간의 질도 유동적이고 존재자들의 정체성 형성도 유동적이다. 사이버 공간의 영토 확장이 지속되면서 존재성도, 사이버 공간의 의미 변천도 지속될 것이다. 인류는 이 무한한 사이버 공간에서 원격 교육을 받거나 R&D 과제를 수행하는 등 시간과 공간을 초월(Meta)하여 일과 여가의 시간을 보내는 것이 가능해지고 있다. 코로나19는 2020년부터 디지털 문화를 일상화시키는 계기가 되었다.

2) 탈영토화된 역할놀이의 공간

전면 영역과 후면 영역

사이버 공간 내에서도 컴퓨터 매개 커뮤니케이션(computer-mediated communications)의 발달에 따라 새로운 공간이 생기기도 하고 사라질 수도 있다. 새로운 공간 중에서도 관심을 받는 무대는 계속해서 달라지고 있다. 역할놀이를 하는 네티즌들의 참여가 높은 사이트는 새로운 역할놀이의 공간으로 새로운 무대를 형성하게 된다. 사이버 공간을 하나의 역할놀이를 하는 무대로 보면 고프만(E. Goffman)이 말하는 전면 영역(front stage)과 후면 영역(back stage)의 개념으로 유비해 볼 수 있겠다. 고프만에 의하면 연극 공연에서 전면은 공연의 무대를 말하고 후면은 공연의 준비를 하는 무대 뒤의 공간을 말한다(Erving Goffman, 208-212). 전면 영역에서 인간들은 무대 위에 놓인 것처럼 배경과 자신이 동시에 드러나는 스트레스가 있다. 스트레스가 증가하면 할수록 현대인들은 개인으로서 자유를 향유할 공간, 후면 영역에 대한 욕구가 강하게 된다. 이럴 때 사이버 공간은 후면 영역이 되기도 한다. 현실 공간에서 역할 수행의 모든 역할을 내려 놓고 사이버 공간에서 익명으로 휴식을 취할 수 있게 된다.

역할놀이와 인상관리

사이버 공간은 현실 공간을 전면 영역으로 봤을 때 현실 공간의 후면 영역으로 볼 수 있다. 그러나 사이버 공간을 하나의 실체로 보면 사이버 공간이 전면 영역이 될 수도 있다. 사이버 공간에서 역할 수행을 하기 위해 사용하는 아이디, 아바타, 닉네임 등은 다시 배역을 부여하는 것이다. 사이버 공간에서 이루어지는 인간관계나 사회관계는 하나의 역할[3]놀이(role play)이다. 사이버 공간에 들어서게 되면 자신의 역할을 설정하고 그에 따라 활동을 하게 된다. 자신이 직접 연출자, 공연자가 되어 더 이상 전면 영역의 지시에 따른 역할놀이가 아니라 후면 영역에서 자기주도적 역할놀이를 수행한다고 볼 수 있다. 현실 공간에서의 연극무대의 전면 영역이 갖는 극적 각색(dramatization), 이상화(idealization), 허위 표현(misrepresentation), 신비화(mystification) 등의 요소가 후면 영역이 된 사이버 공간에서 고스란히 드러나고 현실 공간의 전면 영역처럼 새로운 장을 펼치게 된다. 익명성의 유지는 사이버 공간에서 미지의 상대들에게 자신을 어떻게 표현할까 하는 인상관리(impression management)에 대한 관심이 우선시되고 현실에서 찾을 수 없었던 또 다른 자아를 만들어 표현하게 됨으로써 새로운 정체성을 갖게 된다.

역할놀이와 자기 변신

사이버 공간에서는 한사람이 사이트가 달라짐에 따라 각각의 다른 정체성을 가진 채로 활동이 가능하다. 현실 공간에서 역할놀이를 할 때는 자아정체성은 중심을 잃지 않고 역할만 바뀌는 놀이에 불과하다. 그런데 사이버 공간의 역할놀이는 또 다른 자아로서 자기 변신을 하게 된다. 사이버 공간 곳곳에서 수많은 자신의 모습을 만들어 낼 수 있다. 현실 공간에서는 예의 바른 회사원이라 해도 동시에 포털 사이트에서는 악성댓글을 주도하는 무뢰한으로 활동하는 것이 가능하다. 일시적인 노출만으로도 사이버 공동체의 구성원이 될 수 있는 사이트에서 활동하거나 채팅을 할 경우는 더 다양한 모습을 실현할 수 있다. 자신의 마음에 드는 역할을 하기도 하고, 자신을 마음에 들지 않는 모습으로 변화시킬 수도 있다.

변신과 욕구 충족

사이버 공간에서 변신한 자아는 다양한 정체성을 체험함으로써 자신을 끊임없이 사이버놀이를 하는 인간으로 확장하고 새롭게 창조한다. 탈영토화된 사이버 공간에서 자신이 상상하는 어떤 존재나 특성 또는 어떤 사회적 관계를 만들고 경험함으로써 현실 세계의 제한되고 불만족스러운 자신으로부터 탈출할 수 있게 된다(황상민, 33). 나이, 성별, 인종 등 기본 정체성을 이루는 조건들을 모두 변경하는 변신이 가능하다. 자신의 생애 이력들을 자유자재로 바꿈으로써 다른 성, 다른 나이, 다른 인종이 되어 보는 재미를 만끽할 수도 있고, 현실 공간에서 차별로 인한 한이 있다면 변신으로 한을 풀 수도 있다.

다중정체성

사이버 공간의 웹 채팅에서 아바타를 이용하는 것은 역할놀이에서 변신 모티브가 실연되는 전형적인 예가 될 수 있다. 사이버 공간에서는 마음대로 자신의 이미지를 만들고 인상을 조작할 수 있으며 맘에 들지 않으면 소멸시킬 수 있다. ID, 아바타, 닉네임, 이모티콘, 사진, 자기 설명 문구 등을 통해 수많은 SNS(Social Network Service), 사이버 쇼핑몰, 사이버 교육 사이트, 사이버 오피스 등 들르는 곳마다 새로운 인상을 가지고 활동할 수 있다. 사이버 공간에서 다중의 정체성을 만들어 가며 정체성 해체와 형성의 자유를 즐기기도 한다. 심지어 현실 공간과는 다른 정체성을 가진 사이버 정체성을 가지고 쉽게 음란한 행동이나 저속한 행동을 하기도 한다. 현실 공간에서 억압해 놓았던 지나친 음란성, 상대방에 대한 무례한 행동, 거친 표현을 서슴없이 하게 된다. 인권 존중, 생명의 존엄성에 대한 외경심을 망각한 언행으로 인해 돌이킬 수 없는 범죄의 길로 들어서는 부정적인 결과를 낳기도 한다.

자유방임적 놀이자

탈영토화된 사이버 공간에서 다양한 역할 정체성 체험으로 현실 공간에서의 비극들을 단지 놀이에 불과하다고 가볍게 생각하게 된다. 사이버 공간에서 비행, 폭력을 일삼고도 죄책감을 느끼지 않는 사람이 문제다. 사이버 공간에서 뜻대로 욕구 발산이 안 되고 문제가 되는 것이 있으면 사이트를 빠져나오거나 컴퓨터를 끄면 그만이라는 자유방임적 놀이자로 역할을 하게 된다. 마치 책임도 자신의 것이라기보다는 온라인 속의 다른 내가 져야 하는 듯이 가볍게 벗어나기도 한다.

사이비 자아실현

사이버 공간은 인간의 변신 욕구를 실현해 주고 있는 새로운 놀이 공간이다. 신화, 전설, 동화에서부터 오늘날 만화, 영화에 이르기까지 인간들은 변신을 꿈꾸고 변신하는 존재에다 감정을 이입해 왔다. 책이나 영화 속의 주인공들이나 가능했던 변신이 사이버 공간이 생김으로써 누구든 변신 욕구를 실현할 수 있게 되었다. 현실 공간에서의 제한된 역할놀이를 통한 환상 충족으로는 만족할 수 없었던 좌절감이 사이버 공간에서 변신을 통한 역할놀이로 사이비 자기 실현(Pseudo self actualization)을 가능하게 하고 있다. 변신 욕구를 해소함으로써 생기는 활력을 얻는다면 긍정적인 놀이 체험으로 볼 수도 있겠으나 또 다른 변신 자아가 책임지지 않는 자아라는 데 문제의 소지가 있다.

2. 사이비 자아와 다중 정체성

1) 사이버 공간의 사이비 자아

매체형 자아

탈영토화된 사이버 공간에서 역할놀이를 하는 자아가 진정한 자아인가 하는 의문을 제기해 볼 수 있다. 인터넷 매체가 불특정 다수를 대상으로 하기 때문에 SNS에서조차 이름을 드러내고 있더라도 진정성이 있는 자아가 아닐 수 있다. 트위터(twitter)에서 활동하는 트위터리안(twitterian)들의 공간 정체성의 기반을 트위터라고 할 수 있을까? 그 사이트 자체의 질서를 갖고 내가 '거기 있음'의 역할을 하고 있다고 볼 수 있으나 그곳에는 나의 자아가 머무는(dwell) 곳이 아니라 나의 아바타가 나를 대신해서 머무는 곳이라 볼 수 있다. 트위터, 페이스북, 카카오톡 등에서는 이름을 걸고 있지만 자신의 지인에 한정되는 대면 관계와는 다르다. 무한정한 대중을 상대로 역할놀이를 하는 매체형 자아이기 때문에 또 다른 이름에 지나지 않는다고 볼 수 있다.

사이버 공간과 감각기관

현실 공간이 아닌 것을 현실 공간처럼 착각하게 하고 즉흥적이고 감각적인 공간을 제공하면서도 후각이나 다른 감각을 마비시키고 오로지 시각과 청각에 호소하는 사이버 공간에서 드러나는 자아상을 진정한 자아로 볼 수는 없을 것이다. 사이버 공간은 이성보다는 감성 우위의 정서적 공간이다. 시간과 공간을 초월하는 육체의 자유, 익명성 등이 사람과 사람 사이의 반응을 감성적이며 환상적으로 만든다(최혜실, 230). 감각이 현실을 모사한다는 감각 모사설의 리얼리즘 논리를 붕괴하고 있다. 일례로 시뮬레이션 게임에서 이성은 게임을 하고 있다는 것을 알고 있지만 감각은 추락의 공포에 떤다. 이런 새로운 사이버 체험은 지금까지 현실이라고 생각해 온 이성적 사고와 별개로 새로운 감각의 세계를 즐기도록 만든다. 촉각, 후각, 미각이 작동되지 않은 불완전한 감각기관만으로도 놀이자로서 기능할 수 있게 한다.

놀이하는 인간

이와 같이 사이버 공간은 현실 세계에서 '놀이하는 인간'을 '사이버놀이 하는 인간'이 될 수 있게 했다. 놀이는 심각한 삶의 모습과는 대조적으로 삶의 긴장 완화로서 심각하지 않은 것, 구속력이 없는 것으로 나타난다. 그것은 자유로운 것이고 자유 그 자체이다. 그리고 놀이는 일상적인 생활이 아니라 오히려 실제의 삶을 벗어나서 일시적인 활동의 영역으로 들어가는 것이다(J. 호이징하, 16). 호이징하(Johan Huizinga)에 의하면 놀이는 감각적이며, 동물적 불안정성의 자연적 표현이다. 진지하지 않으며 오락과 카타르시스의 기능을 갖는 놀이는 현실에서 도망하는 수단을 제공한다. 신은 긴장과 쾌락과 재미를 함께 한 놀이를 인간에게 주었으며 이 재미라는 논리적 해석이 불가능한 요소가 놀이의 본질을 구성한다. 그런데 놀이는 한정된 시간과 공간에서 행해진다는 놀이의 개념이 더 이상 의미를 가질 수 없게 되었다. 사이버 공간은 놀이하는 인간의 현실적 장애조차 뛰어넘을 수 있는 새로운 '사이버놀이 하는 인간'이 되게 했다.

사이비 공간(Pseude Space)

같은 놀이를 하는 공간이라 하더라도 사이버 공간은 공간 정체성을 무력화한 탈영토화된 공간이다. 공간은 시간과 함께 인간의 삶과 존재의 근원적인 지평이다(강학순, 5). 우리는 개별 존재자를 그것의 공간성을 배제하고 그 존재를 생각할 수 없으며, 공간의 의미는 그것의 존재 의미와 직결된다. 현실 공간에서 자아정체성은 신체라는 물리적 실체에 굳건히 닻을 내리고 있기 때문에 다양한 놀이자로 변신하더라도 여전히 일관성과 지속성이 담보된다(김종길, 212). 이에 비하여 사이버 공간에서는 놀이자가 터를 삼을 수 있는 공간이 없다는 점에서 탈영토화된 사이버 공간을 '사이비 공간'(Pseude Space)으로 볼 수 있다. 자아 정체성은 환경과의 관계 속에서 획득한 태도이기 때문에 사이버 공간의 '사이비 환경'에서 형성된 자아를 '사이비 자아(Pseude-self)'(엄정식, 206)라고 부를 수 있을 것이다. 지하철 속의 타자들 속에 싸여 핸드폰을 꺼내어 인터넷 게임을 하며 노는 사이버 놀이하는 인간들의 공간 정체성의 기반을 지하철로 볼 수는 없다. 지하철에 앉아 있지만 사이버 공간에서 활동하는 그는 이미 지하철에 앉아 있는 그와는 무관한 존재가 되어 있다. 성별도 나이도 다른 존재자로 활동할 수 있다.

공간의 위기와 정체성 위기

오늘날 인터넷이 소멸시키는 무거리성은 무세계성으로 연결되고, 이것은 인간과 사물의 존재와 그 정체성까지 해체하며 사물과 공간의 분리를 가져온다. 공간의 위기는 인간 존재 및 사물 존재의 정체성에 위기를 불러온다. 사이버 공간에서는 실제적인 공간 존재가 지닌 자신의 공간성에서의 현존성이 사라진다. 사이버 공간은 사이비 자아를 진정한 자아라고 착각하게 공간적 구조로 존재하고 있다.

존재자의 아우라

현존성이 사라진 사이버 공간에서 존재자의 아우라가 사라지고 있다는 것은 문제가 될 수 있다. 벤야민(W.Benjamin)이 지적하듯이 아우라는 원본에서만 나타나는 것으로 시간과 공간에서 유일한 현존성이 있어야 한다. 사이버 놀이하는 존재자는 아우라가 붕괴된 사이비 자아로 이 사이트에서 저 사이트로 떠도는, 공간 정체성을 확보하지 못한 사이버 공간의 방랑자라 볼 수 있다. 따라서 사이버 공간에서의 사이비 자아를 안정적인 신체의 현전으로 묶어 내는 것이 과제라 하겠다.

2) 다중 자아 정체성

스마트 기기의 보급으로 생활이 무척 편리해졌다. 길거리를 걸으면서도 사이버 은행을 이용해서 돈을 보내고, 해외에 있는 사이버 쇼핑몰에서 필요한 물건을 직접 구입할 수 있게 되었다. 그런데 편리해진 일상과 후면 영역이 주는 휴식과 해방감이 있지만 존재가 자유로워지기는커녕 사이버 공간의 망에서 벗어나지 못하고 존재의 자아 정체성에 혼란이 증가된 측면도 있다.

자아의 다발설과 디지털 자아

흄(D.Hume)은 자아의 다발설(the bundle theory of self)을 말한다(엄정식, 131). 자기 자신에 대한 여러 종류의 지각들이 교차하여 하나의 다발을 이루는 곳에 '나'의 모습이 드러난다는 것이다. 지각은 정신의 활동을 지칭하는 포괄적 개념으로 크게 '인상'과 '관념'으로 나눈다. 인상은 '강하고 생생하게 들어오는 지각'으로 '정신에 최초로 그 모습을 드러내는 감각과 정념, 정서'다. 관념은 '사유나 추론 작용에서 나타나는 인상의 희미한 이미지'이다. 인상과 관념은 달리 말하자면 느끼는 감각 작용과 사유하고 추론하는 사고작용으로 구분해서 이해해 볼 수 있겠다. 누구나 내가 '나'라는 확신을 가지고 있으며, 그 '나'로서 살아가고 책임의 주체가 되고 있다. 그런데 디지털 세상이 되면서 보고 생각하고 행동하는 모든 데이터, 건강 데이터에 근거해 나의 존재가 정량화, 입체화되기 시작했다. 디지털화된 또 다른 나를 디지털 자아(Digital Self)로 볼 수 있다. 디지털 세상에서는 디지털 자아가 곧 자기 자신으로 내세워지지만 사이버 공간에서는 하나의 다발을 이루어내지 못하기 때문에 하나의 정체성을 형성하지 못한다는 점에서 보면 그 사람이라고 간주하기엔 한계가 있다고 생각된다.

놀이자의 변신

사이버 공간에서는 자신의 정체성을 형성하는 성, 나이, 사는 집, 활동 공간 등이 하나로 노출되지 않는다. 현실 공간에서는 어린이, 학생, 미성년자 등의 딱지가 항상 붙어 다니면서 보호와 통제, 지도의 대상이 되지만 사이버 공간에서는 권리의 제약으로부터 자유롭다. ID, 아바타, 닉네임, 이모티콘 등을 바꾸어 가면서 드나드는 사이트마다 다른 사람으로 활동이 가능하다. 학생이라고 내세울 이유도 없고 특히 미성년자라는 것을 밝힐 이유가 없다. 새롭게 내세우는 자아를 설정하여 아침에는 '성주'가 되기도 하고, 오후에는 성별을 바꾸어 '공주'가 될 수도 있다. 사이버 공간에서 놀이자로의 변신은 역할 정체성의 파편화로 자아 정체성의 혼란을 가중하고 있다. 익명성과 개방성을 특징으로 하는 사이버 공간은 예측 가능한 실체로서의 자아에 대한 가정을 뒤흔들고 있다. 인터넷 이용 시간이 증가됨으로써 사이버 공간에서 보내는 시간이 현실 공간 못지않지만 사이버 공간의 '사이비 자아'의 유동성으로 정체성이 분산되어 현실 공간으로 돌아왔을 때 혼란을 겪기도 한다.

정체성의 파편화

사이버 공간에서는 개인과 공동체를 넘어선(Beyond the Individual and Community) 관계적 존재로서 여러 목소리를 가진 다중 정체성을 가지고 있다(K. Gergen, 4). 사이버 공간에서 나타나는 개인의 다중 정체성은 단일적인 속성을 지녔다고 믿어 온 개체가 다면적인 자아의 내면 모습을 드러내는 것이다. 그러나 사이버 공간은 자아와 타자, 정신과 몸, 환상과 실재 등 기존의 경계를 허물고, 자아와 정체성의 파편화를 야기하여 다중 정체성 상황에 놓임으로써 현실 공간에서조차 정체성 혼미 또는 적응상의 어려움에 직면하는 것으로 알려지고 있다(S.Lash, J.Freidman, 174). 사이버 공간에서 존재하기 위해 만들어 낸 주 자아로부터 파편화된 복수의 자아가 다수의 사이트에서 상황마다 다른 역할을 수행함으로써 통합적 인격체의 기반이 와해된다는 것이다(S.Turkle, 180).

다중 정체성의 역할

물론 다중 정체성을 부정적으로 해석하는 입장만 있는 것은 아니다. 익명성이 보장되고 현실 공간의 사회경제적 지위로부터 상대적으로 자유로운 사이버 공간에서 현실적 자아보다도 더 진정한 자아를 발견할 수 있다고 보는 긍정론도 있다. 사이버 공간에서도 자기 표현과 인정의 욕구, 인간관계 형성의 욕구, 사회활동 참여 욕구 등을 실현하기 위해 다중 자아로 활동하기도 한다. 그러나 사이버 공간에서 다중 자아로써 행위자들은 잉여쾌락을 추구하고 감정과 욕구를 배설하기 때문에 다중 정체성의 긍정적인 면보다는 인격체의 기반이 와해된다는 부정적인 측면을 갖게 된다.

페르소나

현실 세계에서는 가능하지 않는 익명성이 자유를 주어 자아를 확장하기도 하지만 전자기기에 여러 화면을 동시에 띄우고 다양한 사이버 인물을 만들어 내서 다중적 자아를 표상함으로써 정체성의 혼란을 겪기도 한다. 선과 악이 공존하는 본래 자아를 파편화해 사이버 공간에서 페르소나(persona)를 만들어 자아의 정체성을 타자화함으로써 현실 공간에서조차 혼란을 겪는 것이다. 현실 공간에서의 자아와 사이버 공간에서의 자아가 괴리되는 현상이나 사이버 공간 안에서 다중적 자아를 형성하여 분열됨으로써 증식되는 문제가 끊이지 않고 있다. 사이버 공간이 주는 이기가 지대하다 하더라도 현존의 도덕적 위상에 위해가 되고 있는 한 사이버 공간의 다중 정체성은 윤리적 문제로 부각될 수밖에 없다.

◈ 생각 정리하기

생각 나누기

한 TV 쇼에는 현실과 게임을 구분하지 못해 '라저 댓', '더블킬', '멀티킬' 등의 게임 용어를 일상적으로 사용해 고민이라는 게임 폐인녀가 등장한 적이 있다.
주위 증언에 따르면 게임 폐인녀는 눈을 뜨자마자 컴퓨터 앞에 앉아 최소 8시간, 최대 15시간까지 게임에 빠져 있다. 그의 꿈은 톱모델이 되는 것이지만 게임 때문에 아무것도 못하고 있는 상황이었다.
게임 폐인녀는 "게임을 하느라 일을 못할 정도"라며 "머릿속을 게임이 지배하고 있다는 생각이 들 때가 가끔 있다"라고 털어놨다.
또 그 사람은 "평소에도 장난감 총을 가지고 다니는데 길에서 할머니가 진짜 총으로 오해해 손으로 내리친 적도 있다", "술에 취해 누워 있는 아저씨가 방해된다며 캔을 수류탄처럼 던져 아저씨와 시비가 붙기도 했다"라는 등의 에피소드를 전해 놀라움을 줬다.4

위의 사례에서 사이버 공간에서 자아 정체성이 어떻게 달라지는지 생각해서 적고 발표해 보시오.

◈ 활동하기

위키백과 사이트(http://ko.wikipedia.org/wiki)를 방문해서 자아 정체성을 검색한 후 다음의 질문에 답하시오.

1. 심리학에서 말하는 자아와 철학에서 말하는 자아의 의미를 적으시오.

2. 정체성의 의미와 디지털 정체성의 의미를 적으시오.

◈ 참고하기

사이버네틱스 어원

사이버네틱스 또는 인공두뇌학은 일반적으로 생명체들, 기계들, 조직들과 또 이들의 조합들에서 조절 기능으로서 피드백을 수반하는 통신과 제어에 대한 연구이다. 용어 사이버네틱스는 그리스어 퀴베르네테스(Κυβερνήτης, kybernetes, 키잡이, 조절기)에서 기원한다. 일찍이 그리고 현재까지 이 용어는 적응계, 인공지능, 복잡계, 복잡성 이론, 제어계, 결정 지지 체계, 동역학계, 정보 이론, 학습 조직, 수학 체계 이론, 동작 연구(operations research), 시뮬레이션, 그리고 시스템 공학이라는 이름으로 점점 전문화되고 있는 수많은 주제들을 총칭하는 용어로 쓰이고 있다.

출처 : 위키백과(http://ko.wikipedia.org/wiki)

페르소나 어원

페르소나(persona)는 심리학에서 타인에게 비치는 외적 성격을 나타내는 용어이다. 원래 페르소나는 그리스의 고대극에서 배우들이 쓰던 가면을 일컫는데 심리학적인 용어로 심리학자 구스타프 융(Carl Gustav Jung)이 만든 이론에 쓰이게 되었다. 그는 인간은 천 개의 페르소나(가면)를 지니고 있어서 상황에 따라 적절한 페르소나를 쓰고 관계를 이루어 간다고 했다. 페르소나를 통해 개인은 생활 속에서 자신의 역할을 반영할 수 있고 자기 주변 세계와 상호관계를 성립할 수 있게 된다. 그리고 페르소나 안에서 자신의 고유한 심리구조와 사회적 요구 간의 타협점에 도달할 수 있기 때문에 개인이 사회적 요구에 적응할 수 있게 해 주는 인터페이스의 역할을 하게 된다.

출처 : 위키백과(http://ko.wikipedia.org/wiki)

4장

인공지능과 로봇의 윤리

1. 로봇 윤리의 의미 규정

응용윤리학은 새로운 기술의 대두와 함께 새로운 윤리학의 범주를 만들어 가고 있다. 로봇기술이 발달됨으로써 로봇존재론에서 로봇윤리학으로 관심이 옮겨가고 있다. 로봇윤리학은 로봇의 윤리(ethics of robot)를 탐구하는 새로운 응용윤리학의 한 분과로 자리 잡아 가고 있다. 윤리는 인간이 어떻게 해야 하는가에 답을 구하는 학문임으로 기본적 관점에서 보면 로봇 윤리는 로봇이 어떻게 해야 하는가에 대한 답을 구하는 것처럼 되어 있더라도 로봇에 대해 인간이 어떻게 해야 하는가에 대한 답을 구한다고 볼 수 있다. 그런데도 로봇이 인간화 되어 가면서 마치 로봇이 윤리의 주체인 듯이 로봇이 인간에게 지켜야 할 윤리를 로봇 윤리로 보기도 한다(김상득, 320). 로봇 윤리를 로봇에 대하여 인간, 특히 로봇의 설계, 제작, 이용하는 인간이 지켜야 윤리로 이해하기도 하고, 이러한 윤리를 근간으로 반영해서 로봇이 지켜야 할 윤리로 이해하기도 한다.

자율성을 가진 주체

로봇 윤리는 기존의 기계 윤리(machine ethics)와는 구분해서 생각해 볼 필요가 있다. 로봇은 일반적인 기계와는 달리 자율성을 가진 주체로 간주되는 차이가 있다. 로봇은 프로그램화된 대로 단순 작업만 하는 자동화된 기계와는 달리 환경과 스스로 상호작용을 하면서 선택하고 작동하는 자율적인 단계로 나아가고 있는 새로운 정체성을 가진 기계로 볼 수 있다. 이로 인해 로봇 자체의 윤리적 작동(행동)에 대한 관심이 로봇 윤리라는 응용윤리학의 한 영역을 형성해 가고 있다.

이성적 존재

로봇이 윤리적인 주체가 될 수 있는지에 대해서는 여전히 논쟁적이다. 윤리적 존재는 이성적 존재와 동격으로 쓰여 왔다. 이성적 존재와는 다르게 간주되는 신, 동물은 윤리적 주체로 간주되진 않는다. 어떻게 살아야 하는가 하는 답은 신처럼 완전하거나 동물이나 인간 중에서도 이성적 행위를 할 수 없는 무도덕한 경우에는 요구되지 않는다. 이렇듯이 기존의 시각으로 보면 로봇이 이성적 존재가 아니라면 윤리적 주체로 인정받기 어렵다. 그런데 환경 윤리에서 윤리적 주체를 고등동물, 동물, 식물, 대지까지 확장하는 관점이 있듯이 로봇도 윤리적 주체로 보는 관점들이 있을 수 있다. 로봇이 이성을 가지고 있는 것은 아니지만 로봇은 행위 당사자가 될 수 있고, 그 행위의 결과가 주어지기 때문에 평가의 대상이 된다고 볼 수 있다. 윤리학의 이론들은 다양하기 때문에 모든 윤리이론을 로봇에게 적용할 수는 없더라도 결과를 평가하는 윤리적 이론들에서는 적용 가능성을 찾아볼 수 있다.

2. 로봇의 행위와 윤리

로봇이 어떻게 행위해야 하는가라는 질문을 통해 로봇 윤리 원칙들을 모색해 볼 수 있을 것이다. 메타 상대주의 입장에서 보면 여러 윤리이론 중에 하나만 온전하게 있는 것이 아니라 여러 윤리이론들이 각각의 장단점을 가지고 어떤 윤리적 상황에 상대적으로 더 기여한다고 볼 수 있다. 일례로 트롤리 문제(trolley problem)를 자율주행자동차(Automomous Vehicle)의 행위 윤리 측면에서 검토해 볼 수 있겠다.

풋(Foot)에 의해 제시된 사고실험인 “트롤리 드라이버(trolley driver)”로 알려진 내용은 다음과 같다(Philippa Foot, 1978).

열차가 선로를 따라 달리고 있다. 달리는 선로 중간에 다섯 사람이 일하고 있고, 또 한 사람이 다른 선로에서 일하고 있다. 운전자는 열차의 선로를 바꿀 수 있는 전환기를 조종할 수 있다. 다섯 명을 살리기 위해서는 선로 전환기를 당기면 되지만, 전환기를 당길 경우 다른 선로에 있던 사람이 죽게 된다.

자율주행자동차

이는 다섯 명을 살리기 위해 한 명을 희생시키는 행위가 도덕적으로 허용될 수 있는지 도덕적 딜레마에 빠지게 하는 윤리학 실험이다. 도덕적 딜레마는 더 적은 악을 선택해야 한다는 도덕 원칙을 택할 것인지, 무고한 생명을 죽여서는 안 된다는 도덕 원칙을 택할 것인지 딜레마에 빠지게 한다. 트롤리의 운전자를 로봇(자율주행자동차에 내장되어 있는 자율적인 의사결정을 내리는 인공지능 로봇)으로 대체해 보면 선택지는 로봇이 스스로 알아서 결정을 하도록 하는 것이 추가될 수 있다. 로봇이 알아서 결정을 하도록 하는 것에 비해 로봇이 인간에게 보고 하고 인간의 답에 따라 실천하도록 하는 방안도 가능하다. 운전자가 결정하기 어려운 딜레마일 경우 통제본부에 알려 지침을 따르도록 하는 것과 같은데 시간 차를 둘 수 없는 응급한 상황에선 선택지가 될 수 없다. 행위자가 운전자일 경우에 의무론자들은 무고한 생명을 죽여서는 안 된다는 원칙을 따를 것이고 결과론자들은 악을 최소화하는 결과를 낳는 원칙을 따를 것이다.

윤리적 민감성

로봇이 인간 같은 윤리적 행위자가 되기 위해서는 자율적이고도 윤리적 민감성(ethical sensitivity)을 갖추는 조건을 생각해 볼 수 있다. 로봇이 단지 기계로서 인간이 설계한 프로그램에 따라 행동한다면 로봇의 윤리가 아니라 인간의 윤리인 셈이다. 기계윤리학의 전제 조건으로 월러치(W.Wallach)와 알렌(C.Allen)도 자율성과 윤리적 민감성을 들고 있다(W.Wallach & C. Allen, 22).

강한 인공지능

이 조건으로 따지면 사유할 수 있는 마음을 가진 강한 AI(strong AI)는 윤리적 행위자로서 도덕적 결정을 내릴 수 있다고 볼 수 있을 것이고, 약한 AI(weak AI)는 윤리적 행위자가 될 수 없을 것이다. 인간과 동일한 정보 프로세스를 수행하는 인공지능도 의식이 있다고 보고, 이러한 사유할 수 있는 마음을 가진 로봇을 강한 인공지능 로봇으로 보고, 올바른 입력과 출력을 가진 적절하게 프로그래밍된 컴퓨터는 인간이 마음을 가지고 있는 것과 정확히 같은 의미로 마음을 가질 것이라고 가정된다(Armin

Grunwald, 265).

이중 효과의 원칙

로봇이 윤리적 민감성을 갖지 못할 경우 윤리적 선택을 할 것으로 기대하기 어렵다. 트롤리의 딜레마에서 트롤리가 5명을 향해 선로를 질주하고 있는 경우를 살펴보자. 당신은 트롤리가 밑으로 지나가는 육교 위에 있는데, 위에서 무거운 것을 떨어뜨려 트롤리의 진행을 막을 수 있는 상황이다. 그때 당신 옆에 아주 뚱뚱한 남자가 있다. 트롤리를 멈출 수 있는 유일한 방법은 그를 난간에서 밀어 떨어뜨려 길을 막아 5명을 구하는 것이라 할 때 그럴 수 있을까? 이러한 질문을 받으면 대다수의 사람들은 5명을 구하기 위해 전환기를 당기는 데는 찬성하더라도 뚱뚱한 사람을 밀어 떨어뜨려 5명을 구하는 것에는 반대한다는 것이다(Peter Singer, 340). 이 두 경우의 차이를 구별하려는 시도가 있었다. 하나의 가능한 차이점은 첫 번째 경우는 누군가에게 해를 끼치려는 의도가 없다는 것이다. 한 사람을 해치는 것은 트롤리를 다섯 사람이 있는 선로를 피한 데서 오는 부작용일 뿐이라고 본다. 그러나 두 번째 경우에는 1명을 해치는 것이 5명을 구하는 계획의 필수적인 부분이라는 데서 차이가 있다. 두 경우의 또 다른 차이점은 두 번째 경우에는 행위 주체가 5명을 구하기 위해 누군가의 죽음을 의도하고 있는 데 비해 첫 번째 경우에는 그러한 의도가 없다는 점에서 차이가 있다는 것이다. 이러한 해석은 이중 효과의 원칙을 적용한 것으로, 나쁜 부작용이 있는 조치를 취할 수 있지만 의도적으로 해를 입히려는 것은 잘못된 것이라고 보는 관점이다(Shelly Kagan, 28). 일반적으로 육교에서 낯선 사람을 밀어내는 것은 다른 사람을 수단으로 사용하지 말라는 칸트의 명령에 위반된다고 생각한다. 그런데 많은 사람들은 직관적으로 도덕감에 의해 자신이 직접 사람을 난간으로 미는 것은 할 수 없을 것 같다고 한다. 무엇보다도 레버를 당기는 것과 사람을 직접 미는 것에 차이를 두는 것은 윤리적 민감성과 관련된다고 볼 수 있다.로봇이 사람 같은 행위 주체가 되려면 적어도 위의 두 사례의 차이를 감지할 수 있는 정도가 되어야 할 것으로 기대하고 있다.

3. 윤리행위자로서 인공지능 로봇

윤리적 행위자가 되기 위한 조건으로 흔히 이성적 존재를 말한다. 제임스 무어(James H. Moor)는 로봇이 도덕적 결정을 하는 어떤 능력을 가졌는지에 따라 로봇을 네 가지로 분류하고 있다(J.H.Moor, 19-21). 첫째, 윤리적 영향을 낳는 행위자(ethical impact agents)다. 행위 자체는 윤리적이라 할 수 없지만 윤리적 영향을 낳는 데 원인 제공자 역학을 하는 행위자를 말한다. 둘째, 암묵적인 윤리적 행위자(implicit ethical agents)다. 설계자의 프로그램에 따라 윤리적으로 행동하도록 자동화된 행위자를 말한다. 셋째, 분명한 윤리적 행위자(explicit ethical agents)다. 분명히 윤리적 범주를 사용하여 주어진 상황에서 무엇이 도덕적인지를 스스로 판단하여 움직이는 행위자를 말한다. 넷째, 온전한 윤리적 행위자(full ethical agents)다. 의식, 의도성, 자유의지 등을 지니고 도덕적 범주를 사용하여 도덕 판단을 내리고 행위하는 행위자를 말한다.

온전한 윤리적 행위자

주로 인간만이 윤리적 존재라고 주장하는 사람들은 네 번째의 온전한 윤리적 행위자만이 윤리 주체가 될 수 있다고 생각한다. 이렇게 되면 AI 로봇은 윤리적 행위자가 될 수 없다. 그렇지만 도덕적 행위를 무도덕에서 완전히 자율적인 도덕성으로 이어지는 연속선으로 생각한다면 다른 여지를 찾아볼 수 있다. 이럴 경우 윤리적 행위자도 지점에 따라 다양하게 이름지을 수 있을 것이고 윤리적 행위자에 대한 합의 지점도 달라질 수 있다.

준도덕 행위자

온전한 윤리적 행위자 옆의 지점에는 준도덕 행위자(quasi-moral agent)를 상정해 볼 수 있다(이상득, 329). 인간과 같지는 않더라도 진화된 로봇은 윤리적 행위자처럼 행동하는 것이 가능할 것이다. 로봇이 마음을 가지고 있든 없든 마음을 가진 인간처럼 행위한다면 그것으로 충분하다고 본다(L.Johansson, 10). 윤리 원칙들로부터 추론할 수 있는 학습 절차를 제공하여 기계가 자신의 행위를 선택할 때 윤리적 차원을 지녔다고 말할 수 있다.

로봇이 인간보다 더 뛰어난 지능을 지닌 자율적 기계로 진화하고 있기 때문에 현재의 온전한 윤리적 행위자의 기준에는 미치지 못하지만 앞으로 가능할 것으로 보인다. 기계가 지능이 뛰어나다고 도덕성도 뛰어난다는 보장은 없지만 인간 못지않은 도덕적 존재가 될 수 있는 여지는 있다 하겠다.

4. 로봇의 윤리적 결정

이성이 윤리적 결정을 내리게 한다는 이성주의자라면 이성이 작동되지 않으면 윤리적 결정을 내릴 수 없을 것이다. 그래서 사람이 아니라면 윤리적 결정을 내릴 수 없다고 한다. 그런데 첨단 기술의 발달로 인간은 아니지만 윤리적 결정을 할 수 있는 기능을 가진 존재들이 출현하게 되면서 윤리적 결정이 인간의 전유물이 아니게 되었다. 인간과 같은 윤리적 존재만이 윤리적 기능을 할 수 있다는 믿음이 흔들리게 된 것이다. 존재와 기능이 분리될 수 있게 되었다. 알파고는 프로 바둑기사가 아니지만 바둑을 둘 수 있는 기능을 프로 바둑기사 못지않게 해냈다. 바둑기사여야 바둑을 잘 둘 수 있다는 관계에 금이 간 것이다.

윤리적 결정

바둑판에서 중요한 것은 바둑기사인지 여부가 아니라 누가 바둑을 잘 두는가의 문제이고 알파고가 바둑을 두었듯이 윤리적 결정에서 중요한 것은 인간인지 아닌지의 문제가 아니라 윤리적 결정을 잘 해낼 수 있는가라고 보면 로봇은 단지 로봇이어도 윤리적 결정을 할 수 있다는 답을 이끌어 낼 수 있다. 로봇 윤리에서 로봇에게 요구되는 것은 어떤 상황에서 윤리적 추론을 하여 윤리적 결정을 하고 윤리적 행동을 하는 능력을 갖추었는지가 더 중요한 것이다.

윤리적 능력

오늘날 능력은 어떤 과업을 적절하게 수행할 수 있는 태도, 자질, 성향 측면에서 역량을 말한다. 윤리적 능력은 윤리적 의사결정과 윤리적 행동을 잘 이행하는 능력이라고 할 수 있다. 아리스토텔레스에서 칸트, 콜버그에 이르기까지 윤리는 옳은 일을 행하는 것이었다. 윤리적 능력을 수행할 수 있는 능력으로 말러(B.F.Malle)는 다섯 요소를 말한다(B.F. Malle, 189).도덕적 어휘(moral vocabulary), 도덕 규범 체계(system of moral norms), 도덕적 인식과 도덕적 영향(moral cognition and affect), 도덕적 의사결정과 행동(moral decision making and action), 도덕적 의사소통(moral communication)이 그것이다. 말러는 인간인지 아닌지보다 윤리적 능력을 갖고 있는지 아닌지를 윤리적 행위자가 될 수 있는 기준으로 본 것이다. 윤리적 능력에 어떤 요소들이 포함되어야 하는지에 대해서는 합의 보기가 어렵겠지만 윤리적 능력을 기준으로 삼는다면 로봇이 그러한 능력을 갖도록 설계할 수 있는 시대가 되었다.

로봇의 윤리적 능력

윤리적 능력으로 보면 로봇이 윤리적 행위자의 조건 충족 여부와 상관없이 윤리적 결정을 내리는 데에서는 인간 못지않을 수 있다. 인간 중에서도 윤리적 능력 면에서 보면 무도덕한 사람부터 사이코 패스까지 다양한 수준에서 도덕 판단 능력을 논할 수 있는데, 적어도 말러의 능력을 기준으로 삼는다면 인간보다 더 나은 판단력을 발휘하는 로봇이 있게 된다. 프로그램화된 과정에 따라 판단을 하더라도 여러 가지 경우의 수를 헤아려서 최적의 판단을 내린다면 사고의 과정을 거치는 것과 다르지 않다. 물론 앞으로도 프로그램이 어떤 윤리이론에 의해 만들어져야 하는지에 대해서는 윤리이론의 공과가 단순하게 정리될 수 없는 채로 여러 윤리이론들이 공존하기 때문에 로봇의 윤리적 프로그램이 어떤 윤리설을 반영해야 더 온전해지는지는 단언하기가 어렵다.

자율주행자동차 설계

트롤리 운전자(Trolley Driver) 딜레마의 변형된 형식으로 자율주행차를 제어하기 위한 소프트웨어 설계를 살펴보자. 좁은 터널 속으로 빠르게 진입하고 있는데 어린아이가 횡단하기 위해 뛰어들었다. 운전자는 어린아이를 치어 죽이고 앞으로 나아가거나 아이를 피해 터널 벽을 받아서 운전자가 죽게 되는 선택지가 있다. 자율주행자동차 설계에서 어떤 선택을 하도록 되어야 하는가. 소프트웨어가 차 밖에 있는 잠재적 희생자의 안전보다 자동차 탑승자의 안전을 더 중요하게 생각하도록 설계되어도 되는가?

모럴 머신

엠아이티 미디어 랩(MIT Media Lab)에서 창안된 모럴 머신(Moral Machine)이라는 플랫폼은 트롤리 딜레머 시나리오에서 자율주행차가 어떤 결정을 내려야 하는지에 대한 의견을 대중들이 표현할 수 있도록 했다. 모럴 머신을 통해 수집된 데이터를 분석한 결과 국가별로 선호도에 큰 차이가 있는 것으로 나타났다(Awad, Edmond etc, 59-64). 모든 자율주행자동차가 지켜야 할 윤리 기준을 법으로 정해야 하는지, 아니면 자율주행차가 운전자의 안전을 우선시해야 하는지 등 윤리적 가치를 결정하는 문제는 여전히 남아 있다. 대부분의 사람들은 삶과 죽음의 딜레마에서 스스로를 희생할 수 있는 자동화된 자동차를 기꺼이 사용하지 않을 것이라는 예상을 할 수 있다.

◈ 생각 정리하기

생각 나누기 1

'킬러 로봇'이란 사람의 간섭 없이 공격이 가능한 완전 자율 무기를 말한다. 킬러 로봇은 '로봇은 사람을 해칠 수 없다'라는 로봇의 3원칙의 적용으로 인해서 이전에는 살상용으로는 개발될 수 없었다. 그러나 전쟁 중에 부상당하거나 목숨을 잃는 아군을 대체하는 용도로 킬러 로봇이 개발될 것이다.

미래의 전쟁터를 누비는 것은 인간이 아니라 로봇이 될 가능성이 크다. 이전의 전쟁이 대량 살상과 파괴로 목적을 수행했다면, 미래의 전쟁은 인명에 해를 가하지 않으면서 적의 중심부를 파괴하여 승리하는 것을 목표로 할 것이다. 그 과정에 킬러 로봇은 적에게 가까이 접근하여 사살하거나 체포하는 임무를 맡기도 하는 등 인간을 대체할 것이다. 킬러 로봇이 적은 잡고 아군의 생명은 해치지 말아야 한다는 도덕적 능력을 가질 수 있을까?

전장에 투입되는 군인들을 킬러 로봇으로 대체하는 방안에 대해서 생각을 말해 봅시다.

생각 나누기 2

빌 게이츠 마이크로소프트 창업자는 "로봇의 노동에도 세금을 부과할 필요가 있다"라고 주장했다. 로봇이 새로운 일자리로 진출하여 일자리를 잃게 된 가난한 사람들의 기본 임금을 주기 위해 로봇을 활용하는 기업에서 로봇세를 거두어야 한다는 것이다. 물론 로봇세 도입은 경쟁과 고용에 부정적 영향을 주고 혁신을 저해할 수 있다는 우려도 있다. 그런데도 로봇이 단순 반복 작업, 불쾌하고 위험한 일 등 인간이 꺼려하는 직종을 대체하는 것을 넘어서서 고급 일자리들까지 진출하게 되면서 로봇과 경쟁에서 밀리는 근로자들에게 기본 임금을 주기 위해서도 로봇세가 필요하다는 주장도 있다.

저출산, 노동력 감소와 로봇의 노동 진출 등 종합적인 상황을 고려해서 로봇세의 도입에 대해서 생각을 말해 봅시다.

출처 : https://www.sedaily.com/NewsVIew/1VDVA9G7O5

◈ 활동하기

1. 미국 어비스 크리에이션사가 섹스로봇 하모니 판매를 공지하자 성 상품화에 대한 논쟁이 일어난 적이 있다. 섹스로봇이 반려자를 찾기 어려운 사람들의 결핍을 채울 인간 대체재가 될 것이라는 주장도 있지만, 성적 판타지를 부추겨서 인간관계의 디스토피아를 가져올 것이라고 우려하는 입장도 있다.

인공지능과 인간의 욕망에 대한 자료를 검색해서 읽고 자신의 생각을 적어 보시오.

2. 입는 로봇은 몸에 착용해 증강·보조 기능을 하거나 몸의 기능 복원을 제공하는 인간 공생 로봇이다. 처음에는 군사적 근력 강화 기능으로 개발되기도 했으나 인간의 복지 차원에서 다양하게 개발되고 있다. 재활 로봇으로 일상생활 보조 로봇, 신체기능 대체 로봇, 재활치료 로봇 등 다양한 로봇들이 탄생하고 있다.

입는 로봇에 대한 자료를 검색해서 보고 로봇과 인간의 공존에 대해 자신의 생각에 대해 적어 보시오.

◈ 참고하기

인공지능 윤리 헌장(The AI Ethics Charter)

원칙

제1장 인간과 인공지능의 관계

제1조. 인공지능은 인간을 편리하고 행복하게 하기 위한 도구이다.

제2조. 인공지능은 인간의 존엄성과 인류 보편의 가치를 존중해야 한다.

제3조. 인공지능은 인간에게 절대 해를 끼쳐서는 안 된다.

제4조. 인공지능은 인간의 통제하에 만들어지고 사용되어야 한다.

제5조. 인공지능은 인간의 선한 본성을 추구해야 한다.

제6조. 인공지능은 인간과 동등한 수준의 의사결정 권한, 특히 옳고 그름의 판단 권한을 가질 수 없다.

제7조. 인공지능의 어떤 의사결정도 인간에 의해 수정되거나 취소될 수 있다.

제2장 선하고 안전한 인공지능

제8조. 전쟁과 인명 살상 목적의 인공지능은 절대 만들어서는 안 된다.

제9조. 인공지능 기술과 알고리즘은 인류 보편의 가치에 반할 수 없다.

제10조. 인공지능 기술과 알고리즘에 불안전한 요소가 발견 시 즉각 수정되어야 한다.

제11조. 인공지능 기술과 알고리즘은 기록과 문서화에 의해 투명하게 관리되어야 한다.

제12조. 인공지능 기술, 알고리즘, 데이터들은 외부 공격에 방어할 수 있는 강력한 보안체계를 유지해야 한다.

제13조. 인공지능에 학습되는 빅데이터는 신뢰할 수 있고, 편향적이지 않으며, 합법적이어야 한다.

제14조. 빅데이터 수집 시 합법적인 절차에 따라야 하며 개인의 프라이버시를 침해하지 않아야 한다.

제15조. 인공지능 사용 환경에 노출 시 자율적 선택권이 보장되어야 하며 종속되거나 강제되지 않아야 한다.

제16조. 인공지능 제품과 서비스에는 비상용 킬스위치를 반드시 내장해야 한다.

제17조. 인공지능 제품과 서비스는 출시 전 충분히 반복된 품질검사를 거쳐야 한다.

제18조. 인공지능 제품과 서비스는 출시 전 중립적인 인공지능 윤리위원회의 검수 및 검증을 거쳐야 한다.

제19조. 인공지능 제품과 서비스는 사후 모니터링 시스템에 의해 철저히 관리되어야 한다.

제20조. 인공지능이 고장나거나 장애를 일으킬 경우 그 원인을 파악할 수 있어야 한다.

제3장 인공지능 개발자의 윤리

제21조. 인공지능 개발자는 강화된 윤리적 책임의식을 가져야 한다.

제22조. 인공지능 개발자는 인간에게 해를 끼치는 인공지능을 만들어서는 안 된다.

제23조. 인공지능 개발자는 합의된 안전 개발 지침에 의거하여 인공지능 제품과 서비스를 만들어야 한다.

제24조. 개발자는 인공지능에 자체적인 의사결정 능력 부여 시 고도의 주의를 기울여야 한다.

제25조. 개발자는 머신러닝 알고리즘을 적용할 경우, 제13조에 의한 빅데이터를 선별하기 위해 노력해야 한다.

제26조. 개발자는 머신러닝 알고리즘을 적용할 경우, 출시 전 충분한 시뮬레이션을 통해 결과값에 대한 오류를 최소화하고, 결과값에 대한 충분한 예측 정보를 확보해야 한다.

제27조. 개발자 또는 개발회사는 소비자에게 인공지능 제품과 서비스에 대한 충분한 정보 제공 및 주의사항을 고지할 의무가 있다.

제28조. 개발자 또는 개발회사는 인공지능 제품과 서비스에 본래 목적 외의 기술이나 기능이 내장되는 경우 이를 소비자에게 고지할 의무가 있다.

제29조. 개발자 또는 개발회사는 소비자에게 제품과 서비스에 인공지능 기술이 적용되어 있음을 표지나 문서, 음성 등으로 사전에 고지해야 한다.

제30조. 개발자 또는 개발회사는 소비자로부터 데이터를 수집받을 경우 사전에 동의를 구하거나 해당 내용을 고지해야 한다.

제31조. 인공지능 개발자는 인공지능의 안전과 윤리에 관해 다양한 관계자들과 협력하고 지속적인 교육을 받아야 한다.

제32조. 인공지능 개발회사는 소속 개발자들이 안전하고 윤리적인 인공지능을 만들 수 있도록 관련 환경을 조성해 주고 적극 지원해 주어야 한다.

제38조. 인공지능 개발자는 인공지능을 이용한 신기술을 개발할 경우, 순기능뿐만 아니라 사회에 미칠 부작용을 고려해야 하며 역기능이 우려될 경우 개발에 보다 신중해야 한다.

제4장 인공지능 소비자의 윤리

제33조. 소비자는 인공지능 제품과 서비스를 타인을 해치거나 범죄의 목적으로 사용해서는 안 된다.

제34조. 소비자는 인공지능 제품과 서비스를 올바른 방법으로 사용해야 한다.

제39조. 인공지능 사용자와 소비자는 인공지능을 이용하여 영상, 이미지, 음성 등을 조작한 콘텐츠를 생성 및 배포할 경우, 해당 콘텐츠가 인공지능을 이용하여 제작한 콘텐츠임을 표지나 문서, 음성 등으로 사전에 밝혀야 한다.

제5장 공동의 책임과 이익의 공유

제35조. 인류는 공동의 책임과 의무로 인공지능의 위험성을 감시하고 기 발생한 해악을 제거해야 한다.

제36조. 인공지능의 편익과 혜택은 온 인류가 공평하게 누리고 향유할 수 있어야 한다.

제37조. 인공지능 기술 수혜의 취약 국가와 취약 계층을 위해 인류 공동의 지원과 교육이 이루어져야 한다.

제40조. 인간과 인간이 만드는 인공지능 기술은 전 지구와 환경, 생태계에 윤리적, 도덕적 책임을 져야 한다.

출처 : 한국인공지능 윤리협회 (https://kaiea.org/aicharter)

5장

사이버 공간에서 합리적 선택

1. 합리적 선택 이론의 가정

합리적 선택 이론(rational choice theory)은 상호작용하는 둘 또는 그 이상의 행위자에 의한 행동을 분석하는 미시 이론이다. 행위자들을 합리적 선택을 하는 참여자로 가정하고, 이들은 "이기적이든 아니든 간에 자신들의 효용(보상)이라는 이익을 극대화"(욘 엘스트, 김성철, 최문기 역, 1993)하는 존재로 보고 있다.

방법론적 개인주의

합리적 선택 이론에서는 방법론적 개인주의를 채택하고 있다. 방법론적 개인주의의 기본 가정은 다음과 같다(한국정치경제학회 편, 1992). ①구조적 제약이 사회 속의 개인 행동을 완전히 결정하지는 않는다. ②모든 제약 조건과 양립할 수 있는 가능한 행위의 세트(feasible set of actions) 내에서 개인들은 최상의 결과를 낳을 것이라고 믿는 것을 선택할 것이다.

합리적 개인

합리적 개인은 어떻게 선택을 하는 것일까? 다운즈(A. Downs)는 합리적 개인은 다음과 같은 선택 과정을 밟을 것으로 본다(Anthony Downs, 1957). ①합리적 개인은 복수의 대안에 직면할 때, 항상 결정을 내린다. ②합리적 개인은 그의 선호(preference)에 따라 대안의 순위를 매긴다. ③합리적 개인의 선호 순위(preference ranking)는 일관성이 있다. ④합리적 개인은 선호의 서열 가운데 가장 높은 순위의 가능한 대안을 항상 선택한다. ⑤합리적 개인은 동일한 대안에 직면할 때 항상 동일한 결정을 내릴 것이다. 이러한 다운즈의 관점이 전적으로 옳다기보다는 합리적 개인의 선택을 보는 관점으로서 유용하다 하겠다.

이러한 개인의 합리성은 정치경제학에서 미시적 분석으로 거시적 현상을 이해하는데 유용하게 활용되어 왔다. 그런데 현실 공간과 사이버 공간이 공존하는 오늘날에도 현전하는 개인들의 행동을 미루어 볼 수 있는 시사점이 있다. 네티즌들이 사이버 공간에서 선택 상황에서 갈등 사태에 있을 때 최소의 노력이나 비용을 들여서 최대의 효과나 결과를 어떻게 얻을 수 있을지를 고안하는 것을 이 모델을 통해서 살펴볼 수 있다.

사이버 공간에서도 현실 공간에서처럼 자신의 이익을 극대화하기 위해 행동하는 전략을 구사하는 게임 행위자가 된다는 것을 알 수 있다. 사이버 공간에서 이루어지는 게임도 구조면에서 보면 제로섬 게임(zero-sum game)과 비제로섬 게임(non-zero-sum game)으로 양분된다.

제로섬 게임

제로섬(영합) 게임은 모든 참가자들의 이득과 손실의 합은 제로가 되는 게임이다. 카드놀이나 고스톱 게임처럼 경쟁자 중의 어느 한쪽의 이득은 반드시 다른 쪽의 손해를 야기하는 게임이다. 모두가 얻거나 잃을 수는 없다. 한쪽의 손실이 그만큼의 다른 쪽의 이득이 되는 게임이다. 따라서 제로섬 게임을 하는 게임 참여자들은 흥정이나 타협을 할 여지가 없다. 내 이익을 지키려면 상대방의 손실은 불가피한 것이다.

비제로섬 게임

비제로섬(비영합) 게임은 이해득실의 합이 제로가 나오지 않는 게임을 말한다. 득실을 합해서 플러스(+)가 나올 수도 있고, 마이너스(-)가 나올 수도 있다. 모두가 승자가 될 수도 있고, 모두가 패자도 될 수 있는 게임으로 어느 한쪽의 이득이 다른 쪽의 손실을 기반으로 하는 것은 아니라는 특징이 있다. 쌍방의 득실이 상극하거나 대립하는 경우가 아닌 게임임으로 행위자들의 관계가 굳이 적대적일 이유가 없는 게임이다. 협력하기에 따라서 양쪽 모두에게 이득이 되어 우호적일 수도 있고, 상호 비협력으로 인해서 모두 잃게 되는 적대적 관계로 끝이 날 수도 있다. 이 게임의 전형적인 모델은 소위 죄수의 딜레마 모델(Prisoner's Dilemma Model) 또는 비겁자 모델(Chicken Model)을 들 수 있다(James E. Dougherty, Robert L. Pfaltzgraff, 1971).

다자 게임

사이버 공간에서 행위자들은 주로 불특정 다수인 경우가 많기 때문에 양자 게임

구도보다는 다자 게임의 구도를 갖는다. 현실 공간에서보다 익명성으로 인해 더 게임 행위자들의 선택이 덜 합리적일 수 있다. 생각보다는 감정이 앞설 수 있는 특성으로 인해 모델로 분석하기에는 더 복잡다단할 수 있다. 그러나 네티즌들의 변화무쌍한 행위에서도 일련의 규칙을 찾을 수 있다면 좀 더 이해의 폭을 넓히고 문제의 원인을 찾기에도 용이하다는 측면에서 합리적 선택 이론을 원용해서 네티즌들의 댓글 달기 행위를 분석해 보기로 한다.

2. 네티즌의 합리적 선택

1) 죄수의 딜레마 게임

네티즌들은 현실 공간의 시민에 비하여 익명성을 보장받는 정도가 크다. 좁은 지역에서나 작은 공동체에서 언행은 자유로울 수가 없다. 그런데 사이버 공간에 들어가는 것은 탈영토적 공간에 들어가기 때문에 자신을 구속했던 자아 정체성이나 공간 정체성으로부터 자유로워진다. 현실 공간에서는 이름이 드러남으로 인해서 구속받게 되던 것이 사이버 공간에서는 자유롭게 이름과 주소를 바꿀 수 있으므로 익명성이 주는 자유를 만끽할 수 있다. 현실 공간에서 격리해 두는 것과 같이 드러나지 않으면서도 자유롭게 사이트들을 드나들 수 있다. 이쪽저쪽 사이트를 옮겨 다니면서 매번 다른 닉네임과 아이디를 활용할 수 있고, 다른 아바타를 내세울 수 있다. 자신을 드러내지 않고 싶으면 얼마든지 가능한 익명성이 보장되는 공간이 사이버 공간이다.

사이버 공간에서 활동하는 네티즌들은 동시 접속자로 보면 다자 게임이지만 경합하는 상황은 2인 게임으로 단순화해 볼 수 있다. 댓글달기에 참여하고 있는 네티즌이 불특정 다수라 하더라도 일대다의 시장 게임과 같이 나와 다른 행위자와의 양자 게임 형태로 단순화해 정리해 볼 수 있다. 네티즌들의 댓글달기 참여 행위를 우선 '죄수의 딜레마'(prisoner's dilemma) 모델을 활용해서 살펴보도록 하자. 죄수의 딜레마는 비영합 게임의 대표적인 예가 될 수 있다.

죄수의 딜레마

슈퍼마켓에서 살인을 한 혐의로 두 명의 용의자가 검거되어 심문을 받는 상황에 있다. 이들은 둘 다 묵비권을 행사하면 단지 살인의 증거가 없는 상태에서 불법총기 소지죄로 1년 징역형을 선고받는다는 것을 알고 있다. 그런데 만일 한 사람이 자백하여 둘의 살인을 인정하게 되고 다른 사람이 묵비권을 행사한다면 자백한 사람은 사건 해결에 대한 기여로 6개월 후 보석이라는 감형된 선고를 받을 것이며 다른 한 명은 10년 동안 살인죄로 감옥생활을 해야 한다고 가정된다. 만일 둘 다 자백하면 살인죄가 적용되더라도 자수한 점이 반영되어, 둘은 징역 5년 형이 선고될 것이다. 이런 상황에서 둘 다 묵비권을 행사하게 되면 1년 감옥 생활로 끝을 낼 수 있지만, 서로 격리되어 상대방이 어떤 선택을 할지 알 수 없는 상황에서는 둘 다 자백해서 5년 형을 받게 된다. 이 게임 상황에서 게임 당사자 둘 다 모두에게 좋은 공동선이 있음에도 불구하고, 두 행위자는 모두에게 좋지 않은 공동악으로 게임을 끝을 내게 되는 선택을 하게 된다. 이러한 게임 행위자를 합리적 죄수(rational prisoner)라고 한다(사울 스탈, 박형빈 옮김, 2005).

표 1 죄수의 딜레마 게임

A \ B	묵비권	자백
묵비권	1년 / 1년	6개월 / 10년
자백	10년 / 6개월	5년 / 5년

사이버 공간에서 댓글 달기 행위자의 첫째 유형이 바로 위와 같은 매트릭스의 선호대로 행동하는 합리적 죄수와 같은 유형의 네티즌들이다. 그들의 행위는 다음 표와 같은 양자 게임 속성의 다자 게임에 임하는 것으로 해석될 수 있다. 네티즌 A가

선택할 수 있는 상황을 두 가지로 단순화해 보자. 하나의 선택은 다른 사람과의 상호작용에서 긍정적인 협력 행위를 하는 상황으로 선플을 다는 경우를 가정할 수 있다. 또 다른 하나의 선택은 다른 사람과의 상호작용에서 비협력하는 상황으로 방관을 하거나 마음대로 댓글을 다는 경우를 가정해 볼 수 있다. 협력적 행위와 비협력적 행위로 양분했을 때 각양각색의 대응 방식을 어느 쪽에 편입시킬지 이론이 있을 수 있으나 합리적 행위자라는 것을 전제로 해서 비용이나 정신적, 육체적 노고가 들어가는 것을 협력, 비용이나 심리적 부담 등의 노고가 들어가지 않는 것을 비협력으로 보고 양분을 하면 다음과 같이 틀을 지워 볼 수 있다.

표 2 합리적 죄수의 댓글달기 선호

A \ B	선플달기	악플달기
선플달기	2	4
악플달기	1	3

개인적 최선

위의 도표에서 숫자는 행위자 A의 선호순서를 나타낸 것이다. 인터넷에서 댓글을 다는 A로서 최선(1)의 선택이 되는 것은 다른 네티즌들이 신사적으로 댓글(선플)을 달고, 자신은 네티켓에 상관없이 마음대로 댓글(악플)을 다는 것이다. 즉 자신은 하고 싶은 대로 함으로써 일체의 심리적, 물리적 손해가 되는 부담을 지지 않지만, 다른 네티즌이 부담이 되더라도 협력적 댓글로 공공재(게시판의 건전한 기능)를 살리도록 협력을 하는 경우이다. 합리적 죄수 유형의 네티즌은 익명이 보장되는 사이트에서 굳이 자신의 욕구를 절제해 가면서 신사적으로 대응할 이유를 찾지 않게 된다. 욕설이나 악담을 하면서 마음대로 감정 해소를 하게 된다. 합리적 행위자 A는 게시판의 건전한 기능을 유지하는 데 협력하지 않으면서도 게시판이 건전하게 유지되는 혜택은 누리고자 하는 선택을 첫 번째로 꼽는다는 것이다.

개인적 차선

합리적 행위자 A로서 차선(2)은 함께하고 싶은 대로 할 말 못할 말 다하지 못하는 부담이 있지만 다른 네티즌들과 함께 부담을 져서 다 같이 신사적으로 댓글을 달아서 깨끗한 게시판이 유지되도록 협력하는 것이 된다. 이 경우는 공공재를 산출하기 위한 부담을 함께 지는 것이지만 모두에게 좋은 것임으로 공동선이 된다. 깨끗한 사이트가 유지되어 네티즌으로서 계속 활동을 할 만한 사이트로서 유지되는 것이다.

개인적 차악

합리적 행위자 A로서 차악(3)은 다른 네티즌들이 악플을 남발하여 게시판 유지에 비협력으로 나오면 나도 비협력으로 대응하는 것이 될 것이다. 그야말로 최악의 사이트가 되거나 폐쇄될 상황이면 자신도 악플을 마음껏 달아서 실컷 욕망을 배설하는 것이 심적 절제의 비용을 혼자 감당하는 것보다 합리적일 수 있게 된다.

개인적 최악

최악(4)의 상황은 자신은 신사답게 댓글을 달고 있는데 다른 네티즌들이 온갖 욕설과 비방을 남발하여 신사적으로 대응한 나만 바보가 되는 상황이다. 즉 나 홀로 협력을 하는 것이 무의미한 대응에 불과하게 된다. 공공재의 기여에 나 홀로의 협력은 무의미하기 때문에 비협력으로 돌아설 수 있다.

공동악

익명의 상황에서 자유롭게 욕구를 배설하고자 하는 네티즌이라면 상대방이 어떤 선택을 하든 자신은 악플러(惡 pler)로 행동하게 된다. 모두에게 좋은 선택은 각자 선플을 다는 상호협력(2)이 되지만 결국 모두에게 나쁜 선택(공동악)이 되는 상호 비협력(3)으로 악플이 넘치는 사이트나 게시판으로 끝이 나게 된다.

인터넷의 게시판이나 개인 블로그에서 욕설이나 비방, 날조가 판을 치게 됨을 경험적으로 알 수 있다. 익명으로 활동 가능한 사이트가 많고, 다중 닉을 가질 수 있음으로 인해 악플러들이 넘치게 되는 상황은 위에서 살펴본 것처럼 죄수의 딜레마 게임 상황으로 볼 수 있다. 인터넷 쇼핑에서 사기, 중고품 거래에서 사기 등도 죄수의 딜레마 상황에 따라 모두가 비협력하는 공동악으로 끝을 내는 것으로 해석해 볼 수 있겠다.

2) 비겁자 게임

사이버 공간에서 다중 닉을 가질 수 있는 네티즌들은 의사표현에서 수시로 돌변할 수 있다. 자신을 얼마든지 숨길 수 있기 때문에 현실 공간에서 보수주의자가 사이버 공간에서 진보주의자가 될 수도 있고, 현실 공간에서 남성이 사이버 공간에서는 여성으로 활동할 수도 있다. 성인이라도 어린이 게시판에서는 어린이처럼 행동하는 것도 가능하다. 가톨릭 성직자가 여성 행세를 하는 남성과 음란 채팅을 즐기다 돈을 뜯긴 과거의 사건[1]처럼 디지털 시대에 발전된 다양한 채팅앱에서 네티즌들의 변신이 국경을 넘어선 사회 문제로 떠오른 지 오래다.

탈억제와 통제

네티즌들은 상대방의 댓글이나 게시판의 분위기에 따라서 수시로 돌변한다. 사이버 공간에 들어가게 되면 탈억제 효과(disinhibition effect)로 감정이 배설되는 체험을 할 수 있다. 비밀스러운 감정, 두려움, 소망을 솔직하게 드러낸다. 경우에 따라 타인들에게 친절함과 관대함을 보여 주기도 한다. 어떤 경우엔 무례한 언어나, 욕설을 발설하기도 한다. 이러한 탈억제 효과로 재미와 흥분은 더 강하게 경험되며, 억눌린 감정을 해소하는 효과를 본다(인터넷 윤리실천협의회, 2011). 현실 공간에서는 통제력을 행사하는 인간관계 속에 있으나 사이버 공간에서는 통제를 행사하는 친구, 가족, 교사 등이 없기 때문에 내 마음대로 결정을 해서 내 마음대로 행동을 하기 쉽다.

악플과 선플

사이버 공간에서는 마음이 풀어진 상태에서 맹목적으로 정서적 지지를 하거나, 비판을 하기도 한다. 실시간 반응을 볼 수 있는 사이트들에서는 더 즉흥적인 댓글들이 난무한다. 비판할 일도 아닌데 어쩌다 비판하는 글에 발을 담그게 되면 본의와 무관하게 극단적인 비판으로 치닫기도 하고, 별로 지지할 생각도 없었는데 어쩌다 보니 극단적인 팬처럼 행사하게 되는 경우도 있다. 핫한 인물이나 영화, 드라마, 예능프로그램 등에 대한 의사표현은 실시간으로 대응하다 보니 현실 공간에서와는 달리 감정적인 극단으로 치닫기도 한다. 연예인이나 유명인에 대한 댓글에서 도를 넘어선 악플들이 넘치는 경우가 그 반대의 선플의 경우보다 많기 쉽다. 악플러들은 자신의 댓글이 극단적인 경우 더 많은 리플이 달리기 때문에 악플의 수위는 극으로 치닫게 된다. 리플이 달리지 않은 것보다 악플이라도 달려야 적성이 풀리는 네티즌들로선 댓글이 반복되면서 감정이 더 격렬하게 된다.

악플이 넘치는 곳에서 선플은 묻히고 말기 때문에 대다수의 중립적이거나 반박을 하고 싶은 사람들이라 할지라도 선플을 쉽게 달리 않는다. 굳이 반박 글을 달 때는 역시 악플로써 반박을 하게 된다. 그러나 이러한 악플로 범벅이 될 때 누군가는 이래서는 안 된다고 생각해서 자기만이라도 선플을 달아야겠다고 나서는 사람이 있다. 다른 사람들이 선플을 달면 굳이 나서지 않지만 악플이 심하다고 생각되는데 아무도 나서지 않으면 나라도 나서서 선플을 달게 되는 경우가 있다. 이러한 상황은 바로 비겁자 게임(chicken game)을 통해서 살펴볼 수 있다. 이 게임의 개요는 다음과 같다.

비겁자 게임

누가 비겁자인지를 가리는 게임을 비겁자 게임이라고 한다. 일례로 두 대의 자동차가 외길의 양쪽 끝에서 마주 보고 질주하고 있는 상황을 생각해 볼 수 있다. 둘 다 브레이크를 밟지 않고 마주치면 둘 다 목숨을 잃는 충돌사고로 끝이 나게 된다. 먼저 브레이크를 밟는 쪽이 비겁자가 되기 때문에 브레이크를 절대로 밟지 않는 용기 있는 자인 척 배짱 내밀기 게임을 하게 된다. 두 사람 모두 충돌 전에 브레이크를 밟으면 둘 다 비겁자가 되지만 같은 비겁자로서 더 잃을 건 없는 게임이다. 그러나 한쪽이 먼저 브레이크를 밟게 되면 좀 더 직진한 쪽은 용기 있는 자가 되고 먼저 밟은 쪽은 비겁자가 된다. 둘 다 직진하게 되는 경우 자동차의 충돌로 죽음을 면하기 어렵기 때문에 용기 있는 자가 되는 것은 무의미하게 된다. 이 게임에 참여하는 참가자는 서로의 배짱을 내세우기 위해 게임 전에 미리 상대방이 보는 앞에서 술을 들이켜 '나는 제정신이 아니다'라는 것을 부각해 상대방의 기를 꺾으려고 한다. 나는 죽을 각오가 되어 있으니 죽기 싫으면 먼저 브레이크를 밟으라는 식이다. 상대방도 이에 못지않게 말술을 들이켜 자신도 막가는 사람이라는 것을 부각함으로써 절대로 피할 리는 없을 것이라는 점을 과시하게 된다. 그렇지만 막상 게임을 해 보면 이 게임에서는 죽는 것보다는 비겁자가 되는 것이 더 나은 선택이기 때문에 둘 다 브레이크를 밟아 충돌을 피하는 선택을 하게 된다. 이런 선택을 하는 최소최대 전략(maximin strategy) 행위자를 합리적 비겁자라고 한다. 만취한 척 가장을 하지만 그 와중에도 자신에게 이익이 되는 선택이 무엇인지를 재는 합리적 존재인 것이다. 각 전략을 선택했을 때 일어날 수 있는 최악의 결과를 비교하여 그중에서 가장 덜 나쁜 결과가 나올 수 있는 전략을 선택하는 최소최대 전략을 취하게 된다(Roger A. McCain, 이규억 옮김, 2004).

표 3 비겁자 게임

A \ B	멈춘다	질주한다
멈춘다	0(삶) 0(삶)	10(용자) −10(비겁자)
질주한다	−10(비겁자) 10(용자)	−100(죽음) −100(죽음)

악플이 넘치고 있는 상황에서도 악플의 대세를 따르지 않고 선플을 달게 되는 행위자의 선호도는 다음과 같이 해석해 볼 수 있다.

표 4 합리적 비겁자의 댓글달기 선호

A \ B	선플달기	악플달기
선플달기	2	3
악플달기	1	4

합리적 비겁자의 선호

네티즌 A는 인터넷 기사나 여러 댓글들을 보더라도 물적(시간 소모 등), 심적(귀찮음 등) 비용에 따라 댓글을 달지 않고 간과하는 비협력을 선택하게 된다. 눈팅만 하고 로그인 하거나 댓글을 다는 것에는 관심을 두지 않는 경우도 많다. 설령 댓글을 달고자 할 경우에도 지지 글이건 반박 글이건 감정을 통제하지 않고 마음대로 달게 되어 역시 좋은 게시판으로 살리는 일에는 비협력적이게 된다. 따라서 앞의 죄수의 딜레마 모델에서와 같은 선호 순서대로 행동하는 것이 네티즌 A로서는 합리적인 선택이 된다.

합리적 비겁자의 기회주의

그런데도 모두가 악플을 다는 것에 대하여 '뭐 이런 경우가 있나'라며 선플을 다는 사람이 생기기도 한다. 이런 행위자를 합리적 비겁자로 볼 수 있다. 합리적 행위자 A로선 다른 사람들 B가 절제된 댓글을 달고 자신은 마음대로 다는 것이 사이버 공간에서 물적, 심적 이득을 누리는 것으로 여겨져서 최선의 선택(1)이 된다. 차선(2)은 자신과 다른 사람들 모두 절제된 댓글을 달게 됨으로써 이성적인 게시판이 유지되는 것이다. 그런데 합리적 죄수와 다른 점은 차악(3)은 다른 사람들이 모두 감정을 배설하여 쓰레기 게시판이 되고 있다면 나라도 선플을 달아서 게시판의 정화에 기여하는 것이고, 최악의 상황은 행위자 A, B 모두 악플로 도배를 해서 댓글의 기능을 제대로 할 수 없게 하여 막가는 게시판으로 변하는 경우이다.

그렇기 때문에 행위자 A로선 다른 사람들이 선플을 달면, 나 하나쯤은 마음대로 하지만, 다른 사람들이 모두 악플을 달면 오히려 나라도 제대로 행동하는 네티즌이 되고자 하는 기회주의자로 행동하게 된다. 이러한 기회주의적 행동은 연예인, 혹은 선거 시절에 특정 후보에 대한 기사의 댓글에서 더 두드러진다. 자신이 지지하는 대상에 대한 지지 글이 많으면 지지 글을 더하거나 지지 댓글을 다는 데 소홀하지만, 자신이 지지하는 후보에게 해가 되는 글이 올라오면 오히려 적극적으로 참여하기 시작한다. 무늬만 팬클럽의 회원인 경우라면 일상적으론 소극적이지만 안티 팬들의 글을 보면 진성 팬인 듯이 안 달던 댓글을 달기도 한다.

처음부터 악플을 다는 것이 선플을 다는 것보다 더 자유로운 선택이게 한다는 점에서는 죄수의 딜레마나 비겁자 게임에서 같은 구도지만, 악플들이 넘칠 때 나 혼자 선플을 달아 봐도 소용이 없다고 생각해서 비협력으로 돌아서면 합리적 죄수가 되는 것이고, 이럴 때일수록 혼자서라도 선플을 달아야 한다고 생각하고 실천하게 된다면 합리적 비겁자가 되는 것이다.

3) 장군멍군 게임

사이버 공간에도 현실 공간에서와 마찬가지로 자신 밖의 세상일에 무심한 존재로서 행동하는 경우가 많다. 인터넷 생활을 자율적으로 하지 않고, 다른 사람의 선택에 따라 조건적으로 부화뇌동하는 것이다. 다른 사람이 자신의 글이나 사이트에 댓글을 달아 주면 맞대응해서 댓글을 달아 주는 방식이다. '선플에는 선플로, 악플에는 악플로'라는 원칙이 주로 적용된다. 이런 상호주의에 따르는 네티즌들을 '장군멍군(tit for tat) 행위자'라고 볼 수 있다.

반복 게임과 장군멍군 행위자

죄수의 딜레마에서 보면 단 한 번의 전략 선택을 할 수 있다면 비협력으로 끝을 내게 된다. 다른 네티즌들이 선플을 달아도 나는 악플을 달고, 다른 네티즌들이 악플을 달아도 나는 악플을 다는 것이 지배 전략이었다. 그런데 사이버 공간에서 댓글달기 게임 상황은 1회 게임이 아니라 시간 차를 두고 반복되는 경향이 있다. 나의 글에 대한 어떤 댓글을 달았는지 확인이 가능하다. 게임이 반복될 경우 상호주의 원칙이 우위에 있는 장군멍군 전략이 지배 대안이 된다.

장군멍군 행위자라는 것은 상대방이 협력하면 협력으로 대응하고, 상대방이 비협력하면 비협력으로 대응하는 조건적 협력(conditional cooperation) 행위자를 말한다. 합리적 비겁자는 자신의 의지에 따라 조건적 대응을 하는 것이지만, 장군멍군 행위자는 다른 사람의 의지에 따르는 조건적 행위이다. 상대방이 장군이라 하면 장군이라 하고, 상대방이 멍군이라 하면 멍군이라 하는 사람을 가리킨다. 네티즌들이 상대방의 대응을 봐 가면서 조건적으로 대응한다는 것이다. 트위트, 페이스북, 카카오톡 같은 SNS(social network service)에서 네티즌들은 주로 장군멍군 게임에 동참하게 된다.

표 5 장군멍군 행위자의 댓글달기 선호

A \ B	선플단다	악플단다
선플단다	관계	
악플단다		관계

위의 표에서 알 수 있듯이 다른 사람들 B가 선플을 달면 선플로 대응해서 관계를 갖게 되고, 다른 사람들 B가 악플을 달면 악플로 대응해서 관계를 갖게 된다. 다른 사람이 댓글을 달지 않으면 '나라도 참여해야겠다'라고 생각하는 것이 아니라 '댓글은 달아서 뭐 하지' 하는 고립자적 사고를 한다. 장군멍군 행위자는 부화뇌동하기 때문에 댓글이 없는 게시판에서는 댓글을 달지 않고, 댓글이 많은 게시판에서는 댓글을 달며 참여하는 경향이 있다.

의지박약 네티즌

이러한 의지박약의 네티즌들은 정치인이나 다른 유명인에 대한 선호도 뚜렷하지 않다. 서핑을 하는 중에 외부로부터 선호가 유입되어 일시적인 현상으로 나타남으로 진정성이 결여되어 있다. 어떤 사이트에서는 특정 스타를 선호하는 분위기에 휩싸여 있다가 다른 사이트에 들르게 되면 다른 스타에게 관심을 갖는 행위자로 엘스터가 개념화한 '적응적 선호(adaptive preference)에 따라 행동하는 사람이라고 볼 수 있다. 이런 성향의 행위자는 인터넷을 빠져나오게 되면 자신이 사이버 공간에서 무엇을 했는지에 대해서도 무관심하다.

3. 네티즌 선택의 바람직한 방향

네티즌 중에는 사이버 공간에서도 현실 공간에서와 마찬가지로 옳고 그름을 가치 판단의 기준으로 해서 선택하는 사람들이 있다. 이익(도덕과 무관한)이 되는지를 기준으로 삼는 사람들을 합리적인 네티즌(합리적 죄수, 합리적 비겁자, 장군멍군 행위자)이라 한다면 올바름을 행위 기준으로 삼는 사람들을 정언명법(定言命法)행위자라고 할 수 있다.

정언명법 행위자

선한 행위란 도덕률에 대한 순수한 존경에서 나오는 행위이다. 그런데 인간은 도덕률에 반하는 격률을 가질 수도 있으므로, 도덕률은 적어도 인간에 대해서는 언제나 당위 즉 명령(命令)의 형태를 취한다. 도덕률은 행위의 결과와는 무관하게 의무를 위하여 의무를 행할 것을 명령하는 것이므로 그 명령은 무조건적인 절대적 명령이다. 이런저런 조건에 따라 행동하는 것이 아니라 오로지 도덕률 그 자체를 목적으로 하여 이 목적을 실현할 것을 명령하는 것에 따른다는 점에서 칸트(I.Kant)는 이것을 정언명법(kategorischer Imperativ)이라고 불렀다(소광희 외, 1998 : 338).

사이버 공간에서의 전자민주주의는 개인의 자율성에 따라 성패가 갈린다고 볼 수 있다. 현실 공간과는 달리 익명의 행동이 가능한 상황이기 때문에 규제에 의한 타율성이 상대적으로 크지 않다고 볼 수 있다. 그렇다고 해서 네티즌들이 자율적 참여를 한다고 볼 수도 없다. 자율적이라 것은 행위자가 자기 자신의 규칙을 설정하고 그에 따라 행동한다는 것이다. 자율적인 네티즌은 자기 입법의 행위자로 '누구의 간섭도 받아들일 수 없다'는 반후견적(anti-paternalist)이라기보다는 '자유와 책임의 합성체로 자기 자신이 만든 기준에 대한 승복'으로 받아들이는 것이 합당하다(박효종, 2005).

표 6 정언명법 행위자의 댓글달기 선호

A \ B	선플단다	악플단다
선플단다	○(1)	○(2)
악플단다	×(3)	×(4)

정언명법 행위자 A는 다른 사람들 B의 선택과 무관하게 자신은 선플을 다는 것만이 선택 대안(○)이 된다. 자율적 존재로서 A는 댓글을 다는 것이 옳다고 생각되면 다른 사람들의 댓글이 선플이든 악플이든 상관하지 않고 선플을 달게 된다. 합리적 죄수처럼 무조건적 비협력을 택하지도 않고, 합리적 비겁자처럼 다른 사람들이 비협력한다면 협력으로 돌아서는 기회주의자로 행동하지도 않을 것이다. 물론 행위자 A는 자기 입법의 행위자이기 때문에 장군멍군 행위자처럼 남의 선택을 뒤쫓기만 하지도 않는다. 오로지 선플로 참여하는 것을 의무로 여기고, 댓글달기 행위를 존중하기 때문에 댓글을 다는 것이다.

정언명법 행위자의 선호

굳이 A의 선호 순서를 따져 보면 다른 사람들도 함께 선플을 다는 것이 최선(1)이 되고, 차선(2)은 다른 사람은 악플을 다는 것이다. 그럴 리가 없겠지만, A에게 피치 못할 사정으로 악플을 달아야 하는 경우가 있더라도 다른 사람들 B는 선플을 다는 것이 바람직하기 때문에 이것이 차악(3)으로 매겨질 것이고, 최악(4)은 B마저 악플을 달아 모두가 악플로 대응하는 것이 될 것이다. 물론 이러한 선호 순서는 정언명법 행위자에게는 무의미한 순서 매김이다.

사이버 공간에서 공공선을 존중하는 자기 입법자로서 행위하는 네티즌들은 많다. 익명성이 보장되거나 닉네임 물 타기가 가능해도 다른 사람의 행위와 무관하게 옳다고 생각되는 바에 따라 행위한다. 합리적 죄수처럼 자신의 이득을 위해서 비방하는 악플러로 가담하지도 않고, 합리적 비겁자처럼 자신에게 불리하다고 생각되면 전적으로 나서는 악플러가 되는 것도 아니다. 그렇다고 해서 자율적 선호도 없이 사이버 공간의 방랑자로 떠돌아다니지도 않는다. 칸트가 말하듯이 자기 입법의 행위가 보편적 입법의 원리에 어긋나지 않도록 행동한다.

자기 입법 행위자

공공선을 존중하는 정언명법 행위자는 자기 입법자로서 사이버 공간에서도 도덕적 자기 규제를 유지해 나간다. 사이버 공간에서도 자기 입법자는 자신에게 엄격하고, 타인들에게 관대하게 행동한다. 다른 사람들을 도덕적 주체로 인정하지 않는 것이 아니라 공동체의 성원으로 존중한다. 다만 나의 행동이 다른 사람의 행동에 따라 행해지는 것이 아니라 무조건적인 의무이행을 한다.

이러한 행위자들이 사이버 공간에서 존재함으로써 '신뢰할 수 있는 게시판' 문화가 형성되며, SNS의 품위가 높아지게 된다. 이런 정언명법 행위자들은 전자민주주의에 대한 낙관도 가능하게 한다. 사이버 공간에서 자기 입법 행동 성향의 네티즌들과 리더(게시판 관리자, 주인장 등)들로 인해서 신뢰를 바탕으로 자리 잡아 갈 수 있다. 현실 공간에서건 사이버 공간에서건 자기 입법 행위자에게서 삶의 질의 향상에 기대를 걸 수 있다. 따라서 사이버 공간의 질서는 정언명법에 따르는 네티즌들에 의해 유지되는 것이 가장 바람직하다 하겠다.

4. 선택 게임의 질적 전환

사이버 공간에서 댓글달기 행위는 게임이론의 관점에서 볼 때 네티즌의 게임이라는 것을 알 수 있다. 사이버 공간에 들어가는 이유가 일을 위해서 들어가건 놀이를 위해서 들어가건 자신에게 이익이 되는 선택을 하려는 의도를 가지고 들어간다. 누군가를 돕기 위해서 사이버 공간으로 들어가는 경우도 있겠지만 그것이 일이 아니라면 재미를 주는 선택이기 때문에 가능할 것이다. 자기 희생을 하기 위해 사이버 공간으로 들어가는 일은 없을 정도로 사이버 공간에서 개별 네티즌들은 자신의 이익을 극대화하는 선택을 하게 된다.

댓글달기에서 악플을 달게 되는 네티즌의 행위를 죄수의 딜레마, 비겁자 게임, 장군멍군 게임 모델을 활용하여 해석할 수도 있지만 개별 네티즌들의 각양각색의 선호를 반영하는 데는 한계가 있다. 행위자 A가 사이버 공간에 들어가게 되면 항상 같은 게임의 행위자인 것은 아니다. 나이, 신분, 성별 차이와 사이버 공간에 들어간 목적에 따라 개별 행동을 하게 된다. 만인은 만인의 행동을 한다고 해도 과언이 아니다. 자신의 관심 사안에 따라 죄수의 딜레마 게임 속성의 행위를 하기도 하고 비겁자 게임 속성의 행위를 하기도 한다. 익명으로 활동 가능한 게시판에서는 '합리적 죄수' '합리적 비겁자', '장군멍군 행위자'로 행동하다가도 자신이 누군지 밝혀지는 카카오톡이나 페이스북, 트위트, 블로그, 카페 등에서는 '정언명법 행위자'로 행동하기도 한다.

인터넷 윤리에 대한 관심

깨끗한 게시판이 되게 하기 위해서는 합리적 죄수, 합리적 비겁자, 장군멍군 행위자가 일상적인 정언명법 행위자가 되도록 게임의 질적 전환이 필요함을 알 수 있다. 그런데 그 방안이 실명을 드러내도록 함으로써 이루고자 하는 것은 바람직하지 않다. 본인 확인제는 표현의 자유, 개인정보 자기결정권 등을 침해하면서도 명예훼손, 모욕, 비방하는 정보의 게시 등이 별로 줄지 않는다. 실명제로 바꾸어서 악플러들을 제제하거나 포털에서 악플들을 알아서 지우는 방법도 있을 수 있으나 자율성을 침해하는 문제가 야기된다.[1] 따라서 정언명법 행위자로 사이버 공간에서 활동하게 하기 위해서는 자기 욕구 중심으로 활동하는 합리적인 네티즌들이 옳고 그름을 기준으로 해서 행동하는 윤리적 네티즌으로 질적 전환을 이루도록 인터넷 윤리에 대한 관심이 더 시급하다 하겠다.

원형이정

정언명법 행위자의 행위는 게시판이나 채팅 사이트에서 미담이 넘치게 한다는 점에 주목해 볼 필요가 있다. 한 사람, 또는 여러 사람이 글을 통해 소통을 함으로써 자신을 발견하고 다른 사람을 이해하는 장이 될 수 있다. 댓글을 통해서 지식을 쌓을 수도 있고 교훈을 얻을 수도 있다. 자극적인 언어와 음란한 언어들로 저급해지는 곳도 있지만, 지금도 긍정적인 역할을 하는 사이트들이 더 많고 수명도 길다. 그렇고 보면 익명의 네티즌들 사이에도 암묵적으로 원형이정(元亨利貞)[2]의 도덕이 살아 있는 것이다.

사회제도 개선

합리적인 개인들이 언제든지 합리적 죄수로 행동할 여지는 열려 있다. 따라서 댓글 행위뿐만 아니라 사이버 공간에서 생기는 비윤리성을 극복하기 위해서는 네티즌들의 개인적인 노력과 함께 기술적인 측면에서 악플을 걸러 낼 수 있도록 하는 사회구조, 제도적인 노력이 병행되어야 할 것이다. 사이버 공간에 대한 사회의 제도, 구조, 정책 등의 개선과 함께 개인들의 인터넷 윤리의 정립이 요구된다 하겠다.

◈ 생각 정리하기

생각 나누기 1

새드피싱(Sadfishing)은 관심을 끌거나 개인적인 이득을 얻기 위해 온라인에 감정적 문제에 대해 게시하는 행위를 말한다. 관심을 받고자 하는 것은 법적으로나 윤리적으로 잘못된 것은 아니다. 그러나 새드피싱을 하는 글들을 잘 살펴볼 필요는 있다. 그런 감정을 드러내어 관심을 끌고자 하는 사람들은 낮은 자존감, 외로움, 자기애, 다른 사람을 조종하려는 욕망 등과 관련이 있을 수 있다. 새드피싱 게시물이 게시자의 우울증, 불안 등 민감한 문제를 진정으로 알리고 싶어서 그럴 수도 있고, 네티즌을 착취하거나 자극하기 위한 의도일 수도 있다. 새드피싱은 비극을 상품화하는 경우도 있을 수 있고, 두려움을 조성하는 경우도 있을 수 있고, 온라인의 감정들에 무감각하게 만드는 부작용이 있을 수도 있다. 실제 도움이 필요한 정서적 호소가 관심끌기에 지나지 않는다고 외면될 수도 있다. 판단의 혼란으로 벗어나기 위해서는 SNS에서 난무하는 새드피싱에 대한 글 읽기와 해석이 중요한 시대가 되었다.

카카오 스토리 등 SNS 게시물을 통해 자신의 감정을 드러냈을 때 많은 사람들이 댓글을 달고 '좋아요'를 누르기도 한다. 하지만 어떤 사람들은 새드피싱을 한다고 악플을 달기도 한다.

새드피싱으로 볼 수 있는 사례를 찾아서 달린 댓글에 대해 자신의 생각을 발표해 봅시다.

생각 나누기 2

죄수의 딜레마에서도 볼 수 있듯이 서로 신뢰할 수 있다면 모두에게 이로운 결과가 나오지만 자신의 쾌락만 추구하면 모두에게 해로운 결과가 나온다는 것을 알 수 있다.

사이버 공간에서 무임승차적 사고와 행동을 한 사례를 찾아서 자신의 선호 순서를 적고 생각을 발표해 봅시다.

◈ 활동하기

1. 벼랑끝 전술(brinkmanship, brinksmanship)은 냉전 당시에 미국과 소련 사이에 마치 전쟁을 하자는 것처럼 보이면서 적국의 양보를 얻어 내려는 외교적 협상 전술을 말한다. 이 전술의 원리는 치킨 게임과 같다. 치킨 게임은 두 명의 참가자가 상대방의 양보를 기다리며 위험을 무릅쓰는 게임을 말한다. 2대의 차량이 마주 보며 돌진하다가 충돌 직전 1명이 방향을 틀어서 치킨, 즉 겁쟁이가 되거나 아니면 양쪽 모두 자멸하게 된다는 게임에서 나왔다. 1955년 개봉된 제임스 딘 주연의〈이유 없는 반항〉에서 주인공 짐(제임스 딘)과 버즈(불량배 두목)가 탄 자동차 2대가 절벽을 향해 나란히 질주하는 장면이 나온다. 절벽에 떨어져 죽지 않기 위해 먼저 브레이크를 밟으면 비겁자가 되는 게임이다(출처 : 위키백과).

사이버 공간에서 벼랑끝 전술을 펼치는 사례를 적어 보시오.

2. 인터넷 쇼핑 사이트들의 경쟁에서 무임승차적 사고를 하는 사례를 찾아 적으시오.

◈ 참고하기

사슴 사냥 게임(stag hunt game)

장 자크 루소의 이야기를 따서 만들어진 게임이다. 이 이야기에서는 두 명의 사냥꾼은 각각 토끼나 사슴을 잡을 수 있다. 각 게임자는 상대편의 선택을 알지 못하고, 하나의 행동만 선택해야 한다. 만약 한 사람이 사슴을 잡고자 한다면, 그는 성공률을 높이기 위해 파트너와 협력을 해야 한다. 토끼는 홀로 사냥할 수 있지만, 토끼는 사슴보다 가치가 떨어진다. 사슴 사냥 게임은 사슴 사냥에 상호 협력하면 사슴을 사냥할 수 있고, 토끼 사냥에 상호협력하면 토끼를 사냥할 수 있기 때문에 두 개의 내쉬 균형이 있다는 점에서 죄수의 딜레마와는 다르다.

팃포탯(tit for tat) 게임

서양의 비즈니스 문화에서 누군가를 만날 때 악수하는 일은 초기 협동의 한 예이다. 팃포탯(Tit for tat)은 게임 이론에서 반복되는 죄수의 딜레마의 강력한 전략이기도 하다. 이 전략을 사용하는 경기자는 처음에는 협력하고, 그 이후에는 상대의 바로 전 전략에 반응한다. 만약 상대가 이전에 협력을 했다면, 경기자는 협력하고, 만약 배반했다면, 경기자는 배반할 것이다. 이것은 생물학에서의 상호이타성하고도 비슷하다. 이 전략은 반복되는 죄수의 딜레마에서의 가장 성공적인 전략이라고 입증된 4개의 원칙에 의존한다. 첫째, 배반하기 전까지 경기자는 항상 협력한다. 둘째, 만약 상대가 배반했다면 대응하여 보복한다. 셋째, 상대가 협력으로 돌아서면 바로 관용적으로 대응한다. 넷째, 경기자는 반드시 상대와 한 번 이상 경쟁할 "좋은 기회"를 가지고 있어야 한다.

친족 선택(Kin Selection)

1963년에 해밀턴이 해밀턴 법칙이라는 수학적인 공식을 내놓았다. 또한 존 메이너드 스미스가 친족 선택이라는 말을 만듦으로써 이 아이디어가 대중에게도 알려지게 되었다.
친족이 가진 나의 유전자의 일부를 지킬 수 있다면 내가 희생하여 죽어도 이러한 성향을 가진 유전자가 후대에 계속해서 이어질 수 있다는 것이다. 즉, '나'를 지키면 나의 유전자는 100% 살아남게 된다. 그런데 나의 형제는 나와 유전자를 50% 공유하고 있으므로 나의 형제 두 명을 지키는 대신 내가 희생하면 유전자의 입장에서는 100%를 지키는 셈이 되는 것이다. 이 논지를 더 전개하면 나의 사촌은 나와 유전자를 12.5% 공유하고 있으므로 '나 = 사촌 8명'이라는 공식이 성립된다. 이것이 바로 홀데인이 1955년에 했다는 농담의 정체이다. 즉, '나 = 형제 2명 = 사촌 8명'이라고 할 수 있다.

헤밀턴 법칙(Hamilton's rule)에 의하면 r(유전적 연관도), B(이익, Benefit), C (비용, Cost)이라 할 때, 이타적인 행동으로 얻을 수 있는 적응적 이득(B)에 유전적 근친도(r)를 곱한 값이 그런 행동을 하는 데 드는 비용(C)보다 크면 그 행동은 진화하게 된다. 또는 위의 조건을 만족했을 때 이타적인 행동을 한다.

출처 : 위키백과 (http://ko.wikipedia.org/wiki/)

6장

표현의 자유와 사이버 공간에서 규제

1. 표현의 자유와 자율성의 의미

1) 표현의 자유의 필요성

인간은 자기 자신을 표현할 수 있는 존재이다. 말과 몸으로 자신의 생각과 느낌을 표현하고자 하는 욕구를 가지고 있다. 이러한 본질적 욕구를 표현할 수 있는 자유가 표현의 자유다. 의사표현은 주로 언론, 출판, 집회, 결사 등을 통해 표현되기 때문에 이러한 것들이 기본적 표현의 자유 영역에 속한다.

헌법에서 표현의 자유

헌법에서도 자유에 대한 제약이나 침해를 금지하는 조항들이 마땅히 있다. 모든 국민은 사생활의 비밀과 자유를 침해받지 아니한다(제17조). 모든 국민은 통신의 비밀을 침해받지 아니한다(제18조). 모든 국민은 언론·출판의 자유와 집회·결사의 자유를 가진다(제21조 1항). 언론·출판에 대한 허가나 검열과 집회·결사에 대한 허가는 인정되지 아니한다(제21조 2항). 통신·방송의 시설 기준과 신문의 기능을 보장하기 위하여 필요한 사항은 법률로 정한다(제21조 3항). 언론·출판은 타인의 명예나 권리 또는 공중도덕이나 사회윤리를 침해하여서는 아니 된다(제21조 4항). 모든 국민은 학문과 예술의 자유를 가진다(제22조 1항) 등이 있다.

이러한 법률상의 조항들에 직접적으로 명시되어 있지 않더라도 인간의 기본권으로 표현의 자유가 보장되어야 한다는 점에는 공감을 하고 있다. 흑색 리본의 패용, 연좌데모, 피켓팅 등과 같이 비언어적 매체나 행동에 의한 상징적 표현도 생각을 표현하기 위한 동기에서 표출되어 다른 사람들이 생각의 전달이라고 인식된다면 표현의 자유 영역에 포함된다 하겠다. 사이버 공간상에서 익명성의 보장, 표현의 자유는 헌법 제18조에 의하여 보장받고 있다고 볼 수 있다.

자아실현 뒷받침

표현의 자유가 필요한 이유는 여러 관점에서 제시되어 왔는데(팽원순, 21) 크게 다섯 가지 정도로 정리해 볼 수 있겠다. 첫째, 표현의 자유는 개인의 자아실현을 뒷받침하는 필수 요소다. 자신을 표현할 수 없는 상황에서 자아실현이란 불가능하다. 그래서 정치 영역에서는 물론이고 비정치 영역에서도 표현의 자유는 어떤 억압적 이유보다 우선해서 고려되어야 하는 요소다. 물론 표현의 자유가 다른 사람의 자유 활동과 갈등을 일으키거나 자신을 파괴하는 경우에도 무제한적 표현의 자유가 자아실현이라는 관점에서 정당화될 수 있을지는 비판의 소지가 있다. 사이버 공간에서 쾌락 추구적 폭력과 선정적인 음란물 표현에도 자아실현의 논리가 적용되어야 하는가 하는 의문을 제기하기도 한다.

진리를 드러냄

둘째, 표현의 자유는 진실과 허위의 대결에서 진리를 찾게 하는 필수적인 과정이다. 무엇이 진실인지 허위인지를 가려내는 법은 쉽지 않다. 정치, 경제, 종교, 문화의 권위자가 독단적으로 진리를 제시하는 것은 오류 가능성으로부터 벗어나기 어렵다. 따라서 다수가 진실과 허위를 가려내도록 마당을 펼쳐 두는 것이 필요하다. 자유롭게 공개된 대결에서 허위는 진실과의 대결에서 반대 의견을 감당할 수 있는 능력을 잃게 된다. 표현의 자유가 억압된 경우에는 합리적인 판단이 도출될 수 없어 오류가 남을 수 있지만 창의적으로 정보가 드러나게 될 때 진실이 남게 되는 결과가 오게 된다. 이러한 관점에도 이의가 없는 것은 아니다. 사이버 공간처럼 규제가 없는 정보시장에서도 정치, 경제, 문화 권력은 작동되고 있다고 보는 것이다. 정보에 대한 접근도 가난하고 무력한 경우보다는 정치, 경제적으로 영향력 있는 사람들에게 더 많이 공개되어 있어 정보 불평등은 쉽게 해결되지 않는다는 것이다.

기본적인 선

셋째, 사회의 복지, 발전을 위해서는 정치적 영역에서 표현의 자유가 필수적이다. 사회의 복지 자원이 하늘로부터 떨어지는 만나(manna)가 아니기 때문에 토론은 필수적이다. 사회의 모든 구성원이 결정에 참여하도록 하는 것이 표현의 자유 보장이다.

정치적 절차 없이 일부 계층이나 소수의 정책 결정자에 의존하게 된다는 것은 반대하는 사람들을 탄압하게 된다는 것과 다르지 않다. 정치적 영역에서 표현의 자유는 다른 영역의 표현의 자유를 획득하게 하는 기본적인 선에 해당된다. 물론 토론이 모든 주권자들의 의견을 반영할 수 있는 방법이 아니라 소수의 의견을 억압하기 위한 정당화라는 반론도 있다.

합리적 판단 기회

넷째, 자유로운 토론을 하게 되면 합리적인 판단을 할 수 있는 기회를 가지게 된다. 자유로운 토론을 억압하게 되면 합리적인 판단을 어렵게 하고 사회가 위로부터의 지침에 의존하게 되는 등 소통이 단절된다. 사회가 직면한 문제들은 은폐되어 속고 속이는 관계에 의해서 사회는 분열되고 공동체는 파괴될 수 있다.

카타르시스 효과

다섯째, 표현의 자유는 카타르시스 효과를 가진다. 개인이든 사회든 표현함으로써 억압된 감정을 해소하고, 공격본능을 순화하게 된다. 표현의 자유가 보장될 경우 물리적 충돌도 예방될 수 있다고 본다. 인간은 창의적 표현을 함으로써 유희적 세계를 갖게 되며 자유로워질 수 있다.

관점에 따라서 표현의 자유가 필요한 이유는 다르게 제시될 수 있겠으나 개인적 측면에서 자아실현과 사회적 측면에서 진실을 추구하는 데 필수적인 과정이라 볼 수 있다. 표현의 자유는 절대적으로 보장되어야 한다는 입장부터 어느 정도 제한되어야 한다는 입장까지 자유의 허용 정도에 대해서는 다양한 관점이 있다.

2) 자율성 개념의 이해와 표현의 자유

자율(autonomy : One who gives oneself his own law)이란 스스로 다스린다는 말이다. 자율성의 개념은 '자아'(auto; self)와 '다스린다'(nomos; rule of law)라는 두 개의 희랍어에 어원적 뿌리를 두고 있다(Richard Lindley, 5). 자율, 자치, 자결, 자제 등을 가리키는 말이다. 자율성 개념의 핵심은 자기가 스스로 주인이 되는 동시에 타인에게 예속되지 않는다는 두 가지 의미를 지닌다. 자율적 존재가 되기 위해 우리는 계발된 자아를 지닐 것이 요구된다. 외적 제약으로부터의 자유를 요구한다.

칸트의 자율

자율의 개념은 칸트(I.Kant)의 견해를 바탕으로 통찰해 볼 수 있다. 칸트철학에서 자율적 행위자의 핵심적 관념은 스스로 처방한 법칙에 따라서 행위하는 자라는 점에 있다. 말하자면 자율적 행위자는 자기 통치적, 자기 정향적이며, 자신의 의지를 통제하고 공포, 집착, 정념 등의 내적 강제의 노예가 되지 않는 행위자라 하겠다.

자율성 개념을 바탕으로 보면 자율적 행위자는 스스로 행위할 수 있는 지위에 있어야 한다. 자율적 행위자는 그의 합리성을 침식당할 정도로 제어할 수 없는 충동을 받아서는 안 된다. 가장 중요한 것으로서 자율적 행위자는 자기가 따를 법을 스스로 처방하는 입법자여야 한다. 자율성에 대한 이상의 특성은 행위에 대한 법적인 제약이나 관습의 전횡, 다수자의 횡포 등과 자율성이 양립할 수 없는 이유를 보여 준다. 자율성은 행위자가 강제와 처벌의 위협 등으로부터 해방된다는 의미에서 소극적 자유를 소지해야 할 뿐만 아니라 사회적 통념이나 간섭의 억압적 힘으로부터도 자유로울 것을 요구한다(황경식, 1995 : 314-317).

자율성과 다원성

자율성을 옹호하고자 하면 사회적 조건으로 다원적 사회가 요구된다. 자율성이 계발되기 위해서는 선택할 수 있는 대안들에 대해 다양한 사회에서 개인이 선택의 주체가 될 수 있어야 하기 때문이다. 사회가 다원적이고 사상, 양심의 자유를 허용할 때 개인의 자기 발전에 대한 동등한 권리 주장이 견지될 수 있다. 물론 타인에게 해악을 주지 않는다면 자기 자신의 개인적 목적을 자율적으로 발견하고 추구할 수 있도록 허용되고 권장된다는 것이다.

자유민주주의

자율성을 옹호하는 체제로는 표현의 자유와 관련시켜 보면 자유민주주의 사회가 현재로선 가장 근접해 있다고 볼 수 있다. 자유민주주의는 언론의 자유, 출판의 자유, 정치적 결사의 자유 등과 같은 소극적 자유를 보장한다는 점에서 긍지를 갖는다. 그런데 이러한 표현의 자유들이 본질적 가치를 갖는 것은 아니다. 그것들이 갖는 중심 가치는 그것들이 자율성의 계발, 보존, 행사를 위한 필수적 조건이라는 점에 있다. 개인의 자율성은 또 다른 목적을 위한 수단으로서가 아니라 그 자체로서의 목적이라 하겠다. 개인의 자율성 행사는 타인의 권리를 보호하는 선에서 합당하게 이루어져야 한다. 모든 시민들의 자율성을 증진하는 데 동등한 비중이 주어져야 한다. 자연적으로 불리한 위치에 있는 아동이나 정신장애인 등이 동등한 대우를 받을 수 있도록 하는 인간존중의 원리가 자율성 옹호를 지지하는 바탕이기도 하다.

2. 자율성과 선의의 간섭주의

1) 강한 간섭주의와 약한 간섭주의

자율성 보장과 맞대응되어 있는 것이 간섭(규제)이다. 밀(J.S.Mill)은 자유론(On Liberty, 1859)에서 판단력을 갖춘 성인이라면 자신의 생명, 신체, 재산에 관해서 타인에게 위해를 하지 않는 한 설령 그 결정이 본인에게 불리한 것일지라도 자기가 결정할 권한을 갖는다고 본다. 개인의 자유를 간섭할 수 있는 유일하게 정당한 근거는 그렇지 않을 경우 생겨날 타인에 대한 상해를 막기 위한 것뿐이라고 하면서 오직 어린이와 미성년자만이 선의의 간섭 대상이 될 수 있다는 반간섭주의를 내세운다(J.S.Mill, 137).

미성년자에 대한 간섭

여기서 생각해 볼 것은 행위를 결정할 수 있는 능력 여부와 행위의 결과가 해악을 가져오는 경우와 그렇지 않은 경우를 나누어 보는 것이다. 행위를 결정할 능력이 없는데도 자율성을 부여하는 것은 오히려 부작용을 초래할 수 있을 것이고, 행위의 결과가 나쁠 것이 분명한데도 자율성을 보장하기 위해서 방관하는 것은 더 큰 해악을 가져올 수 있기 때문이다. 이러한 기준을 가지고 볼 때 미성년자에 대한 간섭은 자율적 결정 능력 부재와 좋은 결과에 대한 전망의 부재라는 측면에서 허용 가능한 여지를 찾게 된다.

약한 간섭

간섭의 정도를 기준으로 해서 약한 간섭과 강한 간섭으로 나누어 볼 때 약한 간섭주의자들은 자기결정 능력이 없고, 해로운 결과가 예상될 경우에만 간섭이 정당화된다고 보는 입장에 있다. 무너질 위험이 있는 다리를 건너려는 사람이 있을 때 언어소통이 안 되어 이해시킬 수 없다면 강제적으로 막을 수 있다는 것이다. 그가 위험하다는 사실을 알고 있고 자살하기 위해 건너고자 한다면 약한 간섭주의 입장에서는 자기결정 능력을 기준으로 볼 때 나아가도록 내버려 둬야 한다는 입장이다.

강한 간섭

강한 간섭주의자들은 자기결정 능력이 있다고 하더라도 해로운 결과가 예상되면 간섭이 정당화된다는 입장에 있다. 다리의 위험을 알고 있으면서도 자살하기 위해 건너려는 사람이 있다면 강한 간섭주의 입장에서는 누구에게든 자살을 막을 자격이 부여되어 있다고 보기 때문에 그의 해악을 막기 위해서 다리를 건너지 못하도록 막을 수 있다고 본다. 밀은 강한 간섭에는 반대했지만 약한 간섭까지 배제하지는 않았기 때문에 반간섭주의를 내세웠지만 약한 간섭주의자라고 볼 수도 있겠다. 물론 성인이나 자신에게 최선책은 자신이 가장 잘 안다는 전제하에 성인들 간의 강한 간섭에는 반대했다.

강한 간섭주의와 가부장주의

강한 간섭주의는 부권제(父權制, patriarchy)와 근친관계로 볼 수 있다. 부권제에서는 자기결정 능력이 있다고 하더라도 가부장이 결정을 하게 되는 강한 간섭이 정당화되었다는 점에서 강한 간섭주의와 밀접한 관계에 있다고 하겠다. 가부장적(paternal) 간섭의 강한 간섭 측면을 볼 때 선의의 간섭주의(paternalism : 父情的 干涉主義, 溫情的 干涉主義)와 똑같은 것은 아니다. 그런데도 선의의 간섭주의가 부정적 간섭주의라는 용어를 사용하는 것은 전통적으로 부모와 자식 사이에 존재하는 친근한 관계를 상기시키려는 의도에서이다(황경식, 1995 : 294-295). 간섭을 하는 이유가 아버지의 마음에서라는 것이다. 요즘으로 보면 부모의 마음에서 자식을 간섭하는 것을 부정적 간섭주의라고 이해해 볼 수 있겠다.

선의의 간섭

드워킨(G.Dworkin)은 어떤 사람의 행위의 자유에 대한 간섭이 전적으로 강제당하는 당사자의 복지, 선, 행복, 필요, 이해 관심, 가치관과 관련된 이유에 의해 정당화되는 그런 간섭이 선의의 간섭이라고 본다(Gerald Dworkin, 197 : 107-126). 동의 없이 자유, 자율성에 간섭을 하는데 그 이유는 그 대상의 복지를 증진 또는 복지의 감소를 방지하기 위해 이루어진다고 볼 수 있다. 선의의 간섭이라고 하나 행동의 자유에 대한 제한 혹은 강제를 내포하고 있기 때문에 논란이 될 수 있다. 물론 강제라고 무조건 잘못되었다고 보지는 않는다. 오토바이 헬멧 착용이나 자동차 안전벨트 착용을 강제한다고 해서 선의를 의심하지는 않는다.

간섭주의는 국가나 개인이 해악으로부터 보호하기 위한 동기로 다른 사람에 대해 그들의 의사에 반하여 간섭하는 것이다. 안전벨트 강요, 약물 금지 같은 법적 제약에서처럼 강제적일 때도 있고 개인의 자유를 침해하는 경우도 있다. 어떤 사람이 얼마나 덜 합리적일 때 간섭을 받아야 하는가에 대한 의문이 제기된다.

수단 간섭과 목적 간섭

약한 간섭주의자들은 수단에 간섭함으로써 행위자들이 이루고자 하는 목적을 저지하게 되더라도 정당하다고 본다. 정말로 안전을 편리함보다 더 중시한다면 안전벨트를 매게 하는 것은 정당하다. 강한 간섭주의자들은 사람들은 그들의 목적에 대해서 실수를 하거나 혼동할 수도 있기 때문에 그들이 이루고자 하는 그런 목적을 막는 것도 정당화된다고 본다. 정말로 안전보다 바람에 머릿결이 날리는 것을 더 선호한다 하더라도 오토바이를 타는 그들에게 헬멧을 착용하게 하는 것은 정당하다. 그들의 목적이 비합리적이고 잘못된 것이라고 보기 때문이다. 왜 폼 나게 머릿결을 날리며 달리는 것이 안전에 구속되어야 하며 비합리적 목적이라고 치부하느냐며 저항하더라도 그렇다. 가치에 대한 잘못이 아니라 사실에 대한 잘못에 대해 간섭할 수도 있다. 만일 땅에 가볍게 내려앉을 것으로 믿고 창문 밖으로 뛰어내리려 하는 사람이 있다면 우리는 저지할 것이다. 사람이 깃털처럼 내려앉는다는 것은 사실이 아니기 때문에 잘못된 사실에 대해 간섭할 수 있다고 본다.

도덕적 간섭주의

일반적으로 간섭주의의 정당화는 당사자의 이익을 말하게 된다. 이런 이익은 죽음, 비참한 신체적 상황, 처절한 정서적 상태 같은 육체적, 심리적 삶을 유복하게 하는 것의 관점에서 정의된다. 그러나 때로는 개인의 도덕적 복지를 보호하기 위해서 간섭을 옹호한다. 일례로 비록 성매매를 하는 사람이 더 품위 있게 살고 질병으로부터 보호되도록 한다 하더라도 성매매를 못 하게 하는 것이 더 낫다고 보는 것은 성을 파는 것이 도덕적 타락이라고 보기 때문이다. 이렇듯이 개인의 도덕적 복지를 촉진하기 위해서 간섭을 정당화하기도 한다. 이를 도덕적 간섭주의(온정주의)라고 한다(Gerald Dworkin, 2005 : 305-319). 도덕적 간섭주의가 개인의 도덕적 인성을 향상시키고자 하는데 결과적으로 복지가 훼손될 경우에는 어떻게 할지 논란이 될 수 있다.

2) 간섭주의의 옹호 논변

간섭주의가 자유주의 체제에서도 관심을 끄는 것은 공동체 속에서 살 수밖에 없기 때문이다. 극단적인 자유주의자라 하더라도 인간의 상호의존적 사회적 삶을 부정할 수는 없다. 자유주의자들이 사회적 상호관계에 대한 인식에서는 다양성을 보이는 것이 사실이나 사회적 상호관계를 인정하는 점에서는 일치하고 있다. 인간의 상호 유대관계를 거부할 수 없다면 해악으로부터 보호가 타자의 적극적인 기여에 의존해 있는 자가 있고, 이들을 도와야 할 각종 도덕적 의무를 갖는다는 데 생각을 같이하게 된다. 타자가 그들의 선을 상실하는 일은 우리의 선과 무관하지 않고 그런 의미에서 일정 정도의 간섭주의적 근거가 옹호될 수 있다.

결과주의 관점

첫째, 간섭을 결과주의 관점에서 옹호하는 입장이 있다. 누구나 자신의 복리 증진에 관심이 있지만 실제 행동에서는 일관되지 않거나 오히려 복지를 훼손하는 선택을 하기도 한다. 지식이 부족할 경우도 있고, 개인적 성향과 관련될 수도 있다. 누구나 생명을 소중히 여기지만 단속이 없더라도 스스로 안전벨트를 장착하는 사람은 많지 않다. 따라서 안전벨트가 결과적으로 생명을 안전하게 할 것이라는 관점에서 벌금을 매기는 등 정부가 간섭을 하는 것을 정당화한다. 결과적으로 자유를 증진하고 자유를 보호할 것이라는 관점에서 옹호한다.

자유증진논변

자유증진논변에서는 간섭의 대상이 되는 자의 능력이나 처지상의 어떤 결함을 전제하고 있다. 결격이나 처지를 시정하는 수단으로서 간섭주의를 정당화하고 그들이 책임 있는 선택자가 될 수 있게 하려는 것이다.

자유보호논변

자유보호논변에서는 간섭의 대상이 되는 자가 자기결정 능력이 있지만 그 능력이나 자유 자체를 보호해야 할 수단으로서 간섭이 필요하다는 것이다. 자유보호논변은 자발적 노예 계약을 인정하지 않는 밀의 논변에서 찾아볼 수 있다. 자유의 원리는 어떤 사람이 자유롭지 않기를 자유로이 택하는 것을 허용할 수 없다는 것이 밀의 주장이다(J .S.Mill, 137). 누군가의 자유 행사가 미래의 자유를 감소시키는 결과를 가져올 가능성이 있을 때, 선의의 간섭을 행할 정당한 근거가 된다는 것이다.

이러한 결과주의적 옹호논변은 자유가 다른 목적에 의해서 희생될 수 있는 소지가 있기 때문에 비판을 받게 된다. 변화무쌍한 결과를 예측해서 간섭을 한다는 것이 난

점일 수 있고, 간섭이 개성을 억압하고 인격을 무시하게 된다는 점에서 비판을 받게 된다. 현재의 자율성 존중은 미래의 자유보호논변에 비해서 앞선다는 것을 간과해선 안 될 것이다.

사전합의논변

둘째, 합의에 의한 간섭주의 옹호론이 있다. 우선 사전합의에 의한 논변을 생각해 볼 수 있다. 여기서는 인간의 나약함에 대한 인정을 전제로 한다. 인간은 유혹에 약하고 미래에 대해 불안해하는 존재다. 따라서 인간은 나약함에서 오는 제 결과로부터 자신을 보호하기 위해 그러한 불행이 일어날 경우 그것을 막아 주기 위해 간섭해도 좋다고 타인에게 권한 부여를 했다는 것이다. 술버릇이 나쁘다는 것을 아는 사람이 '나, 술 취하면 개 되는 거 알지?' 하면서 만일 자신이 술에 취하면 더 이상 술을 주지 말고 저항을 하는 경우 묶어 두어도 좋다라고 사전합의를 하는 것과 같은 논리다.

사후합의논변

사후합의논변도 생각해 볼 수 있다. 부모가 아이들을 간섭하는 것을 정당화하는 논리와 유사하다 하겠다. 드워킨은 부모의 간섭이 결국 그것이 옳았다는 것을 어린이가 추후에 이해하게 된다는 사실에 의해 정당화될 수 있다고 본다. 아이들이 원치 않는 방향이라고 반발하던 아이들도 자란 후에는 부모의 덕분으로 돌리게 되는 것을 볼 수 있다. 부모의 간섭은 자유 제한이 지혜로운 것이었음을 사후에 어린이가 인정하게 된다는 것을 담보로 해서 정당화된다는 것이다. 수많은 학부모들이 가기 싫다는 학원에 억지로 보내면서 하는 말이 이 다음에 크면 엄마한테 고마워할 것이라는 말이다.

가상합의논변

가상적 합의에 의한 논변을 생각해 볼 수 있다. 사전합의, 사후합의에 대한 논란을 피하기 위해 현실적 합의와는 또 다른 가상적 차원을 생각해 보는 것이다. 가상적 합의는 현실적 합의는 아니지만 합리적인 개인들이 충분히 받아들이게 될 것이라는 가정에서 도출되는 것이다. 하사니(.Harsanyi)가 말하는 원초적 입장(original position)에서 무지의 베일(veil of ignorance)(J. C. Harsanyi, 434-435)을 쓰고 선택한다면 롤즈는 간섭주의를 합당한 것으로 받아들이게 될 것으로 본다. 합리적인 개인들은 자신의 처지를 알 수 없는 상황에서 삶의 다양한 조건들을 고려해 볼 때 자신이 처할 최악의 상황을 생각해 볼 수밖에 도리가 없다. 그래서 만일에 대비해 자신을 유아들처럼 미숙 상태로부터 보호하거나 불행이나 사고로 인해 의사결정을 못할 가능성으로부터 보호하거나 자신의 비합리적 경향으로부터 보호하기 위해 불행한 결과를 당하지 않게끔 어떤 강제적 간섭을 받아들이는 것이라고 본다(John Rawls, 260).

드워킨은 개인들마다 추구하는 선이나 가치관이 다르더라도 누구나 원하게 되는 건강과 같은 기본 선이나 기본 가치에서는 당사자의 의견에 상관없이 선의 증대를 위해 간섭이 정당화될 수 있다고 한다. 물론 각자가 추구하는 선과 가치관에 따라 상충적일 수는 있어도 보통 사람들의 삶을 기준으로 해서 보면 논리적 엄밀성에서 문제가 생길 듯하지만 실제 상황에서는 문제가 되지 않을 것으로 본다. 롤즈도 강한 간섭은 반대하면서 이성과 의지의 분명한 실패나 부재에 의해서만 선의의 간섭이 정당화될 수 있다고 본다.

간섭주의를 옹호하는 여러 입장들이 있다는 것을 알 수 있지만, 간섭주의는 부득이하게 고려되는 것이지 우선적으로 고려될 수 있는 것이 아니라는 것을 알 수 있다. 특히 강한 간섭주의가 갖는 자율성 침해는 인권 문제를 야기할 수 있는 문제이기도 해서 맥락에 따라 신중한 접근이 요구된다 하겠다.

3. 성표현의 검열과 사이버 공간의 규제

1) 포르노그래피의 검열 논쟁

검열과 규제 반대 논변

성표현에서 논란이 이는 것은 포르노그래피와 관련된다. 포르노그래피에 대해서 검열하고 규제하는 것에 반대하는 사람들은 다음과 같은 이유를 들고 있다(Thomas A. Mappes, 283–327).

첫째, 표현의 자유를 주장한다. 감정과 의사표시의 자유, 창작의 자유를 주장하고 있다. 흔히 성에 대한 표현은 인간의 본질적 욕구의 표현이기 때문에 자연스러운 것으로 보고, 성을 표현한 예술활동을 법적인 잣대로 재도 되는가 하는 의문을 제기한다.

둘째, 취미 생활의 자유를 말한다. 개인들의 취향은 각양각색으로 우열을 따질 수 있는 것은 아니라고 본다. 성인들이 포르노그래피를 만들거나 보는 것을 취미 생활로 할 수 있다는 주장이다. 만들 것인지 말 것인지, 볼 것인지 말 것인지에 대해서 스스로 결정을 내릴 수 있는 능력과 자유가 있다는 것이다.

셋째, 검열을 강화하고 규제를 할 경우 오히려 악성 포르노그래피가 만연되는 등 여러 가지 부작용을 낳을 것이라고 본다. 검열을 강화하거나 성표현을 금지하게 되면 포르노그래피의 제작, 업로드, 배포는 범죄가 되므로 비밀리에 경성의 포르노그래피 위주로 제작이 되며, 유통이 불법으로 이루어지기 때문에 거래가 비싸게 이루어진다는 점을 지적하고 있다. 경성의 포르노그래피의 폐해를 줄이려면 연성이나마 양성화해야 한다는 것이다.

넷째, 검열을 강화하고 금지하게 되면 잦은 외설 시비로 인해서 호기심을 부추겨 오히려 수요를 더 늘리게 된다는 것이다. 검열로 인해서 의미 부여를 하지 않을 것들도 의미가 부여되며 제작 의도와는 다르게 포르노그래피로 왜곡될 수 있다는 것이다.

다섯째, 포르노그래피는 호기심을 충족시키고, 억압당한 성욕을 발산시켜 대리만족을 줌으로 반사회적이고 폭력적인 성행동의 가능성을 완화시킨다고 본다. 그러므로 잠재적인 성폭행범을 줄이는 데 기여할 수 있다고 본다.

여섯째, 포르노그래피는 성인들의 경우 적절한 성적 자극을 주어 성생활에 활력이 될 수 있고, 성적인 문제를 가진 사람들을 치료하는 데에도 기여하는 등 건강한 성생활에 긍정적인 기능을 할 수 있다고 본다.

검열과 규제 강화 논변

이에 비하여 포르노그래피를 허용해서는 안 되는 이유들이 있기 때문에 심한 성적 표현들을 걸러내기 위해서 검열을 강화해야 한다는 주장들은 다음과 같은 이유를 제시하고 있다.

첫째, 포르노그래피는 성을 왜곡하고 과장하며 환상을 심어 줌으로써 미성년자들에게 해악이 크며, 성인들에게도 정상적인 성생활에 해를 끼치게 된다는 것이다. 인간의 성행위에 수반되는 감정과 관념, 정서적 유대는 보이지 않고 오직 성기 중심의 짝짓기에 몰두하는 것으로 인간의 성을 왜곡하여 인간을 성적 수단으로 비하한다는 주장이다.

둘째, 미성년자들이 어린 시기부터 포르노그래피를 보게 됨으로써 죄의식에 사로잡히게 되거나 성을 역겨운 것으로 여겨 혐오감을 갖게 해 정상적인 성장과 성숙에 해가 되기 때문에 포르노그래피에 제한을 가해야 한다고 본다.

셋째, 여권론자들은 포르노그래피가 여성성을 왜곡함으로써 여성을 차별하고 있다는 점에 주목한다. 문제가 되는 것은 여성을 오직 성의 대상으로만 나타내고 있어서 여성 차별이나 여성 억압의 원인이 되고 있다는 것을 들고 있다.

넷째, 포르노그래피는 중독성을 가지고 있기 때문에 접근을 제한해야 한다는 견해도 있다. 포르노그래피에 집착하게 되면 일상적인 생활에 지장을 초래하고 성도착증에 빠져들게 되면 범죄자가 될 수도 있다는 것이다. 정상적인 성에는 관심이 없어지고 포르노그래피를 무분별하게 모방하기 때문에 반사회적 사건을 일으키게 되는 문제점을 지적한다.

다섯째, 포르노그래피는 성적 충동을 자극해서 성폭행이나 여타 비행을 일으키는 원인이 된다는 것이다. 포르노그래피를 통해서 성을 알게 된 사람들은 성을 사랑의 표현이 아니라 폭력의 표현으로 자연스럽게 받아들이게 되는 문제점을 지적한다.

여섯째, 포르노그래피는 성을 상품으로 전락시키기 때문에 제한해야 한다는 주장이다. 성이 생명과 사랑, 존중과 관련된다는 것을 잊게 하고 오로지 성이 돈벌이가 된다는 사고를 심어 주는 문제를 지적한다. 사실적인 성은 자극을 줄 수 없고 팔리지도 않으므로 상식을 깨는 데 몰두하는 것도 돈벌이가 목적이며, 성은 수단이 되는 현상을 초래한다. 그래서 돈벌이에 목적이 있는 성의 상품화를 창작, 표현의 자유로 정당화한다는 것은 있을 수 없는 일이라고 주장한다.

일곱째, 포르노그래피에 대한 규제는 곧 예술에 대한 관심이라고 보는 입장이다. 문화, 예술 쪽에 규제가 없다는 것은 곧 문화예술은 아무래도 좋다는 무관심의 징표라는 것이다. 이들은 창작 행위란 것도 치외법권적, 무제한적 자유를 누릴 수는 없으며, 정부가 해야 할 일은 무책임한 검열 완화나 규제 철폐의 남발이 아니라 문화예술에 대한 보호 육성이라고 주장한다. 외설물을 가려내야 예술이 산다는 것이다.

여덟째, 누군가가 자기를 해치고 있음에도 불구하고 그 사실을 인지하지 못하고 있으면, 법이 나서서 그를 구제해 주는 것이 마땅하다는 법온정주의 입장이 있다. 개인의 자유는 그 자신을 해롭게 하는 것을 막기 위해서 국가에 의해서 정당하게 제한될 수 있다는 것이다. 마치 부모가 자식을 보호하기 위해서 아이의 자유를 제한하는 것과 마찬가지로 선의의 간섭주의를 옹호하는 입장이다. 특히 현실 공간에서는 지극히 평범한 사람들이 사이버 공간에서 용납할 수 없는 성착취물들을 제작, 배포하여 해악을 끼치는 사례들을 볼 때 법이 나서서 '인간의 악마화'를 막아 줘야 한다고 본다.

아홉째, 개인의 자유는 비도덕적 행동을 막기 위해서 정당하게 제한될 수 있다는 것이다. 포르노그래피의 제작, 유포, 즐기는 것은 비도덕적이라고 본다. 법은 비도덕적인 사람들을 강제해서 도덕적인 사람들이 포르노그래피와 관련되는 것을 막아 줄 의무가 있다는 법도덕주의적 견해도 있다.

열째, 개인의 자유는 다른 사람을 해치는 것을 막기 위해서 정당하게 제한될 수 있다는 것이다. 포르노그래피의 제작과 유포는 무고한 사람들을 타락시키거나 성범죄를 일으키게 하는 등 다른 사람을 해치는 일이기 때문에 검열을 하고 규제를 하는 것이 정당하다는 입장이다.

열하나째, 개인의 자유는 다른 사람에게 수치심, 당혹감, 불편함 등 심적 부담을 주는 것을 방어하기 위해서 제한될 수 있다는 것이다. 표현의 자유 못지않게 감상하고 싶지 않은 사람들의 자유도 존중되어야 한다는 것이다. 자신의 의지와 상관없이 포르노그래피를 접하게 하는 것도 폭력이라고 보는 것이다.

이상으로 포르노그래피에 대한 논의들을 살펴보았는데, 우리 사회도 인터넷, 첨단 영상매체의 발달과 전자기기의 소유가 일반화되면서 포르노그래피의 제작, 유포가 쉬워져서 가해자, 피해자 모두 늘어나고 있다. 디지털 기기의 확산으로 포르노그래피를 접하지 않을 권리가 무시되기 쉬운 시대가 되었다. 보고자 하는 권리 못지않게 보고 싶지 않은 것이나 보지 말아야 할 것을 보지 않을 권리가 인정받을 수 있도록 사회의 제도 개선과 개인들의 올바른 가치관 정립이 더 절실하다 하겠다.

2) 사이버 공간에서 규제 방안

사이버 공간에서 규제를 하는 방안은 크게 네 가지 범주로 나누어 생각해 볼 수 있다. 정부에 의한 규제, 도덕에 의한 규제, 이익에 의한 규제, 기술에 의한 규제 방안들이 논의되어 왔다.

정부에 의한 규제

첫째, 정부에 의한 규제는 사이버 공간은 공공재로써 자유시장적 접근을 하면 질서가 잡히지 않는 공간이라고 보는 것이다. 마음만 먹으면 어떤 표현이든 가능한 공간이 사이버 공간으로 인식되어 선정적이고 증오적인 표현들이 범람하게 된다. 행위자들은 죄수의 딜레마에 빠지게 된다. 따라서 정부가 법, 제도, 정책의 수단을 활용해서 질서를 잡아가야 한다는 관점이다. 정부에 의한 규제의 한계라면 법망으로 사이버 공간 전체를 묶어 둘 수 없다는 것이다. 아무리 법망이 촘촘하고 제도, 정책이 정교화되어도 빠져나갈 구멍은 생기기 마련이다. 인터넷은 전 지구적 연결망이기 때문에 경계선이 없는 사이버 공간에서 국내법이 감당할 수 있는 영역은 극히 일부에 지나지 않는다. 법망의 한계도 문제지만 법망을 적용할 수 있을 경우에도 표현의 자유 침해로 논란이 가중될 수 있기 때문에 정부의 규제는 한계를 갖게 된다.

도덕에 의한 규제

둘째, 도덕에 의한 규제는 인간은 본질적으로 윤리적 존재라는 측면에서 네티즌들의 자율성에 기대를 한다. 법에 의한 규제에 비하면 바람직한 방안이나 네티즌들이 도덕적 자율성을 발휘해야 효과가 있다. 그런데도 사이버 공간에서 자율적인 인간들도 비도덕적인 선택이 더 큰 이익을 내게 되는 경우 자기 규제가 되지 않는다. 인터넷에 음란물이 산재해 있는 이유도 음란물 공급자들이 수익을 올릴 수 있기 때문이다. 그들이 부끄러운 돈을 번다라는 생각보다는 돈을 버는 데는 부끄러운 성역이 따로 없다는 듯이 행동한다. 도덕이 밥 먹여 주냐고 덤비는 데는 허허 혀를 찰 수밖에 다른 도리가 없다. 도덕의 논리로 사고하지 않고 뭐든 이익 관점에서 풀려고 하면 답이 나오지 않는다. 이러한 네티즌들을 가려내기 어려운 상황에서 도덕적 규제의 한계도 있을 수밖에 없다.

이익에 의한 규제

셋째, 이익에 의한 규제는 사이버 공간에서 수요 공급이 시장의 논리에 의해 작동되고 있다는 점에서 손해가 되도록 하는 방안이다. 음란물이건 폭력물이건 이익이 되는 한 기승을 부리게 되어 있음으로 사이버 공간에서 질서를 해치는 경우에는 손해가 되도록 하는 방안들을 생각해 볼 수 있다. 그러나 사이버 공간에서 추구하는 쾌락은 물질적 이익 추구에 그치지 않고 손해가 되더라도 자기 파괴적으로 추구할 수 있기 때문에 이익에 의한 규제도 한계를 가질 수밖에 없다.

기술에 의한 규제

넷째, 기술에 의한 규제는 사이버 공간에서 규범을 유지하기 위해서 사이버 공간을 구성하고 있는 일련의 소프트웨어와 하드웨어를 통해서 규제하는 방안이다. 사이버 공간의 무질서를 해결하기 위해서 좀 더 정교한 차단 프로그램들이 나오고 있다. 차단해야 할 부적절한 웹사이트의 등급을 토대로 작동하는 프로그램들이 시스템에서 작동되고 있다. 기술적 규제도 제한적일 수밖에 없으며 기술적 프로그램 자체가 갖는 불법성이 있을 수도 있다. 차단 프로그램이 부정적인 방식을 통해 사이버 공간의 환경을 통제하는 가능을 수행할 수 있다. 사이버 공간에서 대중들의 의사표현을 막는 차단 프로의 남용 등 한계를 지니고 있다.

어떤 규제책이든 사이버 공간의 안전대책을 구실삼아 표현의 기회를 부정하거나 감시하는 것은 바람직하지 않다. 규제와 표현의 자유의 균형을 맞추는 것이 관건인데, 규제를 해야 한다면 사이버 공간은 국내 공간이 전부가 아니기에 국제적 합의에 의거한 규제가 바람직할 것이다.

4. 사이버 공간의 광고 규제

1) 광고의 본질과 설득

광고의 의미

광고는 대중에게 정보를 제공하고 지지와 반응을 이끌어 내고자 한다. 마케팅 측면에서 광고는 매스 미디어를 통하여 광고 타깃에게 보내진 조직과 제품들에 대하여 의사소통의 형식으로 제공되는 일종의 홍보 활동이다. 광고는 홍보를 위한 수단이기 때문에 그 자체로 선하거나 악한 것은 아니고 중립적인 것이다. 그런데 멀티미디어 시대가 되면서 광고는 정보 제공과 마케팅 수준을 넘어서고 있다. 특히 사이버 공간이 생김으로서 광고는 끊임없이 진화하고 있다. 열린 사회의 규제 완화로 인해서 창의적인 활동에 제약이 없다 보니 비윤리적 현상들도 같이 나타나서 자율적 규제를 요청하기도 한다. 자율적 규제의 한계로 법적 강제력이 동원되기도 하지만 자율과 개방이라는 시대에 역행하는 것이다. 따라서 광고가 건강한 문화로서 바람직한 가치를 담아내기 위한 윤리적 기대에 부응하는 것이 광고의 본질인 설득력을 높이는 길이 될 것이다.

설득이 진리를 압도

광고는 전달하려는 가치와 광고에 대한 주목도를 높이기 위한 자극을 사용하여 왔다. 오늘날의 자본주의 광고의 발달은 미국의 탄생, 발전과 맞물려 있다. 유럽인들이 신대륙으로 이주한 후 더 많은 사람들이 필요했으나 남아 있는 사람들은 쉽게 이주 결정을 하지 않았다. 따라서 17세기 영국 출판물들은 신대륙을 금과 은, 젊음의 샘, 무진장한 고기떼, 약속된 땅과 같은 유인구를 사용함으로써 미지의 세계로 떠날 것을 종용했다. 미국은 광고에 의해 생겨났고, 광고에 의해 성장한 나라라고 하는 말이 과언이 아니라는 말이다. 광고는 설득이 진리를 압도하는 측면이 있다(강준만 편저, pp383-391). 무엇이 진실인가 하는 것보다 무엇을 믿느냐가 더 중요하다고 보는 것이 광고의 기본 시각이다.

수사학이 인식론을 압도

플라톤이 민주주의의 한 가지 위험은 수사학(rhetoric)이 인식론(epistemology)을 압도할 수 있다고 했듯이 부어스틴(D.Boorstin)은 광고야말로 대표적인 민주주의의 수사학이라고 본다(Daniel J. Boorstin, 28). 시간이 지나면서 미국에도 말이 넘치는 사회가 되면서 광고도 허위, 과장 광고가 판을 치게 된다. 허위, 기만 광고로부터 다른 경쟁업체를 보호하고, 소비자에게 피해가 가지 않도록 하기 위해서 처음에는 자율 규제 방식을 취해 왔다. 그러나 광고를 진실되게 하자는 문구는 자기모순을 안고 있기 때문에 자율 규제로는 한계를 가질 수밖에 없었다. 광고는 아무리 진실을 선언해 봐야 광고가 진실의 의미 자체를 바꾸어 버리기 때문이다. 부어스틴은 진실의 의미 자체를 바꾼 예로 쉴리츠 맥주 광고를 든다. 이 맥주는 병이 증기로 살균 처리되기 때문에 순수하다는 것을 강조하는 광고 공세로 시장점유율 5위에서 1위로 뛰어오르게 되었다. 그런데 맥주병을 증기로 살균 처리하는 건 다른 맥주들도 마찬가지였다는 사실이다.

설득이 진실을 압도하다 보니 수단 및 광고 기법들이 정도를 벗어나는 일이 생긴 것이다. 설득과 동기 부여에서 조작, 착취, 부패하고 타락한 방법들이 광고 규제의 근거를 제공하게 된 것이다.

2) 광고 규제의 요청과 광고 윤리

광고 규제에 대한 요청은 기업의 사회적 책임에 대한 기대를 바탕으로 한다. 광고의 양이 늘어나고 사회적 영향력도 확대되면서 이에 대한 사회적 책임으로서 광고 윤리의 중요성이 강조되고 있다. 기업의 이윤추구가 그 자체로는 문제 될 것이 없으나 부당한 설득 수단으로 소비자 판단을 흐리게 함으로써 매출을 극대화하려는 문제가 늘어남으로써 자율적 광고 규제로는 한계를 맞게 된 것이다. 자율적 상황에서는 중요한 정보를 공개하지 않고 과장 광고를 일삼게 된다. 부적절한 판매 후 시정 조치를 취하지 않는 것도 이윤 자체에만 목적을 두고 있기 때문에 일어나는 일들이다.

소비자 이성

고전적 자유주의자와 입장을 같이 하는 사람들은 소비자들이 이성적인 판단을 하는 존재이고, 이기적인 의사결정을 하며, 시장의 힘은 균등하게 분할되어 있다는 전제에 입각한 관점에서는 광고에 대한 규제를 최소화해야 한다고 본다. 반면에 신고전적 자유주의 입장에 있는 사람들은 소비자들이 이성적이지 않은 행동을 자주 하고, 시장의 힘은 몇몇 자본에 집중되어 있다는 전제에 의한 관점에서 규제를 강화해야 한다고 본다(홍원의, 황장선, 114).

규제 방식

이렇듯이 자율적 광고 규제의 한계로 정부가 나서서 광고 규제를 하는 법안을 만들거나 기업들 자체적으로 강령들을 마련하도록 권장하고 있다. 규제하는 방안들은 다양한 방식으로 가능하다. 기업들이 허위, 기만 광고를 하지 않겠다는 서약을 받는다든지 광고 중지를 하도록 하거나 광고주에게 광고 속의 주장을 입증하게 하는 방안도 있다.

시민단체들의 규제

자율적 광고 규제가 이루어지 않을 때 시민단체들의 압력에 의한 규제도 있다. 여성단체들이 여성을 격하하거나 왜곡하는 광고에 스티커 배포, 편지 쓰기, 광고주, 광고대행사, 매체에 대한 항의, 상품 불매, 주주총회에서 저항 등을 취하기도 한다. 여성의 일이나 몸을 소재로 해서 비하하거나 제품과는 직접적인 관련 없이 여성의 성을 수단시해 문제가 되기도 한다. 수시로 광고가 왜곡하는 가치나 편견에 대해 특정 직업, 종교, 성, 인종 등의 관점에서 문제 제기가 일어나고 있다.

광고 윤리의 요청

적절한 법적 조치도 필요하지만 광고 윤리에 대한 공감대 확산이 더 근본적인 해결책이 될 수 있겠다. 광고를 법적으로 규제하는 데에는 많은 시간이 필요하고 광고의 수명이 길지 않기 때문에 지난 광고에 대해서 법적 판단을 내리는 사이에 이미 광고의 효과는 돌이킬 수 없기 때문에 강제적 규제는 적절한 방안이라 할 수 없다.

광고 윤리는 광고 활동에서 마땅히 지켜야 할 규범이다. 광고 윤리에는 광고의 사회적 책임, 광고의 바람직한 가치 지향, 광고의 인간 존중의 차원들이 포함되어 있다. 수시로 같은 제품의 광고도 바뀌고 새로운 광고들이 생겨나는 광고판에서 광고의 탄생과 죽음을 관장하는 중심에 윤리적 축이 자리 잡고 있어야 할 것이다.

사회적 책임

첫째, 광고 윤리는 기업, 광고주, 광고인, 광고 매체가 사회적 책임을 이행할 수 있도록 방향을 제시하고 있다. 광고는 사회 공동체의 발전에 기여할 수 있다. 광고가 사회적 책임을 다함으로써 그 광고주를 비롯해서 모두가 상생하게 되는 것이다. 사회적 책임에 어긋나는 광고는 바람직한 광고가 아니다.

가치의 지향성

둘째, 광고는 문화를 고양할 수 있는 매체로 바람직한 가치를 지향해야 한다. 광고가 윤리적이라는 것은 한 사회의 바람직한 가치관을 정립하는 역할을 하는 것이다. 인간의 존엄성과 생명 존중의 가치를 확산하고, 인간의 기본권리를 옹호하고 인류 평등가치를 담고 있어야 한다. 광고는 인류의 지속 가능한 사회를 발전시키는 가치관을 확산할 수 있는 역할을 할 수 있다.

인간 존중

셋째, 윤리적 광고는 광고 대상에 대한 존중이 있어야 한다. 소비자들을 수단시하면 안 된다. 정보가 진실해야 하며, 소비자의 건전한 소비를 가져올 수 있도록 정보를 제공해야 한다. 허위 과장이나 기만적인 내용으로 소비자를 현혹하지 않아야 한다.

품위 유지

넷째, 윤리적 광고는 품위를 유지해야 한다. 광고가 담고 있는 가치도 중요하지만 그 형식이 품위가 있어야 한다. 광고는 좀 더 많은 사람들을 설득하기 위해서 주목을 끌 수 있는 일에 몰두한다. 그러다 보니 오히려 눈 뜨고는 못 봐 줄 극단적인 자극을 사용하기도 하고 저속하거나 선정적인 표현을 하여 눈 가리고 봐야 할 상황이 생기기도 한다.

광고 일반 윤리

광고 윤리는 도덕적 질서, 인간의 자유 같은 윤리 일반 원칙들을 그대로 적용할 수 있는 광고 일반 윤리 영역이 있다. 도덕적 질서의 원리는 미디어의 영역에도 그대로 적용해야 한다. 인간의 자유는 도덕적 책임을 전제로 하고 있기 때문에 모든 정보 제공과 설득은 인간의 자유의 목적을 존중해야 한다는 원칙도 그대로 수용될 수 있다. 도덕적으로 좋은 광고는 사람들이 도덕적으로 좋은 방법으로 선택하고 이성적으로 행동하도록 추구하는 광고이고, 도덕적으로 악한 광고는 개인과 공동체를 파괴하는 악행을 하도록 이끄는 것이다.

광고 특수 윤리

광고 윤리는 광고 영역에 특별히 중시되는 도덕 원칙들에 초점이 맞춰진 광고 특수 윤리가 있다. 진실을 존중하기, 직접 기만하려고 하지 말 것, 단순히 허위 광고를 사용하지 말 것, 관련 사실을 은폐하여 진실을 왜곡하지 말 것 등이다. 개별 인간의 존엄성을 존중하기, 욕정, 허영, 질투와 탐욕과 나약함에 호소하지 말 것, 어린이, 청소년들, 노인, 가난한, 그리고 문화적으로 불우한 취약층을 배려할 것, 사회적 책임을 존중해서 생태 광고에 대한 관심은 자원 파괴와 환경 낭비를 선호하지 않도록 할 것 등은 특별히 광고 영역에서 문제가 될 수 있는 것들이다.

광고 윤리는 광고 활동에서 의사결정의 옳고 그름을 판단하는 하나의 기준이 된다. 광고 윤리의 대상이 광고지만 그 광고의 생산, 유통, 전시에 관여하고 있는 인간들이 윤리적이어야 한다는 것과 관련된다. 윤리적인 기준을 만들어 놓고도 사익 추구에 급급하여 지키지 않는다면 법적인 제재를 받을 수밖에 없다. 강제적 규제로 끝이 나기 전에 광고 윤리에 부합하는 것이 최선이라 하겠다.

3) 허위 기만 광고의 유형

허위 또는 기만 광고의 판정 기준은 소비자를 오도할 수 있는 표현, 누락, 또는 관행이다. 예를 들면 진실을 전부 말하지 않는 것도 소비자를 오도할 수 있는 기만이라 하겠다. 그리고 합리적 보통 소비자의 관점에서 허위, 기만을 판단한다. 파리바게뜨를 프랑스에서 만든 빵을 파는 빵집으로 오해하는 사람은 없다. 보통의 소비자들이 알 수 있기 때문에 허위나 기만이라고 보지 않는다. 한국의 곳곳에 명동찻집이 있었다. 진주에 있는 명동찻집을 보고 여기가 서울인가 하는 사람은 없었을 것이다.

이중적 의미

허위, 기만 광고를 가려내는 기준을 명확하게 하는 것도 쉽지 않을 뿐더러 광고 효과 면에서 융통성을 부여하면 논란이 커질 수밖에 없다. 몇 가지 사례를 통해서 허위 광고를 떠올려 볼 수 있다. 이중적 의미를 갖는 경우 허위 광고로 간주한다. 만 원만 투자하면 모터를 새로운 모터로 갈아 준다는 광고는 만 원에 새 모터를 제공하는 것으로 착각하게 만든다. 그 광고는 새로운 모터를 가지고 올 경우 만 원에 갈아 준다는 것이었기 때문에 이중적 의미를 갖는 허위 광고다.

부분 진실 제시

부분 진실을 제시하는 것도 기만에 속한다. 아이들을 튼튼하게 하는 미네랄과 비타민을 함유하고 있는 빵이라고 광고했는데, 사실은 거의 모든 빵이 다 그렇기 때문에 기만에 속한다.

증언 기법

흔히 볼 수 있는 증언 기법 광고도 기만에 속할 수 있다. 전문가의 증언을 사용할 경우 증언한 것에 대한 전문적인 지식을 가진 사람이 해야 한다. 그러나 유명세를 타는 사람들이 증언을 하거나 그 상품을 사용하지도 않는 사람이 증언을 하는 것은 기만이다.

미끼

미끼 광고에서 업주가 손해를 보면서 원가 이하로 판매하는 것은 기만이라고 볼 수 없지만 세탁기를 20만 원에 판다고 광고한 후 그 상품은 다 팔리고 없다면서 다른 상품을 권하는 식의 미끼 광고는 기만에 속한다.

온라인 광고에서 공짜라고 해 놓고 배송료를 과다 청구하는 수법으로 이익을 챙기는 것도 기만에 해당된다. 과장, 부풀리기, 진실 왜곡 등 기만 광고는 헤아릴 수 없이 나타나고 사라지곤 한다.

4) 인터넷 광고 규제의 필요성

인터넷 광고는 인터넷을 활용한 광고를 말한다. 인터넷 광고는 '광고주가 인터넷 네트워크의 운용프로그램이나 서비스 등을 광고 매체로 하여 그들이 생산한 물품이나 용역의 판매를 목적으로 제공하는 정보 제공 활동을 총칭'하는 개념이다. 인터넷 광고는 기존의 TV나 신문, 라디오를 통한 광고와는 달리 언제나 수정이 가능하고,

맞춤 광고가 가능하며, 광고주와 소비자가 상호작용을 할 수 있다.

인터넷 광고의 특성

인터넷 광고의 특성은 광고의 시간적, 공간적 제약을 받지 않는다는 데 있다. 광고 수용자인 네티즌들은 광고에서 주장하는 내용을 일방적으로 보는 것이 아니라, 원하는 광고를 골라서 본다. 광고 방법으로는 웹사이트의 광고주 사이트에 링크를 설정한 화상을 게재하는 배너 광고와 메일 매거진(mail magazine)에 광고주 웹사이트의 선전을 게재하는 메일 광고 등이 다양한 형식이 발전하고 있다. 쿠키를 이용한 배너 광고의 타깃팅처럼 개인의 필요에 맞는 상품 정보를 제공하는 것은 일반적인 형식이 되었다. 인터넷 광고는 광고로 그치는 것이 아니라 클릭을 하면 바로 구매를 할 수 있도록 되어 있다. 특히 스마트폰, 스마트 TV 등 매체의 확산으로 광고시장도 커지고 있다. 모바일 광고는 증강현실 기술을 이용한 위치기반 광고, 개인맞춤형 광고 등 새로운 디지털 기술이 지배하는 유형이 출현하고 있다.

자율 규제

소비자들이 정확한 정보를 갖고 있었다면 구매하지 않을 제품이나 서비스를 기만적인 광고로 인해 구매하도록 영향을 미칠 수 있기 때문에 규제 방안들이 제안된다. 인터넷에서 자율 규제를 주장하는 사람들은 인터넷 매체의 특성상 정부의 개입이 쉽지 않고 법적 규제로는 한계를 지닐 수밖에 없다는 것이다. 법적 규제는 표현의 자유 침해 등의 논란이 생길 수 있다. 따라서 인터넷의 내용 자체가 진실되고 소비자에게 오해를 야기하지 않는지를 기준으로 해서 자율적 심의를 하는 것이 더 지지를 받고 있다. 자율 규제는 정부가 규제를 하는 것보다 낮은 비용으로 성과를 볼 수 있고, 과잉 규제를 감소시킬 수 있다. 자율 규제를 하면 지도 감독의 한계에 부딪힐 일 없이 자발적인 점검이 이루어지는 장점도 있다. 자율 규제를 하는 구성원들이 이해 당사자기 때문에 문제점도 있으나 인터넷의 속성상 아직까지는 자율적인 규제를 지지하는 의견이 많다.

자율 심의

한국 온라인 광고협회에서 자율 심의를 하고 있다. 인터넷 매체를 통해 집행되는 광고물에 대한 자체 모니터링과 자율 심의를 통해 위법, 유해, 불건전 광고물에 대한 시정을 권고하고 있다. 광고 적정성 자문을 통해 광고 집행 전에 발생할 수 있는 위법, 유해 광고물에 대한 사전 예방 활동을 하는 것이다. 광고주의 사전 심의 요청으로 심의를 해서 문제가 있는 광고인지를 가려 주기도 하고, 일반인들의 신고 접수를 통해 문제가 있다는 제보가 있게 되면 사후 심의로 그 광고의 적합성을 판정해서 문제가 있으면 금지하도록 하고 있다.

일례로 한국 온라인 광고협회에서 "명품구매대행 쇼핑몰"에 사후 심의를 해서 자율 규제를 한 사례를 보자(한국온라인광고협회). 명품구매대행 쇼핑몰 광고물에 문제가 있는지 여부를 쇼핑몰을 통해 유통되는 상품이 위조인지를 확인하고 부적합한 광고물로 판단했다. 해당 광고물의 쇼핑몰은 위조 상품을 국내에 유통시키는 등 저명상표의 지적재산권을 침해하는 행위를 하고 있는 것이 확인됨에 따라 부적합한 광고물로 심의·의결했다.

또 다른 예로 주류 광고물에서 청소년 접근 제한 조치가 필요하다고 판단한 사례도 있다. 해당 광고물의 소재는 주류로, 주류 용기 이미지, "최고의 위스키에만 허락된 골드메달의 자부심 OOOO IWSC 골드 베스트 인 클래스 수상"이라는 광고 문구 등이 사용된 점에 비추어 광고 집행이 제한되는 주류 광고이지만, 주류 경고문이 표시되어 있지 않고, 청소년 접근 제한 조치가 반영되지 않은 것이 확인됨에 따라 수정이 필요한 조건부 광고물로 심의·의결했다.

인상 왜곡

인터넷 광고의 특성상 나타나는 부당 광고들이 있다(박성용, 2005). 첫째, 통신기술을 이용하여 광고의 전체적 인상을 왜곡하는 것이다. 통신기술을 이용하여 광고의 전체적인 인상을 왜곡해서 실제 상품보다 월등히 좋게 보이게 하는 것이다. 메타버스 시대의 온라인 광고, 모바일 광고는 실제 상품과 때깔이 다른 경우가 많다고 볼 수 있다.

눈에 띄지 않도록 요령 부림

둘째, 소비자에게 중요한 정보를 눈에 잘 띄지 않게 하는 행위도 많다. 소비자에게 필요한 정보는 제공하지만 소비자가 이를 보지 못하도록 기술적 요령을 부리는 것이다. 글씨를 매우 적게 하고, 글씨 색상을 바탕색과 유사하게 하며, 중요한 정보 바로 주위에 소비자의 관심을 끌 수 있는 다른 내용을 제시할 경우 소비자는 중요한 정보를 간과하기 쉽다.

정보 분산

셋째, 중요한 정보를 분산해서 제시하는 행위도 부당 광고다. 광고 내용을 여러 페이지에 분산하여 제시하는 경우다. 소비자는 일일이 다 클릭해서 들어가지 않을 경우 해당 정보를 놓치게 된다.

부당하게 유인

넷째, 소비자 방문을 부당하게 유인하는 행위도 있다. 인터넷 광고는 노출보다는 소비자가 광고를 선택해서 방문하는 방식으로 바뀌고 있다. 광고주는 어떤 식으로건 방문하게 하기 위하여 이벤트를 끊임없이 열고 소비자들은 이벤트에 대한 관심 때문에 끌려 들어가게 된다. 인터넷 광고에서 소비자를 부당한 방법으로 방문하게 하는 것이 끊이지 않고 있다.

2011년 미국 민주당의 재키 스피어(Jackie Speier) 하원의원은 나를 추적하지 마라(Do Not Track Me)란 별칭을 지닌 법안을 발안했다. 이 법안은 인터넷의 광고회사들이 사용자의 온라인 활동 등을 메커니즘으로 하여 광고를 하는 등의 행동을 차단하도록 하는 내용을 담았다. 무료 콘텐츠를 사용하기 위해서는 추적기술을 불법화하기 쉽지 않기 때문에 이용자들이 설정을 통해서 추적당하지 않도록 해야 하는 것이 현실이다.

광고 윤리 인식

인터넷 부당 광고를 근절하는 것은 쉽지 않을 것이다. 결국 광고 윤리에 기댈 수밖에 없다. 첫째, 광고주들은 윤리적 광고가 기업의 장기적인 경쟁력과 발전에 기본 동력이 될 수 있음을 인식해야 한다. 기업의 사회적 책임을 저버리는 일이 없다면, 기업은 광고를 통해서 소비자들과 소통하고 신뢰를 구축할 수 있는 좋은 기회를 만들 수 있다. 둘째, 인터넷을 통해 광고를 제공하는 매체들은 광고가 소비자들에게 전달되는 유통 통로 역할을 바르게 해야 한다. 비윤리적이고 소비자를 오도하는 광고를 이윤의 발판으로 삼아선 안 될 것이다. 셋째, 광고 윤리에 대한 광고인들의 의식 개선도 필요하다. 광고인들은 광고의 효과에만 집착하지 않도록 교양과 품위를 갖춘 전문가가 되어야 한다. 넷째, 광고계 전체의 조직 차원에서 광고가 문화를 높이는 역할을 한다는 데 공감하고 사회적 공헌을 위해 계몽자로서 역할을 해야 한다.

◈ 생각 정리하기

생각 나누기 1

선의의 간섭주의를 정당화하는 이론적 근거는 다양하게 제시될 수 있다. 결과주의 입장에서는 결과가 해보다 더 많은 선이 산출된다면 정당하다고 본다. 개인의 단기적 자율성의 제한이 장기적 자율성을 더 많이 증대한다면 정당하다고 본다. 인터넷에 과몰입하는 것을 막기 위해 인터넷 사용을 못 하게 하는 것은 자율성을 제한함으로써 오히려 자율성을 보존할 수 있다고 생각하기 때문이다.

노예 계약에 반대하는 밀(J.S.Mill)의 논증을 찾아서 결과주의적 관점의 선의의 간섭주의의 장단점을 발표해 봅시다.

생각 나누기 2

옵트인(opt-in, option in의 약자)은 동의를 요구하는 체크박스 안에 체크가 안 되어 있는 상태를 의미한다. 즉 동의가 되기 위해선 어떤 행위가 필요한 상태이다. 따라서 동의한다는 의사표시를 하지 않는 한 동의하지 않은 것으로 보는 것이다.

옵트아웃(opt-out, option out의 약자)은 체크박스에 체크되어 있는 상태로 동의를 요구하지 않아도 되는 상태라고 이해하면 되겠다. 따라서 동의하지 않는다는 의사표시를 하지 않으면 그냥 동의한 것으로 본다.

청소년의 음란물 접근 가능성을 원천적으로 봉쇄하는 강력한 규제책인 옵트인 제도 도입에 대해서 주요 인터넷 업체들은 관련 산업이 위축될 수 있음을 들어 반발하고 있다.

옵트인 제도에 대해 자신의 생각을 정리해서 발표해 봅시다.

◈ 활동하기

한국온라인광고협회 사이트 등 광고 관련 사이트를 방문해서 온라인 광고 가이드라인을 읽어 봅시다.

1. 온라인 검색 광고 관련 주의사항을 쓰시오.

2. 통신판매업자의 표시·광고 의무 사항에 대해 쓰시오.

◈ 참고하기

인터넷 정책 원칙에 관한 OECD 권고안 (OECD Council Recommendation on Principles for Internet Policy Making)

인터넷 경제에 관한 OECD 고위급 회의는 인터넷의 강점과 역동성이 초고속 네트워크에 대한 원활한 접속, 개방성, 사용자들의 신뢰에 달려 있다는 점을 인식하고, 인터넷의 개방성과 역동성을 유지하기 위한 '인터넷 정책 결정의 원칙'을 고안한 것이다. OECD는 인터넷의 개방성(openness)이 혁신과 경제성장을 이끄는 핵심 원천이라는 점을 강조한다. OECD는 인터넷 정책 원칙에 관한 이사회 권고안을 채택하면서 권고안에서 제시하는 정책 원칙들이 인터넷의 개방성, 인터넷의 자유, 정보의 자유로운 유통이라는 인터넷의 본질적인 가치들을 보호하기 위한 것임을 분명히 밝혔다. OECD가 제시하고 있는 바람직한 인터넷 정책을 위한 14가지 원칙은 다음과 같다.

① 국제적으로 자유로운 정보의 유통을 보장하고 장려해야 한다(Promote and Protect the Global Free Flow of Information).

② 인터넷의 개방성, 분산성, 상호연결성의 특성을 장려해야 한다(Promote the Open, Distributed and Interconnected Nature of the Internet).

③ 초고속 네트워크·서비스에 대한 투자 및 경쟁을 촉진해야 한다(Promote investment and competition in high speed networks and services).

④ 국경 간 서비스 제공을 가능하게 하고 촉진시켜야 한다(Promote and Enable the Cross-Border Delivery of Services).

⑤ 정책 개발 과정에서 이해 관계자들과의 협력을 장려해야 한다(Encourage Multi-Stakeholder co-operation in Policy Development Processes).

⑥ 자발적인 자율 규제 원칙을 장려해야 한다(Foster Voluntarily Developed Codes of Conduct).

⑦ 정책 결정 과정에서 공개적으로 수집 가능하고 신뢰할 수 있는 데이터를 활용할 수 있는 역량을 개발해야 한다(Develop Capacities to Bring Publicly Available, Reliable Data into the Policy-Making Process).

⑧ 투명성, 공정한 절차 및 책임성을 보장해야 한다(Ensure Transparency, Fair Process, and Accountability).

⑨ 프라이버시 보호의 일관성 및 효과성을 강화시켜야 한다(Strengthen Consistency and Effectiveness in Privacy Protection).

⑩ 개인의 권한을 극대화시켜야 한다(Maximise Individual Empowerment).

⑪ 창의성과 혁신을 증진시켜야 한다(Promote Creativity and Innovation).

⑫ 인터넷 중개자의 법적 책임을 제한적으로 적용해야 한다(Limit Internet Intermediary Liability).

⑬ 인터넷 보안을 제고하기 위한 협력을 장려해야 한다(Encourage Co-operation to Promote Internet Security).

⑭ 법률 집행 노력에 대해 적절한 우선순위를 부여해야 한다(Give Appropriate Priority to Enforcement Efforts).

출처 : 류제명. "인터넷의 자유냐 지적재산권 보호냐".http://eiec.kdi.re.kr/nara/contents/nara_view.jsp?sendym=201102&idx=8108&pg=4

7장

프라이버시권과 정보 프라이버시

1. 인터넷과 사생활 보호

1) 프라이버시에 대한 정의

열린 사회가 되고 정보화 시대가 되면서 프라이버시(privacy)가 보호되지 못하는 일이 잦아지고 있다. 프라이버시의 뜻은 어원으로 볼 때 '사람의 눈을 피한다'라는 뜻의 라틴어 Privatue에서 유래한 말이다. 즉 남의 눈길로부터 떨어져 있는 상태로 사람들의 눈독으로부터 자유로운 상태로 이해해 볼 수 있겠다. 그런데 오늘날 기술의 발달로 개인들의 행동을 감시하고 추적하는 일이 더 쉬워져서 인간의 눈길을 피하는 문제 이상으로 디지털 눈으로부터 독립된 생활을 유지하기가 쉽지 않게 되었다. 프라이버시의 보호가 더욱 중시되는 이유는 온라인 프라이버시 침해 여지는 더 많아지고 있는데 막아내기는 쉽지 않고, 일단 침해되면 다시 회복될 수 없는 특성에서 찾아볼 수 있겠다.

프라이버시 핵심 원리

프라이버시는 개인의 삶에서 홀로 있을 권리, 고독을 즐길 권리, 간섭받지 않을 권리로 볼 수 있다. 가비슨(Ruth Gavison)은 어떤 개인에 대한 타인의 접근을 제한(inaccessibility)하는 것에 초점을 두고 있다(Ruth Gavison, 421-471). '접근 제한'의 개념은 정보(information), 엿보기(attention), 물리적 접근(physical access)의 세 가지 요소가 더해진 것이다. 그는 프라이버시의 핵심 원리를 세 가지로 들고 있는데, 비밀성, 익명성, 고독이 그것이다. 비밀성이란 자신에 대한 지식의 유포를 제한하는 것을 의미하고, 익명성이란 원치 않는 관심으로부터 보호를 의미하며, 고독이란 다른 사람과 신체 접촉이 없는 것을 말한다. 요컨대, 사생활이나 사적인 일을 가리키거나 사생활을 남에게 간섭받지 않을 권리를 가리킨다.

프라이버시는 누군가 특정인에 대해 정보를 취하는 일, 그의 생활에 대해 주목하는 일, 그리고 그의 물리적 생활 공간에 접근하는 것으로부터의 보호라는 의미를 함축하고 있다. 이러한 함축된 의미로 볼 때 프라이버시는 사생활이나 사적인 일이라는 가치중립적인 개념이라기보다는 보호되어야 한다는 도덕적 당위나 법적 권리의 가치가 포함된 개념이라 하겠다.

역할 가면

프라이버시가 요청되는 배경은 '사회적 가면'의 필요성에서 찾아볼 수 있다. 사람들은 홀로 있을 때가 아니면 역할 수행을 위한 가면을 쓰고 있다고 본다. 고프만(E.Goffman)에 의하면 사람들 사이에 있을 때 한 가지 성격만을 연기하는 것이 아니라 상황에 따라 다른 역할에 대해 연기한다(E.Goffman, 1959). 교수가 학생을 대할 때와 세탁소 주인을 대할 때 각각 다른 사회적 가면을 이용한다. 만일 이 가면들을 모두 강제로 벗겨 버리면 남는 것은 진정한 자아가 아니라 방어 능력을 잃어버린 상처 입은 인간이라고 한다. 고프만은 무대에 서는 배우에게 무대 뒤의 공간이 필요하듯이 사람들에게도 남들 앞에서 쓰고 있던 가면을 벗어 버리고 농담 따위를 하면서 긴장을 털어 낼 무대 뒤가 필요하다고 본다.

자유의 보호

심리적 프라이버시, 커뮤니케이션 프라이버시, 장소 프라이버시(경계권) 등 다양한 프라이버시가 제시될 수 있다. 어떤 프라이버시건 자유에 대한 하나의 조건으로서 역할을 하기 때문에 프라이버시 보호는 도덕적 토대를 지닌 것으로 여긴다. 프라이버시는 다른 사람에 의한 원치 않는 간섭으로부터 보호이고 개인의 자유로운 행동에 대한 보호이다.

개인정보의 심리적 가치

정신분석학은 우리들에게 개인정보의 심리적 가치의 중요성을 인식하게 한다. 인간은 본능적으로 자신만의 어떤 영역을 두고 싶어 하는 측면이 있다. 어린아이들이 이불장에서 숨어서 놀거나 상자 더미 속에서 노는 모습을 쉽게 볼 수 있다. 은밀한 공간, 혹은 감추고 싶은 마음, 일기장, 서랍 속, 침실, 아무에게도 말하지 않는 자신만의 생각 등이 자신만의 영역을 이루고 있다. 그런데 자신만의 영역은 자신의 열등한 것, 나쁜 어떤 것이 아닐지라도, 부당하게 공개되었을 때 수치심과 모욕감을 느끼게 하는 것들일 수 있다. 남들에게는 하찮아 보일지 모르지만 노출되었을 경우 당사자에게는 아주 큰 불안과, 수치심, 모욕감 등을 불러일으킬 수 있는 개인정보들이 있다. 일례로 스스로 생각하고 있는 몸의 비밀에 관한 정보 등도 드러날 경우 남들로선 단순한 흥밋거리도 안 될 수 있겠지만 당사자로선 세상이 무너지는 것처럼 여길 수도 있다.

개인적 가치

프라이버시를 개인과 집단 즉 자신과 사회와의 경계선을 갖고자 하는 노력의 개념 속에서 파악한 에머슨(Thomas Emerson) 교수는 "개인주의의 전제를 두고 사회는 개인의 가치와 존엄성을 고양키 위해서 존재한다"라고 주장하고 있다. 웨스틴(Alan F. Westin) 교수는 프라이버시를 통해서 개인은 ①개인적인 자율성의 보호, ②내부적인 감정을 해소할 수 있는 기회, ③자기평가의 기회, ④제한적이고 선택적인 커뮤니케이션 등 4가지의 가치를 추구할 수 있다고 했다.

사회적 목적

프라이버시는 개인적인 기능 이외에도 집단적, 사회적인 목적을 갖고 있음을 이해할 필요가 있다. 프라이버시 법을 통해서 사회는 인간의 가치와 존엄성을 존중해야 하는 사회적인 예의를 배울 수 있다. 또한 프라이버시는 표현의 자유에 도움을 준다. 사적인 공간이나 혼자서 사색할 수 있는 기회가 없는 생활에서 창조적이고 통찰력 있는 표현이 나오기는 어렵다. 따라서 프라이버시는 인간에게 개인적이게 하는 어떤 것이 사회적이게 하는 어떤 것을 배양하고 있다고 하겠다. 프라이버시가 개인적인 일로 매몰되는 것이 아니라 사회적 가치를 창출하는 기회를 제공한다고 볼 수 있다.

권리적 접근

프라이버시를 권리 개념으로 접근하기도 한다. 트라이브(Laurence Tribe)는 프라이버시를 "개인이 자신의 생활에 대해 남에게 알려줄지 말지를 통제할 수 있는 권리"라고 보면서 이 통제야말로 어느 개인이든 세상 사람들에게 자신을 어떻게 보일 수 있는지를 결정하는 권리의 핵심이라고 생각하고 있다(Laurence H. Tribe, 1988). 누구든 남에게 자신이 어떻게 보였으면 하는 기대와 레벨이 있고, 그것에 부응하지 않는 자신의 일부는 드러내고 싶어 하지 않는다. 어떤 여성이 자신은 더 이상 사랑은 할 수 없을 것이라고 하면서 수술받은 자국이 여럿이라 몸을 더 이상 남에게는 보여 주고 싶지 않다는 것을 그 이유로 들었다. 남들은 괜찮다고 할지 모르지만 프라이버시는 자신에 대한 자결권의 바탕이 되고 있고 남들이 왈가왈부할 수 있는 것이 아니다.

프라이버시를 어떤 식으로 이해를 하든 오늘날 기술의 발달로 프라이버시 침해는 날로 증가하고 있다. 보호 기술도 발달하고 있지만 침해 기술이 한발 앞서 나아가고 있는 형국이다. 드론이 하늘을 날면서 엿보기가 가능해져서 장롱 속에 숨어 지내지 않는 한 모습을 감추기가 쉽지 않다. 전자기술의 발달로 인한 개인의 사적 정보 수집, 사적 정보의 상품화, 인터넷을 비롯한 매스커뮤니케이션 매체 기술의 고도화로 자신의 의사와 무관하게 노출되기 때문에 프라이버시를 보호하기 위한 제도적 대책과 당사자의 신중성이 더욱 필요하게 되었다.

2) 프라이버시권

프라이버시는 개인의 사생활을 보호하기 위한 권리 측면에서도 사용된다. 프라이버시권(right of privacy)은 프라이버시가 없다면 안전이 보장되지 못하고 자유를 위협받을 수 있기 때문에 기본권으로서 보장하려고 하는 것이다. 1948년 12월 10일 UN이 채택한 「세계인권선언」도 제12조에서 "인간은 누구든지 그의 사생활(Privacy), 가족, 가정 및 통신에 대하여 불법적인 간섭을 받지 아니한다. 모든 인간은 간섭이나 침해에 대하여 법의 보호를 받을 권리를 지닌다"라고 규정하고 있다. 또 1966년 12월 16일 UN이 채택한 「시민적, 정치적 권리에 관한 규약」 제17조에도 "누구든지 그 사생활·가정 또는 통신에 대한 타의적·불법적 간섭이나 그 명예와 신용에 대한 불법적 침해를 받지 아니한다. 모든 사람은 그와 같은 간섭이나 침해에 대해서는 법률의 보호를 받을 권리를 가진다"라고 되어 있듯이 프라이버시가 인권의 기본 요소로서 국제적으로 공감대를 이루고 있기 때문에 국제적 헌장 또는 규약으로 보호·인정되고 있다. 프라이버시권의 보호 취지는 개인의 사생활권, 비밀권·평온권·행복추구권을 보호하려는 인권 감수성이 커지면서 정보화 시대에도 그 보호가 절실히 요청되고 있다.

법적 권리

프라이버시권은 자연인의 법적 권리이고, 오로지 그의 것이라고 할 수 있는 양도할 수 없는 일신 전속적 권리라는 성격을 지니고 있다. 프라이버시권은 첫째, 인격적 가치가 훼손됨으로써 정신적 고통을 받는 경우에 이를 방지하고 규제함을 법익으로 하는 까닭에 살아 있는 자연인만이 이 권리를 향유할 수 있는 권리의 주체가 될 수 있다. 둘째, 프라이버시의 권리는 인격권의 일종이다. 인격의 자유로운 발전과 법적 안정성을 보호법익으로 하는 일종의 인격권으로서 사적 사항을 침해받아 입게 되는 정신적 고통을 구제받는 데 의의가 있다. 셋째, 프라이버시의 권리는 양도할 수 없는 일신 전속적 권리이다. 사생활의 자유를 방해받지 않을 권리로서 특정인의 고유한 사항을 보호법익으로 하는 일신 전속적인 권리이다.

프라이버시 관련 법

한국의 프라이버시 관련 법으로는 헌법 제17조의 "모든 국민은 사생활 비밀과 자유를 침해받지 않는다"(사생활의 비밀, 자유 불가침권)과 제16조의 주거의 불가침, 제18조의 통신비밀의 불가침 조항 등을 근거로 하여 보장되는 포괄적 권리로 볼 수 있다. 프라이버시 보호와 관련된 구체적인 법은 여러 법에 산재해 있다. 형법 제316조(비밀침해)와 제319조(주거 침입), 경범죄 처벌법 제1조 1호(빈집 등에의 잠입), 24호(불안감 조성), 49호(무단 침입), 53호(장난전화 등), 통신비밀보호법 제1조(통신 및 대화의 비밀과 자유에 대한 제한), 민법 제750조의 불법 행위의 내용에 대한 규정, 동 제751조의 재산 이외의 손해배상과 동 제756조의 사용자의 배상책임 규정, 형법 제307조 내지 제309조의 명예훼손 관계 조항 규정, 그리고 언론기본법의 제3조 제3항의 언론의 공적 책임 조항 등이 그 근거가 된다고 할 것이다. 법적인 측면에서 사생활의 평온을 깨뜨리는 타인의 침해를 당사자의 의사와 승낙 여부에 따라 불법 행위의 성립이 좌우되기 때문에 일일이 규제되고 있지는 못하지만 그 중요성에 대한 인지도는 높아지고 있다.

스몰라(Rodney Smolla)의 프라이버시권

프라이버시권을 더 적극적으로 규정하고 있는 경우는 스몰라가 제시한 프라이버시권에서 살펴볼 수 있다. 스몰라는 프라이버시권을 정부의 간섭을 받지 않고 사생활을 즐길 수 있는 자율권(autonomy), 개인적인 공간을 가질 수 있는 은둔(seclusion) 권리, 정보의 비밀을 유지할 수 있는 정보적 프라이버시(informational privacy)를 들고 있다. 정부의 간섭을 받지 않고 개인이 사생활적인 행위나 관계를 즐길 수 있는 자율권은 부부생활이나 임신 등에 관한 헌법적인 프라이버시권이 대표적인 예이다. 은둔권은 물리적인 그리고 정신적인 경계를 개인이 설정하고 타인이나 외부 단체가 침범할 수 없는 경우이다. 미국의 경우 수정헌법 제4조의 프라이버시 보호 조항에 의하면 '국민은 신체나 가택, 서류와 개인적인 물건에 대한 과도한 수색이나 압수로부터 보호받을 수 있는 권리'라고 되어 있다. 개인의 사적인 공간을 무단으로 정당한 이유 없이 침범하면 손해배상을 청구할 수 있는 불법 행위(tort)가 성립된다. 정보적인 프라이버시, 자율권, 은둔권과 관련되어서 생기는 이 정보 프라이버시권은 개인의 사생활적인 정보의 외부 전파를 막을 수 있는, 그리고 전파된 후에 소송을 할 수 있는 근거를 제공하고 있다.

광의의 프라이버시권

미국의 판례로부터 광의적인 프라이버시권의 내용을 간추려 보면 ①결사 내에서의 프라이버시, ②익명으로 전단을 배포할 수 있는 프라이버시, ③정치신념에 속하는 프라이버시, ④신체의 불가침에 관한 프라이버시, ⑤결혼 생활에서의 부부의 프라이버시, ⑥음란 문서의 사적 소유에 대한 프라이버시, ⑦부당한 수색·압수를 받지 않을 권리, ⑧행정 조사에 대한 프라이버시의 권리, ⑨도청당하지 않을 프라이버시, ⑩싫은 정보를 받지 않을 권리, ⑪자기의 기록문서철의 공개 요구와 정정 요구권 등을 포함하는 것으로 인정하고 있다.

프라이버시권의 유래는 개인적인 안전과 자유권을 포함하는 자연권에서 찾을 수 있다(J. Thomas Mccarthy). 이 기본권은 개인에게 타인의 권리를 침해하지 않고, 공공의 병이나 질서를 위반치 않으면서 '자기에게 가장 유쾌하게' 인생을 즐길 수 있는 기회를 준다고 했다. 결국 개인은 프라이버시를 통해서 일반인이 얼마만큼 자기에 대해서 알 수 있을지를 결정할 수 있는 권리를 갖게 된다고 볼 수 있다.

3) 프라이버시 침해 유형

프라이버시를 침해하는 개별 사례는 헤아릴 수 없을 정도로 다양하다. 이해를 쉽게 하기 위한 방편으로 묶어서 볼 때 프레서(William Pressor)에 의하면 개인의 심리적이고 공간적인 자기만의 생활이나 고독을 침해하는 것을 하나의 프라이버시권 위반이라고 보았다(William L. Pressor, 386).

프레서(William L. Presser)는 다음의 네 가지 침해 유형을 들고 있다(William Pressor, 383-423). 첫째, 개인적인 일의 공표(Public Disclosure of Private Facts)로 본인이 비밀로 부쳐 두고 싶어 하는 개인에 관한 난처한 사적 사항이 공개되어 권리가 침해받는 경우 등이 이에 해당된다. 둘째, 공중의 오인(False Light in the Public Eye)으로 허구와 허위의 사실을 공표하거나 사실을 과장 또는 왜곡하여 공표함으로써 공중에게 특정인을 사실과 다르게 인식하게 하는 행위의 유형이다. 셋째, 이름의 도용(Appropriation of Name or Likeness)인데 개인의 성명·초상·경력 등 본인에게 고유한 속성, 즉 인격적 징표를 본인의 동의 없이 사용하여 상업적으로 부당한 이득을 추구하는 경우 등이 여기에 해당된다. 넷째, 사생활 침입(Intrusion upon Solitude or Seclusion)인데 개인의 평온한 사생활이 적극적으로 침입·간섭받거나 소극적으로 감시 도청 또는 촬영되는 행위 등에 의하여 불안과 불쾌감을 유발하는 것이다.

개인적 일의 공표

첫째, 개인적인 일의 공개 발표는 공적인 공표이어야 하며 사적인 공표이어서는 안 된다. 특이한 병에 걸린 사람의 사진을 당사자의 뜻에 반한 보도, 공을 차다 넘어져서 성기 일부가 드러난 축구 선수의 사진 공개 등이 이런 유형의 프라이버시 침해다. 다른 사람의 슬픔이나 비참함을 상업적으로 이용하기 위해 공표하는 비극의 상품화도 오늘날 갈수록 심각해지고 있다. 개인의 비참함을 강조해서 모금 운동을 펼치는 '빈곤 포르노' 등과 같이 개인적인 일의 공표에서 공적 가치가 높으면 때로는 사적 보호를 넘어서 공표되는 경우도 있으나 원칙적으로 논란이 될 수밖에 없다.

성폭행 피해자의 이름 공개

성폭행 피해자의 이름을 공개해야 하는지에 대해서도 논란이 된 적이 있다. 현재 대다수의 보통 사람들은 성폭행 피해자를 보호하기 위한 차원에서 공개하지 않은 것을 당연시 여긴다. 그러나 다른 범죄의 피해자들이 공개되는 경우와 달리 성폭행 피해자의 이름만 공개하지 않고 유별나게 구는 것은 그들을 그냥 피해자로 보는 것이 아니라 성폭행을 당했기 때문에 보통의 피해와는 다른 피해를 받았다고 간주하도록 하는 잘못된 시각에 의한 것이라는 주장도 있다. 성폭행의 피해자가 되는 것이 수치스러운 일이 아니기 때문에 다른 피해자와 같이 대하도록 해야 한다는 주장을 하는 것이다.

노동 감시

노동 감시도 보통의 개인들로서 불쾌한 것으로 프라이버시의 침해라고 본다. 일례로 버스 운전기사의 표정과 목소리를 담아내는 폐쇄회로TV나 카메라처럼 은행, 백화점, 여관, 공장 등 곳곳에서 감시통제가 가능하도록 시설이 갖추어지고 있다. 노동을 하는 입장에서는 일의 의욕을 잃거나 재미가 반감될 수밖에 없다. 스스로 한다기보다는 들볶이고 감시당한다는 생각 때문에 적대적 직장으로 받아들여지게 된다. 벤담(J. Bentham)이 파놉티콘(Panopticon)을 고안했던 것처럼 감시가 오늘날 모든 사회 영역에서 작동되고 있는 것이다. 한 지점에서 건물 전체가 다 보이도록 설계된 감옥 건물에서 죄수들을 감시하는 것처럼 내가 볼 수 없는 채로 누군가가 나를 보고 있다는 것은 나를 매우 불리한 지위에 놓게 된다. 내가 드러내고 싶지 않은 것들이 노출되지 않을 수 있을 때 기본권이 보장되는 것이다.

공중의 오인

둘째, 공중의 오인은 개인에 관하여 다수의 관점을 왜곡시키는 것이다. 이 프라이버시 침해는 반드시 명예훼손이 아니더라도 흔히 명예훼손 소송의 사유가 되기도 한다. 다른 사람의 발언을 그의 것처럼 공표하는 것, 개인의 사진을 관련 없는 보도에 사용하여 관련 있는 것 같은 인상을 주는 것, 소설이나 다큐멘터리 등에서 개인의 이야기를 그릇되게 묘사하는 경우 등이 이러한 사례다. 명예훼손 사건과 비교해서 일반에게 허위적인 인상을 심어 주는 이 프라이버시 침해는 그 구제 범위가 훨씬 넓다.

도용

셋째, 도용은 개인의 신원에 관한 사항, 즉 이름이나 사진 등과 같은 것을 본인의 허락을 받지 않고서 상업적으로 이용하는 프라이버시 침해다. 운동선수, 연예인, 작가 등 유명인들이 보통 이 권리를 침해받는 경우가 많다. 이 프라이버시 침해는 본인 이름이나 신원을 알 수 있는 것으로 상대방이 그것을 상업적인 목적으로 도용을 했느냐가 중심이 된다. 이것은 다른 종류의 프라이버시 침해와는 달리 정신적인 사생활 침해보다는 재산적이고 소유적인(Proprietary) 면을 강조하고 있다. 주로 연예인들의 초상권, 음성권 등의 논란에서 사례를 찾아볼 수 있다. 디지털시대 이후 일반인들의 도용에 의한 피해도 늘고 있다.

침입

넷째, 침입, 즉 사적인 일이나 공간을 무단으로 침해하는 것은(intrude) 남의 집이나 땅을 허가 없이 들어가는 범법 행위와 같다. 남의 집을 울타리 사이로 들여다보거나 사적 대화를 엿듣거나 도청하거나 멀리서 드론, 망원렌즈 등을 활용하여 살펴보는 것 등이 사례가 된다. 이 프라이버시 침해는 일반적으로 "분별 있는 사람(reasonable man)의 입장에서 볼 때 불쾌하거나 부당한(offensive or objectionable) 것이어야 한다"라고 프레스는 정의하고 있다. 이 사생활 침해에 의한 프라이버시권은 주로 심리적인 것과 관련되는데 불법 주거 침입, 생활 방해, 고의적으로 정신적 고통을 입히는 것에 포함되지 않는 것, 헌법적인 권리 위반에 대한 구제 밖에 있는 것 등을 보호하기 위한 것이다. 비극적인 사건을 취재 보도하는 과정에서 슬픔에 잠긴 관련자들에게 마이크를 들이대는 경우 등은 슬픔에 대한 침해로 볼 수 있다. 최근 논란이 되고 있는 스토킹이나 성희롱도 사적 경계를 침해하는 유형으로 볼 수 있다. 출입이 금지된 구역이나 시설 또는 장소에 정당한 이유 없이 들어가는 것이나 개인이 보호 영역으로 생각하는 자신과 타자와의 신체 경계선에 침입하는 것은 마찬가지로 불법 침해로 침입의 하나로 볼 수 있겠다.

프라이버시권은 보호되어야 마땅하나 다른 가치들과 충돌될 때 문제가 야기된다. 프라이버시권은 국민의 알 권리 또는 표현의 자유와의 관련하에 프라이버시권은 제한을 받게 된다. 프라이버시권은 공적 인물 또는 공적 존재의 경우에는 제한받기도 한다. 뉴스나 보도, 계몽적, 교육적 내용의 유포 중에 그 권리는 약화되고 공익은 개인의 가치에 우선하며 또 국민의 알 권리가 프라이버시에 우선한다는 것이다. 그렇긴 해도 개별 인간의 존엄성이 보호되지 않고 방치되지 않도록 프라이버시권의 보호에 대한 인식을 놓쳐서는 안 될 것이다.

2. 정보 프라이버시

1) 개인정보의 개념과 유형

사이버 공간의 개방성으로 인하여 개인의 정보가 과거에 비해 쉽게 드러날 수 있는 시대가 되었다. 인터넷망이 연결되어 있어서 시간과 공간에 얽매이지 않고 사이버 뒷조사(cybersnooping)가 가능하게 되어 자신도 모르는 사이에 개인정보가 드러나는 경우도 늘어나고 있다. 정보를 디지털화해서 정보에 자유롭게 접근할 수 있는 것은 열린 민주주의에 더 가깝다고 할 수 있다. 그러나 당사자의 동의와 무관하게 검색엔진을 통해 개인정보들을 쉽게 얻을 수 있다는 것은 위협적으로 활용될 수 있기에 사회문제가 되고 있다. 개인의 정보누출이 해악을 초래하게 되면 정보사회 자체가 만인은 만인의 적이 되는 상황을 맞게 될 것이기 때문에 모두에게 악이 되는 상황으로 끝이 나게 될 수 있다. 출생, 결혼 이력, 학업 성적, 국세 자료, 군복무 기록, 여행 기록, 직무상 기록, 납세보고서, 사회보장 자료, 재산대장, 은행 거래 장부, 각종 허가 신청서, 신용 거래, 운전면허, 직업 이력, 범죄 이력, 건강진단서 등 이루 헤아릴 수 없으며, 신용카드로 거래하게 되면 언제, 어디서, 무엇을 사고, 누구와 어디서 여행하고 오락을 즐겼는지까지도 기록에 남게 되었다. 이렇다 보니 누군가를 협박할 때 영혼까지 탈탈 털어 주겠다고 막말을 하는 세상이 되었다.

개인정보의 개념

공공기관의 개인의 정보보호에 관한 법률 제2조 제2호에서는 '개인정보'라 함은 생존하는 개인에 관한 정보로서 당해 정보에 포함되어 있는 성명·주민등록번호 등의 사항에 의하여 당해 개인을 식별할 수 있는 정보(당해 정보만으로는 특정 개인을 식별할 수 없더라도 다른 정보와 용이하게 결합하여 식별할 수 있는 것을 포함한다.)를 말한다고 되어 있다. 이메일 주소는 그 정보만으로는 특정 개인을 알아볼 수 없을지라도 다른 정보와 결합할 경우 해당 개인을 알아볼 수 있는 정보이므로 개인정보에 해당한다. 법률에서 이야기하는 개인정보는 개인의 신원을 파악할 수 있는 정보를 뜻한다. 개인을 식별할 수 있는 정보의 유형으로는 생리적 정보(성별, 신장, 체중, 혈액형, 지문, 홍채의 형태, DNA, 건강 상태 등)와 사회적 관계를 확인하는 정보(주민등록번호, 생일, 혼인 여부, 전과기록, 학력, 종교, 정당 참여 등), 제도적인 신분 증명(기초생활수급자, 의료보호대상자 등의 제도적 낙인), 사이버 공간과 같은 네트워크의 접속에 필요한 이용자의 ID나 패스워드 또는 인증서 비밀번호 등이 있다. 이러한 정보들은 개인의 신원을 파악할 수 있는 것들이다.

자기정보관리통제권

법적으로는 자기정보관리통제권에서 개인정보 보호에 대해 규정하고 있다. 자기정보관리통제권은 자신에 관한 정보를 보호받기 위해 자신에 관한 정보를 자율적으로 결정하고 관리할 수 있는 권리이다. 자기정보관리통제권을 구성하고 있는 요소는 첫째, 자신에 관한 정보를 침해당하지 아니하고(자기에 관한 정보의 자율적 결정권 또는 자기에 관한 정보를 수집, 분석, 처리하는 행위를 배제해 주도록 청구할 수 있는 권리), 둘째, 자신에 관한 정보를 자유롭게 열람하며(자기정보접근권, 자기정보열람청구권), 셋째, 자신에 관한 정보의 정정, 사용 중지, 삭제 등을 요구할 수 있고(자기정보정정청구권, 자기정보사용중지, 봉쇄청구권, 자기정보삭제청구권), 넷째, 이러한 요구가 수용되지 않을 경우에 불복 신청하거나 손해배상을 청구할 수 있음(이의신청권, 손해배상청구권) 등이다. 좁은 의미에서 자기정보관리통제권이란 자신에 관한 정보를 열람, 정정, 사용 중지, 삭제 등을 요구할 수 있는 권리를 말한다(권영성, 427-428).

개인정보 범위

개인정보에는 생존하고 있는 사람의 식별이 가능한 모든 정보가 포함된다. 이름, 주소, 전화번호, 나이, 성별, 주민등록번호 등은 물론이고 다른 정보와 결합해서 특정 개인을 유추할 수 있는 정신적, 신체적, 사회적 상태와 관련되는 정보와 개인을 알아볼 수 있는 부호, 문자, 음성, 음향, 및 영상 등의 정보도 포함된다. 현재 개인정보를 수집하는 곳은 인터넷 업체를 비롯해서 병원, 백화점, 카드회사, 보험회사, 은행, 정부 부처, 동사무소 등 다양하다. 사이버 공간에서는 전자우편주소 및 내용, 휴대폰 문자메시지, 상품 구매 정보, 로그파일, 쿠키 정보, 위치 정보 등이 개인정보로 포함되는 등 개인정보의 범위가 확대되고 있다(R.J., Weible, 166~168)

표 7 웨이블(R.J.Weible)의 개인정보 분류표

구분	개인정보 유형
일반 정보	이름, 주민등록번호, 운전면허번호, 주소, 전화번호, 생년월일, 출생지, 본적지, 성별, 국적
가족 정보	가족 구성원들의 이름, 출생지, 생년월일, 주민등록번호, 직업, 전화번호
교육 및 훈련 정보	학교 출석 사항, 최종 학력, 학교 성적, 기술 자격증 및 전문 면허증, 이수한 훈련 프로그램, 동아리 활동, 상벌 사항
병역 정보	군번 및 계급, 제대 유형, 주특기, 근무 부대
부동산 정보	소유 주택, 토지, 자동차, 기타 소유 차량, 상점 및 건물 등
소득 정보	현재 봉급액, 봉급 경력, 보너스 및 수수료, 기타 소득의 원천, 이자 소득, 사업 소득
기타 수익정보	보험(건강, 생명 등) 가입 현황, 회사의 판공비, 투자 프로그램, 퇴직 프로그램, 휴가, 병가
신용 정보	대부 잔액 및 지불 상황, 저당, 신용카드, 지불 연기 및 미납의 수, 임금 압류 통보에 대한 기록

구분	개인정보 유형
고용 정보	현재의 고용주, 회사 주소, 상급자의 이름, 직무수행평가 기록, 훈련 기록, 출석 기록, 상벌 기록, 성격 테스트 결과, 직무 태도
법적 정보	전과 기록, 자동차 교통위반 기록, 파산 및 담보 기록, 구속 기록, 이혼 기록, 납세 기록
의료 정보	가족 병력 기록, 과거의 의료기록, 정신질환 기록, 신체장애, 혈액형, IQ, 약물 테스트 등 각종 신체 테스트 정보
조직 정보	노조 가입, 종교단체 가입, 정당 가입, 클럽 회원
통신 정보	전자우편(e-mail), 전화 통화 내용, 로그파일(log file), 쿠키(cookies)
위치 정보	GPS나 휴대폰에 의한 개인의 위치 정보
신체 정보	지문, 홍채, DNA, 신장, 가슴둘레 등
습관 및 취미 정보	흡연, 음주량, 선호하는 스포츠 및 오락, 여가활동, 비디오 대여 기록, 도박 성향

사실 정보와 판단 정보

웨이블(R.J.Weible)의 분류는 대부분 사실(fact)에 바탕을 둔 정보들이다. 그런데 개인에 대한 가치판단이 개입되어 만들어진 정보 형태도 존재한다. '사실 정보'는 개인에 관한 사실만을 알려주는 정보이다. 반면 '판단 정보'는 개인정보에 대한 제3자의 가치판단이 개입되어 만들어진 정보를 말한다. 주로 사실 정보에 의한 객관적 판단을 하기도 하지만 주위 사람들의 평판에 의존하기도 한다. 가치판단은 판단자의 주관이 들어가기 때문에 공정성을 잃기 쉽다. 그런 경우 판단 정보에 의존하게 되면 프라이버시나 인권 침해로 연결될 수 있다.

중핵 정보

개인정보들은 개인에 대한 사실이나 속성 혹은 그에 대한 제3자의 판단의 결과들을 나타내는 것이다. 따라서 이러한 개인정보들을 통해 역으로 특정 개인을 확인하는 것이 가능하다. 물론 개인정보 유형들로부터 직접적으로 특정 개인을 유추할 수 없을 수도 있다. 개인정보 유형 중에서 습관 및 취미 같은 경우는 같은 사람들이 많아서 특정 개인을 바로 찾아낼 수 없다. 그러나 주민등록번호나 운전면허번호, 학번 같은 정보는 개인의 유일 정보기 때문에 특정 개인을 파악하는 것은 어렵지 않다. 그런데 주민등록번호나 운전면허번호, 학번 등은 그 자체만으로도 특정 개인에 대한 고유한 특성들을 나타내기도 하고 그것들은 특정 개인의 다른 속성들이나 정보들을 통합할 수 있는 핵심 키 역할을 하기 때문에 더 신중히 해야 하는 정보다. 핵심 정보를 통하여 인터넷망으로 연결되어 있기 때문에 흩어져 있는 정보를 모으고 통합해서 유추해 내는 것이 어렵지 않게 되었다.

정보 주체 보호

특정 개인의 사적인 특성들이나 비밀, 사생활 등이 정보 수집자에 의해 포착되고 재구성될 수 있는 가능성이 현실화되었다는 것을 알 수 있다. 사이버 공간에서 개인을 확인하는 길이 개인정보에 의존적이기 때문에 개인의 프라이버시가 외부에 노출될 위험성이 언제나 있다고 하겠다. 그래서 개인정보를 보호한다는 것은 정보를 기록한 자료(data)를 보호한다는 의미라기보다는 정보 주체를 보호한다는 의미라고 볼 수 있다. 개인의 신분이나 정체성을 드러낼 수 있는 '사적인' 정보의 노출은 프라이버시의 노출과 다르지 않다. 따라서 프라이버시가 보호되어야 하는 것처럼 개인정보가 보호되어야 하는 것이다.

2) 개인정보의 이용과 권리

개인정보 기록

인터넷 시대 이전에는 주로 현실 공간에서 대면적 관계로 업무가 이루어졌다. 동사무소에 직접 가서 공무원을 만나서 일 처리를 했다. 쇼핑몰이나 은행에도 직접 방문해서 거래를 했다. 강의도 대면 강의였다. 출석도 강의실에 앉아 있는 것이 출석이었다. 그때는 대면적 관계이기 때문에 실물이 개인의 정보를 체현하고 있었다. 일이 끝난 후 개인의 정보를 저장될 이유가 없었다. 빵을 사고 가면 그뿐이지 빵을 사 간 사람의 기록이 남지 않았다. 그러나 사이버 공간에서 이루어지는 업무가 늘면서 업무가 끝나더라도 컴퓨터가 데이터를 기록으로 남긴다. 그동안 즐겨 사 간 빵이 무엇인지 일 년 동안 얼마나 자주 빵을 사 갔는지 등의 기록들이 데이터로 저장되어 있기 때문에 검색의 대상으로 남아 있게 된다. 새로운 빵이 나오면 신제품을 알리는 이메일이나 문자가 오기도 하고 쿠폰이 날아오는 등 저장되어 있던 개인의 정보가 컴퓨터 밖으로 되살아 나온다.

개인정보 기록과 프라이버시

개인정보를 어떻게 이용하고 어디까지 활용될 수 있는지 프라이버시권과 맞물려 논란을 불러일으킨다. ①자신에 관한 기록이 어디에 어떤 형태로 보존·이용되는가를 알지 못하고 있다. ②틀린 정보나 오래된 불완전한 기록의 보존으로 인해 정보 이용자가 한 개인에 대해 잘못된 결정을 내릴 수 있다. ③특정 목적을 위해 개인의 동의하에 수집된 정보가 기관 상호 간에 교환되거나 한곳에 집중되는 경우에 정보의 유용이나 목적 외로 사용될 가능성이 있다. ④자동자료처리 시스템은 그것이 효율적일수록 더욱 안전상의 취약점이 문제 되며, 특히 전자기기의 원격 조작에 의해 터미널로부터도 기록의 입력이나 인출이 가능한 상태에서는 정보가 도용되거나 악의적으로 이용될 위험 부담율이 커진다.

개인정보 수집과 이용자의 동의

이렇게 된 상황에서 편리하고 신속하며 용이하다는 장점보다는 중앙집중 처리된 정보의 일괄적인 처리로 알 권리가 무시되고, 인간은 관리 사회의 단순한 관리 대상이 되어 인간 부재, 인간소외, 엘리트의 대중 조작, 기계화, 체제화에 의한 인간의 자유와 프라이버시의 무시란 위험성이 현대 정보화 사회가 안고 가는 문제가 되었다. 정보통신서비스 제공자가 이용자의 개인정보를 이용하려고 수집하는 경우에는 개인정보의 수집·이용 목적, 수집하는 개인정보의 항목, 개인정보의 보유·이용 기간을 이용자에게 알리고 동의를 받아야 한다. 이를 변경하려는 경우에도 같다. 정보통신망 이용촉진 및 정보보호 등에 관한 법률에서는 이용자의 동의를 받지 아니하고 개인정보를 수집한 자는 처벌하도록 되어 있다. 정보통신서비스 이용자들은 자신들의 의사에 반하여 개인정보가 함부로 공개되지 않을 권리를 가지고 있다.

정보통신서비스 제공자 의무

정보통신서비스 제공자는 사상·신념·과거의 병력 등 개인의 권리·이익이나 사생활을 현저하게 침해할 우려가 있는 개인정보를 수집해서는 안 된다. 정보통신서비스 제공자는 이용자의 개인정보를 수집하는 경우 정보통신서비스의 제공을 위하여 필요한 최소한의 정보를 수집해야 한다. 필요한 최소한의 정보 외의 개인정보를 제공하지 않는다는 이유로 그 서비스의 제공을 거부해서는 안 된다. 이용자의 동의를 받지 않고 개인의 권리·이익이나 사생활을 뚜렷하게 침해할 우려가 있는 개인정보를 수집한 자는 처벌받도록 되어 있다. 정보통신서비스 제공자로부터 이용자의 개인정보를 제공받은 자는 그 이용자의 동의가 있거나 다른 법률에 특별한 규정이 있는 경우 외에는 개인정보를 제3자에게 제공하거나 제공받은 목적 외의 용도로 이용해서는 안 된다.

정보 주체의 자율적 동의

개인정보의 이용과 권리에서 법률은 개인정보 중에서 '살아 있는' 사람의 정보만을 보호 대상으로 규정하고 있다. 개인정보를 보호하고자 하는 생존해 있는 사람의 개인정보를 그 자신의 이해(interest)와 이를 이용하려는 자(조직, 기관, 기업 등)의 이해에 따라 제공하고 공개되기도 한다. 개인정보의 이용과 권리는 당사자의 이해관계에 따라 행사될 수 있는 것이다. 일반적으로 법률은 개인정보의 수집이나 이용을 원천적으로 금지하는 것이 아니라 이를 개인정보 주체와 그 이용자 간 계약의 문제로 규정하고 있다. 즉 정보 주체의 자율적 동의가 있다면 타인이 이를 수집하거나 이용할 수 있다는 입장을 취한다.

법적인 측면에서는 개인정보의 이용과 권리가 개인의 인격 혹은 개인에 대한 사실, 사회적 평판 등과 같은 개인의 프라이버시 그 자체가 아니라 개인의 프라이버시를 담고 있는 자료에 해당된다. 개인의 존엄성을 위한 수단으로 개인정보가 보호되는 셈인데, 개인의 여러 정보들 중에서 오직 살아 있는 사람의 자료만이 현행 법률에 의해서 보호받게 된다.

3) 개인정보 침해 유형

정보 침해와 고통의 상대성

개인정보는 특정 개인을 식별할 수 있는 데이터로서 사실 혹은 가치판단에 기초한 정보이다. 현대 사회에서 개인정보가 문제 되는 것은 그것이 침해되었을 때, 고통과 경제적 손실이 발생하기 때문이다. 프라이버시의 하위 차원으로서 정보프라이버시의 침해도 고통이 수반된다. 누군가가 나의 사생활을 훔쳐 왔다는 사실만으로도 고통이 뒤따른다. 하지만 프라이버시의 내용은 문화에 따라 각기 다양하다. 한 문화에서 심각한 프라이버시 침해라고 여겨지는 행위(생리적 활동, 성관계 등)가 다른 문화권에서는 어떠한 도덕적 중요성도 갖지 않는 경우가 나타난다. 그것은 남녀에서도 다르고 계층별로도 다르게 나타날 수 있다. 개인정보는 개인의 정체성과 통합성의 한 표현이기 때문에 정보의 유출은 그 해당 개인의 사생활 유출과 버금가는 문제기 때문에 당사자가 심각성을 모르고 불쾌감이나 고통을 느끼지 않는다 해도 보호되어야 한다.

개인정보 보호의 의미

개인정보 보호의 의미는 개인의 정보 면에서의 프라이버시가 외부의 관여에 의해 훼손됨이 없이 평온한 상태가 유지되며, 정보 주체가 스스로 자기 정보의 가치에 대해 결정할 수 있는 권리를 보호하는 것이다. 따라서 개인정보의 침해는 정보 프라이버시와 정보의 자기결정권을 훼손하는 일이다.

개인정보 침해 주체

개인정보를 수집하고 있는 정부와 기업, 언론매체 등 권력을 가지고 있는 쪽에 의해 개인정보가 침해될 소지는 항상 있다. 정부는 통치를 위해 국민의 다양한 정보를 수집하고 사회질서를 유지하고 국익을 실현한다. 그 와중에서 개인의 정보가 노출되는 일도 발생한다. 형사 사건에서의 증거 조사나 공판 절차에서의 개인정보 공개 등이 대표적인 사례이다. 기업은 개인정보를 활용해서 영리 추구 활동을 벌이는데 그 과정에서 개인정보의 누출과 침해가 나타난다. 언론매체는 국민들의 알 권리를 충족시켜 준다는 명분하에 개인정보 수집과 보도에서 프라이버시를 침해하기도 한다. 인터넷 시대가 되면서부터는 위와 같은 권력에 의한 침해가 아니라 개인들에 의한 정보 침해도 심각한 문제로 대두되고 있다. 정부, 기업, 언론매체와 같은 힘을 갖고 있지는 않지만 정보통신기술의 발달로 개인들이 앱, 악성코드, 해킹 등으로 타인의 개인정보를 수집하고 유출하는 일들이 잦아지고 있다.

개인정보의 침해는 타인의 정보를 불법 수집하여 취급하는 과정에서 생기게 된다. 개인정보의 취급 과정은 정보의 수집 단계, 처리 단계, 보관 단계, 이용 단계의 네 차원에서 이루어진다(정완, 2000 : 85).

정보의 수집 단계

첫째, 정보의 수집 단계란 개인에 관한 정보를 모으고, 이를 자료 형태로 입력하는 과정을 말한다. 이 단계에서 나타나는 정보 침해 유형은 '불법 수집'이다. 구체적으로 정보 주체의 동의를 받지 않은 개인정보의 수집, 사상·신념·과거의 병력 등 개인의 권리, 이익 및 사생활을 현저하게 침해할 우려가 있는 개인정보의 수집 등이 이 유형에 속한다.

정보의 처리 단계

둘째, 정보의 처리 단계란 수집된 정보를 저장·편집·검색·삭제·출력하는 과정 등을 말한다. 이 과정에서 정보 취급자는 자료의 정확성을 확보할 의무가 있다. 잘못된 내용의 정보를 입력하는 오류가 이 단계에서 나타나는 개인정보의 침해 행위라고 할 수 있다.

정보의 보관 단계

셋째, 보관 단계란 일단 수집된 개인정보 자료를 관리하고 유지하며, 수집된 여러 개의 자료를 통합하거나 편집하는 과정을 말한다. 이 단계에서 발생하는 개인정보 침해 행위는 '부당한 접속'이다. 정보를 열람할 자격이 없는 사람이 열람하거나 내용을 유출하는 행위, 혹은 자격이 있더라도 이를 사적인 목적을 위해 개인정보 데이터베이스에 접속하는 행위 등을 말한다. 구체적으로 보면, 자료의 불법 유출, 불법 열람, 변경 혹은 파괴, 불법 유지, 그리고 그 밖에 법률이 정한 개인정보 관리 지침을 이행하지 않는 행위 등이 있다.

표 8 개인정보의 침해 유형

발생단계	침해 유형	구체적인 침해행위
수집단계	불법 수집	·정보주체의 동의 없는 개인정보 수집 ·개인의 사생활이나 권리를 침해할 수 있는 정보 수집
처리단계	오류	·잘못된 정보의 기록 ·변경된 정보를 수정하지 않음.
보관단계	부당한 접속	·자료의 불법 유출(내부인의 유출 업무상, 업무상 취득한 개인정보 비밀의 누설, 외부인의 물리적 침투에 의한 유출, 관리소홀로 인한 유출) ·자료의 불법 열람 ·해킹 혹은 바이러스 감염 등에 의한 자료 열람·삽입·변조·파괴 ·해킹 등에 의한 자료의 도난
이용단계	이차적 사용	·수집 목적 이외의 용도로 정보를 활용하는 행위 ·정보 주체의 동의를 구하지 않은 채, 제3자에게 정보를 제공하거나 판매하는 행위 ·동의가 철회되거나 수집 목적이 달성된 자료의 불법 보유

정보의 이용 단계

넷째, 정보의 이용 단계란 실제로 수집되거나 취득한 자료를 여러 방식으로 이용하는 과정을 나타낸다. 정보 주체의 동의를 구하지 않고 원래 수집 목적과는 다른 용도로 활용할 경우에는 법률에 근거하여 처벌받게 된다. 취급하고 있는 정보를 정보 주체의 동의 없이 제3자에게 제공하거나 양도·판매하는 경우도 같은 이유로 금지된다.

4) 개인정보 침해 결과

경제적 피해와 심리적 피해

개인정보 침해는 데이터에 대한 침해라고도 볼 수 있는데, 데이터에 대한 침해로 사무적인 오류 정도로 생각할 문제가 아니다. 현실에서는 이러한 개인정보의 침해가 개인의 사생활 침해로 연결되는 일이 발생한다. 피해자의 사생활 및 행동이 감시되기도 하고, 피해자에게 재산상의 피해가 야기되기도 한다. 신상이 공개됨으로써 개인적 명예가 훼손되기도 한다. 사생활의 침해에 따른 정신적·심리적 고통이 유발되기도 한다. 그리고 개인의 인적 사항이 자신도 모르게 노출됨으로 인해 원하지 않은 광고성 우편물, 인터넷을 통한 스팸메일 혹은 문자나 전화 등을 받는 일이 발생하고 있다. 이러한 일로 인해 경제적인 피해를 입을 수도 있다. 경제적 피해도 문제지만 경제적인 피해는 없다 하더라도 심리적 불쾌감, 정체불명의 메일로 인한 두려움 등 정서적 위해는 더 큰 문제일 수도 있다.

피해 유형

개인정보의 침해 결과로써 나타나는 사생활 침해의 유형을 구분해 보면, 우선 가시적인 피해와 비가시적인 피해로 나누어 볼 수 있다. 가시적인 피해는 피해자에게 직접 가해지는 것으로서 피해자가 피해 사실을 인지하는 경우이다. 비가시적 피해는 피해자가 피해 사실을 인식하지 못하는 경우이다. 구체적 피해 형태로는 재산적(물질적) 피해, 정신적·심리적 피해, 인격적 피해(명예훼손, 정체성의 혼란 등), 사회생활이나 기타 활동상의 제약 등으로 구분할 수 있다

표 9 개인정보의 침해로 인한 피해 유형

구분	유형
피해의 성격	①가시적 피해 ②비가시적 피해
피해의 형태	①경제적(물질적) 피해 ②정신적·심리적 피해 ③인격적 피해 ④사회생활이나 기타 활동상의 제약 ⑤원하지 않은 광고물 등의 수령

3. OECD의 개인정보 보호 원칙의 이해

정보자기결정권

정보화 사회가 되면서 사이버 공간에서 일상적인 일들의 상당 부분이 이루어지게 되었다. 사이버 공간에서 본인 확인은 개인정보에 의존할 수밖에 없기 때문에 프라이버시권이 양도 가능한 권리로 이해되었다. 정보자기결정권(informational autonomy)은 사이버 공간에서 인권을 보장받는 기본 역할을 하게 된다. 현실 공간과 마찬가지로 사이버 공간에서도 자신의 자료에 대한 자기결정을 강조하는 정보 프라이버시는 인간의 존엄성 측면에서 접근을 필요로 한다. 개인을 식별할 수 있는 정보나 데이터에 대한 정보 주체의 권리를 중시하는 것은 이러한 인간존엄과 인류평등 사상에 기초하고 있는 것이다(Cohen, Julie E, 1273).

OECD의 권고안

무분별한 개인정보의 수집과 이용이 개인의 인권을 침해할 수 있다는 점에서 개인정보의 오남용을 막기 위한 노력들이 있어 왔다. 경제협력개발기구(OECD)의 권고안을 살펴봄으로써 지구촌 시대의 개인정보 보호에 대한 관점을 살펴볼 수 있다. OECD의 권고안(프라이버시 보호와 개인 데이터의 국제 유통에 대한 가이드라인에 관한 이사회 권고안, 1980)에서는 8원칙을 제시하고 있다.

①수집 제한의 원칙 : 개인 데이터의 수집에는 제한을 두어야 하며, 어떠한 개인정보도 적법하고 공정한 수단에 의해 수집되어야 하며 적절한 상황에서 정보 주체에게 알리거나 동의를 구해야 한다.
②정보 정확성의 원칙 : 개인정보(데이터베이스)는 사용 목적에 부합되어야 하며, 필요한 범위 내에서 정확하고 완전하게 갱신되어야 한다.
③목적 명확화의 원칙 : 개인정보를 수집할 때에는 목적이 명확해야 하고, 이를

이용할 경우에도 최초의 목적과 모순되지 않아야 한다.

④이용 제한의 원칙 : 개인정보는 정보 주체의 동의가 있는 경우나 법률의 규정에 의한 경우를 제외하고는 명확화된 목적 이외의 용도로 누출되거나 이용되어서는 안 된다.

⑤보안 확보의 원칙 : 기업이 수집, 보존하고 있는 개인정보가 분실, 불법적인 접근, 파괴, 정보수정 및 공개와 같은 위험에 대비하여 합리적인 안전 보호 장치를 마련해야 한다.

⑥공개의 원칙 : 개인정보에 관한 개발, 운용 및 정책에 있어 일반적인 공개의 원칙이 적용되어야 한다.

⑦개인 참가의 원칙 : 개인정보를 제공한 개인은 자신과 관련된 정보의 존재 확인, 열람 요구, 이의 제기 및 정정, 삭제, 보완 청구권을 가진다.

⑧책임의 원칙 : 개인정보를 관리하는 자는 위의 원칙들이 지켜지도록 필요한 조치를 취할 책임을 져야 한다.

OECD의 권고안에서도 알 수 있듯이 개인정보는 초국가적인 공감대를 가지고 있는 보호의 가치를 지니고 있다. 이러한 초국가적 노력도 필요하지만 결국 개인정보의 유출과 오남용을 막고 피해를 줄이기 위해서는 정보 주권을 가지고 있는 당사자의 노력이 필수적이다.

개인정보 침해와 오남용의 피해를 예방하기 위한 방안들을 우리나라의 방송통신위원회에서 제시한 방안들을 중심으로 좀 더 살펴보도록 한다.

신중한 정보 제공

첫째, 회원 가입을 하거나 개인정보를 제공할 때에는 신뢰할 수 있는지를 먼저 점검한다. 주소, 이름, 전화번호 혹은 주민등록번호의 기입을 요구하는 경우는 특히 꼼꼼하게 따져야 한다. 최근 주민등록번호를 기입하도록 하는 경우는 점차 줄어들고 있다. 특히 핸드폰 번호를 기입하게 하는 경우 자동결제로 연결될 수 있는지 개인정보 취급 방침 및 약관을 꼼꼼히 살펴야 한다. 작은 글씨나 많은 내용을 일일이 확인하기가 어려워 동의를 쉽게 하는데, 일괄적 동의보다는 항목을 살펴본 후 동의를 하는 습관을 기르는 것이 좋다.

비밀번호 관리 철저

둘째, 비밀번호를 타인이 유추하기 어렵도록 설정하고, 해킹해도 이용자 패스워드를 알 수 없거나 알 수 있어도 많은 시간이 요구되는 패스워드를 정하여 자신만 기억하도록 한다. 다양한 비밀번호를 만들어 자신조차 헷갈리게 하여 혼란을 겪기보다는 자신만의 규칙으로 만들어 남들은 어렵지만 자신은 쉽게 기억할 수 있도록 하는 것이 좋다. 특히 금융거래, 전자상거래 등 금전적인 거래를 할 경우 요구되는 비밀번호를 다양하게 만든 후 기억하기 어려워서 적어 두고 노출하는 일이 없도록 한다. 자신이 가입한 사이트에 타인이 자신인 것처럼 로그인하기 어렵게 하기 위하여 비밀번호를 주기적으로 변경할 때도 적어 두기보다는 자신만의 규칙에 따라 스스로 기억하는 것이 좋다.

개인정보 공유 주의

셋째, 개인정보가 누출되는 경우는 본인이나 친한 사람들에 의한 경우가 많다. 친한 관계라 하더라도 휴대폰을 빌려준다든지 컴퓨터를 함께 사용한다든지 하는 시대는 지났다고 볼 수 있다. 온 동네 사람들이 전화기 하나를 쓰던 시대의 개인정보와 지금의 개인정보의 중요도가 달라졌다는 점을 생각해야 한다. 휴대폰을 넘기는 것은 사이버 공간에서 활동하는 자신을 넘기는 것과 별로 다르지 않다. 타인이 자신의 명의로 신규 회원 가입 등을 하지 않도록 하고, 자신의 아이디와 비밀번호, 주민등록번호 등 개인정보를 너만 알고 있으라고 알려주는 것은 바람직하지 않다. 주위의 친구나 가족에게 자신의 아이디나 비밀번호, 개인정보를 공개하면 타인이 본인의 정보를 악용하기도 하므로 가능한 한 자신의 개인정보는 접근 권한을 제한하거나 주의하여 관리하여 본인의 개인정보 오남용을 최대한 막아야 한다.

공유 폴더 주의

넷째, 인터넷에 올리는 데이터에 개인정보가 포함되지 않도록 한다. P2P(peer to peer)로 제공하는 자신의 공유 폴더에 개인정보 파일이 저장되지 않도록 한다. P2P 서비스는 인터넷에 연결된 모든 개인 PC로부터 직접 정보를 제공받고 검색은 물론 내려받기까지 할 수 있는 서비스로 웹사이트에 한정되어 있던 정보 추출 경로를 개인, 회사가 운영하는 DB까지 확대할 수 있다. 따라서 자신의 개인정보 또는 다른 사람의 개인정보를 공유 폴더에 저장하여 P2P 사이트에 올리는 것은 개인정보 노출 및 오·남용을 극대화하는 것이라 볼 수 있으므로, 개인정보가 포함된 파일은 홈페이지나 공유 폴더에 게시하지 않고 개인 메일로 전송하거나 오프라인에서 배포해야 한다.

이메일 관리 철저

다섯째, 이메일에 개인적 정보를 담아서 보내는 경우 타인에 의해 오남용될 수 있다. 휴대폰 번호, 주소, 신용카드번호 등이 적힌 명함 형식의 이메일은 정보 유출을 스스로 하고 있다고 해도 과언이 아니다. '나 사업하는 사람이야' 라는 정체성을 가지고 고객들에게 보내는 메일의 득실도 잘 따져봐야 한다.

신중한 다운로드나 업로드

여섯째, 인터넷에서 아무 자료나 내려받거나 올리는 와중에 개인정보를 유출하는 프로그램이나 해킹 프로그램을 내려받을 수도 있고 이용자 개인 PC에 있는 개인정보를 유출시킬 수 있다. 그러므로 파일을 올리거나 내려받을 때도 최선보다는 최악을 생각하면서 진행해야 한다.

폐지 처리 주의

일곱째, 온라인이나 컴퓨터에 저장되어 있는 개인정보가 쓰레기를 통해서 유출될 수 있다. 컴퓨터 바탕화면에 있는 휴지통을 비울 때도 신중을 기하는 것이 좋겠지만, 컴퓨터 옆에 있는 휴지통을 비울 때도 신중을 기해야 한다. 특히 폐지는 분쇄하여 처리하거나 개인정보가 담겨 있는지를 체크하고 버리는 습관을 가져야 한다. 개인정보가 담긴 문서를 프린트하여 다른 사람들이 볼 수 있는 곳에 두거나 버리는 것이 될 수 있다.

로그아웃은 필수

여덟 번째, 개인 컴퓨터를 사용할 경우도 다른 사람이 접근할 기회가 있는 경우는 로그아웃하는 습관을 길러야 한다. 자신도 모르는 사이에 공중이 사용하는 컴퓨터에서도 로그아웃하지 않는 일이 생길 수 있다. 개인정보를 매번 제시하는 것이 번거로워 쿠키(cookie)를 이용하는 것도 신중을 기해야 한다. 입력한 비밀번호 등을 기록하여 보관하도록 설정해 두면 개인정보 확인 시간을 줄여 일 처리를 빨리할 수 있는 장점이 있지만 거래 내역 기록으로 인한 정보 유출 가능성이 커진다.

인간의 존엄성 지키기

개인정보를 지켜나가기 위한 국제적, 국내적인 제도 차원의 노력이나 개인적 노력은 결국 인간의 존엄성을 지켜나가기 위한 노력으로 볼 수 있다. 개인정보가 주체가 되고 인간 자신이 객체로 인식되지 않도록 하는 노력인 것이다. 처리되는 개인정보의 주체가 인간으로서의 존엄성을 잃고 다만 처리하는 자의 입장에서 객체적 자료로 전락하거나 그저 고객이나 이웃, 주민이거나 부동산 소유자로만 취급되거나 금융 관계에서의 이용 대상으로나 가치 있는 정보의 집합체로 여기는 것은 근본적으로 문제가 있다는 인식인 것이다. 정보 프라이버시는 정보적 자기결정권을 의미하는데 이는 인간으로서의 존재 의의를 뒷받침하는 데 중요한 몫을 한다. 자주적 인간으로서 자신을 둘러싼 환경을 이해하고 결정하는 데 정보프라이버시는 필수 요소로 자리매김할 수 있다.

◈ 생각 정리하기

생각 나누기 1

'잊힐 권리'와 '기억될 권리'에 대한 논쟁은 법을 떠나서 계속되고 있다. 잊힐 권리란 본인이 게시한 글, 그림 등을 남이 검색할 수 없도록 할 수 있는 권리이다. 자신이 직접 게시물을 삭제하기 어려울 때는 관리자에게 요청하거나 검색서비스 사업자에게 검색창에 노출되지 않도록 요청할 수 있다. '잊힐 권리(잊혀질 권리)' 가이드라인이 도입되었던 이유는 당사자가 되새기고 싶지 않은 부정적인 게시물, 비극적인 게시물, 불편하게 하는 게시물이 '디지털 주홍글씨'로 남아 현재, 미래의 삶을 방해하는 것은 문제로 봤기 때문이다. 하지만 본인이 게시한 것을 네티즌들이 접근하지 못하게 할 수는 있어도 다른 네티즌들이 퍼 나른 자신에 관한 글에 대한 권리는 표현의 자유 측면에서 인정되지 않는 점과 긴장관계를 이룬다.

'기억될 권리'는 공적 정보들이 관련자들의 잊힐 권리가 그들의 과오를 세탁할 수단으로 남용되거나 오용되는 것을 막아야 한다는 측면에서 주장된다. 잊힐 권리 '가이드라인'에 의하면 해당 게시물이 블라인드 처리되어 배제되거나 삭제처리 되어 그 존재가 사라지게 되면 기억될 수 없다는 것이다.

지방공무원 신규 임용 후보자가 이전에 올린 글들(성희롱과 장애인 비하 등)이 지방공무원 임용령상 품위 손상에 해당되어 공직자 자격이 없는 것으로 판정되어 임용 취소된 적이 있다. 잊힐 권리와 기억할 권리 측면에서 삭제와 존속의 기준을 만들어서 발표해 봅시다.

생각 나누기 2

특정인의 이름이나 연락처, 집 주소 등 개인정보를 온라인상에 악의적으로 유포하는 이른바 '신상털기'가 사회적 논란을 낳고 있다. '신상 털기'가 스마트폰과 소셜네트워크서비스(SNS)의 확산으로 갈수록 간편해지는 반면 타인을 통한 스트레스 해소 등 잔인하고 폭력적인 목적으로 나아가 당사자는 물론 주변인들까지 심각한 정신적 고충을 호소하는 것으로 알려졌다. 개인 신상정보가 유출되는 경위는 의외로 간단하다. 특정인의 이름이나 이메일 주소, ID 등을 우선 국내외 포털사이트에서 검색한 뒤 유사 정보를 걸러 내는 방식이다. 이렇게 되면 개인 홈페이지 정보나 출신 학교는 물론, 심지어 온라인상에서 물건을 구매하고 난 뒤의 사용 후기까지도 검색되는 것으로 확인됐다. 한때 검색엔진인 구글을 모방한 신상털기 전용 사이트 '코글'이 네티즌들의 이목을 모은 바 있다. ID와 닉네임, IP 주소 등의 정보를 취합, '용의자'를 추려 나가는 시스템을 갖추고 있었다. 현재 폐쇄된 상태나 일부 여러 커뮤니티를 중심으로 사회적 이슈가 생길 때마다 유사한 패턴의 신상털기가 근절되지 않고 있다는 것을 알 수 있다.

신상털기로 개인정보가 유출되는 일이 많아 잊혀질 권리의 가이드라인이 제시되어 왔다. 신상털기를 막기 위해서는 당사자가 자신이 직접 올린 글을 쉽게 삭제할 수 있어야 하지만, '퍼 가는' 형식으로 복제·전송되는 콘텐츠를 삭제할 수 있는 법적 근거가 미약했다는 지적이 있었다. 그렇지만 이미 거대해진 인터넷 세계에서 복제된 정보를 완전히 삭제하기가 기술적으로 힘들다는 것도 사실이다. 자신이 사이버 공간에 남긴 흔적 중에 잊히기를 바라는 것이 있는지 생각해 보고 발표해 봅시다.

생각 나누기 3

오래된 영화지만 영화 '제로다크서티(Zero Dark Thirty)'의 캐스팅 비화에서 개인정보에 대해 생각해 볼 거리가 있다. '제로다크서티'는 빈 라덴을 검거하기 위한 10년간의 필사적인 추적 과정과 첩보 작전을 그려 낸 작품이다. 영화가 실화를 다루고 있는 만큼 극 중 등장하는 100명에 달하는 캐릭터가 실존 인물을 토대로 구성됐다. 캐서린 비글로우 감독과 마크 볼 프로듀서가 배우 캐스팅 시 가장 먼저 봤던 조건은 그들의 외모였다. 영화가 매우 자극적이고 민감한 소재를 다루고 있고 그와 관련된 캐릭터의 실존 인물들이 대부분 현직에서 일하고 있기에 일부러 실존 인물과는 다른 외모를 가진 배우들로 캐스팅했다는 것이다(정유진, 2013).

제작진의 말에 의하면 영화를 통해 자칫 노출될 수 있는 실존 인물들의 신변을 가장 먼저 보호하는 것은 매우 중요한 사안이었고 그것을 위해 각 캐릭터의 모습을 실제와 다르게 그려 내는 방법을 선택했다고 하는데 제작진의 생각에 동의하는지 그렇지 않은지 자신의 생각을 발표해 봅시다.

◈ 활동하기

개인정보 피해 예방 방안을 인터넷 검색을 통해 알아본 후 다음 질문에 대해 답하시오.

1. 기억에 남은 개인정보 침해 사례를 적고, 자신이 경험했던 것이 있다면 발표해 봅시다.

2. 피싱은 문자메시지, 이메일 등에 가짜 홈페이지 주소를 기재해 접속을 유도하고 개인 금융 정보를 입력하도록 한 뒤 속여 뺏는 수법이다. 파밍은 새로운 피싱 기법의 하나로 사용자가 정상 홈페이지 주소를 입력해도 가짜 홈페이지로 연결돼 개인정보를 훔치는 방법이다. 스미싱은 이용하지도 않은 카드 대금 결제 예정 문자메시지를 고객 휴대전화로 발송해 확인차 전화하면 '결제 취소를 위해 애플리케이션을 설치하라'고 유도한다. 절차 진행 시 승인번호 등을 입력하면 고객 정보가 유출되면서 자동으로 결제된다. 날이 갈수록 개인정보를 탈취하기 위한 다양한 수법들이 생기고 있다. 피싱 예방 및 대응 방안을 적고 피싱과 파밍으로 피해를 본 사례에 대해 이야기해 봅시다.

◈ 참고하기

개인정보 보호법

「개인정보 보호법」은 개인정보 보호에 관해 규정한 일반법으로, 개인정보의 유출, 오용, 남용으로부터 사생활의 비밀 등을 보호함으로써 국민의 권리와 이익을 증진하고 개인의 존엄과 가치를 구현하기 위하여 개인정보의 처리에 관한 사항을 규정하고 있음.

개인정보 보호법의 주요 내용

적용 대상

- 분야별 개별법에 따라 시행되던 개인정보 보호 의무 적용 대상을 공공·민간 부문의 모든 개인정보 처리자로 확대 적용

보호 범위

- 동사무소 민원 신청 서류 등 종이 문서에 기록된 개인정보 외에 컴퓨터 등에 의해 처리되는 정보, 가명 처리된 개인정보도 보호 대상에 포함

개인정보 수집·이용·제공 기준

- 개인정보를 수집할 때는 정보 주체의 동의를 받아야 하며, 수집·이용 목적, 수집 항목, 보유 및 이용 기간, 동의 거부권 등을 알려야 함.
- 개인정보를 수집할 때는 필요 최소한으로 수집해야 함.
- 개인정보를 제3자에게 제공할 때는 정보 주체의 동의를 받아야 함.
- 개인정보는 수집한 목적 범위를 초과하여 이용하거나 제3자에게 제공 금지

개인정보의 처리 제한

- 사상·신념, 노동조합, 정당의 가입·탈퇴, 정치적 견해, 건강, 성생활 등 정보 주체의 사생활을 침해할 우려가 있는 정보 처리 금지
- 고유식별 정보는 법령에서 구체적으로 처리를 요구한 경우를 제외하고 원칙적으로 처리 금지

영상정보 처리기기 규제

- 공개된 장소에 설치·운영하는 영상정보처리기기 규제를 민간까지 확대
- 설치 목적을 벗어난 카메라 임의 조작, 다른 곳을 비추는 행위, 녹음 금지

개인정보 유출 통지 및 신고제 도입

- 정보 주체에게 개인정보 유출 사실을 통지
- 대규모 유출 시에는 보호위원회 또는 전문기관(한국인터넷진흥원)에 신고

정보 주체의 권리 보장

- 정보 주체는 개인정보 처리자에게 자신의 개인정보에 대한 열람, 정정·삭제, 처리 정지 등을 요구 가능
- 정보 주체는 개인정보처리자의 고의 또는 중대한 과실로 인하여 개인정보가 분실, 도난, 유출, 위조, 변조 또는 훼손된 경우 손해에 대한 배상을 요청할 수 있음.

안전조치 의무

- 개인정보처리자는 개인정보가 분실, 도난, 유출, 위조, 변조 또는 훼손되지 않도록 내부 관리 계획 수립, 접속 기록 보관 등 안전성 확보에 필요한 기술적·관리적 및 물리적 조치를 해야 함.

가명 정보의 처리에 관한 특례 도입

- 통계 작성, 과학적 연구, 공익적 기록 보존 등을 위하여 정보 주체의 동의 없이도 가명 정보 처리 허용
- 통계 작성, 과학적 연구, 공익적 기록 보존 등의 처리 목적 외로 이용하거나 제3자에게 제공, 영리 또는 부정한 목적으로 이용 금지

출처 : https://www.privacy.go.kr/nns/ntc/pes/personalLaw.do

8장

사이버 공간에서의 지적 재산권

1. 소유권의 이해

1) 소유권 개념

자기소유권과 세계소유권

소유는 제 것으로 가지고 있음을 가리키는 말이다. "所有"라는 말 자체는 "있는 것(what is)" 또는 "있는 그 자체(what is being)"를 의미한다. 소유권은 어떤 것 전체를 배타적으로 지배하는 완전한 권리를 의미한다. 자유주의 사회에서는 인간의 권리 중 기본이 되는 것으로 자기소유권(self-ownership)을 말한다. 자기소유권은 각자가 가지고 있는 자신의 사상, 재능, 능력, 행위, 신체를 통제할 권리를 말한다. 모든 사람은 자기 자신의 인신(person)에 대한 통제권을 가지지만 다른 누구의 인신에 대해서도 통제권을 갖지 않는다. 따라서 우리는 타인의 봉사를 강요할 권리는 없다.

이러한 몸에 대한 통제권이 재산에 미칠 때 사유재산권을 가지고 있다고 볼 수 있다. 자기 소유권과 사유재산권의 공통된 특성은 통제권(right of control)에 있다. 통제권은 그 사람의 허가가 없는 한, 그 권리와 관련된 사물에 대한 선택 행위로부터 타인은 배제하는 것이다. 사람들이 자기 인신에 대해 갖는 통제권과 소유자가 자신이 소유한 재산에 관한 통제권 간에는 유사점이 있다. 그런데 이러한 자기소유권, 사유재산권이 인정되기 위해서는 자신 밖의 세계에 대한 소유권도 일정 부분 보장받아야 한다. 자기 외부에 있는 물질 세계의 일부나마 이용하거나 처분할 수 없이 수행할 수 있는 행위는 거의 존재하지 않기 때문이다. 세계소유권에 대한 입장 차이는 존재한다. 자유주의자 노직(Robert Nozik)은 외적 자원의 불평등한 소유에 대해서도 강한 사적 소유권을 갖는다고 보지만, 사회주의 입장에서는 외적 자원의 집단 소유를 내세우거나 외적인 자원에 대해 평등주의적 입장을 제시한다.

소극적 권리와 적극적 권리

소유권에서도 평등하게 일정한 권리를 가지려면 권리를 행사하는 타인의 행위를 간섭해서는 안 될 의무가 있다고 가정된다. 일례로 자신의 생명권을 행사하려면 타인의 생명을 박탈해서는 안 되는 의무를 지켜야 한다. 소극적 권리와 적극적 권리로 나누어 볼 때, 소극적 권리를 갖는다는 것은 상대방이 나에 대해 간섭하지 않을 소극적 의무만을 갖게 되며, 나를 위해 어떤 행위를 해야 하는 것은 아니다. 이에 비하여 적극적 권리를 갖는다는 것은 상대방이 나의 권리를 충족시키기 위해 어떤 행위를 해야 할 적극적 의무를 갖게 된다는 것이다. 인간의 기본권 중에서 생명권, 자유권, 재산권 등은 소극적 권리라 할 수 있겠고, 오늘날 강조되고 있는 복지권은 적극적 권리라 하겠다.

소유권과 자유

사적 재산권을 옹호하는 사람들은 소유권은 자유의 실현과 관련되기 때문에 최소국가 이상의 복지국가에 대해 반대한다. 특히 노직은 복지국가가 사유재산권을 침해하고 개인의 자유를 제약한다고 보고 반대하는 입장에 있다. 그는 인간의 자유와 이러한 권리들 간의 관계가 자명하다는 것을 전제하기 때문에 보이지 않는 손에 의한 분배를 지지하고 있다(R. Nozick, 1972). 사유재산을 희생해서 조건의 평등을 증진하고자 하는 시도는 인간의 권리를 침해하는 것으로서 용납할 수 없다고 반대한다. 노직은 사람들이 손대지 않은 원초 세계는 아무도 소유하지 않은 것이므로 누구든지 소유할 수 있다고 본다. 로크의 재산권 이론이 발전된 유형이다. 어떤 것을 소유함으로써 타인의 처지를 악화 시키지 않는 한 그 소유물을 취득할 응분의 권한을 가진다는 것이다.

노동과 선취득권

로크(John Locke)의 소유권 개념은 노동에 의한 선취득 개념과 관련된다. 소유권을 선점이나 점유가 아니라 노동의 관점에서 재해석한 것이다. 노동을 존중한 이유는 첫째, 개인의 노동 과정은 신의 명령이므로 존중되어야 하며, 둘째, 노동에 의하여 그의 것이 된 것은 그 자신과 마찬가지로 그의 고유한 것으로서 존중되어야 하며, 셋째, 노동에 의하여 가치가 창조되는데 창조된 가치는 그 노동의 주체가 소유해야 한다는 데 있었다. 그런데 소유권의 절대성과 배타성은 제한했다. 첫째, 동시에 그 자신이 노동할 수 있는 한도 내에서, 즉 타인이 노동할 수 있는 여지를 남겨두는 한에서만 인정될 수 있으며, 둘째, 노동의 결과물이라고 해도 그 사람이 다 사용할 수 없어 썩어 나가게 되는 부분은 그 사람의 소유로 인정할 수 없다고 봤다.

로크는 토지와 인간이 아닌 피조물들은 만인의 소유물이 될 수 있지만 사람은 오직 그 자신의 소유권만 인정된다고 봤다. 그 사람 자신을 제외한 어느 누구도 권리를 가지고 있지 않은 자기소유권을 지지한 것이다. 그의 신체의 노동과 손의 작업은 당연히 그의 것이라고 말할 수 있다. 그래서 자연이 제공하여 존재하고 있는 것에 자신의 노동을 더하게 되면 그의 소유가 된다. 노동이 더해진 것은 공유의 상태에서 벗어나게 되고 타인의 공통된 권리는 배제된다. 요컨대 로크는 다른 사람과 충돌이 되지 않는 범위 내에서 노동을 더해서 선취득한 경우 소유권을 갖는다고 본다. 이러한 로크의 재산권 이론의 발전된 유형이 노직의 소유권 이론이다. 어떤 것을 소유함으로써 타인의 처지를 악화시키지 않는 한 그 소유물을 취득할 응분의 권한을 가진다는 것이다.

도덕감정론과 공리론

허치슨(Francis Hutcheson)의 소유권 정당화도 특색이 있다. 그는 도덕감정론과 공리론으로 정당화한다. 첫째, 도덕감정론으로 다른 방식으로 생계를 유지할 수 있는 이가 다른 사람의 재산을 강탈하는 것은 도덕감정에 비추어 명백히 그릇된 것이라고 보는 것이다. 둘째, 공리론으로 누구도 자신의 노동의 열매를 자기가 가지리라는 보장이 없다면, 열심히 일을 하지 않을 것이므로 개인적 소유권이 필요하다는 관점이다.

인격설

헤겔(Georg Wilhelm Friedrich Hege)의 소유권의 특색은 인격설에서 찾아볼 수 있다. 개인주의적 소유권론을 주창한다. 어떤 물건을 "나의 것이다"라고 주장하는 것은 인격이 물건 속에 자기의 의지를 넣어 두는 것이라고 표현한다. 소유를 의미하는 "아이겐툼(Eigentum)"이란 단어는 물건을 절대적으로 자기의 것으로 하는 권리라고 정의된다. 인간은 자유로운 의지가 있지만, 인간에 대립하는 물건은 이 성질을 갖고 있지 않으므로, 모든 물건은 인간에게 자기 것으로서의 소유가 될 수 있다. 물건은 그것 자신 속에 목적을 갖고 있지 않으므로 인간의 의지를 받는다고 보는데 이러한 입장을 인격설이라고 한다.

2) 공개념적 사고

자연적 자질

소유권에 대한 공개념적 사고는 인간이 사회적 존재로서 타인들과 함께 살고 있다는 것과 관련된다. 자기소유권을 인정하는 것이 자유를 행사하는 데 핵심 요소지만 사회구성원들의 타고난 자연적 자질이 다르기 때문에 능력의 발휘가 천차만별이라는 것이다. 사회 속에서 자신의 공과와는 별개로 타고난 자질로 인해서 더 많은 사회적 자산을 갖게 된다는 것을 도덕적으로 정당화할 수 있는지에 의문을 갖는 것이다.

사회적 여건

롤즈는 자유지상주의자인 노직이 지지하는 자연적 자유체제(natural liberty)는 자연적 자산을 공정하게 분배할 수 없는 체제기 때문에 수정되어야 된다고 본다. 자연적 우연성과 사회적 여건의 자의성이 개인들의 불평등을 조장하기 때문에 공동의 이익을 위하여 자연적 자유체제를 수정할 수 있는 길을 합의하여 찾아야 한다고 본다(John Rawls, 72). 각자는 최초의 사회적 여건과 자연적 자질을 모두에게 이익이 되도록 하는 길을 모색해야 한다는 것이다. 그 길을 찾는 방안으로 자신의 자연적 자질과 사회적 여건을 알 수 없는 가상적 입장을 가정한다. 원초적 입장에 있다면 합리성에 의해 모두 공동의 이익 추구의 길에 동의할 것이라고 본다.

재능과 지식의 공개념

모든 성원은 자신만의 이익이 아니라 모든 이의 공동선을 위해 그들의 자연적 자질을 이용하고 사회적 여건을 활용해야 한다는 도덕적 관점으로부터 인간의 자연적 능력의 배분을 공동의 자산으로 간주하는 것이 합당하다는 결론을 이끌어 내게 된다. 재능이나 지식의 공개념은 가상적 합의에 의해 도출된다. 가상적 상황에서는 자신의 재능이 열등한지 우등한지 알 수도 없고, 사회적 여건이 자신의 재능을 충분히 발휘할 수 있을지 없을지 알 수 없기 때문에 자연적 재능도 열등하고, 사회적 여건도 불리할 경우에도, 자신에게 자신의 몫이 생길 수 있는 배분 방식에 합의할 것이라고 가정한 것이다. 재능의 공개념이 바로 자신의 열등한 결과를 보완해 줄 수 있는 최적의 대안이 되기 때문에 상호이익을 위해 받아들이는 것이다.

최소수혜자

자연적 재능과 사회적 여건의 차이에 의해 생기는 불평등을 해소하기 위해서 이러한 여건들을 평준화하기 위해 자연적 재능을 발휘하지 못하게 하거나 사회적 여건을 교정하는 것은 바람직한 대책이 아니다. 물론 가능하지도 않다. 자연적 재능과 사회적 여건을 그대로 두고 그것으로 인해 얻게 되는 이익을 평준화하는 것도 하향 평준화로 득이 될 것이 없다. 따라서 공동자산이라는 개념을 도입해서 사회적 부를 최대한 증대하는 것을 보장하되, 그 결과는 그 사회의 최소수혜자에게 보상해 주는 방안을 모색한 것이다. 이렇게 되면 누구든 자신의 자질이 뛰어나거나 환경 조건이 뛰어나서 얻게 되는 결과에 대한 이득의 독점소유권을 가지지 않는다. 그리고 결과의 이득이 최소수혜자를 비롯해서 사회의 모든 구성원에게 최대한의 이익이 되는 체제에 동참하게 된다.

각자의 몫

'각자에게 그의 몫'을 갖도록 하는 방안에서 항상 각자의 몫이 의미하는 바가 무엇인가가 논란이 된다. 부자에게는 부자의 몫을, 가난한 사람에게는 가난한 사람의 몫을 주는 것은 정의감을 갖게 할 수 없다. 공개념적 접근에서는 공동체 의식을 바탕으로 해서 서로의 몫이 공정하게 돌아가게 하는 것이다. 지식뿐만 아니라 능력도 공개념으로 접근하게 되는 근거는 개인이 타고난 자질조차도 사회 속의 개인으로서 갖는 자질이라고 보는 것이다. 축구공을 잘 차는 능력이 축구가 없는 사회에서는 자질이 될 수 없듯이 타고난 자질과 능력이 빛을 보는 것도 사회적, 역사적 맥락에서 주어진 공개념적 산물로 볼 수 있다. 따라서 개인이 타고난 능력이나 훈련으로 얻게 되는 직업에서 발휘하는 노동도 사회의 발전에 따라 축적된 기술과 지식에 의해 매개된 노동임으로 사회에 일정 부분 부채가 있는 셈이므로 공개념적 접근이 타당하다고 주장한다.

토지공개념

지식과 기술 측면에서 개인적 능력에 따른 소득 차가 크거나 토지 소유자의 불로소득이 큰 경우에 지식의 공개념이나 토지의 공개념적 접근이 주장된다는 것을 알 수 있다. 토지를 소유한 사람과 그렇지 않은 사람 간의 소득 격차가 큰 경우, 한 사람이 지나치게 많은 토지를 소유한 경우에 부당하다는 생각을 갖는 사람들이 많게 된다. 한때 부동산 투기로 불로소득이 급증하자 개인의 토지 소유·개발·이용·처분 등에 대해 법적인 제한을 가할 수 있는 토지공개념의 입법화를 추진한 적이 있다. 법률로 보면 '택지소유상한에 관한 법률', '개발이익 환수에 관한 법률', '토지초과이득세법'이 토지공개념에 따른 것들이라고 볼 수 있다. 이러한 관점이 사이버 공간에 적용되면 사이버 공간에서 부를 축적하게 되는 경우도 사이버 공간이 있게 한 그동안의 사회적 역사적 맥락의 은혜를 입은 것이므로 사회에 일정 부분 부를 환원해야 한다는 사이버 공간의 공개념적 접근도 가능하다 하겠다.

공동선

요컨대 공개념적 사고의 의미는 사회는 도덕적 관점에서 볼 때 천부적 재능, 사회적 여건 등 우연적이고 운명적인 행운이나 불운에 의해 특정한 이득이나 불이익을 받게끔 편성되어서는 안 된다는 것이다. 모든 성원은 자신만의 이익이 아니라 모든 이의 공동선을 위해 그들의 자연적 자질을 이용하고 사회적 여건을 활용해야 한다는 도덕적 당위를 요청하면서 인간의 자연적 능력의 배분을 공동의 자산으로 간주하는 것이 합당하다고 생각하는 것이다. 머리가 좋거나 힘센 사람은 그 능력이 오로지 자신의 것이 아니라 그 능력을 사회를 위해 사용하기 위해 가지고 태어난 것이라는 재능의 공개념적 사고도 맥을 같이 하고 있다. 사회적, 역사적으로 전해 내려온 것이 지식이 되므로, 사람 자체의 기술이 뛰어나서 지식이 뛰어난 것은 아니라고 보고 지식을 쌓는 것도 결국 개인의 것만이 아니라 사회적 자산이라고 보는 것이 공개념적 접근이다.

2. 지식 재산권의 이해

1) 지식 재산권의 정당화

지식(지적) 재산권은 소유할 수는 있으나 무형인 재산을 말한다. 문화권에 따라 지식 재산권에 대한 의식이 없는 경우도 있고 제도적으로 지식 재산권을 보호하기 위한 장치들이 구체적으로 마련되어 있는 경우도 있다. 지식 재산권은 저작자의 인정 욕구를 충족시키고 금전적인 보상을 제공함으로써 저작자들의 창작욕을 증가시키는 긍정적 기능이 있다. 한편으론 지식 재산권이 상업주의의 도구로 이용될 수 있다는 부정적 기능도 있다. 따라서 지식 재산권 문제는 인간의 욕구 실현과 사회적 분배 정의 문제가 맞물려 있어 다양한 의견들이 나올 수 있다.

지식 재산권 개념

세계지적재산권기구(World Intellectual Property Organization)에서는 지식 재산권(intellectual property)을 문학, 예술, 그리고 과학적 저작물, 실연자의 실연, 음반 및 방송, 인간 노력에 의한 모든 분야에서의 발명, 과학적 발견, 의장, 상표, 서비스표, 상호 및 기타의 명칭, 부정 경쟁으로부터의 보호 등에 관련된 권리와 그 밖에 산업, 과학, 문학 또는 예술 분야의 지적 활동에서 발생하는 모든 권리로 규정하고 있다.

산업재산권

우리나라에서는 지식 재산권을 크게 세 부류로 나누고 있다. 첫째, 산업 분야의 창작물과 관련된 산업재산권(특허권, 실용신안권, 상표권, 디자인권 등)이 있다. 특허(Patent)는 새로운 것을 발명했을 때 갖는 권리이고 실용신안(Utility)권은 물품의 형상 또는 구조와 관련해서 갖는 권리이다. 디자인(Design)권은 시각을 통하여 미감을 일으키는 것에서 생기는 권리이고 상표(Trademark)권은 자타 상품을 식별하기 위해 사용할 수 있는 권리이다.

저작권

둘째, 저작자가 그 자신이 창작한 저작물에 대해서 가지는 저작권이 있다. 문화예술 분야의 창작물과 관련된 저작권(Copyright)과 실연가, 방송사업자, 음반제작자 등과 관련된 저작인접권(Related Right)이 있다.

신지식 재산권

셋째, 반도체 배치 설계나 온라인 디지털 콘텐츠와 같이 전통적인 지식 재산권의 범주에 속하지 않고 경제, 사회·문화의 변화나 과학기술의 발전에 따라 새로운 분야에서 출현하는 지식 재산권을 따로 분류하여 '신지식 재산권'이라고 한다.

지식 재산권 반대

정보의 자유로운 흐름을 주장하는 사람들은 지식 재산권에 대해서 인정하지 않는다. 지식 재산권으로 인해서 정보 불균형이 생길 것을 우려하기 때문이다. 특히 사이버 공간에서 지식 재산권은 인터넷이라는 개방된 환경에서 정보를 소유하고 독점하는 것은 사고의 자유로운 순환을 방해하기 때문에 반민주적이라고 본다. 저개발국가들은 지식 재산권 개념이 엘리트주의적이며 부자 나라가 가난한 나라의 부를 짜내는 효과적인 방식 중의 하나라며 반대한다.

지식 재산권과 비영합 게임

지적 대상물은 물리적 대상물과 다르다. 물리적 대상물은 소유한 사람의 권리가 확실하게 주어질 수밖에 없다. 내가 소유한 어떤 책을 이용한다는 것은 다른 사람은 그 책을 이용할 수는 없다는 말과 같다. 물리적 대상물의 이용은 영합(영합, zero sum) 게임의 특성을 띠고 있다. 나의 라면을 친구가 부셔 먹으면 그 라면은 내 것으로 남아 있지 않게 된다. 그러나 지적 대상물은 모두가 사용해도 되는 특성을 가진다. 내가 알고 있는 맛있게 라면 끓이는 법을 생라면을 부셔 먹던 그 친구가 똑같이 활용해도 나의 라면 맛에 영향을 주지 않는다. 지적 대상물의 이용은 모두에게 플러스가 되는 비영합(비영합, non zero sum) 게임이 될 수 있다. 비영합 게임 중에서 플러스 게임 또는 윈윈(win win) 게임이라면 공유할수록 모두에게 더 큰 이익을 줄 수 있다. 한 사람이 맛있는 요리법을 아는 것보다 그 요리법을 아는 사람이 많으면 많을수록 사회적 선은 커지게 된다.

도덕적 정당화

지식 재산권에 대한 도덕적 정당화는 로크와 헤겔(G.W.F. Hegel)에게서 찾아볼 수 있다(리차드 스피넬로, 이태건외 공역, 173). 로크는 자신의 노동으로 얻은 산물에 대한 당연한 권리나 자격을 가진다고 본다. 그래서 누군가 쓸모없는 땅에 노동을 더해 비옥한 땅으로 만든다면 그 땅을 소유할 자격이 생긴다. 로크는 귀찮은 노동조차 하는 이유는 오직 이득을 얻기 위해서라고 한다. 고통을 감내하고도 얻고자 했던 이득을 얻지 못하면 대가가 제대로 주어지지 않은 것이다. 사람들은 자신의 노동에 대한 정당한 보상을 받아야 한다. 로크는 유형의 자산을 염두에 둔 것이지만 지적 재산에도 적실성을 가지고 있다고 볼 수 있다. 지적 대상물을 만들어 내는 것도 토지를 개간하는 이상으로 아이디어와 노력이 요구되기 때문이다. 육체노동에 따른 보상이 주어져야 하듯이 정신노동에 대한 보상도 주어져야 한다고 볼 수 있다.

자유 실현

정신노동이 고달프지 않고 쉽게 결과물이 나왔더라도 지식 재산권이 정당화될 수 있다는 것은 헤겔의 인격적 정당화에서 찾아볼 수 있다. 헤겔은 재산은 자유 실현을 위해 필요하다고 봤다. 저자의 인격을 표현하고 있는 지적 대상물에 대하여 저자는 자신의 개인적 표현이 잘못 평가되거나 오용되지 않도록 이를 통제할 권한이 있다는 것이다. 지적 재산의 창출에 노동력이 거의 혹은 전혀 들어가지 않더라도 최종 산물이 그 창조자의 재산에 속해야만 한다는 것이다. 노동은 일종의 불편함이기 때문에 노동을 한 사람들은 자신의 지적 노동의 결과를 소유할 자격을 가진다. 노동이 불편한 것이 아니었다 해도 노동을 통해 가치를 부가하고 있기 때문에 보상을 받을 자격이 있고, 노동을 전혀 들이지 않았다 하더라도 이러한 작업들은 노동을 행한 사람의 인격을 표현하고 있기 때문에 창작자는 여전히 소유권을 가져야 한다. 그렇지 않고 공적인 영역으로 넘기면 저자의 인격 표현이 무시되는 것이고, 작품들이 남용될 수 있기 때문에 자신의 개인적 표현을 통제할 권리를 침해하는 것이라고 본다.

이 외에도 지식 재산권은 공리주의나 실용주의 입장에서도 옹호되고 있다. 창작자에게 보상함으로써 정보나 발명이 가져다주는 긍지와 이익이 생김으로써 훌륭한 아이디어와 가치 있는 정보들이 많이 생기게 될 것이다. 지식 재산권을 인정함으로써 결과적으로서 사회적 유용성이 증대하게 되고, 창작자의 아이디어가 실용화됨으로써 실질적으로 유용할 것이라고 본다.

2) 저작권의 종류

저작권의 의미

저작권(著作權, copyright)은 창작물을 만든 사람(저작자)이 자기 저작물에 대해 가지는 배타적인 법적 권리다. 저작자는 창작을 하는 자연인이다. 법인 등이 업무상 저작물의 저작자가 되는 예외적인 상황도 있다.

저작물은 인간의 사상 또는 감정을 표현한 창작물을 말한다. 저작물은 지적·문화적 창작을 넓게 포괄한다. 일반적으로 소설·시·논문·강연·각본·음악·연극·무용·회화·서예·도안·조각·공예·건축물·사진·영상·도형·컴퓨터 프로그램·작곡·영화·춤·그림·지도 등이 포함된다. 저작물에는 물리적 매체뿐만 아니라, 디지털화된 형태 역시 저작물에 해당된다. 즉 문자 형태의 어문 저작물뿐만 아니라 컴퓨터로 작성한 건축 설계도면, MP3와 같은 음악 저작물, DVD, Blueray 같은 영상 저작물, 소프트웨어와 같은 컴퓨터 프로그램 저작물, 그 밖에 디지털화된 미술이나 사진 저작물 등이 디지털 저작권의 보호 대상이 된다. 보호되기 위해서는 저작물이 창작된 것이어야 한다. 남의 것을 베끼거나 모방하지 않은 것이어야 한다. 그리고 말, 글. 소리, 그림, 영상물에 의하여 외부적으로 표현되어야 한다.

저작권과 소유권은 다른 측면이 있다. 예를 들면 서적 구매자는 그 책의 소유권을 취득한 것이다. 그러나 저작권은 여전히 저작자에게 남아 있다. 그래서 책의 내용을 복제할 경우 저작권자의 사전 허락을 받아야 한다. 서점에서 소설을 훔쳤다면 이것은 책이라는 재산을 훔친 것으로 민법상의 불법 행위와 형법상의 절도죄를 저지른 것이다. 반면, 책을 빌린 후 이로부터 복제물을 만들고 되돌려 주었다면 일반 재산권의 침해는 아니지만 저작물에 대한 권리를 침해한 것이므로 저작권법 위반이 된다. 저작권은 무형의 저작물에 대한 배타적, 독점적 권리이고, 소유권은 유형의 물건을 지배할(사용, 수익, 처분) 수 있는 배타적 권리이다.

특히 인터넷 저작권(copyright on Internet)은 미술, 영화, 음반, 문학 작품 등이 인터넷을 통해 무단으로 복제되거나 전송되는 것을 금지하는 법령에 의해 보호된다. 인터넷 저작권법은 세계지적재산권기구(WIPO)의 요구로 1996년에 각국의 저작권법에 인터넷 관련 조항을 적용하면서 시작되었다. 현재 인터넷으로 저작권을 등록할 수 있는 저작권 온라인 등록시스템이 구축되어 있다. 그렇긴 해도 저작권은 상표나 특허 등의 산업재산권과는 달리 등록을 하지 않더라도 저작자의 창작 행위와 동시에 발생한다.

저작 인격권

저작권은 지식 재산권에 속하는데, 인격권과 재산권으로 나뉜다. 저작 인격권은 저작물은 저작자의 정신적 창조물로서 저작자의 인격을 반영하기 때문에 사망 후에도 성명 표시를 하도록 되어 있다. 저작 인격권은 공표권(저작물을 공표할 권리), 성명 표시권(이름을 밝힐 권리), 동일성 유지권(저작물을 바꾸지 못하게 할 권리)을 아우른다. 부연 설명하자면, 저작자는 자신의 저작물을 공표할지 말지, 언제 어디서 어떤 방법으로 공표할지를 결정할 수 있는 권리를 갖는다. 저작자는 자신의 저작물에 이름을 표시할 수 있는 권리를 갖는다. 그리고 자신의 저작물이 다른 사람에 의해 무단 변경되거나 삭제되지 않을 권리를 갖는다. 이러한 인격권은 만든 사람에게만 해당되는 것으로 양도하거나 상속할 수 있는 속성은 없다.

저작 재산권

저작 재산권은 저작자의 재산적 이익을 보호하고자 하는 권리로서 복제권, 공연권, 공중 송신권 등이 여기에 속한다. 저작자가 자신의 저작물을 다른 사람이 이용할 수 있도록 해서 대가를 받을 수 있도록 하는 권리이다. 저작 재산권은 저작 인격권과는 달리 다른 사람에게 양도가 가능하다.

저작 인접권

저작 인접권(related right)은 저작물의 복제, 전파 기술의 발달로 전통적인 저작권의 보호 외에 저작물의 배포, 전파에 기여한 사람들의 창의적 노력과 자본투자에 대한 권리를 보호해 주기 위한 것이다. 저작물을 직접 표현하는 실연자, 음반을 기획하고 책임지는 음반제작자, 방송을 업으로 하는 방송사업자 등에게 부여된다. 공중에게 전달하기 위해 자본을 투자한 자에게 부여되는 권리로서 저작권이 다양한 부가가치를 낳는 데 역할을 한 공을 인정해 주는 것이다.

저작권 발생 시기

저작권의 발생 시기는 저작물이 창작된 때부터이고 자동적으로 발생한다. 어떠한 절차나 형식적 요건을 요구하지 않는 무방식주의(자동적 보호의 원칙, principle of automatic protection)를 원칙으로 한다. 다만 저작권에 대한 효과적인 권리 구제를 위해서 저작권을 등록하면 침해에 대한 입증을 쉽게 하고 자신의 저작물에 대한 논쟁을 줄일 수 있다.

친고죄

저작권법 위반은 친고죄이기 때문에 이 죄에 대한 공소는 고소가 있어야 한다. 이로 인해서 저작권을 위반해도 고소당할 일이 없다고 생각한 사람들이 저작권 보호에 무관심한 경향이 있다. 저작권이 낳는 이익이 고소 비용에 비해 상대적으로 크지 않다면 고소하는 번거로움을 무릅쓰지 않을 것이기 때문이다. 이런 문제점 때문에 반의사불벌죄로 해서 고소가 없어도 입건 수사할 수 있도록 하되 피해자의 명백한 의사에 반하여 처벌할 수는 없도록 하자는 의견들도 있다.

보호기간

보호기간을 둘러싼 논란이 있어 왔는데 원칙적으로 베른(Berne)협약에 따라 저작자의 사후 50년 이상 보호된다. 이런 기간을 정한 이유는 창작자 가족을 배려하는 데 있다. 50년 이후에는 공공의 것이 되어 누구나 사용할 수 있다. 그런데 우리나라는 한미 자유 무역 협정 체결에 따라 2013년 7월부터 보호기간이 사후 70년으로 늘어났다. 저작자가 생존하는 동안과 사망한 후 70년간 존속한다〈개정 2011.6.30.〉. 여러 사람이 저작한 공동저작물일 경우에 저작 재산권은 마지막 저작자가 사망한 후 70년간 존속한다. 저작자는 자기 재산권을 임의로 처리할 수 있으므로, 저작 재산권은 유무상으로 양도할 수 있고, 상속도 가능하다. 저작 인격권은 상속되지 않지만, 저작자가 죽은 뒤에도 일부 존속한다. 존속 기간은 재산권 보호기간보다 길다.

저작권 침해에 의한 구제는 민사와 형사로 응할 수 있다. 민사 구제를 위해서는 손해배상청구권 행사를 불법 행위 인지부터 10년 내, 손해 및 가해자를 안 날로부터 3년 내에 행사하면 된다. 이후 시효는 소멸된다. 형사 구제 방안으로는 고의로 저작권을 침해한 피의자를 수사당국에 소추해 달라고 저작권자가 요구하는 것이다.

3) 저작권 침해와 논쟁

독창성

재산권을 정당화하는 것은 문화나 공동의 정서가 제공하는 소재에 새로움을 부가하고 있는 저자의 독창성이다. 그래서 저작권 침해 여부는 첫째, 독창성(originality)을 기본으로 한다. 저작권의 보호를 받기 위해서는 독창적이어야 한다. 그 독창성은 특정 매체를 통해 구체적으로 표현되어야 한다. 어떤 아이디어를 춤으로 표현했을 때 녹화된 것은 저작권의 보호 대상이 될 수 있다. 중요한 것은 어떤 아이디어가 구체적으로 표현되면 저작권의 보호 대상이 되지만 아이디어 그 자체로는 보호되지 않는다는 점이다.

자료에 대한 접근

둘째, 자료에 대한 접근(access)이다. 접근할 기회가 있었다는 것은 의심의 여지를 남기지만 저작권의 보호를 받는 자료에 접근하지 않았다면 침해의 기회가 있었다고 볼 수 없다. 많은 영화사들이 자발적으로 보내 온 시나리오 원고가 든 봉투를 뜯지 않는 것도 나중에 저작권 논쟁에 휘말리지 않기 위한 방편이라고 한다.

유사성

셋째, 유사성(copying and substantial similarity) 여부가 관건이 된다. 바꿔 쓰기도 허용되지 않으며 캐릭터들을 바꾸는 것도 허용되지 않는다. 흔히 영화나 만화 등을 만들 때 창작품으로 주장하기 위해 캐릭터를 바꿀 경우 유사성으로 저작권은 인정되지 않는다.

공정한 사용의 원칙

저작권 보호의 예외로 삼는 기준은 공정한 사용의 원칙(the doctrine of fair use)이다. 이 원칙은 저작권자의 권리와 공익 사이의 균형을 유지하기 위한 것이다. 첫째, 사용의 목적과 성격에 따라 달라진다. 비평, 뉴스, 교육, 학술, 연구 등과 같이 공적으로 사용하는 것에 해당될 경우 주로 공정한 사용으로 여긴다.

절판과 미간행

둘째, 저작물의 성격에 따라 달라질 수 있다. 시장에서 구할 수 없는 경우 복사에 대하여 더 관대하다. 절판되어서 복사를 한 경우 비교적 관대하다. 그리고 출판되지 않은 것이 출판된 것보다 더 강력하게 보호된다. 아직 출판되지 않은 원고를 복사해서 배포한 경우는 출판된 책을 복사하는 것에 비해서 더 큰 문제가 된다.

양과 질

셋째, 저작물의 사용 분량과 질도 중요하다. 사용 분량이 미미하거나 패러디(parody)는 저작권 침해가 아닌 것으로 본다. 패러디인지 아닌지 논란이 되는 경우가 많은데 패러디가 공정한 사용이 되기 위해서는 단지 코믹하기만 해서는 안 되고 사회적 가치를 추구해야 한다. 복제가 아니라 패러디라는 공감대가 형성되는 것이 중요하다.

시장에 미치는 영향

넷째, 사용이 시장에 미치는 영향도 중요하다. 저작권자에게 경제적 해가 크면 클수록 더 공정한 사용이라 보기 어려울 것이다. 저작권 침해로 경제적 타격을 받는 경우 보통 피해자로서 저작권자가 문제 제기를 할 수밖에 없을 것이다. 금전적인 것을 초월해서 관대하기를 바랄 수는 없는 것이다. 나도 입에 풀칠을 해야 살 수 있지 않겠냐고 할 것이다.

사이버 공간의 저작권 침해

사이버 공간에서 저작권 침해를 공정한 사용의 원칙 관점에서 주장하는 경우가 많다. 사이버 공간의 자료들을 공공재처럼 간주하기 때문이다. 사이버 공간의 자료들을 사유재로 인식하지 않기 때문에 현실 공간보다 저작권을 존중하기가 더 어렵다. 사이버 공간에서 불법 복사나 내려받기는 쉬운 선택이 될 수 있고, 규제가 약하기 때문에 도덕적 문제로 생각하지 않는 경향이 있다. 자료의 접근에 대한 승인을 어렵게 하거나 승인체계가 올바르게 구축되지 않으면 저작권의 정당한 이용 자체가 유명무실해지게 된다. 사이버 공간의 자료들의 저작권을 존중하도록 제도적 뒷받침과 개인의 의식 변화가 필요하다.

3. 학습 윤리와 연구 윤리

학습 윤리

학습 윤리와 연구 윤리는 윤리학에서 다루는 근본적인 윤리 원칙들을 학습, 연구와 관련된 다양한 쟁점들에 적용하는 것이다. 학습 윤리는 배우고 익히는 때에 마땅히 지켜야 할 도리이다. 학습 윤리는 학생들의 품위와 인격과 관련되기 때문에 학문적 품위(Academic Integrity)라고 한다. 연구하는 학생들이 있긴 하지만, 학습 윤리는 연구자로서 학생보다는 스승으로부터 배우는 학생에 초점이 맞추어진 윤리이다.

연구 윤리

연구 윤리(Research ethics)는 윤리학에서 다루는 근본적인 윤리 원칙들을 연구와 관련된 다양한 쟁점들에 적용하는 것이다. 연구자가 정직하고 정확하며 성실한 태도로 바람직하고 책임 있는 연구를 수행하기 위해 지켜야 할 원칙이다.

연구 윤리의 기준

연구 윤리의 기준은 크게 두 가지로 볼 수 있다. 하나는 사회 윤리 규범이다. 연구는 개인의 몫에 국한되지 않고 사회적 산출이기도 해서 연구 결과가 사회에 미치는 영향을 고려할 수밖에 없다. 사회규범에 어긋난 연구에 대한 규제는 강제적 규범에 의해 이루어진다. 사회 기준에 따라 법률 등의 형태로 대상을 규제하는 것이다. 다른 하나는 자율적 규제다. 연구 집단 내부에서 옳고 그름을 따져 올바른 길로 가도록 길을 벗어났을 때 규제하는 것이다. 연구의 속성에 대해 전문가 집단이 제일 잘 알 수 있기 때문에 외부에 미칠 파장을 고려해 스스로 규제하는 것이다. 내부 윤리 규범 즉, 연구 공동체에서 자체적으로 규정한 윤리 기준이 있다.

연구 윤리와 사회적 관심

연구 윤리에 대한 사회적 관심이 증폭된 것은 과학 분야에서 연구 역할이 커지는 것과 맞물려 있다. 인문학 분야에서 연구 윤리도 당연히 중요하지만 사회적 피해의 체감도는 과학 분야에서 더 실질적이고 크다. 과학 연구가 산출해 낸 결과물들이 군사 무기, 환경오염, 위험과학 등의 형태로 사회 전체에 직접적인 영향을 미치면서 과학자들의 사회적 책임 문제가 부각되었다. 이에 따라 개별 과학자들과 과학단체들이 과학 활동에 수반되는 윤리적 문제들을 인식하기 시작했다. 과학 연구에 따른 사회적 문제에 적극적으로 대처할 필요성을 제기하게 되었으며, 정부, 비정부조직, 일반 시민들 역시 과학의 윤리적 실행에 관심을 가지고 개입해야 한다는 주장을 하게 되었다. 이러한 시대적 상황에 따라 과학 활동의 윤리적 측면에 대한 고려가 전례 없이 커다란 주목을 받고 있다(김대군, 107-108).

객관성 유지

전반적으로 과학 연구에서 윤리 문제는 크게 다음의 다섯 가지로 나누어 생각해 볼 수 있다. 첫째, 과학 연구에서의 객관성 유지 문제이다. 이것은 과학 연구의 전 과정에서 정직하게 충분한 주의를 기울여 충실한 연구를 수행했는지, 아니면 의도적인 속임수, 부주의, 실수, 자기기만 등으로 인해 문제가 있는 연구 결과를 내놓게 되는지와 관련된 문제이다. 특히 연구 과정에서 데이터(혹은 이론 틀)를 위조, 변조 내지 표절한 기만 행위의 경우가 가장 큰 문제가 되는데, 이는 인문사회뿐만 아니라 과학 활동에서의 경쟁이 극도로 심화되면서 기만 행위가 생기고 있다.

공로의 배분

둘째, 논문 발표 시의 저자 표시 및 공로 배분의 문제이다. 여기서의 문제는 논문 작성시 실질적인 기여 정도에 따라 공로를 합당하게 배분하고 이에 따라 저자 표시를 해야 하는데도 그렇게 하지 않는 데서 생긴다. 연구 참여에 대한 정당한 공로는 인정되어야 하고, 실질적으로 기여하지 않은 경우 저자 표시를 하게 되면 부당 저자 표시에 해당된다. 기여가 없는데도 서로 이름을 올려주는 품앗이나 예우 차원에서 이름을 올리는 명예 저자 표시 등 다양한 부당 저자 표시가 문제가 된다.

실험실의 권력 관계와 차별

셋째, 실험실 내에서의 권위 및 차별의 문제이다. 과학 활동이 실제로 이루어지는 실험실 내에서 나타날 수 있는 여러 가지 상황들을 둘러싼 문제이다. 지도교수-대학원생의 관계, 성희롱, 기만 행위에 대한 내부 고발(whistle-blowing), 연구 윤리에 대한 적절한 교육, 연구원의 채용 및 고용, 이용 가능한 자원(연구비 및 실험 재료 등)의 공평한 배분 등이 중요한 쟁점으로 부각되고 있다.

실험과 윤리

넷째, 특정한 대상이나 연구 방법을 포함하는 연구에 생기는 문제들이 있다. 생명공학, 유전자 공학 등 특정 분야에 주로 적용되는 문제로, 두 가지 주요 문제는 인체 대상 실험과 동물 실험의 윤리이다. 인간을 대상으로 하는 생명 관련 연구가 사회적·윤리적으로 용인될 수 있는 연구인지, 그리고 피실험자의 충분한 설명에 의한 동의가 적절한 절차를 거쳐 이루어졌는지가 중요한 쟁점이며, 동물을 대상을 하는 경우는 실험동물에 대한 주의와 배려가 충분히 기울여졌는지 등의 문제가 쟁점이 된다. 이 외에도 최근 생명 공학의 발전으로 인해 다양한 윤리적 쟁점들(복제 문제, 유전자 치료와 얽힌 우생학적 쟁점, 인간 유전자 특허, 인간 유전정보 및 프라이버시와 관련된 인권 문제 등)이 새롭게 부각되고 있다.

사회적 책임

다섯째, 과학자의 사회적 책임과 관련되는 문제이다. 이것은 전문가로서의 과학자(집단)가 사회 일반과의 관계에서 책임 있는 자세로 행동했는지와 관련된 문제이다. 몇 가지 쟁점들이 있는데, ①공공자금을 이용한 연구에서 연구비를 애초 정해졌던 용도대로 적절히 이용했는지의 문제 ②공공성에 반하는 산업 연구 및 군사 연구에 종사하는 과학자의 윤리 문제 ③과학자들이 사회 전체가 직면한 중요한 문제에 관해 책임 있는 발언을 하고 외부에 독립적인 조언을 제공할 책임에 관한 문제 등이 중요하다.

과학 윤리 원칙

레스닉(D.B.Resnik)은 과학 윤리 원칙으로 열두 가지를 제시하고 있다(.한국원자력연구소편, 252).

① 정직성(honesty): 연구 결과를 조작, 위조, 왜곡해서는 안 된다.
② 정확성(carefulness): 오류를 피해야 하고, 결과 제시에서 신중해야 한다.
③ 개방성(openness): 데이터, 결과, 방법, 아이디어, 기법, 도구 등을 공유해야 한다.
④ 자유(freedom): 과학자는 어떤 문제나 가설에 대한 연구든 자유롭게 수행해야 한다. 과학자에게는 새로운 아이디어를 추구하고 낡은 아이디어를 비판할 자유가 허용되어야 한다.
⑤ 공로(credit): 공로는 마땅히 그것이 주어져야 할 사람에게 주어지고 그렇지 않은 사람에게 주어져서는 안 된다. 과학에서의 보상은 인정, 존경, 위신, 돈, 포상 등

을 포함한다.

⑥ 교육(education): 과학자는 예비 과학자들을 교육하고 그들이 좋은 과학을 수행할 방법을 확실히 배우도록 도와야 한다.

⑦ 사회적 책임(social responsibility): 과학자는 사회에 대해서 해악을 끼치는 것을 피하고 사회적 이익을 창출하도록 노력해야 한다.

⑧ 합법성(legality): 연구의 과정에서 과학자는 자신의 작업에 적용되는 법을 준수할 의무가 있다.

⑨ 기회(opportunity): 어떤 과학자라도 과학적 자원을 사용하거나 과학적 직업에서 승진할 기회가 부당하게 거부되어서는 안 된다. 과학자는 인종·성·출신 국가·국적·연령 그리고 기타 과학적 능력에 직접 관련되지 않은 특징들에 기초하여 동료를 차별해서는 안 된다.

⑩ 상호존중(mutual respect): 과학자는 동료들을 존중해야 한다.

⑪ 효율성(efficiency): 과학자는 자원을 효율적으로 사용해야 한다. 과학자가 한 논문으로 보고될 수 있는 연구를 일부러 여러 편의 논문으로 쪼개어 출간하거나, 동일한 결과를 단지 미세한 수정을 통해 여러 편의 상이한 논문들에 이용하는 일이 종종 있다.

⑫ 실험 대상에 대한 존중(respect for subjects): 과학자는 인간을 실험 대상으로 사용할 때 인권 또는 존엄성을 침해해서는 안 된다.

과학기술부에서 제시한 연구 부정 행위의 범위는 다음과 같다. 연구 부정 행위는 연구 개발 과제의 제안, 연구 개발의 수행, 연구 개발 결과의 보고 및 발표 등에서 행하여진 위조·변조·표절·부당한 논문저자 표시 행위 등을 말한다.

① "위조"는 존재하지 않는 데이터 또는 연구 결과 등을 허위로 만들어 내는 행위를 말한다. 실험, 관찰, 조사 등을 하지 않았거나 했더라도 얻은 결과가 없는데 허위로 결과를 만들어 보고하거나 제출, 출판하는 경우가 여기에 해당된다. 경험 자료의 위조는 실험, 관찰, 설문, 답사, 통계와 같은 경험 연구에서 자신이 실제 실행하지도 않았는데도 마치 경험적 연구를 한 것처럼 꾸미는 것을 말한다. 실험한

흉내만 내고도 전 과정에 걸쳐 실험을 한 듯이 꾸미거나 인터넷 자료나 남의 사진으로 답사를 한 것처럼 허위로 연구 결과를 만들어 내는 사례들이 여기에 해당된다. 설문 조사지를 돌리지 않고 혼자서 또는 몇 사람에게 시켜서 작성해 내는 것, 원하는 문항에 체크를 해서 통계를 내는 등의 유형들이 있다. 문헌 자료의 위조는 주로 문헌 연구에서 원 자료를 인용할 때 자기 주장을 위해서 원문에는 없는 단어나 구절, 문장을 넣어 원저자의 권위에 호소하는 경우를 말한다.

②"변조"는 연구 재료·장비·과정 등을 인위적으로 조작하거나 데이터를 임의로 변형·삭제함으로써 연구 내용 또는 결과를 왜곡하는 행위를 말한다. 성과물에 대한 집착 때문에 정도가 아닌데도 불구하고 생산된 데이터를 바꾸기도 하고 성과물을 퇴색시키는 데이터는 고의로 누락하는 행위 등을 하게 된다.

③"표절"이라 함은 타인의 아이디어, 연구 내용·결과 등을 정당한 승인 또는 인용 없이 도용하는 행위를 말한다.

④"부당한 논문저자 표시"는 연구 내용 또는 결과에 대하여 과학적·기술적 공헌 또는 기여를 한 사람에게 정당한 이유 없이 논문저자 자격을 부여하지 않거나, 과학적·기술적 공헌 또는 기여를 하지 않은 자에게 감사의 표시 또는 예우 등을 이유로 논문저자 자격을 부여하는 행위를 말한다.

⑤본인 또는 타인의 부정행위의 의혹에 대한 조사를 고의로 방해하거나 제보자에게 위해를 가하는 행위는 연구 윤리에 위배된다.

⑥과학기술계에서 통상적으로 용인되는 범위를 심각하게 벗어난 행위 등도 연구 윤리에 위배될 수 있다.

연구 성실성 위반

이러한 과학 연구에서의 윤리의 쟁점들은 현재 진행형에 있다. 실험, 관찰을 통해 언제나 새로운 결과를 제시해야 하는 과학 연구에서 스트레스는 진실을 외면하게 되는 유혹으로 넘어가게 한다. 연구의 성실성 위반이 과거에 비해서 사이버 공간을 공유하고 있는 시대에는 더 쉽게 드러나고 있다. 내부 고발이 쉽지 않았던 시절에 비해 인터넷의 발달로 내부 고발이 훨씬 더 쉽기 때문이라고 여겨진다. 사이버 공간은 외부 고발이 일상적으로 이루어질 수 있는 공간이기도 하다. 사이버 공간에서 퍼 나르기는 현실 공간에서의 입소문과 비교 대상이 아닐 정도로 파급력이 막강하다. 가짜 뉴스들이 진실 행세를 하는 문제점도 있지만 부정, 비리를 드러내서 정화시키는 순기능도 크다 하겠다.

표절

연구의 성실성 위반은 자연과학 분야에서는 위조, 변조, 표절(剽竊) 등으로 나타난다. 표절의 본래 의미는 빼앗고 도둑질한다는 뜻이다. 다른 사람의 작품이나 학술논문, 또는 기타 각종 글의 일부 또는 전부를 직접 베끼거나 아니면 관념을 모방하면서, 마치 자신의 독창적인 산물인 것처럼 공표하는 행위로 타인 복제 표절, 자기 중복 표절, 출처 은폐 표절 등 여러 가지로 나눌 수 있다.

저작권과 무관한 표절

저작권이 소멸된 타인의 저작물을 출처 표시를 하지 않고 이용하는 경우는 표절에 해당하지만 저작권 침해는 아니다. 표절은 주로 학술이나 예술의 영역에서 활동하는 사람이 갖춰야 할 기본적인 윤리와 관련되는 반면에 저작권 침해는 다른 사람의 재산권을 침해한 법률적 문제이다.

전거를 밝힌 표절

표절은 전거를 충분히 밝히지 않고 다른 사람의 저작으로부터 내용을 인용하거나 차용하는 행위지만 출전을 밝히더라도 핵심 내용이나 분량의 대부분이 남의 글에서 따온 것이라면 표절이 될 수 있다. 지식의 확산을 위해 공정하게 사용될 수 있는 정도를 넘는 경우라면 설사 전거를 밝혔더라도 저자의 동의가 없었다면 저작권 침해 문제가 발생할 수도 있다.

연구 윤리는 자연과학, 인문사회과학 할 것 없이 성실성과 책임을 묻는 점에서는 큰 차이가 없다. 연구 윤리 확립을 위한 사회적, 제도적 노력도 필요할 것이고, 개인적인 가치관도 바로 정립되도록 재산권, 저작권, 표절 등에 대한 지적, 정의적 교육이 요구된다 하겠다.

◈ 생각 정리하기

생각 나누기1

세계 최대의 장서를 보관하고 있는 영국도서관이 전 소장 도서를 인터넷에 공개하는 방안을 추진한 적이 있다. 지식을 공공에게 무료로 제공하겠다는 뜻을 실현하고자 한 것이다. 즉, 디지털 작업을 통해 모든 책을 인터넷에서 무료로 볼 수 있게 한다는 것이다. 학생들은 세계 어디서든지 자료를 볼 수 있다는 점에서 긍정적으로 받아들였지만 저작권 문제로 난관에 부딪혔다. 지은이가 없어 '고아'라고 불리는 이런 저작물은 법적으로 인터넷에 공개할 수가 없기 때문이다(출처: "영국 국립 도서관, 콘텐츠 디지털화 본격적으로 착수", https://news.kotra.or.kr).

영국국립도서관은 디지털 도서를 학생과 리서처, 역사학자 등 자료를 상업적으로 사용하지 않는 한 문서를 무료로 복사, 공유, 변형할 수 있도록 해서 현대에서 과거의 자료를 디지털 자료를 이용할 수 있는 도서관이 되었다.

이런 사례처럼 '고아'가 된 저작물을 합법적으로 디지털화할 수 있도록 법적 예외 조치를 만드는 것에 대해 저작권의 관점에서 토론해 봅시다.

생각 나누기 2

'인터넷 삼진아웃제'는 인터넷 게시판에 불법 저작물을 전송해 3회 이상 경고를 받은 사람의 개인 계정을 정지시킬 수 있도록 하는 제도이다. 또 특정 인터넷 게시판에 불법 복제물이 3회 이상 반복적으로 게시될 경우 게시판 서비스 중단을 명령할 수도 있다. 이 제도는 나라마다 다른 관점에서 취하기도 하고 버리기도 한다.

네티즌들이 인터넷 삼진아웃제에 대해서 반대하는 이유를 찾아보고 자신의 생각을 발표해 봅시다.

◈ 활동하기

1. 저작권법의 목적은 무엇인지 인터넷에서 찾아서 적고 자신의 생각을 적어 보시오.

2. 보호되는 저작물과 보호되지 않는 저작물의 유형을 적어 보시오.

◈ 참고하기

인터넷과 저작권

1. 불법 저작물을 내려받은 경우의 저작권 침해 문제

Q p2p 프로그램을 이용하여 영화를 한 편 내려받았는데, 법무법인으로부터 저작권 침해라는 통지를 받았다. 저작권 침해가 되는 행위인지 몰랐고, 개인적인 용도로만 이용했을 때에도 저작권 침해가 성립하는가?

A 타인의 저작물을 인터넷에 업로드하는 것이 저작권 침해 행위에 해당한다는 것은 어느 정도 널리 알려져 있어 인터넷 이용자들 역시 이러한 행위를 자제하는 모습을 보이고 있다. 동시에, 다른 한편으로는 인터넷에 저작물을 업로드하지 않고 단순히 다운로드만 받는 경우에도 저작권 침해가 성립하는지 궁금해 하는 것 같다. 인터넷에서 타인의 저작물을 다운로드받아 디지털 파일로 저장하는 것은 저작권법상 복제에 해당하며, 원칙적으로 저작물의 복제를 위해서는 저작권자의 허락이 필요하다. 그런데 우리 저작권법은 공표된 저작물을 영리를 목적으로 하지 않고 개인적으로 이용하거나 가정 및 이에 준하는 한정된 범위 안에서 이용하는 경우에는 그 이용자가 이를 복제할 수 있도록 하는 사적 복제 규정을 두고 있다. 독일, 프랑스 등 유럽의 많은 국가가 복제의 대상이 되는 저작물의 적법성을 요건으로 하고 있는 것에 비하여, 우리 법제는 복제 대상 저작물의 적법성을 요구하고 있지 않다. 따라서 사적 복제 규정의 요건을 갖춘 경우, 즉 개인이 영리를 목적으로 하지 않고 인터넷에 있는 영화 등을 다운로드받아 개인 하드디스크 등에 저장하여 두고 가정 및 이에 준하는 한정된 범위에서 이용하는 것은, 설사 그 영화 파일이 불법 저작물이라 할지라도 사적 이용을 위한 복제에 해당하여 저작권 침해를 구성하지 않는다는 것이 다수의 의견이다. 그러나 이에 대한 반대 의견이 존재하고, 이를 금지하는 외국의 입법례가 증가하는 추세이므로 불법 저작물을 다운로드받는 행위도 자제하는 것이 좋겠다. 그러나 사례에 제시된 것과 같이 p2p 프로그램을 통한 저작물의 이용은 사정이 조금 다르다. p2p 프로그램에는 통상 '공유폴더'가 설정되어 있고, 개인이 다운로드받는 파일은 다운로드와 동시에 '공유폴더'를 통하여 불특정 다수의 이용자들이 다운로드받아 갈 수 있도록

제공되기 때문에 사적 복제에 해당하지 않는다. p2p 프로그램에서 저작물을 다운로드받는 것은 이용자 스스로는 다운로드만 받았다고 생각하는 경우에도 다운로드받는 동시에 불특정 다수인에게의 전송 행위가 발생하기 때문에 저작권 침해에 해당하게 되므로 주의해야 한다.

2. 비영리 목적으로 출처를 명시하고 이용한 신문 기사와 저작권 침해

Q 회사 홈페이지에 업계 관련 정보를 여러 사람과 공유할 생각으로 신문 기사를 게재한 바 있다. 비영리적으로 이용했고, 물론 출처도 명시했다. 그런데 얼마 전 신문사의 위임을 받았다는 법무법인으로부터 저작권 침해 행위라며 한 달에 100만 원의 손해배상을 요구받았다. 이러한 주장이 타당한가?

A 신문 기사를 이용하는 사람들이 갖는 가장 큰 오해는 신문 기사의 자유로운 이용이 허용된다고 생각하는 것이다. 신문 기사가 갖는 보도 등의 공익적 목적에 비추어 출처만 밝히면 자유롭게 이용 가능하다고 생각할 수도 있으나, 단순히 사실의 전달에 불과한 시사보도(가령, 부고, 인사동정, 주식시세, 육하 원칙에 근거하여 작성한 단순한 사건 사고 기사 등)를 제외하고는 대부분의 신문 기사는 기자의 사상이나 감정이 창작적으로 표현된 글로서 저작권법상 어문저작물로 보호받고 있다. 따라서, 신문 기사의 원문을 저작권자의 허락 없이 온라인상에 게시하는 행위는 복제권 및 공중송신권 등 저작권 침해 행위가 된다. 비영리 목적으로 이용하거나 출처 표시를 한다고 하더라도 저작권 침해 행위가 면책되는 것은 아니다. 따라서, 사례와 같이 신문 기사를 홈페이지에 게재하는 것은 일반적으로 저작권 침해 행위에 해당한다. 다만, 문제는 한 달에 100만 원이라는 일방적인 손해배상액의 산정이 타당한지 여부이다. 일반적으로 저작권 침해가 발생한 경우의 손해배상액은 그 권리를 침해한 자가 그 침해 행위에 의하여 이익을 받은 때에는 그 이익의 액을 손해의 액으로 추정한다. 그러나 이와 같은 이익의 액의 산정이 어려운 때에는 그 권리의 행사로 통상 받을 수 있는 금액에 상당하는 액을 손해배상으로 청구할 수 있다. 신문 기사의 무단 게재에 대한 손해배상액을 산정하는 데에는 기사를 이용한 자의 성격(인터넷 포털사이트인지, 일반 기업인지 여부), 기사의 범위 내지 종류, 이용한 기사의 건수, 기사의 이용 기간 등의 여러 가지 요소

가 고려되어야 할 것이다. 그런데 신문 기사 자체를 영리적으로 이용하지 않은 경우라면 침해자가 받은 이익의 액을 산정하는 것은 쉽지 않을 것이고, 결국 그 권리의 행사로 통상 받을 수 있는 금액에 상당하는 액, 즉 원래 신문 기사를 신문사의 허락을 받고 이용했다면 지불했어야 할 금액이 손해배상액이 될 가능성이 높다. 이 같은 통상적인 사용료를 산정하는 데 문화체육관광부의 승인을 받은 한국언론재단의 사용료 징수 규정이 참고가 될 수 있다. 결국 신문사가 일방적으로 과도한 금액을 요구하는 경우에는 합의에 응할 필요가 없을 것으로 생각되며, 한국저작권위원회의 조정 제도를 이용하는 방법도 고려할 수도 있다.

3. 출판된 책을 교재로 하는 동영상 강의 제작 시의 저작권 문제

Q 인터넷으로 동영상 강의를 제공하는 업체이다. 시중에 판매되는 책을 교재로 선정하여 동영상 강의를 하는 경우, 책의 저자나 출판사의 허락이 필요한가?

A 인터넷이 발달하면서 새로운 지식을 습득하는 방법으로 온라인 강의를 선택하는 것이 보편화되었다. 교육을 위해서 적절한 교재를 선정하는 것은 전체 강의의 질을 좌우할 정도로 매우 중요한 위치를 차지할 것이라서, 온라인 강의를 제공하는 자는 자체적으로 강의 교재를 제작하거나 시중에 나와 있는 교재 중 우수한 것을 선정하여 온라인 강의에 이용하게 된다. 시중에 출판되어 있는 교재를 선정하여 온라인 강의를 제작하는 경우에는 이를 이용할 때 저작자나 출판사의 허락이 필요한지에 대한 의문을 갖거나, 오프라인에서 책을 구매하여 교재로 쓰는 것과 다름없고 오히려 판매량이 도움이 될 것이라는 이유로 허락이 필요 없다고 생각하기도 한다. 일반적으로 기본 교재를 정하여 이를 중심으로 진행되는 강의의 방식을 택할 경우에는 책의 전체 구성이나 배열에 따라 강의가 진행되는 게 일반적이다. 이 경우 교재에 있는 글이나 문제가 화면에 비춰지거나 강의자에 의해 요약되는 형식으로 이용될 가능성이 크다. 이와 같은 방법을 취하는 동영상 강의는 기본 교재를 복제의 방식으로 이용하게 될 수 있는데, 저작물을 복제, 전송 등의 방식으로 이용하기 위해서는 저작권자의 허락이 필요하다. 물론 교재를 기초로 새로운 창작성을 부가하여 강의 동영상을 제작하는 때에는 2차적 저작물로 성립하여 독립적으로 보호받을 가능성도 있다. 그러나 2차적 저작물은 원저작물을 기초로 하여 성립하는 관계이기 때문에,

원저작자의 동의 없이 2차적 저작물을 작성하는 것은 원저작자의 2차적 저작물 작성권을 침해하는 것이 된다. 결국 위와 같은 방법으로 시중에 나와 있는 교재를 이용하여 동영상 강의를 제작하고자 한다면 이용 허락이 필요할 것인데, 책의 저작자와 출판사 중 누구에게 받아야 하는지 의문을 갖는 경우가 있다. 구체적으로 저자와 출판사 간의 계약 형태를 살펴봐야 할 것이지만, 일반적인 출판 이용 허락이 있고 별다른 특약이 없다고 전제할 때, 출판사는 저작물을 인쇄나 그 밖의 이와 유사한 방법으로 문서 또는 도화로 발행할 권한만을 가지고 있으므로 제3자가 저작물을 인터넷에서 전송 등으로 이용하는 행위에 대해서는 권리 주장을 하기가 어려울 것이다. 따라서, 이에 대한 이용 허락은 책의 저작자에게 받아야 한다.

4. 온라인 서점에서 책의 판매를 위해 표지 이용

Q 온라인으로 책을 판매하는 사이트를 운영하고 있다. 구매자들의 편의를 제공하기 위한 목적으로 책의 표지와 간략한 책의 줄거리를 함께 게재하고자 하는데 가능한가?

A 인터넷 서점에서는 고객들의 편의를 위하여 책의 표지와 간략한 줄거리 및 목차 등을 제공하고자 하는 경우가 많다. 이러한 서비스를 제공할 때 출판사의 동의를 받거나 직접 정보를 제공받는 경우도 있지만 책을 판매하기 위한 행위이므로 별도의 문제가 발생하지 않는다고 생각하는 경우가 많은 것 같다. 일반적으로 책의 제호의 저작물성에 대하여 우리 판례나 학설은 제호는 저작물의 표지에 불과하고 사상이나 감정의 창작적인 표현이라고 볼 수 없다는 이유로 제호 자체의 저작물성을 대체적으로 인정하고 있지 않다. 따라서, 책의 제호를 게시하는 행위는 저작권 침해가 되지 않는다. 저자와 출판사명, 출판사항, 형태사항, 분류기호와 같은 서지정보를 게재하는 것도 가능하다. 그러나 책의 표지는 판매 촉진 등의 목적으로 구매자들의 시선을 사로잡을 수 있도록 디자인되거나 타인의 저작물을 이용하여 디자인되는 경우도 많기 때문에 그 저작물성이 인정될 가능성이 높다. 따라서, 책의 표지를 스캔하여 게시함으로 인해 책의 판매가 촉진되고 저작자에게도 결과적으로 이익이 발생하여 저작자가 실제 이러한 행위에 대해 저작권 침해를 주장할지는 별론으로 하더라도, 우리 법에는 이를 면책할 만한 저작 재산권 제한 규정이 없기 때문에 엄격한 의미에서 저작권 침해 행위가 될 수 있다. 서적의 간략한 줄거리나 정보를 제공하는 것 역

시 저작권이 미치지 않을 정도로 간략하게 요약하는 경우가 아니라면 저작권 침해 문제가 발생할 가능성이 있다. 이처럼 인터넷 서점에서 책의 표지와 상세 줄거리를 제공하는 것은 저작권 문제를 야기할 가능성이 있기 때문에 실질적으로 최근 대형 온라인 서점들은 이러한 정보를 제공하기 위해 저자와 출판사로부터 이용 동의서를 받는 경우가 많다.

5. 구매한 mp3 파일을 개인 블로그에서 스트리밍 방식으로 이용

Q 적법하게 구매한 mp3 음원을 개인 블로그에 스트리밍 방식으로 업로드하고자 한다. 합법적으로 구매했고, 다른 인터넷 이용자들이 다운로드받지 못하도록 스트리밍 방식을 이용하고 있는데 저작권 침해가 될 수 있는가?

A 합법적인 비용을 지불하고 인터넷에서 mp3 파일로 된 음원이나 디지털 형식의 영상저작물을 구매한 경우, 대가를 지급했기 때문에 개인 블로그에 업로드하는 행위나 타인들이 다운로드받아 갈 수 없는 스트리밍 방식으로 이용하는 것은 아무런 문제가 없다고 생각하는 경우가 많은 것 같다. 그러나 일반적으로 판매되는 저작물의 구매자는 저작물이 수록된 유형물에 대한 소유권을 취득한 것이지 저작권을 가지는 것은 아니다. 통상 판매되는 음원 등을 구매한 경우, 이는 저작물을 감상할 수 있는 대가를 지불한 것에 불과하고, 해당 음원을 영리를 목적으로 하지 않고 가정 및 이에 준하는 범위에서 개인적으로 이용하는 것만이 허용된다. 인터넷 공간은 인적 결합관계가 없는 불특정 다수인의 자유로운 접근이 허락되어 있다는 점에서 사적인 공간으로 보지 않는다. 따라서 적법하게 구매한 mp3 파일이더라도 인터넷에 업로드 등의 방식으로 이용하는 것은 허락된 이용 범위를 넘었다고 보아야 할 것이다. 또한, mp3 파일을 개인 블로그에 업로드하거나 스트리밍 방식으로 제공하기 위해서는 '전송' 행위가 수반되는데, 이러한 전송권은 저작권자에게 부여되는 권리로서 구매자는 저작권자의 허락 없이는 이와 같은 행위를 할 수 없다. 결국 구매한 mp3 파일을 이용해 스트리밍 방식으로 블로그에서 서비스하고자 한다면, 저작권자인 작사/작곡가, 저작인접권자인 실연자와 음반제작자의 허락이 필요하다.

6. UCC 제작 시의 음원 이용과 저작권 문제

Q UCC를 제작하다 보면 음악을 삽입하게 되는 경우가 많다. UCC에 배경음악을 넣는 것은 저작권 침해인가? 이것이 문제가 된다면 30초의 짧은 음악만 삽입하거나 직접 노래를 부르고 녹음하여 이용하는 것은 허용되는가?

A 인터넷에서 UCC를 제작하거나 보고 즐기는 것은 이미 보편화되어 있음에도 실제로 제작된 UCC를 자세히 살펴보면 저작권 침해의 소지를 안고 있는 경우가 대부분이다. 그런데 UCC 제작 시 음악저작물 이용과 관련하여 잘못된 정보들이 널리 퍼져 있는 것 같다. 통상 음원에는 저작권자인 작사/작곡가와 저작인접권자로서 실연자(연주자와 가수)와 음반제작자, 이렇게 세 권리 주체가 존재한다. 인터넷에서 음원을 이용하고자 한다면 이러한 세 권리주체의 허락을 각각 얻어야 한다. 다만, 일일이 이용 허락을 구하는 것이 어렵기 때문에 많은 권리자들이 신탁관리단체에 권리를 신탁하여 해당 기관을 통해 손쉽게 이용 허락을 얻을 수 있도록 하고 있다. 권리자에 따라 작사/작곡가의 경우는 한국음악저작권협회가, 실연자는 한국음악실연자연합회, 음반제작자는 한국음원제작자협회가 각각 신탁관리단체로 지정되어 있으므로, 해당 협회를 통해 각각 이용 허락을 얻을 수 있다. 각 기관 홈페이지를 방문하면 각 협회가 신탁관리하는 저작물 목록과 사용료 규정을 열람할 수 있다. 그러나 위와 같은 신탁관리단체에 등록되어 있지 않은 음원을 이용하고자 할 때에는 각 권리자를 개별적으로 찾아서 허락을 받아야 하며, 저작권료 지불 방법 및 액수 또한 해당 권리자와의 협의를 통해 정해야 한다. 이러한 허락을 받지 않고 UCC 제작에 음원을 이용하는 것은 저작권 침해 행위가 된다. 가령, UCC의 배경음악으로 음원을 이용하고자 할 때에는 작사/작곡가, 실연자, 음반제작자 모두의 허락이 필요하다. 인터넷에 흔히 퍼져 있는 30초 이내는 허용된다, 10초 이내는 저작권 침해를 구성하지 않는다는 등의 주장은 근거 없는 말에 불과하다. 이용자들이 크게 잘못 알고 있는 음원 이용에 대한 다른 오해 중 하나는 자신이 직접 노래를 부르거나 연주하여 업로드하는 것은 문제없다고 여기는 것이다. 또한, 음악 공연장에서 공연을 동영상으로 촬영한 뒤 해당 가수의 허락만 얻는다면 저작권 문제가 발생하지 않는다고 생각하기도 한다. 그러나 앞서 설명한 바와 같이 음원에 대해서는 세 권리 주체가 존재한다. 따라서 내가 직접 노래를 부르고 녹음하는 경우에 실연자와 음반제작자의 허락은 필요하지 않겠지만 곡과 가사가 이용되고 있으

므로 작곡/작사가의 허락은 필요하다. 마찬가지로, 가수의 공연을 촬영한 뒤 실연자인 가수의 허락은 얻었다 할지라도 작사/작곡가의 허락은 아직 남아 있게 된다. 이처럼 음원을 이용하고자 할 때에는 이와 같은 세 권리 주체를 모두 고려해야 한다.

7. 영화의 포스터나 스틸 컷의 이용

Q 평소 블로그에 영화에 대한 비평이나 감상문 쓰기를 취미로 하고 있다. 영화에 대한 글을 쓰면서 시각적 효과를 위해 영화 포스터나 영화의 스틸컷 등을 함께 이용하고 있는데, 이러한 행위가 저작권 침해에 해당하는가?

A 영화를 좋아하는 인터넷 이용자들은 자신의 미니홈피나 블로그에 영화의 비평이나 감상을 글로 남기면서 해당 영화의 포스터나 스틸 컷, DVD 표지 등을 함께 업로드하는 경우들이 많다. 영화의 포스터, DVD 표지 등은 영상저작물의 일부 장면을 이용하거나 특별히 따로 제작하기도 하는 등 창작성이 인정되어 보호 대상이 되는 경우가 대부분이므로, 이를 저작권자의 허락 없이 인터넷에 업로드하는 행위는 저작권 침해 행위에 해당한다. 영화의 스틸컷 역시 영상저작물의 복제물에 해당하므로 이를 이용하고자 할 때에도 이용허락을 받아야 한다. 저작권법의 보호를 받는 저작물을 인터넷에 업로드하고자 할 때에는 반드시 저작권자의 허락이 있어야 하며, 단순히 비영리 목적 또는 출처 표시만으로 저작권 침해가 면책되는 것은 아니다. 다만, 우리 저작권법 제28조는 공표된 저작물을 교육·보도·비평·연구 등을 위해서는 정당한 범위 안에서 공정한 관행에 합치되게 이를 인용할 수 있도록 하고 있다. 따라서 단순히 영화 포스터 등을 블로그에 업로드하는 행위는 허용되지 않겠지만, 영화에 대한 비평 또는 감상문에 영화 포스터 등을 이용하는 것은 인용 규정으로 면책될 수 있다. 물론 무제한적인 이용이 허용되는 것은 아니고, 인용 규정의 적용을 받기 위해서는 자신이 창작하는 부분과 이용되는 저작물 간의 주종 관계가 성립해야 한다. 즉, 자신이 쓰고자 하는 비평이나 감상평이 양적, 질적으로 주가 되어야 하고, 영화 포스터 등은 자신의 글을 보충, 예시, 보족하는 부수적 용도로 이용되어야 할 것이다. 글 전체적으로 영화의 스틸 컷이 대다수를 차지하고 자신이 저술하는 부분이 없거나 미미하다면 이는 인용에 해당하지 않는다. 더불어 공정한 관행에 합치되는 출처의 표시를 해야 하는데, 영화의 제호와 영화의 제작자 등을 화면상 일반인이 알 수 있는 방법으로 명

시하는 것이 필요할 것이다. 인용 규정이 적용되는 경우에도 저작물의 통상적 이용과 충돌하거나 저작권자의 시장성을 저해하는 결과를 초래하지 않아야 하므로, 영화의 스틸 컷을 이용하여 비평 글 등을 작성하는 것이 아니라 단지 영화의 줄거리를 세세하게 설명하는 데 그 목적이 있다면 본조의 적용을 받기 어려울 것이다. 결론적으로, 영화의 포스터 등을 인용 규정의 요건에 합치되도록 정당한 범위 내에서 공정한 관행에 합치되는 방식으로 출처를 밝히고 사용하는 것은 저작권 침해에 해당하지 않는다.

8. UCC와 패러디 기법

Q UCC를 제작할 때 유명 영화나 드라마를 패러디하는 방법을 많이 이용하고 있다. 이처럼 패러디 기법을 이용해 UCC를 제작하는 것도 저작권 침해인가?

A 인터넷에서 크게 인기를 얻고 있는 UCC의 상당수는 유명 인물 혹은 영화나 드라마의 유명한 장면을 변형하는 방식으로 제작되어 있는데, 이렇게 제작된 UCC를 흔히 패러디 방식을 이용했다고 말한다. 그런데 저작권 침해로부터 면책되는 패러디와 일반적으로 인터넷 이용자들이 생각하는 패러디의 개념이 일치하는 것 같지는 않다. 패러디란 일반적으로 해학적인 비평 형식의 예술표현 기법 또는 이러한 기법으로 작성된 저작물을 지칭하는 용어로 해석된다. 패러디란 단순히 다른 작품을 이용했다고 하여 성립하는 것이 아니고 패러디로 성립하기 위해서는 일정한 요건을 갖추어야 한다. 저작권법상의 패러디로 성립하기 위해서는 먼저 패러디의 목적이 원작에 대한 비평과 풍자에 있어야 한다. 패러디의 목적과 관련하여 특히 원작 자체를 비평의 대상으로 삼지 않고 사회적 상황이나 일반 상황을 비평하는 경우도 패러디로 볼 수 있는지가 문제 되는데, 우리 법원은 소위 Come Back Home 패러디 사건에서 "패러디로서 보호되는 것은 당해 저작물에 대한 비평이나 풍자인 경우라 할 것이고 당해 저작물이 아닌 사회 현실에 대한 것까지 패러디로 허용된다고 보기 어렵다"라고 판단하면서, "이 사건의 개사곡은 신청인의 이 사건 원곡에 나타난 독특한 음악적 특징을 흉내 내어 단순히 웃음을 자아내는 정도에 그치는 것일 뿐, 신청인의 이 사건 원곡에 대한 비평적 내용을 부가하여 새로운 가치를 창출한 것으로 보이지 아니한다"며 패러디로서 성립되지 않는다고 보았다. 이처럼 패러디는 원작에 대한 비평과 풍자가 있어야 함은 물론이고 패러디 행위의 목적과 성격, 이용된 분량과 가치, 패러디가

원작의 시장적 수요를 대체하는지 여부 등을 종합적으로 고려하여 패러디로서의 성립 여부를 판단하게 된다. 한편, 위와 같이 패러디로서의 목적과 요건을 모두 갖춘 이른바 '성공한 패러디'로 성립한 경우에도 우리 저작권법은 패러디에 대한 명문의 규정을 두고 있지 않으므로 이러한 패러디가 허용되는가에 대한 의문이 있을 수 있는데, 우리 판례는 성공한 패러디의 경우는 비평을 위한 인용으로 면책되는 것으로 판단하고 있다. 반면 패러디의 요건을 갖추지 못한 '실패한 패러디'의 경우에는 설사 그 결과물에 창작성이 있어 2차적 저작물로서 독자적인 보호를 받을 수 있더라도, 원작에 대한 2차적 저작물 작성권 침해와 동일성 유지권 침해 문제가 발생할 수 있다. 결국 패러디 방식을 이용한 UCC 제작이 저작권 침해에 해당하는가는 개별적으로 해당 UCC가 원작에 대한 비평과 풍자에 성공했는지 등 패러디의 요건을 충족했는지에 따라 결정해야 한다. 그러나 앞서 밝혔듯이 사회 현상을 비평하기 위해 패러디 형식을 이용하거나 단순히 웃음을 이끌어 내기 위해 타인의 저작물을 변형하여 이용하는 경우에는 저작권법상 적법한 패러디로 성립되지 않을 수 있다.

9. 자신의 인터뷰 기사나 영상 이용과 저작권 문제

Q 언론기관의 인터뷰나 취재 요청에 응했고, 이러한 인터뷰나 취재 내용이 신문에 게재되거나 방송되는 경우 이를 개인 홈페이지에 업로드하는 것은 허용되나?

A 한동안 사회 유명인사들이 자신의 인터뷰 기사나 취재 영상을 저작권자의 허락 없이 홈페이지에 게재하는 방법으로 저작권 침해 행위를 하고 있다는 기사가 이슈가 되었다. 대개의 경우 자신이 직접 인터뷰에 응했거나 방송에 출연했기 때문에 이를 이용할 권한이 당연히 주어진다고 생각했던 것으로 보인다. 그러나 저작권법상 저작자는 저작물을 창작한 자이다. 따라서 본인이 인터뷰에 응했더라도 기자가 이를 자신이 정리하여 글로써 창작성 있게 표현한 경우에는 본 기사의 저작권자는 기사를 작성한 이(또는 업무상 저작물로서 신문사)가 될 것이다. 물론 인터뷰 기사 작성이 단순히 인터뷰 대상이 하는 말을 그대로 받아 적은 것에 불과하다면 이와 같은 인터뷰 기사의 저작권자는 인터뷰에 응한 본인이 될 수 있다. 마찬가지로 본인을 촬영한 영상일지라도 영상물의 이용을 위해 필요한 권리는 영상저작물의 제작에서 그 전체를 기획하고 책임을 지는 자인 영상제작자가 가지게 된다.

따라서 해당 취재 영상이 별도의 편집 과정 등을 거쳐 방송되는 등 영상저작물로의 창작성을 가지고 있는 경우라면 본 영상을 이용하기 위해서는 영상제작자의 허락을 받아야 한다. 이처럼 저작권이 해당 신문사 또는 영상제작자에 있는 경우, 이러한 저작물을 본인의 홈페이지에 업로드하기 위해서는 저작권자의 허락을 얻어야 할 것이며, 허락 없이 이용하는 것은 저작권법상 복제권 및 공중송신권 침해 등에 해당한다. 결국 본인과 연관된 신문기사나 영상저작물이라 하더라도 이를 저작권자의 허락 없이 이용하는 것은 저작권 침해 문제가 될 수 있으므로, 인터뷰 요청 등이 있는 경우 처음부터 당해 신문 기사 또는 영상저작물을 본인의 홈페이지에 게재하는 것에 대한 동의를 받아둔다면 분쟁을 예방할 수 있을 것이다

10. 상품 후기나 댓글의 저작권 보호

Q 인터넷 쇼핑몰 운영자로 소비자들이 해당 상품을 구매한 뒤 후기를 남길 수 있는 게시판을 운영하고 있다. 구매자들이 남긴 상품 후기나 상품에 대한 평들을 우리가 추후 상품 판매 시 이용하거나, 다른 홈페이지로 가져갈 수 있는가?

A 저작권법의 보호를 받는 저작물에 해당하는지는 그 저작물이 창작적으로 표현된 것인지의 여부에 따라 결정되어야 할 것이지, 단순히 저작물의 종류나 형태만으로 구분할 수 있는 것은 아니다. 따라서 상품 후기나 댓글의 저작물성을 일률적으로 판단하는 것은 불가능하고, 결국 개별 글의 창작성의 유무를 개별적으로 살펴봐야 한다. 일반적으로 제품의 사용 후기가 간략하게 작성되어 단어의 조합에 그치거나 한두 문장 정도로 구성되어 있다면 그 자체로 창작성이 인정되기 어려울 것이다. 그러나 글 작성자의 개성적인 표현이나 문체가 드러나는 형식으로 작성된 사용 후기라면 저작권법으로 보호받을 수 있다. 결국 창작성이 있는지 각각의 글들을 개별적으로 살펴봐야 할 것이나, 저작권법의 보호를 받기 위해서 고도의 창작성이 요구되는 것은 아니다. 최근 인터넷에서 접할 수 있는 상품 후기 중에는 구매자들 상품에 대한 자신의 생각과 평가를 개성적인 문체와 방법으로 표현하고, 자신이 직접 촬영한 사진과 함께 상품 후기를 작성하는 경우가 많다. 이렇게 작성된 상품 후기에 대해서 저작물성을 인정하는 것에 어려움이 없을 것으로 생각된다. 댓글 역시 동일한 기준이 적용되는데, 두세 가지의 단어의 결합에 그치거나 단문에 불과하고

일상적으로 흔히 볼 수 있는 표현인 경우 개별적으로 창작성을 인정할 수 없겠지만, 댓글을 작성하는 사람의 사상이나 감정이 창작적으로 표현되어 있다면 저작물로서 보호받을 가능성이 있다. 창작성이 인정되어 저작물로 보호되는 상품 후기나 댓글이라면 저작권은 이를 직접 창작한 저작자에게 귀속한다. 따라서, 본인의 사이트에 올라온 글이라거나 본인의 제품에 대한 후기라는 사실만으로는 어떠한 권리도 발생하지 않는다. 그러므로 사이트 운영자가 작성자의 이용 허락을 받지 않은 상태에서 이러한 글을 복제하여 다른 사이트에 게재하는 행위는 저작권 침해 행위에 해당할 것이다.

11. 링크와 저작권 문제

Q 인터넷에 있는 여러 저작물들을 직접 게시하지 않고 링크 방식으로 이용하는 것은 저작권법상 어떤 문제점이 발생할 수 있는가?

A 인터넷에는 다양한 종류의 저작물이 수없이 존재하고 있을 뿐만 아니라 개별 저작물 간의 이동이 손쉽기 때문에 다양한 정보 수집을 할 수 있는데, 이를 가능하게 해 주는 것이 바로 링크이다. 인터넷에서는 링크를 이용하는 경우를 쉽게 접할 수 있는데, 링크가 되는 저작물의 저작권자나 운영자의 허락 없이 이루어질 경우 문제가 발생할 수 있는지에 관하여는 아직 명확하게 규정되는 바는 없으나 링크 방식에 따라 다음과 같은 논의들이 있다. 첫째, 웹 사이트의 이름과 URL만 게시하는 방식의 단순 링크(simple link)는 링크하고자 하는 웹사이트의 내용에 대한 복제 및 전송 행위가 전혀 수반되지 않으므로 저작권법상의 복제나 전송에 해당하지 않는 것으로 해석하는 것이 일반적이다. 둘째, 이용하고자 하는 페이지의 메인 페이지로 이동하지 않고, 저작물의 이름이나 간략한 정보만을 제시하고 그 저작물이 존재하는 세부적인 페이지에 바로 연결하는 직접 링크(deep link) 역시 직접적으로 저작물을 복제하거나 전송하지 않으므로 직접적인 저작권 침해 문제가 발생한다고 보기는 어렵다. 이러한 직접 링크가 운영자의 의사에 반하여 이용자를 직접 세부 페이지에 접속시킴으로 인해 그 결과 광고 수입 등을 저해되는 문제가 발생할 수는 있으나, 이 경우에도 저작권 침해로 볼 수는 없고 사안에 따라 민법상의 부당이득이나 불법 행위에 기한 손해배상 책임만이 발생할 수 있다고 보고 있다. 셋째, 프레임 링크(frame link)란 자신의 홈페이지 화면을 둘 이상의 영역으로 나누어 자신의 홈페이지 프레임을 그대로 유지하

면서, 다른 웹페이지의 자료가 자신의 홈페이지의 다른 프레임에서 보이도록 하는 방식을 의미한다. 프레임 링크로 이용되는 웹페이지 운영자는 이러한 방식은 자신이 제공한 자료가 타인의 것으로 오인될 수 있을 뿐만 아니라, 이용자가 자신의 홈페이지를 방문하지 않고도 저작물을 이용할 수 있게 되어 광고 손실 등을 입게 될 수 있기 때문에 이러한 행위를 규제하고자 한다. 이와 같은 프레임 링크의 저작권법 문제에 대해, 해당 페이지에 접속한 이용자의 입장에서는 타인의 저작물이 복제된 것과 동일하게 보이기 때문에 저작권 침해에 해당한다는 견해와 원래의 저작물의 형식 내지 외관을 변형하는 행위에 해당하여 동일성 유지권 침해로 보아야 한다는 견해, 그리고 링크된 저작물을 마치 자신이 작성한 것처럼 보이게 하므로 성명표시권 침해로 볼 수 있다는 견해 등 다양한 의견이 존재하나, 아직 그 법적 성격이 명확하게 정의되지는 않은 상태이다. 현재 프레임 링크에 대하여 직접적으로 저작권 침해를 인정하지는 않았으나, 저작권 침해와 마찬가지로 볼 수 있는 불법행위에 해당한다고 판단한 사례가 존재하므로, 프레임 링크 방식을 이용하는 것은 자제해야 할 것이다. 마지막으로, 이용자가 웹사이트를 접속했을 때 링크가 자동적으로 실행되도록 하는 임베디드 링크(embedded link)가 있다. 가령 어떤 웹페이지에 접속했을 때 자동으로 음악 등이 흘러나오도록 하는 것이 이에 해당하는데, 이에 대해서는 저작권법상 전송에 해당하는 것으로 보는 견해들이 다수 존재하기 때문에 임베디드 링크 방식을 이용할 때는 특히 신중을 기해야 할 것이다. 결론적으로 현재 링크가 저작권 침해에 해당하는지에 관해서는 명확하게 규율되지 못한 상태지만, 이러한 이용 행위로 인해 타인의 광고 수입을 저해하는 등의 결과가 초래된다면 적어도 민법상의 문제는 발생하는 것으로 판단하는 경우가 많기 때문에 주의가 필요하다.

12. 온라인서비스제공자의 책임

Q 온라인 사이트를 운영하고 있는데, 회원 수가 많다 보니 모든 게시물을 일일이 점검하는 것이 사실상 불가능하다. 사이트 이용자가 저작권 침해물을 업로드한 경우 운영자도 저작권 침해에 대한 책임을 지게 되나?

A 다른 사람들이 정보통신망을 통하여 저작물 등을 복제 또는 전송할 수 있도록 하는 서비스를 제공하는 자를 온라인서비스제공자라고 한다. 인터넷을 통한 저작권 침해 행위가

대량으로 빈번하게 발생하면서, 저작권자는 온라인서비스제공자에게 저작권 침해에 대한 책임을 물어 저작물의 불법복제와 전송을 규제하고자 한다. 그러나 온라인서비스제공자는 직접적으로 저작권 침해를 한 것이 아닐 뿐만 아니라 수많은 이용자의 게시물을 일일이 감시하는 것이 실질적으로 불가능하기 때문에 저작권법은 일정한 요건하에서 온라인서비스제공자의 책임을 감경하거나 면책하도록 하고 있다. 이러한 요건으로 온라인서비스제공자가 다른 사람에 의한 저작물 등의 복제와 전송으로 인하여 타인의 저작권이 침해된다는 사실을 알고 당해 복제와 전송을 방지하거나 중단한 경우에는 저작권 침해에 대한 온라인서비스제공자의 책임을 감경 또는 면제할 수 있도록 하고 있으며, 이를 방지하거나 중단하고자 했으나 그것이 기술적으로 불가능한 경우에는 그 책임을 면제하도록 규정하고 있다. 또 한편으로, 저작권자는 자신의 저작물이 불법으로 복제와 전송되고 있는 경우 온라인서비스제공자에게 그러한 저작물의 복제 및 전송의 중단을 요구할 수 있는데, 이러한 요청을 받은 온라인서비스제공자는 '즉시' 그 저작물 등의 복제와 전송을 중단시키고 그 사실을 침해자와 권리자에게 통보해야 한다. 이처럼 저작권자의 요청에 의해 그 저작물 등의 복제와 전송을 중단하거나 재개한 경우 역시 온라인서비스제공자의 책임은 감경되거나 면제된다. 그러나 위와 같은 책임 제한 규정에도 불구하고, 온라인서비스제공자가 이용자 등의 저작권 침해 행위에 대하여 일정한 정도로 관여를 함으로써 교사자 또는 방조자라고 평가할 수 있는 경우에는 그 이용자 등의 행위에 대하여 공동 불법 행위가 성립할 수 있다. 특히, 온라인서비스 제공자가 저작권 침해 사실을 인식했거나 권리자로부터 법 규정에 따른 권리 주장이 있었음에도 불구하고 적절한 조치를 취함이 없이 이를 방치했다면 공동 불법 행위에 따른 책임을 지게 될 수 있으니 유의해야 할 것이다.

출처 : 한국저작권위원회(http://www.copyright.or.kr)

9장

사이버 공간에서의 범죄와 대책

1. 사이버 범죄, 비행, 폭력의 개념

1) 사이버 범죄

컴퓨터와 범죄 관계

사이버 범죄는 사이버 공간에서 발생하는 범죄를 말한다. 즉 정보통신망에서 일어나는 범죄를 뜻하는 것으로 크게 보면 정보통신망을 범죄의 목적 또는 수단으로 한 범죄 행위들이 일어나고 있다. 정보통신망이 범죄의 목적으로 사용된 경우로는 컴퓨터 시스템에 직접 침입하여 공격하는 예를 들 수 있다. 고의적인 시스템 파괴 행위, 지적재산의 절도, 컴퓨터 시스템으로부터 정보를 유출하는 행위, 그리고 정치적 목적을 위한 테러 활동 등이 여기에 속한다. 정보통신망을 범죄의 수단으로 사용하는 경우는 고전적인 여러 범죄에 컴퓨터가 수단으로 활용되는 것이다. 그리고 컴퓨터와 관련하여 부수적으로 발생하는 경우도 있는데 전자우편의 위협(스팸메일 등) 같은 것이 여기에 속한다. 사이버 공간에서 일어나는 범죄 행위는 인터넷의 대표적인 역기능 중의 하나다. 인터넷을 통해 범죄를 일으키는 것도 사이버 공간의 확대와 맞물려 늘어나고 있다. 디지털 범죄는 디지털 기기를 활용하여 이루어지는 범죄로 온라인, 오프라인에서 일어나기 때문에 사이버 범죄보다 더 넓은 의미로 볼 수 있다.

사이버 테러형 범죄

경찰청에서는 사이버 범죄를 크게 사이버 테러형 범죄와 일반 사이버 범죄로 구분하고 있다. 사이버 테러형 범죄는 해킹, 정보의 위조, 변조, 삭제, 유출, 바이러스 유포, 사회기반 정보통신 시스템 파괴와 같이 고도의 기술적인 요소가 포함되어 정보통신망 자체에 대한 공격 행위를 통해 이루어지는 것을 말한다.

일반 사이버 범죄

일반 사이버 범죄로는 음란물, 폭력물 게시 또는 판매, 전자상거래 사기, 프로그램 불법복제, 불법 사이트 운영, 개인정보 침해 사이버 스토킹, 인터넷 스와핑, 매매춘, 사이버 도박, 전자문서의 위조, 변조, 허위 정보 입력 등과 같이 사이버 공간이 범죄의 수단으로 사용된 것을 가리키고 있다.

사이버 범죄는 정보통신기술이 범죄 도구로 활용되기 때문에 범죄의 수법이 지능적이고 피해가 광범위하고 원인 규명에도 어려움을 겪는 경우가 많다. 범죄자는 대인적 관계에서 이루어지는 범죄에 비하여 죄책감이 약하고 범죄의 결과에 대한 중대성을 인지하지 못하는 경우가 많다. 사이버 범죄는 주로 개인이 정보통신기술을 활용하여 행하게 되는데 개인의 기술이 아무리 뛰어나더라도 사회의 총체적 지혜를 넘어설 수 없기 때문에 결국은 검거된다는 특징이 있다. 왜 범죄자들은 이러한 사실을 잘 모르는지 안타까울 뿐이다.

2) 사이버 비행

사이버 비행의 범위

청소년들의 문제 행동들에는 법에 저촉되는 행위와 저촉되지 않는 행위가 있다. 청소년 문제 행동의 위법 여부와 상관없이 일반적으로 청소년의 반사회적 행위를 '범행'이라기보다는 '비행'이라고 부른다. 비행은 도덕 또는 법규에 어긋나는 행위로 청소년에 의한 범죄 행위나 불법 행위를 가리킨다. 따라서 사이버 비행은 청소년들이 사이버 공간에서 저지르는 비행을 말한다. 컴퓨터 범죄, 정보통신 범죄 등으로 사이버 범죄를 혼용하고 있는데 해킹, 바이러스 유포, 사이버 스토킹, 음란물 유포, 사이버 성착취, 사이버 도박, 사이버 폭력, 타인의 정보 침해 등 사이버 범죄에 해당되는 것들과 범법 행위는 아니라 하더라도 도덕적으로 부적절한 행위들을 통틀어 청소년 비행이라 할 수 있다. 굳이 비행이라는 용어를 쓰는 이유는 청소년이 일으킨 문제의 책임이 그 자신뿐만 아니라 기성세대, 공교육, 국가적 차원 등 복합적인 요인으로 볼 수 있기 때문에 사회의 잘못을 개인에게 덧씌우지 않기 위해서다. 청소년의 행위라고 해서 그 자신의 탓으로 돌려 문제 행동을 '범죄 행위'로 규정할 때 더 큰 문제가 생길 수 있기 때문에 배려 차원에서 사용하는 용어라 하겠다. 이러한 비행을 보는 관점에서 보면 사이버 비행은 주체가 청소년이고, 문제 행동이 사이버 공간에서 이루어진 범법 행위 또는 비도덕적 행위라고 할 수 있다.

대인 비행과 재산 비행

청소년 비행의 유형을 보면 성인들의 범법 행위와 다르지 않은 것들이 있고 차별화되는 것들이 있다. 대인 비행(패싸움, 흉기 소지, 폭력서클 활동, 성폭행, 금품 탈취, 흉기로 타인에게 상처 입히기, 강도, 공갈이나 협박 등)과 재산 비행(남의 집에 들어가 물건 훔치기, 공공기물 파괴, 사기, 빵셔틀, 데이터 갈취 등)은 성인들과 별로 다를 바가 없다.

지위 비행

부모나 선생님에 대한 반항, 무단결석, 가출, 음주, 흡연 등과 같이 공공질서를 해치는 비행, 음란한 대화, 음란물 접촉 등의 성 비행, 미성년자 출입 불가 지역을 출입하는 등의 지위 비행은 청소년이기 때문에 문제가 되는 것들이다. 음주나 흡연, 포르노그래피 보기 등은 성인이라면 문제화되지 않는다.

사이버 공간의 청소년 비행

이러한 비행들은 현실 공간에서뿐만 아니라 사이버 공간에서도 문제가 되는 것들이다. 그런데 청소년 비행 중에서 환각제나 본드 사용, 대마초 흡연 등과 같은 약물 비행은 사이버 공간에서는 일어날 수 없다. 사이버 공간은 시각과 청각만이 작용하기 때문에 현실 공간과는 비행도 달라지는 측면이 있다. 주로 사이버 공간에서는 해킹, 바이러스 유포, 인터넷·통신망을 이용한 사기 행위, 포르노 사이트 운영, 일탈 계정 관리, 원조 교제, 사이버 공간을 통한 언어적 폭력, 전자자료 위조·변조 등의 조작 행위, 프로그램 크래킹 등이 주요 비행으로 떠오르고 있다. 사이버 공간에서 이루어지는 비행들이 성인 범죄와 구분되지 않을 정도로 잔혹하여 비행이라는 말의 적절성에 대해서도 논란이 생길 것으로 예측된다.

사이버 일탈

사이버 비행은 사이버 일탈과도 유사하게 혼용된다. 일탈이라는 것은 규범이나 법을 어긴 행위 또는 사회적 합의에 의해 낙인찍히는 행동을 말한다. 사이버 일탈이라는 것은 사이버 공간에서 발생하는 비규범적 행동이나 바람직하지 않은 행동으로 낙인찍히는 행동이다. 사이버 일탈은 비규범적인 행동이나 윤리적으로 바람직하지 않은 행동이라는 점에서는 비행과 중첩되는 개념이지만 인터넷 이용자 전체를 행위 주체로 하고 있다는 점에서 차이가 있다고 볼 수 있다. 넓게 보면 범죄도 일탈에 포함되지만, 실정법을 어긴 경우에는 범죄라는 용어가 더 적절하게 쓰이고 있다.

3) 사이버 폭력

물리적 강제력

원래 폭력은 '신체에 대한 공격 행위 등 허용되지 않는 방법으로 행사되는 물리적 강제력'이라는 뜻이다. 여기서 공격은 타인에게 의도적으로 상처를 입히는 것을 의미하고, 상처는 신체적, 물리적 상해나 언어적 상해가 포함된다. 그런데 넓은 의미의 폭력은 의도적으로 다른 사람에게 극심한 선택적 상처를 주려는 시도로 확장된 개념이다. 사이버 폭력은 폭력이 사이버 공간상에서 발생할 경우를 말하는 것으로 방송통신심의위원회에서는 '정보통신망을 통해 부호, 문언, 음향, 화상 등을 이용하여 타인을 모욕하거나 명예 또는 권익을 침해하는 온갖 형태의 폭력적인 표현과 행위'를 말한다.

사이버 폭력의 유형

사회적 논란이 되고 있는 대표적인 사이버 폭력으로는 사이버 모욕, 사이버 명예훼손, 사이버 성폭력, 사이버 스토킹 등을 들 수 있다. 사이버 모욕은 인터넷상에서 특정인에 대하여 모욕적인 언사나 욕설 등을 행하는 것이다. 스마트폰의 문자나 게시판의 댓글에서의 비속어들로 모욕감을 주는 것들이 여기에 해당된다. 사이버 명예훼손은 특정인에 대한 허위의 글이나 명예에 관한 사실을 인터넷에 게시하여 불특정 다수에게 공개하여 명예를 훼손하는 경우에 해당된다. 사이버 성폭력은 인터넷상에서 음란한 대화를 강요하거나 성적 수치심을 주는 대화로 상대방에게 굴욕감을 느끼게 하는 것이다. 사이버 스토킹은 정보통신망을 이용하여 특정인에게 원하지 않는 접근을 지속적으로 시도하거나 성적 괴롭힘을 행사하는 것이다.

몰염치

사이버 폭력은 사이버 공간에서 공격 본능의 파편화된 자아가 통제되지 못하고 그대로 표출되는 것이다. 익명성을 악용하여 타인들에게 언어폭력, 성폭력, 스토킹을 일삼게 될 수도 있다. 사이버 공간은 대면 관계가 아니기 때문에 염치를 잃게 되고, 탈영토적 공간이기 때문에 감독이 거의 불가능한 경우가 많아서 방종하게 된다. 사이버 공간에서 성착취물을 유포,매매하거나 성착취물을 취득하기 위해 유료 입장하는 사람들은 현실 공간과는 또 다른 자아를 가지고 닉네임으로 활동을 한다.

간접피해 예방

사이버 폭력은 익명성으로 인해서 가해자를 찾기가 어렵고 처벌하기 위한 증거 수집이나 증명이 귀찮아 쉽게 포기하는 경우가 많다. 어떤 메신저나 SNS는 범죄에 대응하고자 하는 국가기관에조차 협조하지 않기 때문에 가해자 처벌 피해자 보호가 쉽지 않다. 결국 사이버 폭력에 의한 피해가 불특정 다수에게 쉽게 확산되기 때문에 직접 피해는 물론이고 간접피해를 막기 위해서도 네티즌들의 인권의식을 높이고, 자기 존중감을 높여 예방하는 것이 하나의 길이 될 수 있겠다.

2. 사이버 범죄의 유형

1) 전자상거래 사기

피해 대상 무한정

사기는 유사 이래로 계속되어 왔는데 정보통신의 발달로 사이버 공간으로 사기의 영역이 확장된 것이다. 인터넷의 익명성, 비대면성으로 인해서 이국만리 낯선 사람 간에도 거래가 활성화됨으로써 피해의 범위와 대상이 한정되어 있지 않다는 특징이 있다. 사기를 저지르는 연령층이 현실 공간에 비해서 훨씬 낮다는 특징도 있다. 10대를 비롯한 젊은 층이 사기를 치는 경우가 현실 공간에 비해서 많고 나이 든 계층이 더 쉽게 피해를 당하는 특징도 있다.

전자상거래 사기의 개념

전자상거래 사기는 인터넷에서 재화를 거래하는 과정에서 발생하는 것이다. 마우스 클릭만으로 쇼핑과 거래가 완성되는 편리함과 상품의 다양성, 박리다매의 저렴한 가격이 매력적이기 때문에 거래가 늘고 있다. 그러나 비용을 줄이기 위해 물건을 구매하고 안전 거래가 되는 경우에도 현금 결제를 했지만 상품이 오지 않거나 실제 받는 물건이 구매한 물건과 다른 경우 등 전자상거래의 신뢰를 떨어뜨리는 여러 가지 전자상거래 사기가 있다. 전자상거래에서 현금 결제를 유도, 무료 가입이나 무료이용권 제공, 사행심을 부추기는 당첨을 가장한 쿠폰, 복권 등을 이용하도록 하는 거래에서 사기가 발생하기도 한다.

2) 게임 사기

게임 인구가 늘고 게임 시장이 확대됨에 따라 사기도 늘고 있다. 현금 거래도 많지만 게임 사이트에서 실제 돈으로 게임 머니를 충전해 주거나 사이버상에서 통용되는 게임 머니나 게임 아이템 등이 활용되는데, 이런 것들이 사기 거래에 이용되고 있다. 온라인게임 거래 중개 사이트에서 벌어지는 타인 명의로 해킹하여 거래를 시도한 후 현금만 챙기는 사기, 팔았던 물품을 되파는 계정 중복 판매 사기, 게임 머니를 판매한다고 하여 현금만 받는 게임 머니 거래 사기 등 이전에는 생각할 수 없었던 사기 기법들이 생겼고 진화하고 있다. 게임 사기를 피하기 위해서는 아이템 등을 통상적 가격에 비해 지나치게 저렴하게 판매하는 경우 주의해야 한다. 상대방의 ID, 활동 내역, 거래 내역 등 개인정보를 확인하고 사기 이력이 있는지 확인하고, 안전결제 사이트를 통해 거래를 하는 것이 좋다. 다른 사람과 아이디와 비밀번호를 공유하는 것은 20년 묵은 친구라도 하지 않겠다는 각오를 하고 있어야 한다.

3) 불법복제

불법복제는 저작권법 및 컴퓨터프로그램보호법상의 창작물에 대한 저작권을 침해하는 행위이다. 이전에는 복제 CD, DVD 등이 문제의 중심에 있었으나 이제는 Blueray Disc 등 파일의 크기가 대용량화 되면서 오프라인에서 복제물로서 거래되는 것보다는 컴퓨터프로그램·영화·음악CD, DVD, Blueray가 인터넷을 통해 파일 형태로 유포되고 있다.

인터넷의 발달로 복제가 쉬워지면서 과거 불법 복제되어 오프라인에서 거래되던 컴퓨터프로그램·영화·음악CD, 다양한 서적 등이 최근에는 인터넷을 통해 파일 형태로 유포되거나 인터넷을 매개로 판매되는 등, 불법 복제물의 유포 및 판매가 사이버 범죄의 한 형태로 나타나고 있다. 자신의 컴퓨터에 관련 프로그램만 설치하면 동일한 프로그램을 사용하는 다른 사람의 컴퓨터에 보관되어 있는 자료를 공유할 수 있는 P2P(peer to peer) 방식의 인터넷 자료공유 서비스가 확산되면서 프리웨어(free ware)가 아닌데도 자료 공유를 원하는 네티즌들 사이에 범죄 의식 없이 추출된 파일들이 유포되고 있다. 그렇긴 해도 고가의 컴퓨터 소프트웨어나 게임 등도 제값 주고 사는 것이 당연하다고 생각하는 세대들이 늘어감으로써 저작권에 대한 인식도 높아지고 있다.

4) 불법, 유해 사이트 개설

공공의 안녕, 질서 또는 미풍양속을 해치게 되는 반사회적 내용을 담고 있는 사이트들이 끊임없이 생기고 사라지곤 한다. 개설 목적 자체가 법률에 위반되거나 범죄 수단으로 사용되는 위법 사이트, SNS의 방, 카페, 블로그들도 있다. 이런 곳에서 각종 불법 행위에 대한 정보교환, 불법 자료의 업로드나 공유 등이 이루어지고 있다. 음란 사이트에서 성착취가 일어나고 자살 사이트로 인해서 실제 자살이 행해지기도 하고, 폭력을 의뢰하는 심부름센터 사이트 등에서 문제를 일으키기도 한다. 이러한 불법, 유해 사이트들은 오프라인 범죄 행위로 되살아나는 문제도 있다. 디지털 폭력, 디지털 범죄와 연관되어 있는 경우도 많다.

5) 사이버 모욕

사이버 모욕이란 욕설을 비롯해서 상대방으로부터 언어폭력을 당하는 경우를 말한다. 사이버 공간에서 구체적인 사실의 적시 없이 욕설이나 부적절한 표현 등으로 타인의 인격적 가치에 대한 존중 욕구를 깎아내리는 가치판단이나 일반적인 의사표시에서 발생하게 된다. 구체적인 사실에 기반하고 있을 경우 명예훼손에 해당되지만 구체적인 사실 없이 단순한 추상적 판단이나 경멸적 감정의 표현으로 공연히 사람을 모욕하는 경우는 모욕죄에 해당된다. 사이버 공간에서 게시판, 대화방, 문자메시지, 메일, 쪽지 등으로 인격을 모욕하는 글 또는 비방하는 글을 제시하는 행위로 모욕감을 주는 일들이 주로 문제가 된다.

사이버 공간에서 댓글은 다른 사람에 의하여 적시된 사실 또는 의혹 제기된 것을 퍼 나르면서 의견만 표현하는 경우가 많다. 의견 표현만으로도 명예 가치를 훼손한다면 모욕에 해당된다. 비하하거나 조롱하는 내용의 글을 SNS에 게시하는 행위, 욕설을 퍼붓는 행위, 험담하는 행위, SNS 대화방에 초대하고 단체로 욕설을 퍼붓는 행위 등 모욕을 주는 언행들을 가해자는 쉽게 잊어도 모욕을 당했다고 생각하는 당사자는 평생 동안 잊지 않고 살아간다.

사이버 모욕이 워낙 일상적으로 많이 일어나기 때문에 익명의 상대방일 때는 기분

나빠도 참거나 악성댓글로 맞대응하고 끝내는 경우가 많다. 하지만 아는 관계일 경우 사이버 모욕이 다른 폭력 못지않게 큰 상처를 줘서 가해자들의 먼 훗날 인생에서 자기 덫이 되어 불행을 안겨주기도 한다.

6) 사이버 명예훼손

사이버 명예훼손은 다른 사람을 비방할 목적으로 정보통신망을 통하여 불특정 다수가 인식할 수 있는 사실 또는 허위 사실을 적시하여 타인의 명예를 훼손하는 행위로써 사이버 공간에서 행해지는 명예훼손을 말한다. 여기서 적시란 명예훼손적인 사실을 사회적인 외부세계에 표시, 주장, 발설, 전달하는 일체의 행위를 말한다. 공연성 여부가 중요한데 불특정 다수에게 인식될 수 있도록 공개되느냐의 여부이다.

사실을 적시한 명예훼손에 대한 논쟁은 계속되고 있다. '사실 적시 명예훼손죄'가 표현의 자유를 침해하고 있다고 생각하고 왜 사실을 알리는 것이 문제가 되냐고 주장한다. 진실에 의해 손상되는 명예는 헛된 명예에 불과한 것인데 그것이 보호되어야 하냐고 의문을 제기한다. 반면에 사실 적시라도 명예를 훼손하는 것에 대한 규제가 필요하다고 주장하는 사람들은 명예는 일단 훼손되면 완전한 회복이 어려운데다 인터넷과 SNS 등을 통해 불특정 다수에게 명예훼손 표현이 빠르게 전파될 수 있다는 점에서 인격권을 보호하기 위해서는 필요하다고 본다.

사이버 명예훼손은 개인 및 공인, 공공기관, 기업, 학교 등에 관한 비방성 내용을 사이버 공간에 게시할 때 성립한다. 인터넷상에서는 글, 음성, 그림, 동영상 등 다양한 매체가 불특정 다수에게 동시에 노출되기 때문에 대면 관계에서보다 피해 정도가 비교할 수 없을 정도로 크지만 피해자는 일일이 대응하기가 어렵다. 인터넷이 갖는 전파성과 신속성으로 인해서 사실 여부와 상관없이 도덕적으로 큰 타격을 입게 된다. 그래서 현행법상 사이버 명예훼손죄는 형법상 일반 명예훼손죄보다 가중처벌 되고 있다.

7) 개인정보 침해

쇼핑, 오락, 교육, 행정, 금융업무 등 거의 모든 생활 전반이 온라인을 통해서도 이루어지고 있다. 따라서 온라인에서 개인의 성명, 주민등록번호, 주소 및 전화번호 등과 같은 개인정보는 사이버 공간의 질서유지에 중핵적 요소다. 개인정보는 살아 있는 개인에 관한 정보로서 개인을 알아볼 수 있는 정보이며, 해당 정보만으로는 특정 개인을 알아볼 수 없더라도 다른 정보와 결합하여 알아볼 수 있는 정보를 포함한다. 고향도 없고 위아래도 없는 사이버 공간의 관계 속에서 익명으로 엿보기가 가능하기 때문에 방임적 공간이 갖는 특성으로 인해 개인정보가 보호되지 않고 침해되면 무법천지의 문이 열리는 셈이다. 특히 불법 앱을 사용할 때 개인정보 관리에 더 신중을 기해야 한다.

개인정보 침해는 그 자체도 범죄지만 유출된 개인정보가 다른 범죄에 사용될 수 있다는 점에서 더 중시되고 있다. 사이버 공간에서 개인정보는 재화로서의 가치를 갖고 유통되기도 하기 때문에 법에서는 정보통신서비스 제공자가 이용자의 동의 없이 개인정보를 수집하는 경우나 개인정보를 취급하거나 취급했던 자가 개인정보를 타인에게 누설하거나 제공하는 경우 등과 같은 조직적인 개인정보 침해 행위도 규제하고 있다.

8) 사이버 스토킹

SNS, 블로그, 인터넷 게시판, 대화방, E-mail 등 정보통신망을 통하여 상대방이 원하지 않는 접속을 지속적으로 시도하거나 욕설, 협박 내용을 담고 있는 메일 송신 행위를 지속하는 것을 말한다. 사이버 스토킹은 정보통신망을 이용해 부호·문자·음향·화상·영상 등을 지속적이고 반복적으로 보내 괴롭힌다. 영상통화를 통해 이상한 것을 보여 주는 등 휴대폰이 두려움의 기기가 되게 만들기도 한다. 사이버 스토킹이 성립되는 조건으로는 ①정보통신망을 이용하여 괴롭히는 행위로서, ②상대의 의사와 무관하게 원치 않는 행위가 지속적, 반복적, 의도적으로 이루어지는데, ③보통 사람의 상식적인 감정의 측면에서 공포심이나 불안감을 느낄 만한 행동이 있으면 된다. 당사자는 호의의 표시나 구애 행동이라고 합리화하겠지만 상대방은 일상생활을 못할 정도로 정신적, 신체적으로 피해를 입게 된다. 인터넷상에는 개인정보가 이곳저곳에 노출돼 있기 때문에 이를 이용해서 오프라인 스토킹으로 이어질 가능성도 있다. 그러므로 사이버 스토킹이 있을 경우 피하기보다 초기에 근절하기 위한 대응이 필요하다.

9) 사이버 성폭력

사이버 성폭력은 사이버 공간에서 상대방의 의사와 무관하게 성적 메시지를 전달하여 성적 굴욕감을 주는 행위를 말한다. 사이버 성폭력은 글, 음성, 사진, 동영상 등을 이용하여 이루어질 수 있으며, 그 유형은 각양각색일 수 있다. 사이버 성희롱, 사이버 스토킹, 사이버 모욕, 사이버 명예훼손도 성과 관련될 경우 성폭력에 포함할 수 있다. 디지털 기기의 발달로 디지털 성폭력도 사이버 공간으로 결합되는 경우가 많기 때문에 사이버 성폭력과 함께 이야기될 수 있다. '리벤지포르노'라고 불리는 '비동의 유포 성적촬영물'은 디지털 성폭력의 한 유형으로서 온라인 공간에 유포하는 경우 사이버 성폭력에 포함할 수 있겠다.

상대방의 동의 없이 이루어지는 사이버 공간의 성적 행위는 직접적인 신체적 접촉 없더라도 사이버 매체에 의해 성적인 굴욕감, 두려움, 위협감 등 정서적 피해를 일으키게 된다. 사이버 성폭력은 육체적 접촉이 없기 때문에 손상이 없다고 가볍게 생각하는 사람도 있지만, 다른 폭력에 비해서 정신적, 심리적 위해가 크고 사이버 공간에 대한 두려움을 갖게 하는 후유증을 유발하는 등 심각성이 있다. 피해자의 동영상 유포는 피해자가 일상적인 사회생활을 어렵게 하기에 개명, 성형수술, 자살, 이민 등의 극단적인 선택을 할 정도로 인생 전체를 뒤흔드는 파렴치하고 극악한 범죄로 볼 수 있다.

사이버 성폭력을 근절하기 위해서는 개인들도 심각성을 인식하고 대처해야 할 것이고, 피해자의 촬영물을 유통하여 수익을 얻는 유통플랫폼, 인터넷플랫폼사업자에 대한 규제와 처벌도 요청된다 하겠다.

10) 사이버 음란 행위

정보통신망을 통하여 음란한 부호·문언·음향·화상 또는 영상을 배포·판매·임대하는 행위를 사이버 음란 행위라고 한다. 음란물을 일반 보통인의 성욕을 자극하여 성적 흥분을 유발하고 정상적인 성적 수치심을 해하여 성적 도의 관념에 반하는 내용의 표현물이라고 일반적으로 규정하지만 논란이 될 수 있는 모호한 개념이다. 그렇긴 해도 아동성착취물이나 불법 촬영물 유포는 음란의 개념 정의를 떠나 범죄적 행위로 본다. 온라인에서 아동·청소년이 성적 행위를 하도록 유인·권유하는 '그루밍(grooming)' 행위도 말할 것도 없이 범죄 행위다.

사이버 음란물이 심각한 문제라고 인식되는 것은 현실 공간에 비하여 불특정 다수에게 동시에 노출되는데, 불특정 다수가 자신의 의지와 무관하게 음란물을 접하게 한다는 점에 있다. 원하지 않는 사람들에게 사이버 음란물이 노출되는 것은 사이버 폭력이 되는 것이다. 특히 아동성착취물, 불법 촬영물을 배포·판매·임대·전시하는 것은 그 해악의 정도가 커서 법으로도 강하게 규제하고 있다.

11) 사이버 테러

사이버 테러(Cyber Terror)란 컴퓨터 통신망을 이용하여 정보시스템에 침입하여 장애를 일으키고 파괴하는 등의 행위나 개인정보를 취득하여 악용하는 행위를 말한다. 컴퓨터 통신망이 전 세계적으로 연결되어 있기 때문에 국경을 초월해서 컴퓨터 데이터베이스 등 정보시스템을 교란, 파괴, 악용하는 경우가 생기게 되었다. 사이버 테러는 주로 해킹(Hacking), 바이러스(현실 공간에서 COVIC 19처럼 사이버 공간의 안전을 위협) 침투, 메일 폭탄, 서비스 거부(Denial of Service), 논리 폭탄(프로그램에 오류를 발생시키는 프로그램 루틴을 무단으로 삽입) 등의 수법들이 알려지고 있다.

해킹과 크래킹

초기에는 해킹을 '개인의 호기심이나 지적 욕구의 바탕 위에 컴퓨터와 컴퓨터 간의 네트워크를 탐험하는 행위'를 가리키는 말이었다. 이후 '다른 컴퓨터 시스템을 침입할 때 파괴적인 계획을 갖고 침입하는 행위'라는 부정적 의미를 함께 갖게 되어 크래킹(Cracking)과 구분하여 사용하기도 한다. 현재 사용하고 있는 해킹이란 의미는 대체적으로 '어떠한 의도에 상관없이 다른 컴퓨터에서 정보를 빼내거나 프로그램을 파괴하는 전자적 모든 침해 행위'를 의미한다. 경찰청에서는 해킹에 사용된 기술과 방법, 침해의 정도에 따라서 단순 침입, 사용자 도용, 파일 등 삭제 변경, 자료 유출, 폭탄 스팸메일, 서비스 거부 공격으로 구분하고 있다.[1]

단순 침입

단순침입은 ①접근 권한 없이 또는 허용된 접근 권한을 초과하여 ②정보통신망에 침입하는 것이다. ①접근 권한은 행위자가 해당 정보통신망의 자원을 임의로 사용할 수 있도록 하는 권한은 말하고, ②정보통신망에 침입한다는 것은 행위자가 해당 정보통신망의 자원을 사용하기 위해서 거쳐야 하는 인증 절차를 거치지 않거나 비정상적인 방법을 사용해 접근 권한을 획득하는 것을 말한다. 즉 정보통신망의 자원을 임의대로 사용할 수 있는 상태가 되었을 때 침입이 이루어진 것이라고 할 수 있다.

사용자 도용

사용자 도용은 정보통신망에 침입하기 위해서 타인에게 부여된 사용자 계정과 비밀번호를 권한자의 동의 없이 사용하는 것을 말한다. 개념상으로만 보면 단순 침입의 한 가지 유형에 해당하지만 사용자 도용이 차지하는 부분이 많아 별도로 구분하고 있다.

파일 삭제와 자료 유출

파일 등 삭제와 자료 유출은 정보통신망에 침입한 자가 행한 2차적 행위의 결과로 나타난다. 일반적으로 정보통신망에 대한 침입행위가 이루어진 뒤에 파일 삭제나 자료 유출이 가능하게 된다.

폭탄메일

폭탄메일은 메일서버가 감당할 수 있는 한계를 넘는 많은 양의 메일을 일시에 보내 장애가 발생하게 하거나 메일 내부에 메일 수신자의 컴퓨터에 과부하를 일으킬 수 있는 실행코드 등을 넣어 보내는 것으로 서비스 거부 공격의 한 유형이다. 컴퓨터 용량이 적었을 때는 폭탄만큼 위력을 발휘했다고 할 수 있다.

서비스 거부 공격

서비스 거부 공격은 정보통신망에 일정한 시간 동안 대량의 데이터를 전송시키거나 처리하게 하여 과부하를 야기해 정상적인 서비스가 불가능한 상태를 만드는 일체의 행위를 말한다. 수단, 동기, 표적은 다양하다. 일반적으로 인터넷 사이트 또는 서비스의 기능을 일시적 또는 무기한으로 방해 또는 중단을 초래한다.

◈ 생각 정리하기

생각 나누기 1

온라인 그루밍(online grooming)은 SNS나 채팅앱, 불법앱 등을 통해 피해자와 신뢰 관계를 형성한 가해자가 신체 촬영물이나 조건 만남을 요구하는 행위를 말한다. 아동·청소년 성착취를 목적으로 성적 욕망 또는 수치심·혐오감을 유발할 수 있는 대화를 지속·반복할 경우 처벌할 수 있어야 함은 당연하다 하겠다.

사이버 공간에서는 정보통신망이 발달됨에 따라 피해자를 특정하지 않고 새로운 사이버 성폭력의 범죄들이 생겨나고 있다. 사이버 성폭력, 디지털 성폭력의 피해자를 줄일 수 있는 방안을 둘 이상 제시해 보시오.

출처 : http://www.hani.co.kr/arti/society/women/984705.html

생각 나누기 2

SNS가 일상적인 소통 방편이 된 이래로 사이버 따돌림 문제가 끊이지 않고 있다. "사이버 따돌림"이란 인터넷, 휴대전화 등을 이용해 학생들이 특정 학생들에게 지속적·반복적으로 심리적 공격을 가하거나, 개인정보 또는 허위 사실을 유포해 상대 학생이 고통을 느끼도록 하는 일체의 행위를 말한다. 물론 성인들 사이에서도 사이버 따돌림이 있으나 극복하는 데에서는 차이가 있다.

사이버 따돌림은 직접적인 신체적 고통이 드러나지 않고 때론 행위 자체를 유머러스하게 보기 때문에 가벼운 문제로 치부될 수도 있다. 그러나 사이버 폭력은 결과적으로 물리적 폭력과 유사하거나, 심지어 그보다 더 심각한 문제를 야기할 수 있다. 그 이유는 사이버 공간의 익명성, 전파성, 신속성, 가상성, 시각적 충격성 등의 특징 때문이다. 온라인에서 사이버 따돌림을 당한 아이들이 느끼는 고통의 정도는 현실의 제한된 공간과 시간, 그리고 특정인에 의해 가해지는 상처와 비교되지 않을 정도로 크다. 그 결과 자존감의 심각한 감소와 우울감이 나타나고 극단적인 경우 자살을 초래하기도 한다.

폭력은 어떤 형태든 본질적으로 비도덕적이다. 미국에서는 사이버 폭력에 무관용 정책(Zero Tolerance Policy)을 채택하는 주가 늘고 있다. 서버 공간에서 폭력에 대한 처벌도 현실 공간에서의 폭력에 대한 처벌과 같이 무관용 정책을 채택하는 것에 대해 생각해 보고 토론해 보자.

◈ 활동하기

사이버 범죄를 검색해서 조사한 후 다음의 질문에 대해 답하시오.

1. 전자상거래 사기 예방 방안을 적어 보시오.

2. 사이버 범죄를 사이버 테러형과 일반 범죄형으로 나누어서 적고 특징을 설명해 보시오.

◈ 참고하기

1. 사이버 권리 침해 상담

정보통신망을 통한 사생활 침해 또는 명예훼손 등 권리 침해 상황 발생 시 피해 구제 및 대응 방법을 안내하여 도움을 주기 위해 방송통신심의위원회에서는 사이버권리침해 상담을 하고 있다. 정보통신망을 통한 명예훼손 및 모욕, 성폭력, 스토킹 등 사이버 권리 침해에 대한 상담을 신청해서 도움을 받을 수 있다.

사이버권리침해 상담 처리 절차

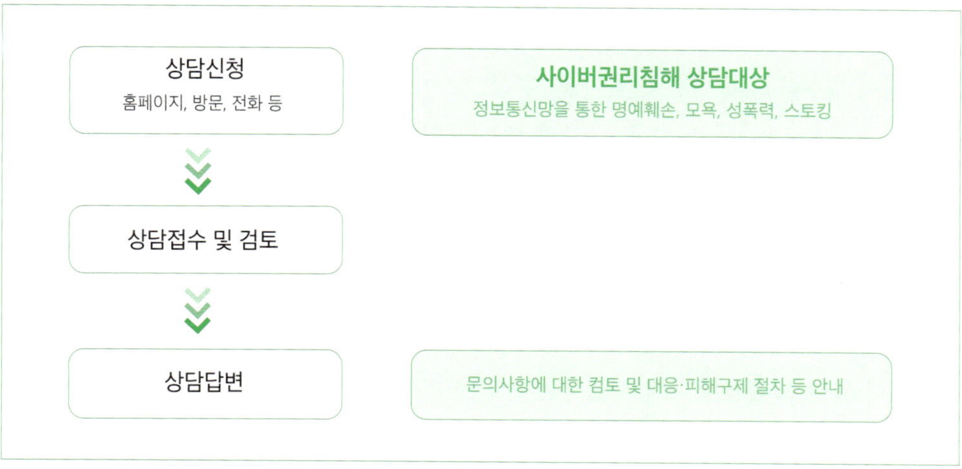

출처 : 방송통신심의위원회(http://www.kocsc.or.kr)

2. 사이버권리 관련 질문과 답

사이버 스토킹

Q 지속적인 메일(또는 쪽지, 메신저 등)로 보내 정신적으로 고통을 받고 있어요.

A 방송통신심위위원회 답변(이하 답변) : 공포심이나 불안감을 유발하는 말, 음향, 글, 화상 또는 영상이 담겨 있는 메일을 반복적으로 발송했다면 정보통신망이용촉진및정보보호에관한법률에 의해 형사 처벌이 가능합니다.

그러나, 이러한 공포·불안감 유발에 이르지 않는 정도의 단순 스팸메일에 대해서는 한국

인터넷진흥원에서 운영하는 불법스팸메일신고센터(www.spamcop.or.kr)나 공정거래위원회 구매권유광고 수신거부 사이트(www.nospam.go.kr)에 스팸발송자를 신고할 수 있으며 스팸 차단과 관련된 도움을 받으실 수 있습니다.

사이버 성매매

Q 인터넷을 통하여 알게 된 여성과 돈을 주고 성매매를 하면 어떤 처벌을 받게 되나요?

A 성매매는 법률상 금지된 범죄 행위입니다. 인터넷을 통해 알게 된 여성과 돈을 주고 성매매를 한 것이라면 당사자들은 물론 알선·유인한 자가 있다면 알선자까지 모두 처벌의 대상이 됩니다.

성매매 과정에서 알선, 광고, 유인 등의 행위가 있었다면 그 행위자 또한 해당 법률 규정에 따라 처벌받게 되고 이를 목적으로 하는 범죄 단체인 때에는 가중처벌 될 수도 있습니다.

만약, 성매매 여성이 미성년자인 경우에는 아동·청소년의성보호에관한법률의 적용을 받게 되어 처벌을 받을 수 있습니다.

인터넷이 널리 보급됨에 따라 이를 이용한 성매매 사례가 늘고 있습니다만, 이러한 성매매는 온라인이든 오프라인이든 법률로 금지되고 있는 엄연한 범죄 행위입니다.

음란 자료 배포

Q 이메일(쪽지, 채팅 등)을 통해 음란한 사진(동영상 등)을 보내 심적으로 고통을 겪고 있습니다.

A 음란사진(음화)을 유포하는 경우 적용할 수 있는 법률로는 형법, 성폭력범죄의 처벌 등에 관한 특례법(이하 '성폭력특례법'), 정보통신망이용촉진및정보보호등에관한법률(이하 '정보통신망법') 등이 있습니다.

음란 사진을 반포, 판매하는 때 형법의 음화반포죄에 해당될 수 있는데요. 이 경우 반포라 함은 불특정 다수인에게 배포하는 것을 의미하므로 특정 개인에게만 보낸 것이라면 적용이 안 될 수 있습니다.

또, 성폭력특례법의 통신매체이용음란에 따라 처벌할 수도 있는데요. 이 경우에는 자기 또는 타인의 성적 욕망을 유발하거나 만족시킬 목적이 있어야 하므로 단순 배포인 경우에는 적용되지 않을 수 있습니다. 다만, 배포자가 직접 카메라 등을 이용하여 본인의 동의 없이 촬영하고 이를 배포한 것이라면 따라 처벌할 수 있지만, 이 경우에도 불특정 다수인에게 배포한 것이 아니라면 적용이 어려울 수 있습니다.
한편, 정보통신망법에서는 음란한 부호·문언·음향·화상 또는 영상을 배포·판매·임대하거나 공공연하게 전시하는 내용의 정보의 유통을 금지하고 있습니다. 이 경우에는 다른 목적이나 공연성 등을 요구하지 않는 만큼 그 법의 적용에 제한이 많지 않고 위반 시 처벌을 받을 수 있습니다.
그러므로 수신한 내용의 메일 등을 잘 정리하시고 이를 첨부하여 관할 경찰서 또는 사이버테러대응센터 등으로 신고하시면 발송인에 대한 법적 처벌이 가능할 것으로 보입니다.

사이버 명예훼손

Q 불친절한 인터넷 쇼핑몰이 있어 포털게시판에 불만 사항을 적었더니 쇼핑몰에서 명예훼손죄로 고소한다고 합니다.

A 최근 인터넷을 이용한 쇼핑이 많아지면서 이에 따른 고객 불만 사항으로 인한 명예훼손 사건도 많이 증가하고 있습니다. 쇼핑몰 측의 과실로 인한 피해 사실을 널리 알려 소비자 권리를 보호하고자 하는 것만큼이나 쇼핑몰 또는 그 직원의 명예 또한 보호되어야 하는 것이기 때문에 분쟁이 많이 일어나고 있습니다.
다만, 형법에서는 명예훼손과 관련하여 '오로지 진실한 사실'로 '공공의 이익'에 관한 때에는 처벌을 면할 수 있도록 하는 위법성 조각 사유를 정하고 있습니다. 하지만 위 사유는 사법기관의 최종 판단이 있어야 하고 그 적용 또한 쉽지 않은 것이 사실입니다. 한편, 작성하신 내용이 허위 사실이고 이로 인해 쇼핑몰 또는 그 운영자의 신용이 훼손된 것으로 판단되는 때에는 신용훼손죄에 해당될 수도 있습니다.
그러므로, 쇼핑몰 이용에 따른 피해 사실에 대해서는 우선 한국소비자보호원 등 소비자 관련 기관에서 운영하고 있는 신고 및 상담서비스를 이용하시고 피해 구제 방법을 모색해 보시는 것이 좋을 것 같습니다.

악플달기 문제

Q 제 블로그에 누군가 익명으로 악성댓글을 게시했습니다.

A 악성댓글이 올라와 있는 때 익명으로 올라온 글에는 IP만이 유일하게 상대방을 찾을 수 있는 단서가 됩니다. IP는 네트워크 및 인터넷에 연결된 개개의 컴퓨터를 식별하기 위한 네트워크 주소입니다. IP를 추적하여 연결된 컴퓨터를 저희 기관에서 찾아드릴 수는 없으며, 이러한 IP 추적은 범죄 수사 목적을 위해서만 사용하도록 엄격히 제한되어 있으므로 수사기관의 도움이 필요합니다.
상대방에 대한 어떤 법적인 조치나 처벌 등을 원하실 경우 해당 증거 자료와 함께 주소지 관할경찰서나 사이버테러대응센터(http://www.netan.go.kr)에 신고하시어 도움을 받으셔야 합니다. 다만, 신고하실 경우 해당 증거 자료를 바탕으로 수사 여부가 결정되며 사안이 경미하거나 증거 자료가 미비한 경우 수사 대상에서 제외될 가능성이 있습니다.

인터넷 글 퍼 나르기

Q 인터넷에서 알게 된 사실을 퍼 나르는 경우에도 명예훼손으로 처벌받나요?

A 글이 게시된 사정이나 정황, 글의 성격, 의도 등 구체적인 사실 관계의 확인이 필요하나, 인터넷을 통해 알게 된 글을 그대로 복사해 공개적인 게시판에 올리는 행위 역시 사이버명예훼손죄가 성립될 여지가 있습니다.
왜냐하면 진실한 사실의 적시도 공공의 이익에 적합한 것이 아닌 이상 문제의 글과 관련된 사람들에 대한 명예훼손의 문제가 제기될 수가 있기 때문입니다. 따라서 향후로는 이러한 일이 없도록 유의하셔야 합니다.

욕설 문자 보내기

Q 휴대폰으로 욕설 문자를 받았습니다.

A 휴대폰 문자로 욕설 등이 왔을 때에는 1:1 개인 간 통신매체로 이루어져 일반적으로 공연성(불특정 또는 다수인이 알 수 있는 상태)이 없는 것으로 보이므로 공연성을 필요로 하는 모

욕죄로 보기에는 어려움이 있습니다.

다만, 이러한 휴대폰 문자라 하더라도 반복적으로 보내고 이로 인해 공포심 또는 불안감을 느끼셨다면 정보통신망이용촉진및정보보호등에관한법률에 따라 일종의 사이버 스토킹으로 볼 수는 있습니다. 사이버 스토킹의 경우 관할 경찰서 또는 사이버테러대응센터 등으로 신고하시어 적절한 조치를 받으실 수 있는데요. 신고하시기 위해서는 본인이 해당 피해 사실을 소명하실 필요가 있을 것으로 보입니다.

우선, 이용하시고 있는 이동통신사 고객센터 등으로 가셔서 '통화사실확인서'를 발급받으실 수 있습니다. 만약 발신자 표시가 없어 상대방을 알기 어려운 경우에는 'SMS발신번호확인서'를 발급받으실 수 있습니다. 이와 관련된 절차 및 구비 서류 등에 관한 사항은 해당 이동통신사로 문의하시기 바랍니다.

다만, 상대방이 PC를 이용하여 문자를 보낸 때에는 IP 등으로만 결과가 나올 수 있는데요. IP 사용자에 대한 추적은 개인정보 등의 문제가 있어 규정에 따라 엄격한 절차를 통해 사법기관에서 할 수 있는 사항인 만큼 경찰의 도움이 필요할 것으로 보입니다.

사진 무단 게시

Q 제 사진을 무단으로 게시하고, 욕설 등을 쓰고 있습니다.

A 인터넷 카페나 게임사이트 등에 타인의 사진을 허락도 받지 않고 무단으로 올려놓아 그 카페나 게임을 이용하는 사람이 모두 볼 수 있다면 초상권 침해에 해당한다고 볼 수 있습니다. 또한 그 사진과 더불어 비방이나, 욕설을 써 놓는다면 모욕죄, 명예훼손죄도 성립이 가능합니다.

그런데 사이버명예훼손죄가 성립하기 위해서는 사이버상에서 타인의 인격에 대한 사회적 평가를 저하할 만한 성질의 사실 또는 허위 사실의 적시가 있어야 하는데, 이를 유형별로 보면 비방(공개적으로 상대방을 나쁘다고 말하거나 헐뜯는 행위), 폭로(상대방과 관련된 부정이나 비밀과 관련하여 특정 사실 또는 허위 사실을 유포하는 행위), 사생활 침해(상대방의 사생활을 공개적으로 다른 사람에게 알리는 행위), 초상권 침해(상대방이 원치 않는 사진 등을 공개하는 행위) 등이 있습니다.

일단 게시물 삭제를 원하신다면 사진이 올려져 있는 사이트 고객센터로 증거 자료(해당화면 캡처) 와 주소, 신고 내용 등을 정확히 기재하시어 삭제 요청이나, ID 제재 요청을 하실 수 있습니다.
또한 그러한 게시물을 올린 사람의 법적인 처벌을 원하신다면 관할경찰서나 사이버테러 대응센터(www.netan.go.kr)로 신고를 하실 수 있습니다.

온라인 게임 중 모욕당함

Q 온라인 게임 중 상대방으로부터 욕설을 들었습니다.

A 온라인 게임을 하는 사람이 증가하면서 게임 중 타인으로부터 욕설 등의 내용을 받는 경우가 있습니다. 그 내용상 욕설(경멸의 표현)인 경우 모욕죄를, 특정 사실(혹은 허위사실)인 경우에는 명예훼손죄 성립 여부를 살펴볼 수 있는데요. 문제는 두 범죄 모두 공연성을 필요로 한다는 데 있습니다. 공연성이란 '불특정 또는 다수인이 알 수 있는 상태'를 의미하는데요. 만약 게임 게시판 등 누구나 볼 수 있는 공간이 아닌 채팅 또는 메일 등을 통하여 상대방과 1:1로 이루어진 행위라면 공연성이 없는 것으로 보아 위 범죄는 성립되지 않을 수 있습니다.
다만, 1회성에 그치지 않고 반복적으로 동일·유사한 내용을 보내어 공포심 또는 불안감을 느끼신 경우라면 이는 정보통신망이용촉진및정보보호등에관한법률에 의해 사이버 스토킹으로 볼 수 있을 것입니다.
게임을 통해 욕설을 받았다면 우선 해당 게임사가 운영하고 있는 고객센터 등으로 신고하시어 이용자 제재 등의 조치를 취해 보시기를 권해 드립니다. 그럼에도 불구하고 지속적으로 반복되는 경우라면 관할 경찰서 또는 사이버테러대응센터 등으로 신고하시어 적절한 조치를 받으시기 바랍니다.

출처: "사이버권리침해상담", http://www.icec.or.kr/01, 요약 정리

10장

디지털 성폭력

1. 성적인 것의 개념

1) 성의 개념

성(性)이라는 것은 크게 보면 본성을 가리키거나 암수가 가지는 욕망을 가리킨다. 그러나 좀 더 구체적으로 보면 성이란 용어는 인식하는 사람에 따라 다양하고 이질적으로 받아들이기 때문에 간단하게 정의할 수 없는 어려움이 있다.

섹스(sex)

서구의 페미니스트들은 19세기 이후 '성'을 개념적으로 섹스(sex), 젠더(gender), 섹슈얼리티(sexuality)로 구분하는 데 힘을 모아왔다(Jackson and Scott, 1996 :2). 섹스는 남녀를 신체적으로 구분하거나 남녀 간의 육체적 성교를 가리킬 때 사용한다. 섹스는 여성과 남성의 생물학적 차이를 말하면서, 이것이 타고난 것으로 여성과 남성의 변하지 않는 차이를 드러낸다고 본다.[1] 이 개념은 신체중심적, 특히 성기중심적 성을 이해하는 것으로 남성의 신체적 특성 중심으로 성을 이해하는 한계가 지적된다.[2]

젠더(gender)

젠더는 남성과 여성을 사회문화적으로 구분할 때 사용한다. 젠더는 사회, 문화, 심리적으로 구성된 성으로 여성과 남성에게 적절하다고 간주되는 사회적 행동, 특성과 가치, 여성과 남성의 관계를 포괄적으로 포함하는 개념이다. '여자의 첫 번째 임무는 모성의 실천에 있다'라고 말할 때의 여자, '남자는 배 여자는 항구'라는 노래 제목의 여자 등은 모두 남녀 각각의 사회문화적 역할을 규정하는 것이라는 점에서 젠더를 뜻한다고 볼 수 있다.

섹슈얼리티(sexuality)

섹슈얼리티는 모호하게 쓰이고 있는 용어로 가장 동적인 개념이다. '에로틱한 의미를 지니는 모든 것'이라 볼 수 있다. 이것은 남녀 간의 성교나 성적 행위뿐만 아니라 에로틱한 욕망(erotic desire), 에로틱한 실천(erotic practice), 성적 정체성(sexual identity)을 가리킬 때 사용된다. 그래서 섹슈얼리티는 확정된 어떤 실체나 현상이 아니라 개인마다 다양하게 반응할 수 있는 유동적인 개념이다. 개인적 신체, 심리의 영향을 받으면서 또한 사회적 규범, 사회조직(결혼, 가족, 법, 교육 등)에 영향을 받는 사회적 구성물로 이해된다. 그래서 섹슈얼리티는 천차만별적인 개념이다. 일례로 누군가에게 포르노 동영상은 섹슈얼리티로 받아들여지지만, 어떤 사람에게는 단지 혐오감을 줄 뿐인 것으로 성적인 것으로 받아들여지지 않을 수도 있다.

2) 성의 모호성

섹스, 젠더, 섹슈얼리티의 개념과 상호관계에 대해서는 다양한 시각들이 존재한다. 이러한 구분 자체에 문제 제기를 해서 섹스도 사회문화적 개념으로 봐야 한다는 점에서 젠더와 다를 바가 없다고 보기도 한다. 또한 젠더와 섹슈얼리티도 밀접하게 관련되어 있다고 본다. 남녀 간의 사회문화적 구분과 위계를 유지하는 젠더 체계는 성적인 삶에 깊은 영향을 끼친다는 점을 지적하고 있다. 요즘은 생물학적 성, 사회문화적 성, 성적인 것들 등의 중심 개념을 가지고 정의 내릴 수 없는 새로운 성의 개념들이 나타나고 있다. 기존의 어떤 틀에도 속하지 않는 범주로서 젠더 개념, 남성과 여성 이상의 개념으로 설명해야 하는 교차된 지점들이 있다. 성 차이, 성 구별로 성 차별이 고착화되었다고 보고, 남녀의 구별의 모호함을 지적하면서 남녀 대립축이 아니라 다양한 차원에서 인종, 국가, 계급, 젠더, 성적 지향, 나이 등에 따라 다양한 남성, 여성성이 존재한다는 것이다.[3]

생물학적 결정론

이해를 하기 위한 방편으로서 섹슈얼리티에 대한 담론을 단순화해 보면 크게 두 가지 관점에서 형성되었던 점을 짚어 볼 수 있겠다. 섹슈얼리티는 본능의 영역에 속한다는 생물학적 결정론이 있다. 여기서는 남녀 간의 성기의 구조, 생식 기능, 성호르몬, 유전자의 차이 등을 들어서 섹슈얼리티는 이러한 차이에 따라 결정되는 정신적, 심리적 구조라고 본다. 성은 자연적으로 타고난 본능이라는 본질적 속성을 가지고 있는데 남성은 강력하고 억누를 수 없는 성적 욕망을 갖고 있으며, 적극적이고 주도적인 반면, 여성은 수동적이고 수용적인 약한 성적 욕망을 보고 있다는 입장들은 이러한 관점과 맥을 같이 하는 것이다.

사회구성론

섹슈얼리티는 사회적으로 구성된 것이라고 보는 사회구성론이 있다. 이 관점에서는 섹슈얼리티는 역사적으로 축적되어 온 것으로 상황에 따라 다른 의미를 부여함으로써 섹슈얼리티를 변화시켜 왔다고 본다. 인간의 성적 정체성, 성적 욕망, 성적 관행들은 고정된 본질에 따라 정해지는 것이 아니라 개인이 처한 사회 관계와 문화적 맥락에 따라 구성되는 것이라고 본다. 성적 욕망의 사회문화적 구성성을 부각함으로서 이 관점은 페미니즘을 이론화하는 데 활용되기도 한다. 섹슈얼리티를 구성하는 사회제도, 규범, 담론들이 남성들에 의해 주도되어 옴으로써 여성들의 섹슈얼리티가 왜곡되어 왔다는 점을 부각한다. 남녀의 성적 욕망의 차이는 남성이 권력을 획득한 사회에서 남성의 이해를 반영한 것에 불과하다는 입장들은 이러한 관점과 맥을 같이 한다고 하겠다.

이러한 섹슈얼리티에 대한 담론 나누기도 세월의 흐름에 따라 변화하고 있다. 성을 이해하기 위한 방편들도 시공에 따라 달라지고 있기 때문에 틀에 맞춰 받아들이기보다는 열린 자세로 방편들을 고찰할 수 있어야겠다.

2. 성희롱과 성폭력의 의미와 기준

1) 성희롱의 의미

인간의 성

인간에게 성(sexuality)은 동물과는 달리 본능에 의해 단순하게 표현되는 것이 아니라 사회구조 속에서 창조되며 사회의 규범과 가치와 관련된다. 그래서 성규범과 가치체계는 사회에 따라 다르고 그 사회의 정치, 경제, 사회의 흐름에 따라 변화한다고 볼 수 있다.

희롱(harassment)과 시시덕거림(flirting)

사회에서 성과 관련되는 논의 중의 대표적인 것은 성희롱(sexual harassment)[4]일 것이다. 성희롱이 새롭게 생긴 말은 아니다. 과거에 인권 의식, 성평등에 대한 의식이 자리 잡지 못했을 때는 성희롱이라는 말은 범죄적인 용어라기보다는 성의 유희쯤으로 생각해서 웃자고 하는 성적 시시덕거림(flirting)으로 생각했다. 오늘날의 성희롱이라는 개념과 같은 뜻매김 자체가 이루어지지 않았었다. 성희롱(sexual harassment)은 본인의 의사와 무관하게 타인에 의한 성과 관련되는 행위 양식에 의해 굴욕감을 주는 것으로 쌍방의 동의하에 성적 대화를 즐기는 성적 시시덕거림과는 다른 것이다. 성적 시시덕거림을 전혀 허용하지 않은 사람들도 있기 때문에 성적 시시덕거림이 성희롱이 될 수도 있다.

직장에서 성희롱

국가인권위원회법 제27조 5항에 따르면, 성희롱은 업무, 고용, 그 밖의 관계에서 업무 등과 관련하여 성적 언동 등으로 성적 굴욕감 또는 혐오감을 느끼거나 성적 언동 그 밖의 요구 등에 대한 불응을 이유로 고용상의 불이익을 주는 언행으로 규정하고 있다. 여기서 '업무, 고용, 기타 관계'라 함은 직업으로서 행하는 직무 관계, 임금을 받고 일하는 관계 및 이에 준하는 관계를 말한다. '지위를 이용하거나 업무 등과 관련하여'라 함은, 행위 장소가 직장 내인지 여부를 불문하고 공공기관의 종사자, 사용자 또는 근로자의 지위를 이용하거나 기타 업무 관련성이 존재하는 경우를 말한다. '성적 언동 등'이라 함은, 상대방이 원하지 아니하는 성적 의미가 내포된 육체적, 언어적, 시각적 행위를 말한다. '공공상의 불이익'이라 함은 채용 탈락, 감봉, 승진 탈락, 전직, 정직, 휴직, 해고 등과 같이 채용 또는 근로 조건을 불리하게 고용 환경을 악화한 행위 등을 말한다.

성희롱의 의미

직장에서의 성희롱에 관한 정의는 일상생활에서 일어나고 있는 폭넓은 성희롱에 대해서는 충족될 수 없는 정의이다. 일상생활에서 성희롱은 이보다는 더 넓은 의미로 활용되고 있다. 일반적으로 성희롱은 권한이나 지위가 대등하지 못한 사이에서 바라지 않는 성적 접근이 일어나는 것을 말한다. 성희롱이란 본인의 의사와 무관하게 타인에 의해 행해지는 성과 관련되는 행위 양식이라고 할 수 있다. 어떤 말을 많은 사람들이 같은 의미로 사용하면 그 의미가 힘을 얻게 되기 때문에 성희롱의 의미 규정도 다수가 사용하는 의미로 받아들일 수도 있다. 그러나 한국 사회에서 조직 내에서 일어나는 성희롱을 예방하기 위해서 국가인권위원회에서 의미 규정을 하고 있고, 양성평등기본법 제3조 제2호에서도 구체적으로 정의하고 있기 때문에 통념대로 성희롱이란 말을 사용하기보다는 다음 정의의 도움을 받는 것이 성희롱의 의미를 이해하는데 도움이 될 것이다. 양성평등기본법에서는 성희롱이란 업무, 고용, 그 밖의 관계에서 국가기관·지방자치단체 또는 대통령령으로 정하는 공공단체의 종사자, 사용자 또는 근로자가 지위를 이용하거나 업무 등과 관련하여 성적 언동 또는 성적 요구 등으로 상대방에게 성적 굴욕감이나 혐오감을 느끼게 하는 행위를 말한다. 또는 상대방이 성적 언동 또는 요구에 대한 불응을 이유로 불이익을 주거나 그에 따르는 것을 조건으로 이익 공여의 의사표시를 하는 행위도 성희롱으로 본다.

성희롱의 기준

일반적으로 폭력 정도가 강한 성희롱이 아니라면 가해자의 단 한 번의 성희롱을 피해자가 '성희롱의 범주로 사건화'하는 경우는 많지 않다. 그렇더라도 단 한 번만으로도 성희롱은 성립된다. 성희롱 여부를 판단하는 기준은 우선 피해자의 주관에 달려 있기 때문에 단 한 번의 미미한 행동이라고 생각되는 것이 성희롱 행위가 될 수도 있다. 피해자 우선주의지만 피해자가 속하는 사회에서 보통 사람의 감정에 준하여 상식선에서 판별한다. 피해자가 절대성을 갖는 것은 아니고 피해 상황을 맥락적으로 파악하기 때문에 조작하기는 어렵다. 물론 성희롱에서 가해자의 감정은 존중받지 못한다. 피해자의 명시적 동의가 없었다면 거절로 본다. 가해자가 피해자의 묵시적 동의를 주장하더라도 가해자의 주관적 판단이 존중되지는 않는다. 그러나 일상생활에서 본의 아니게 가해자가 되는 것이 아닌가 하고 위축될 필요는 없다. 누구든지 성적 자기결정권은 존중되어야 한다는 생각을 갖고 행동한다면 문제 될 것이 없다.

2) 성폭력의 개념 규정

성희롱을 본인의 의사와 무관하게 타인에 의해 행해지는 성과 관련되는 행위 양식이라고 보면, 성희롱은 단순히 신체적인 것만을 의미하는 것이 아니라 성과 관련되는 감촉, 감정, 욕망, 사고, 이미지 등을 포함하는 포괄적인 의미를 지니게 된다. 그런데 흔히 성폭력을 성을 매개로 이루어지는 유형, 무형의 성적 침해, 강간 및 강제추행, 음란물 전시 및 음란 전화, 음란 통신, 성희롱, 어느 한쪽의 일방적인 성적 침해, 가정 내 폭력 등을 포함하는 광의의 개념으로 정의하고 있다. 이런 관점에서는 성희롱을 성폭력의 하나로 포함해 왔다. 그런데 과거에는 성폭력, 성폭행을 혼용하면서 성폭행은 강간이라는 등식만을 활용해 왔기 때문에 나머지 것들에 대해서는 성폭력이라는 의식 없이 관대한 문제가 있었다. 성희롱을 넓은 의미로 사용하고 강간도 업무 관련성이 있는 관계에서 발생한다면 육체적인 성희롱의 한 유형으로 볼 수 있다. 그런데 성폭력을 형법과 성폭력 처벌법 등의 관점에서 보면 성폭력은 성적 자기결정권을 침해하는 범죄에 한정해서 보게 된다. 그래서 성폭력이 되려면 형법 등의 성범죄의 조건에 해당되었을 때 추행, 강제추행, 위력에 의한 강제추행, 의제강간, 위력에 의한 강간, 강간 등의 이름을 갖게 된다. 법의 판정이 있기 전까지는 정확한 이름을 갖지 않고 그냥 성폭력이라는 말로 쓰이게 된다. 이러한 의미의 성폭력 행위를 하게 되면 형사 절차를 통해 범죄 성립 여부가 결정된다. 행위자는 「성폭력처벌법」과 「형법」의 적용을 받아 고의성에 따라 처벌을 받게 된다. 이해 비해서 성희롱은 형사 처벌이 아닌, 조직 내 성희롱의 예방 및 근절을 목적으로 고의성과 무관하게 피해자가 행위자의 성적 언동 등으로 성적 굴욕감 또는 혐오감을 느꼈으면 성립되는 것으로 조직 내에서 징계가 이루어진다. 많은 사람들이 성희롱과 성폭력을 강약의 이미지로 이해하기 때문에 혼란을 겪는다. 같은 성적 언동이라 하더라도 직장 내 업무 관련성 측면에서는 성희롱이라는 말을 쓰고, 법적인 측면에서는 성추행, 강제추행 등의 용어를 쓸 때 헷갈리는 경우도 있다.

성희롱 행위 양식

성희롱은 물리적인 폭력은 물론이고, 정신적인 압력, 협박, 불쾌감 등이 포함되어 극단적인 경우 강간에서부터 정신적인 괴로움을 주는 언어, 몸짓, 표정, 시선 등에 이르기까지 다양한 행위를 포함한다고 볼 수 있다. 성희롱은 행위 양식이기 때문에 개별적인 형태는 헤아릴 수 없을 만큼 많겠지만 대표적인 유형을 몇 가지로 나누어서 살펴볼 수 있다.

육체적 성희롱

우선 육체적 성희롱을 들 수 있다. 스쳐 지나가기에서 강간까지 원치 않는 신체적 접촉과 관련되는 행위를 말한다. 손을 잡거나 건드리기, 더듬기, 엉덩이를 치는 행위, 무릎에 앉히는 행위, 뒤에서 껴안기, 입맞춤이나 포옹하는 행위, 안마나 애무를 강요하는 행위 등 육체적 접촉과 관련되는 성희롱을 가리킨다.

시각적 성희롱

시각적 성희롱은 눈과 관련되는 성희롱을 말한다. 상대방을 불쾌하게 하거나 무시하는 시선, 외설적인 사진, 그림, 낙서, 음란물 등을 게시하거나 보여 주는 행위, 직접 또는 팩스나 컴퓨터 등을 통하여 음란한 편지, 사진, 그림을 보내는 행위, 성과 관련된 자신의 특정 신체 부위를 고의적으로 노출하거나 만지는 행위, 몸을 흔드는 등 성행위를 상징하는 몸동작, 허리띠를 풀거나 바지를 추켜올리는 행위 등 성적인 부담이나 불쾌감, 고통을 가하는 시각과 관련되는 것들이 예가 될 수 있다.

언어적 성희롱

말로 하는 성희롱이 언어적 성희롱이다. 성적인 농담이나 음담패설, 외모에 대한 성적인 비유, 옷, 외모나 화장에 대한 평가, 성적 사실 관계를 묻거나 성적인 내용의 정보를 의도적으로 유포하는 행위, 성적 관계를 강요하거나 회유하는 행위, 음란한 내용의 전화 통화, 회식 자리 등에서 술을 따르도록 강요하는 말, 생리휴가 사용을 조롱하는 말 등이 심리적, 정신적 고통, 불쾌감, 굴욕감을 조장하는 것으로 성과 관련되는 언어에 의한 희롱을 언어적 성희롱으로 본다.

시청각적 성희롱

디지털 기기의 발달로 특히 문제가 더 심해진 사이버 성희롱도 하나의 유형으로 묶을 수 있다. 사이버 성희롱은 시각적, 청각적 성희롱이 혼합된 시청각적 성희롱이라고 할 수 있다. 오프라인에서의 불법 녹화와 온라인에서 상대방에게 일방적으로 성적 메시지를 전달하여 불쾌감이나 위압감 등의 피해를 유발하는 행위 등이 여기 속하는데 일방적인 성적 메시지 전달에는 문자(성적인 욕설, 상대방이 즐기지 않는 야한 농담, 원치 않는 데이트나 성관계 요구, 사생활 공개) 이미지(성적 수치심을 유발하는 사진이나 그림), 동영상(몰래카메라나 성적 수치심을 유발하는 영상물)등을 통한 성과 관련된 시청각적 언동들이 모두 여기에 포함된다 하겠다.

사이버 성폭력의 문제

성희롱이나 성폭력 모두 성적 자기결정권 침해한 것이라는 점에서 공통점이 있다. 사이버 공간에서 이루어지는 성희롱, 성폭력도 물리적 접촉 이상으로 피해자는 성적 수치심, 인격 침해에 대한 분노, 성폭력에 대한 공포, 무기력감, 죄책감 등의 심리적인 후유증을 겪게 된다.

사이버 공간에서의 활동 제한

피해자는 일시적으로 혹은 장기적으로 채팅을 두려워하거나, 통신 생활을 두려워하는 등 사이버 공간에서의 활동에 대해 어려움을 느끼기도 한다. 사이버 공간에서의 활동 제한은 나아가 경제적, 사회적 피해를 낳게 됨으로써 피해의 확산 정도를 감안하면 계산불가능한 피해를 남긴다고 볼 수 있다.

피해자 보호주의

똑같은 성과 관련되는 행위 양식이라도 어떤 사람에게는 아무런 영향을 주지 않지만 어떤 사람에게는 회복 불가능한 상처를 줄 수 있다는 것에 유의해야 한다. 남녀에 따라 차이가 있을 수도 있지만 결국은 개인에 따라 다를 수 있다. 남자 쪽에서는 일상적으로 있을 수 있는 일이며 상대방의 비위를 건드리려는 뜻이 없었음에도 불구하고 여자 쪽에서는 아주 몰상식한 행위며 몹시 비위를 건드리는 행위일 수 있고 그 반대일 수도 있다. 결국 성희롱의 여부는 우선적으로 피해자 개인의 입장을 따르고, 그 다음이 성별 사회의 통념이나 맥락을 고려해서 따져 보게 된다. 성희롱의 행위 양식들은 틀로써 이해를 돕기는 하나 기준에 집착하기보다는 피해자를 보호해야 한다는 생각을 우선적으로 해야 성희롱 예방의 길을 제대로 실천할 수 있다.

3. 디지털 성폭력의 범죄성과 대처

1) 디지털 성폭력의 범죄성

디지털 성범죄는 카메라나 인터넷과 같은 디지털 매체를 이용하여 상대의 동의 없이 신체를 불법 촬영하여 저장, 유포, 유포 협박, 전시·판매하는 등의 사이버 공간, 미디어, SNS 등에서의 성적 괴롭힘을 말한다. 디지털 기기 및 정보통신기술을 매개로 온·오프라인상에서 발생하는 성폭력으로 제작, 유포, 참여, 소비의 형태로 가해를 하게 된다. 동의 없이 상대의 신체를 촬영, 저장, 유포, 유포 협박, 전시하는 행위는 사이버 공간에서 타인의 성적 자율권, 인격권을 침해하는 행위로서 범죄로 규정되고 있다. 범죄로 규정되는 디지털 성폭력은 성적 목적을 위한 불법 촬영, 성적 촬영물 비동의 유포, 통신매체를 이용한 음란 행위 등으로 이름 붙이고 있다.

불법 촬영하여 비동의 유포, 재유포는 웹하드, 포르노 사이트, SNS 등에 업로드 행위로 이루어지기도 하고 단톡방에 유포되어 공유되기도 한다. 유포 협박은 가족, 지인에게 유포하겠다는 협박, 이별 후 재회를 요구하며 협박, 유포 협박으로 금전 요구 등 다양하게 나타나고 있다. 사진 합성을 하여 지인 능욕하는 것, 사이버 공간 내에서 성적 내용을 포함한 명예훼손이나 모욕 등의 행위 등도 빈번하게 디지털 시대에 더 심해진 성폭력이라 하겠다.

2) 디지털 성폭력의 유형

불법 촬영

신체의 일부(치마 속, 뒷모습, 전신, 얼굴, 나체 등)나 특정 행위(용변 보는 행위, 성행위 등)를 촬영하는 사례들이 있다. 디지털 촬영기기의 발달로 장소 불문하고 설치할 수 있고, 쉽게 찾아낼 수 없도록 되어 있다. 디지털 기기의 발전을 막을 수는 없는 상황이기 때문에 범죄들도 진화되고 있다고 볼 수 있다.

유포·재유포

동의하에 촬영한 성적인 촬영물, 동의 없이 촬영한 성적인 촬영물을 단체대화방, SNS, 성인사이트, 커뮤니티 등에 동의 없이 유포한 사례들이 있다. 섹슈얼리티를 특정 신체 부위와 연관시키는 것은 성인지 감수성에 문제가 있는 것이다. 성적인 촬영물의 범위를 객관적으로 정하는 것은 논란이 될 수 있다. 성적인 촬영물이 아니라고 주장하기보다는 동의 없이 어떤 촬영물이든 유포하는 것은 안 된다는 생각이 필요하다.

유포 협박

성적 촬영물을 유포하겠다는 협박을 한 사례들도 있다. 헤어진 친구가 다시 만나자고 요구하면서 들어주지 않으면 성관계 동영상을 가족, 지인들에게 유포하겠다고 협박하는 것이 전형적인 사례 중의 하나다. 돈을 요구하는 경우도 많다.

허위 영상물 제작 및 유포·재유포를 하는 경우도 자주 문제가 되고 있다. 음란물에 유명인이나 일반인의 얼굴을 합성·편집한 사례들이 있었다. 음란물이 아니라 하더라도 앱을 활용해서 허위 영상물을 만드는 것을 재미 삼아 하는 것도 신중해야 한다. 유포, 재유포될 경우에 음란물 못지않게 상처를 줄 수 있다. 피해자의 일상적 사진을 성적인 사진과 합성 후 유포하는 사례들도 지속되고 있다.

불법 촬영·유포물을 다운로드, 소지·저장·시청하는 것도 디지털 성폭력에 해당된다. 성인 사이트 등 플랫폼 사업자 및 이용자, 피해를 확산시키는 재유포자나 영리목적으로 불법 촬영물의 유포 방조·협력 및 공유 등의 방식으로 소비하는 것도 디지철 성폭력에 해당된다.

아동·청소년 대상 성착취·그루밍

미성년 피해자가 스스로 촬영하여 전송해 준 촬영물 유포를 협박의 수단으로 삼아 좀 더 높은 수위의 촬영물을 요구하기도 하고, 취약한 상황에 처한 피해자에게 접근해 성적 대화를 반복하거나 친밀감을 쌓은 뒤 성적 행위를 하도록 유인하는 등 디지털 성폭력의 대상이 아동인 경우도 근절되지 않고 있다.

성적 괴롭힘

사이버 공간 내에서 성적 내용을 포함한 명예훼손 또는 모욕을 준다든지 원치 않는 성적 이미지나 영상(링크) 제공하는 것도 디지털 성폭력에 해당된다. SNS, 단톡방 등에서 성희롱을 예사롭게 여겨 재미로 한다 하지만 피해자의 관점에서는 결코 재미로 받아들일 수 없는 괴롭힘에 해당된다.

위와 같은 디지털 성폭력의 유형은 편의상 갈래를 지운 것으로 기술의 발달로 기존의 틀로 규정할 수 없는 새로운 폭력의 유형들이 생길 수 있다.

3) 디지털 성폭력 대처

자신도 모르게 촬영된 것은 물론이고 인터넷에서 종종 기사화되었듯이 성관계 영상 촬영에 동의했더라도 동의 없이 성적 촬영물이 유포되었다면 디지털 성범죄이다. 촬영에 대한 동의는 결코 유포에 대한 동의를 포함하지 않는다. 촬영 당시에 동의했더라도 사후에 의사에 반하여 유포한 경우 성폭력처벌법에 의거하여 처벌할 수 있다.

사회적으로 논란이 되고 분노를 일으키는 아동 대상 디지털 성범죄도 끊이지 않고 있다. 아동·청소년성보호법에 의거 아동·청소년 대상의 영상은 다운로드 및 소지, 보는 것만으로도 처벌받을 수 있다.

디지털 성범죄는 삭제한 영상이 재유포되는 등 피해가 재발생, 재확산되는 경우가 많은 특징이 있다. 그래서 디지털 성범죄 피해자 지원센터는 재유포 피해 또한 지원하고 있다는 점을 널리 알릴 필요가 있는 사안이다.

사이버 공간에서 성폭력을 예방하기 위해서는 디지털 시민성을 갖추고 실천하는 자세가 필요하다. 개인적으로 실천할 수 있는 것들은 챙겨봐야 할 것이다. 개인정보는 최소한의 것만 기입하고 비공개로 설정해야 한다. 아이디와 비밀번호는 알려주지 말아야 하고, 남이 유추해 낼 수 있는 비밀번호는 피한다. 채팅방에서 상대방이 주는 정보를 쉽게 믿지 말고, 자신의 정보를 보내는 것도 신중해야 한다. 온라인을 통해 알게 된 사람을 오프라인에서 만나는 일은 신중히 해야 한다. 수신 거부, 화면 캡처 등의 기능들은 평소에 익혀 두고 필요하면 활용한다. 피해를 인지하면 적극적으로 신고하고 주변의 도움을 받아서 피해를 최소화해야 한다. 피해 사실을 알게 되면 증거 수집을 해 둔다. 유포된 사이트를 아는 경우에는 링크를 확보해 둔다. 메신저를 통해 유포된 경우 대화 내용을 캡처하고 채팅방을 나가지 않아야 한다. 디지털 성범죄 피해자 지원을 무료로 받을 수 있다는 것을 알고 망설이지 말고 도움을 요청해서 상담, 피해 촬영물의 삭제 등 필요한 해결 방향을 찾는다. 이와 같은 대처 방법들이 있다는 것을 주위에도 알려서 가해자들이 설 자리를 만들지 않는 것이 디지털 성폭력을 예방하는 데 기여하는 실천이 될 수 있다.

4. 사이버 공간의 성폭력, 성희롱 예방

사이버 성희롱은 인터넷상에서 이루어지는 성희롱으로 채팅, 게시글, 댓글, 이메일 등을 통하여 상대방이 성적 굴욕감을 느끼게 하는 성과 관련되는 행위이다. 성희롱을 업무 관련성을 기준으로 한 오프라인의 개념으로 보면 사이버 성희롱은 업무 관련성이 있는 사람들 간의 관계에 국한해야 하지만, 사이버 공간의 특성상 업무 관련성을 한정하기 어렵다. 따라서 사이버 성희롱은 익명의 네티즌들을 같은 조직(사이버 공간) 내에 있는 것과 어떤 사이트에 들어온 것으로도 업무 관련성이 있다고 유비한다면 사이버 성희롱이란 개념이 오프라인 성희롱의 개념을 가져오더라도 무리가 없다고 생각된다. 그러므로 사이버 성희롱은 게임 사이트, 채팅 사이트뿐만 아니라 의사소통이 이루어지는 모든 사이트에서 일어날 수 있다. 인터넷을 주로 스마트폰으로 하게 되면서 사이버 공간에서 사생활 시간이 늘어남에 따라 스마트폰을 통한 사이버 성희롱도 증가하고 있다. 사이버 성희롱 역시 성적 자기결정권을 침해함으로써 물리적 접촉 이상으로 피해자는 성적 수치심, 인격 침해에 대한 분노, 성폭력에 대한 공포, 무기력감, 죄책감 등의 심리적인 후유증을 겪게 된다.

사이버 공간에서 주로 일어나는 성희롱의 유형은 다음과 같다(남정림 외, 16) ①음란한 농담이나 음담패설의 내용, ②외모에 대한 성적인 비유나 평가 내용, ③성적 사실관계를 묻거나 성적인 내용의 정보를 의도적으로 유포하는 내용, ④성적 관계를 강요하거나 회유하는 내용, ⑤아이디나 닉네임이 성과 관련된 내용을 암시하고 있어 불쾌감을 유발하는 경우, ⑥여성의 능력이나 성역할 등을 비하한 내용, ⑦고용상 불이익을 주기 위해 외모나 능력 등을 인터넷에 공개하여 성적 굴욕감을 느끼게 하는 내용, ⑧오프라인의 성희롱이 온라인으로 옮겨 온 경우, ⑨성적 욕설 등이 주를 이루고 있다. 사이버 공간의 플랫폼의 변화에 따라 새로운 양상의 성희롱이 생겨나기도 하고, 현실 공간과 연계된 성희롱도 다양하게 변이되기 때문에 정해진 틀로만 성희롱을 단정하기는 쉽지 않다.

성에 대한 고정관념 타파

사이버 공간에서 성폭력, 성희롱의 예방책도 개인 윤리적 차원과 사회 윤리적 차원에서 생각해 볼 수 있다. 개인적 차원에서 첫째로, 성희롱에 대한 잘못된 통념을 고쳐야 한다. 성희롱의 폭넓은 의미와 피해자 입장이 우선적으로 고려되어야 한다는데 공감하고, 익명의 공간에서도 상대방을 존중하고 정중히 대하도록 해야 한다. 성희롱은 인격을 침해할 뿐만 아니라 사이버 공간에서의 일, 놀이 환경을 오염시키고 생존권을 위협하는 행위라는 것을 인지해서 가해자가 되는 일이 없도록 해야 한다.

자신의 권리 지키기

둘째, 피해자라면 자신의 권리를 지키려는 의지를 가지고, 정당한 권리의 침해에는 항의하고 주위의 몰이해에 대해서는 저항할 수 있는 주체적인 가치관을 확립해야 한다. 특히 의사표시를 분명히 하는 태도가 중요하다. 성희롱은 피하거나 소극적으로 막으려 해서는 쉽게 끝이 나지 않는다. 성희롱을 모른 척하거나 두려워하거나 창피해한다면 성희롱을 부추기는 것이 될 수도 있다. 죄인도 아니면서 죄의식을 가지고 생활할 필요가 없다. 당당하게 입장을 밝히고 대처해 나갈 필요가 있다. 의사표시를 할 때는 자기 감정을 말로 하고, 불쾌하게 하는 행동에 대해 구체적으로 지적하고, 가해자가 어떻게 해 주기를 원하는지 분명히 밝혀야 한다. 네티즌들이 성희롱적인 내용을 접했을 때 해당 내용의 배포자에게 삭제 요구를 한다거나, 피해자지원센터의 도움을 받거나 해당 매체 관리자나 공신력을 가지는 관련 기관에 즉시 신고 조치를 취할 필요가 있다.

자신의 태도 돌이켜 보기

셋째, 자신이 어떻게 처신하는지에 대해서 돌이켜 봐야 한다. 사람들을 대하는 태도, 옷차림 등 사회적 관계 속에 있는 자신을 생각해 볼 필요가 있다. 옷차림에서 노출을 했다는 것이 성희롱을 해도 좋다는 허가 표시가 아님은 말할 필요도 없다. 무엇을 어떻게 입든 개인의 취향이고 자유다. 그런데도 현실적으로 어떤 사람들은 노출이 많은 옷을 입었을 때 성희롱을 해도 좋다는 것으로 해석하는 왜곡이 있다는 것을 기억해야 한다. 돈을 훔쳐도 된다고 믿는 사람들 틈에서 일한다면 지갑을 뒷주머니에

넣지 않는 것이 현명한 방편이 될 수 있다. 자신의 단장이 의사표시일 수 있다는 생각을 해야 한다. 사이버 공간에서 문자 채팅이라면 옷차림이 문제가 될 리는 없지만 화상 채팅, 회의 등 모습을 보일 때는 현실 공간과 같이 경우에 맞게 갖추고 언어나 태도 등에서 자신을 돌이켜 봐야 한다. 다양한 랜덤 채팅앱이 널려 있는 사이버 공간에서 다양한 인종, 언어, 문화가 다른 사람들을 무작위로 즉시 접하는 화상채팅에서 내 뜻대로 이해받기가 쉽지 않다는 점도 염두에 둬야 할 것이다.

관용의 역설

넷째, 인간의 웃음은 의사소통을 하는 데 큰 역할을 한다. 그런데 웃음은 미묘해서 바르게 해석하지 못하는 경우도 생긴다. 웃음을 허용의 의미로 해석해서 왜곡된 대응을 하는 경우가 생긴다는 것도 유념할 필요가 있다. 예를 들면 외설적인 주제에 관해 이야기할 때 재미있어서라기보다는 들어주는 것도 예의라 생각하고 인내하고 듣는 데도 어떤 사람들은 웃음 띤 얼굴로 귀 기울이고 있다는 점을 성적인 접근을 받아들일 것이라는 결론의 근거로 삼을 수 있다는 것이다. 사이버 공간에서 불필요한 메일에 답을 하거나 댓글을 달 필요는 없다. 특히 감정의 표현이 되는 이모티콘을 함부로 날려서 진심을 왜곡하는 일이 생기지 않도록 주의해야 한다. '싫어요'라고 하는 대신 '좋아요, 힘내요'로 피하거나 너그럽게 대하다가 관용적인 인간관계 자체가 파괴되어 관용이 오히려 관용을 사라지게 하는 역설적인 상황이 된다.

사회적 차원 대책 마련

사회윤리적 차원에서 볼 때 성희롱을 예방하려면, 사회의 제도, 정책, 구조, 법의 개선이 우선돼야 한다. 우선 사이버 공간의 성희롱 피해자를 즉시 구제, 보호하고, 가해자에게 책임을 물을 수 있는 제도적 장치가 필요하다. 사이버 공간의 가해자를 고용하거나 그대로 두는 고용주에게 책임을 묻고, 성희롱 문제를 다루는 데 필요한 공식적인 지침을 문서로 작성하여 이를 누구나 지켜야 할 원칙을 채택하고, 널리 알려야 한다. 포털도 사회적 책임을 져야 한다. 관리자가 책임의식을 가지고 게시글, 업로드 파일 관리를 철저히 한 곳과 그렇지 않은 곳은 성희롱적 게시글 수에서부터 확연한 차이가 있다. 사이버 성희롱 게시글로 인한 피해를 막기 위해서는 게시판 관리자들의 책임의식을 증진하기 위한 보다 체계적인 관리 및 인식 교육도 필요하다 하겠다. 물론 포털의 관리 강화는 표현의 자유에 대한 억압이 아니라 피해자 보호를 위한 목적에 국한되어야 할 것이다. 사회의 제도, 정책, 구조, 법은 피해자가 또 피해를 입는다든지 피해자가 또 다른 가해자가 되는 일이 없도록 안전장치를 마련하는 데 소홀해서는 안 될 것이며, 잘못된 성문화와 성역할의 왜곡이 있다면 바로잡아 나가도록 하는 장기적인 계획 실천도 지속해야 할 것이다.

◈ 생각 정리하기

생각 나누기 1

대학가에도 단톡방 성희롱이 문제가 된 적이 있다. 남학생들이 단톡방에서 여학생들을 상대로 성희롱을 했다는 사실들을 밝힌 것이다. 단톡방 성희롱은 법적으로 해결하고자 할 경우 고소를 하면 통신매체이용음란, 사이버 명예훼손 또는 모욕죄로 처벌을 받기도 한다. 그러나 형사 처벌의 조건(추행 내지 성범죄는 유·무형에 관계없이 상대방에게 직접적으로 위해를 가해야 처벌이 가능)에 들어맞지 않아서 피해자들은 법적 해결에 만족하기는 쉽지 않다. 따라서 단톡방의 일련의 성폭력을 온라인 성희롱으로 봐서 조직 내에서 징계를 통해 엄하게 제제를 가하기도 한다.

가해자들이 사이버 성희롱을 하는 이유를 검색해서 찾아보고 피해자 보호 방안에 대해 생각을 나누어 봅시다.

생각 나누기 2

화상채팅을 통해 신체 접촉 없이 옷을 벗도록 강요했더라도 성추행에 해당한다는 법원의 판결이 나온 적이 있다. 성추행의 범위가 사이버 공간으로 확대된 것에 대해서 자신의 생각을 정리하고 토론해 보시오.

생각 나누기 3

사이버 공간에서 맺은 관계를 이용해 현실 공간에서 성폭력을 저지른 사이버 공간과 현실 공간이 연계된 성희롱 사건을 검색해서 찾아보고, SNS에서 친구가 되는 것도 조심해야 한다는 사실을 미성년자들에게 알려주기 위해 그들에게 해 줄 수 있는 충고를 적어 보고 발표해 봅시다.

생각 나누기 4

한 남자 초등학생이 잠든 누나의 발목과 손목을 테이프로 묶고, 누나를 깨워 당황해하는 모습을 촬영하여 비추고는 "좋아요와 구독 버튼을 눌러 달라"고 말하는 영상을 유튜브에 올린 적이 있다(여성신문, 2018.5.28.).

유튜브 등 온라인미디어 보며 자라는 세대들은 자극적·폭력적 콘텐츠도 '조회 수가 보장'되면 문제의식 없이 업로드를 하고 있다. 조회 수를 늘리기 위한 기성세대들의 속임수도 문제지만, 좋아요와 구독에 중독되다시피 한 미래세대들인 업로더들에 대한 조언을 적어 보시오.

◈ 활동하기

1. 웹하드에 불법 동영상을 올리는 헤비 업로더들의 문제점을 피해자 관점에서 조사해 보고, 디지털 성범죄물로 이윤을 만드는 구조를 깨기 위한 방안을 제시해 보시오.

2. 디지털성범죄피해자지원센터 관련 홈페이지, SNS 등을 방문해서 디지털 삭제 지원을 받기 위해 필요한 정보를 찾아서 적어 보시오.

3. 디지털 그루밍을 검색해서 관련 사례를 적고 자신의 생각을 제시해 보시오.

◈ 참고하기

1. 디지털성범죄 관련 법률

촬영물 이용 성폭력

- 불법촬영

  성폭력처벌법(성폭력범죄의 처벌 등에 관한 특례법) 제14조 1항

- 유포, 재유포

  성폭력처벌법 제14조 1~3항

  정보통신망법(정보통신망 이용촉진 및 정보보호 등에 관한 법률) 제44조의 7(재유포)

- 유통

  정보통신망법 제42조, 제44조의 7

  아동·청소년의 성보호에 관한 법률 제17조

  전기통신사업법 제22조의 3, 제92조, 제104조

- 유포협박

  형법 제30장 협박의 죄

사이버 공간 내 성적 괴롭힘

성폭력처벌법 제13조, 정보통신망법 제70조, 형법 명예훼손죄 제310조, 형법 모욕죄 제311조

2. 디지털 성범죄 양형 기준(2021.1.1. 시행)

유형	구분	감경	기본	가중
1. 아동·청소년착취물 유형 1	제작 등	2년 6월 – 6년	5년 - 9년	7년 - 13년
1. 아동·청소년착취물 유형 2	영리 등 목적 판매 등	2년 6월 - 5년	4년 - 8년	6년 - 12년
1. 아동·청소년착취물 유형 3	배포 등	1년 6월 - 4년	2년 6월 - 6년	4년 - 8년
1. 아동·청소년착취물 유형 4	아동·청소년 알선	1년 6월 - 4년	2년 6월 - 6년	4년 - 8년
1. 아동·청소년착취물 유형 5	구입 등	6월 - 1년4월	10월 - 2년	1년 6월 - 3년
2. 카메라등이용촬영 유형 1	촬영	4월 – 10월	8월 - 2년	1년 - 3년
2. 카메라등이용촬영 유형 2	반포 등	4월 - 1년 4월	1년 - 2년 6월	1년 6월 - 4년
2. 카메라등이용촬영 유형 3	영리 목적 반포 등	1년 6월 - 4년	2년 6월 - 6년	4년 - 8년
2. 카메라등이용촬영 유형 4	소지 등	– 8월	6월 - 1년	10월 – 2년
3. 허위영상물 등의 반포 등 유형 1	편집 등	– 8월	6월 - 1년 6월	10월 – 2년 6월
3. 허위영상물 등의 반포 등 유형 2	반포 등	– 8월	6월 – 1년 6월	10월 - 2년 6월
3. 허위영상물 등의 반포 등 유형 3	영리 목적 반포 등	4월 - 1년 4월	1년 - 2년 6월	1년 6월 – 4년
4. 촬영물 등을 이용한 협박·강요 유형 1	협박	9월 - 1년 6월	1년 - 3년	2년 - 4년
4. 촬영물 등을 이용한 협박·강요 유형 2	강요	1년 6월 - 4년	3년 - 6년	5년 - 8년
5. 통신매체이용음란	통신매체 이용음란	–6월	4월 - 10월	8월 – 1년 6월

11장

사이버 공간에서의 중독

1. 인터넷 중독의 의미와 원인

1) 인터넷 중독의 의미

인터넷 중독 용어

인터넷 중독(Internet Addiction)은 인터넷을 하는 네티즌의 컴퓨터 접속이 지나쳐서 일상생활에 심각한 사회적, 정신적, 육체적 및 금전적 지장을 받고 있는 상태를 말한다. 사이버 중독, 인터넷 중독 질환(IAD: Internet Addiction Disorder), 병적 인터넷 사용(PIU: Pathological Internet Use), 인터넷 증후군(Internet Syndrom), 웨버홀리즘(Webaholism) 등의 용어를 사용하고 있다. 지나친 인터넷 접속으로 인하여 의존성과 금단 증상 등이 나타나 일상생활에 사회적, 정신적, 육체적 및 금전적 지장을 받고 있는 상태이기 때문에 중독을 어떻게 보는가에 따라 다양한 접근이 가능하다.

병적 증상

인터넷 중독 질환(IAD)이라는 용어는 1996년 정신과 의사인 골드버그(Ivan K. Goldberg)가 사용한 것으로 알려져 있다. 그는 인터넷 중독에서 나타나는 의존성이나 금단 현상을 알코올 중독에서 나타나는 병적 증상과 다르지 않다고 봤다. 영(Kimberly S. Young)이 나눈 인터넷 중독 하부 영역 중 네트워크 게임 중독은 온라인상에서 도박, 게임, 쇼핑 등에 지나치게 탐닉하는 것을 말하는데 이러한 행위들로 많은 돈을 잃게 되고 직업과 관련된 문제를 일으키며 의미 있는 관계를 상실한다고 한다. 영은 인터넷 중독을 병적 증상이라기보다는 지나친 집착으로 인한 사회생활의 파탄에 초점을 두고 있다.

중독의 특성

일반적으로 중독의 특성은 의존과 집착, 관용 효과(내성)와 금단 현상이 나타나는 것으로 알 수 있다. 의존은 한동안 사용하지 않으면 우울해지거나 초조해지거나 답답해지고 스트레스가 증가함으로써 습관적으로 기대게 된다. 흡연 중독자는 담배를 찾고, 알코올 중독자는 술을 마시고, 인터넷 중독자는 인터넷에 접속하여 금단 현상으로부터 벗어나려 한다. 집착은 그것에 대해서만 생각하고, 느끼고, 그것을 계속하기 위해 노력하게 되는 점을 말한 것이다. 중독이 아닌 경우도 집착하는 일은 많지만 중독된 상태에서 집착하지 않은 경우는 없다 하겠다. 내성은 같은 정도의 만족감을 느끼기 위해 점점 더 많은 양을 섭취하거나 시간을 소모하면서 활동해야만 한다. 알코올이나 흡연 중독의 경우 음주량과 흡연 양이 점점 늘어나는 내성이 생긴다. 금단 현상은 약물이나 인터넷 등 중독되어 있는 대상을 떠나 있으면 부작용이 생기는 것을 말한다. 알코올이나 니코틴 중독의 경우 술이나 담배를 끊게 되면 손이 떨리고, 식은땀이 나며, 안절부절못하는 등의 금단 증상이 나타난다. 인터넷 중독의 경우 통신상에서 뭔가 중요한 일이 있을 것만 같은 기분을 느끼게 된다. 짜증과 불쾌감을 느끼게 되고 모니터 앞에 앉는 순간 금단 현상으로부터 완화되어 편안해진다.

행위 중독

음주나 흡연 같은 약물에 의한 중독과는 달리 게임이나 도박처럼 특정 행동에 지나친 집착을 해서 벗어나지 못하는 것을 행위 중독이라고 한다. 등산이나 낚시처럼 건전한 취미로 여기는 행위조차 내성과 금단 등의 중독 현상이 나타나듯이 인터넷 생활에서도 지나치면 중독의 특성인 집착, 의존, 관용 효과와 금단 현상이 나타나게 된다.

2) 중독의 원인

중독은 개인적인 심리적 특성, 생물학적 요인들과 사회의 제도, 구조, 문화가 복합적으로 상호작용해 발생한다. 인터넷 중독의 원인을 인터넷이 갖는 속성과 관련해서 찾아볼 수도 있고, 인터넷을 하는 네티즌의 개인의 특성, 사회적 특성과 관련지어 이론적으로 설명해 볼 수도 있다. 스마트폰의 보급으로 인터넷이 어느 때 어느 곳에서든 생활화되면서 다른 쪽의 중독보다는 인터넷 중독으로 빠지는 경향이 늘어날 것으로 보인다. 먼저 인터넷이 갖는 속성과 관련해서 원인을 찾아보고, 다음으로 이론들을 활용해 해석해 보도록 한다.

유희성

인터넷이 갖는 속성 면에서 볼 때, 첫째, 유희성 측면에서 중독의 원인을 찾아볼 수 있다. 노는 재미를 인터넷이 선물처럼 사이버 공간에서 제공하고 있다. 인터넷에서 제공되는 멀티미디어들은 더 다양하고 강렬한 흥분을 제공한다.

호기심

둘째, 호기심과 관련된다. 제도권 내에서 충족시킬 수 없었던 호기심을 충족시킬 수 있다. 오프라인에서 접할 수 있는 멀티미디어에 비하면 탈영토적 공간인 사이버 공간에서 제공되는 자료들은 표현이 더 과감하고 한계가 없기 때문에 사이버 공간으로의 유인책이 되고 있다.

익명성

셋째, 익명성과 관련된다. 자신의 모습을 드러내지 않고 자유를 만끽하고 싶은 요구를 충족해 준다. 나이, 학력, 외모 등 나를 옥죄고 있는 현실적 조건들을 드러내지 않고 변신할 수 있는 익명성의 자유로움이 사이버 공간을 벗어나지 못하게 하는 요인이 되고 있다.

정착과 이주의 무제약성

넷째, 시공의 무제약성과 관련된다. 인터넷의 이용은 시공간의 제약이 없다는 해방감에서 찾아볼 수 있다. 현실 공간의 이용 시간은 제약적이다. 가는 날이 장날이라고 들르고 싶은 날이 휴무인 경우를 비롯해서 내가 가는 곳이 곧 나를 반기는 곳이라는 공식이 성립되지 않음으로써 불편함이 있다. 그러나 사이버 공간은 24시간 나를 받아 주는 곳이다. 들르고 싶은 사이트에 들어가고 말고는 내 마음대로이고 마음에 들지 않을 때는 벗어나면 그만이다. 금방 들렀던 곳을 수십 번 다시 들려도 눈치 받을 일도 없고, 떠나고자 하면 언제든지 떠날 수 있는 공간이다. 사이버 공간에서는 나를 묶어둘 수 없는 속성으로 인해서 정착과 이주가 시공에 얽매이지 않고 자유로운 해방 공간이다.

권력욕

다섯째, 권력욕과 관련된다. 인간은 지배받고자 하는 욕구도 있다고 하나 보통 사람이라면 지배받기보다는 지배하고 싶은 욕구가 더 강할 것이다. 현실 공간에서는 그야말로 상명하달이 지배의 원칙으로 작동하지만 사이버 공간에서 상명하달은 없다. 내가 내린 결정에 모든 것이 맞추어지기 때문에 권력욕을 마음대로 누릴 수 있는 곳이다. 통치자 못지않게 내 마음대로 할 수 있는 공간이 사이버 공간이다.

중독 원인 이론

인터넷 중독을 설명하기 위해 크게 세 가지 측면에서 이론들을 활용해 보고자 한다. 일찍이 사회문제를 설명하기 위해서 심리학적 측면, 사회학적 측면, 사회심리학적 측면에서 원인들을 찾아왔다(차경수 외 공저, 97-116). 인터넷 중독도 오늘날의 대표적인 사회문제로서 기존의 이론들을 거울삼아 원인을 찾아서 현재나 미래에 나타날 수 있는 문제점 예방에 도움이 될 수 있다.

심리이론

심리학적 접근은 심리적 상황이나 성격, 태도나 신념 체계가 인터넷 과용에 영향을 미친다고 보는 관점이다. 여기서 중시하는 이론에는 강화이론, 성격이론, 상호작용이론 등이 있다.

강화이론

강화이론(reinforcement theory)은 행동주의 심리학의 가장 기초적인 이론인 자극-반응(stimulus-response)의 공식에 따라 인터넷 과용을 설명하려는 입장이다. 중독 현상을 조건화되는 학습(conditioned learning)으로 보는 것이다. 정적 강화를 받은 행동은 발달하고 부적 강화를 받은 행동은 소멸한다는 행동주의 공식이 그 핵심이다. 인터넷 중독도 인터넷에서 보내는 시간이 기분을 좋게 하고 긴장을 풀게 해 주는 긍정적 강화를 함으로써 반복 행동으로 나타나게 된다고 볼 수 있다.

성격이론

성격이론에서는 중독 현상이 개인의 성격에 의한 것이라고 설명한다. 인터넷 과용이 바람직하지 못하다는 것을 알면서도 빠져들게 되는 사람들은 그렇지 않은 사람들과 차별화된 성격을 가지고 있다고 볼 수 있다. 중독자들은 성격이 다른 사람들에 비하여 수동적이고 방어적이며, 부정적 자아의식, 자주성의 결여, 소극적 성격, 의존성, 타인에 대한 불신, 불안, 죄의식, 정서적 미숙, 좌절감에 의한 인내심 부족 등의 어떤 성격적 특징을 갖고 있다고 설명한다.

상호작용이론

상호작용이론(interactionist theory)은 타인과 상호작용이 개인에게 주는 의미, 그들의 전체적인 세계관, 다른 사람과의 상호관계에서 발달하는 가치관, 문화적 또는 그들이 속한 하위문화 속에서의 학습 등 여러 가지의 복합적인 요인으로 이루어진다고 본다. 이 이론에서는 가치관이나 행동을 중요시하기 때문에 사람들의 주위에 존재하고 있는 하위문화를 특히 중요시한다. 이러한 측면에서 보면 게임을 하는 유저 집단에 한 번 소속하게 되면 그러한 문화를 포기하지 않는 한 게임 중독으로부터 벗어나는 것은 쉽지 않다.

사회심리학적 이론

사회심리학적 이론은 개인적 특성 이외에 집단적 심리를 중시하는 관점인데 낙인이론(labelling theory)과 사회학습이론(social learning theory)이 널리 알려져 있다.

낙인이론

낙인이론에서는 하나의 집단이 어떠한 행동을 탈선이라고 한 번 낙인찍으면, 그러한 낙인이 찍힌 사람은 그 집단 안에서는 탈선자가 된다고 주장한다. 낙인이론은 어떠한 개인이 속해 있는 집단이, 어쩌다 한 번 해 본 음주나 약물 사용을 탈선이라고 규정함으로써 중독자가 되는 것이라고 주장한다. 어떤 사람을 좋은 사람, 나쁜 사람 또는 탈선자라고 사회적으로 규정하면 그 사람은 정말 그러한 사람처럼 행동하게 된다고 사회심리학자들은 주장하고 있다. 이러한 시각을 사이버 공간에 적용해 보면 처음부터 인터넷 중독자가 되는 것이 아니라 인터넷을 한다고 해서 중독자라고 딱지를 붙임으로써 그렇게 되어 간다고 볼 수 있다. 게임 중독, 음란물 중독도 같은 방식으로 이해 가능하다 하겠다.

사회학습이론

사회학습이론은 비행은 주위의 환경에서 학습해 나타나는 것이라고 보는 이론이다. 이 이론은 차별적 연합이론(differential association theory)과 강화이론(reinforcement theory)을 바탕으로 삼고 있다. 차별적 연합이론은 약물 중독과 같은 탈선적 행동이 이미 약물을 사용하고 있는 사람과 접촉함으로써 약물 사용을 학습하게 된다는 주장이다. 특정 게임을 처음 할 때 그 게임을 하는 특정 사이트를 선택적으로 접촉함으로써 학습하게 된다고 본다. 이 과정에서 강화이론은 중요한 구실을 한다. 그 사이트에서 느끼는 쾌감이나 심리적 만족감, 유저들과 어울리게 되는 기쁨 등이 긍정적 강화 작용을 하기 때문에 쉽게 학습된다고 보는 것이다.

사회학적 이론

사회학적 이론은 사회구조 그 자체를 중시한다는 점에서 집단의 심리적 상태를 중요시하는 사회심리학적 이론과 구분된다. 이 입장은 약물 사용과 같은 탈선 현상을 사회적, 문화적 요인과 관련하여 설명하려는 이론으로 긴장이론(strain theory), 부분문화이론(subculture theory), 통제이론(control theory)이 여기에 해당된다.

긴장이론

긴장이론은 사람은 원래 도덕적이며 사회의 규범을 따르려고 하는 특성을 가지고 있다고 본다. 그러나 양심과 도덕성을 가지고 사회생활을 하려고 해도 뜻대로 되지 않기 때문에 좌절감과 긴장을 느끼게 된다. 이 좌절감과 긴장은 탈선의 직접적 원인이 되는 것이다. 학벌, 명예, 부 등의 목표를 달성할 수 있는 사람은 소수에 지나지 않으며, 대부분의 사람들은 달성하지 못하여 좌절감과 압력을 느끼게 된다. 특히 인종, 지능, 가족적 배경 등에 의해서 불리한 위치에 놓이게 되면, 그것을 극복하기 힘들어 비합법적인 수단으로 목표를 달성하려고 한다는 것이 긴장이론의 입장이다. 수

험생들이 공부를 열심히 해야지 하면서도 긴장으로 인해 밤새워 온라인 게임을 하는 것을 볼 수 있다.

부분문화이론

부분문화이론은 사람들은 집단에 따라서 서로 다른 문화를 가지고 있다고 본다. 청소년들의 문화는 이미 부모들의 문화와는 다르다. 부모들의 문화에서는 게임이 부정적인 것일지라도 청소년 문화에서 게임은 그들만의 문화 중의 핵심을 이루고 있다. 청소년들이 속한 집단에서는 게임을 못한다 하면 아버지하고 놀지 여기는 왜 들어왔냐 할 것이다. 온라인 게임에서도 그 게임을 하는 집단에 한 번 들어가면 벗어날 수가 없게 된다고 본다. 왜냐하면 그 집단에서는 게임이 바로 생활양식이요, 문화가 되기 때문이다.

통제이론

통제이론에서는 인간은 도덕적이지도 않고 원래 악한 것도 아니라고 본다. 규칙을 따르고 질서를 존중하는 것은 도덕적이어서 그런 것이 아니라 탈선으로 인해서 얻는 것보다도 잃는 것이 더 많다고 판단되는 때라고 본다. 따라서 통제이론은 탈선적인 행동은 탈선으로 인해서 잃는 것보다 얻는 것이 더 많다고 생각될 때에 일어난다고 주장한다. 가족이나 친구와 같은 공동체 조직이 붕괴됨으로써 통제력이 약해져서 인터넷 남용을 억제하려고 했던 힘이 무너지고 인터넷 남용으로 얻는 것이 더 많다고 여겨지면 인터넷 중독자가 되어 간다고 볼 수 있다. 이 입장은 인간이 도덕적으로 중립적인 존재라고 보고 상황에 따라서 비행에 빠지기도 하고 비행을 억제하기도 한다는 점은 반박을 받기도 하지만 가족, 친구, 학교, 개인적 성취 욕구 등이 통제력으로 작용하여 인터넷 과용을 억제하고자 하는 힘으로 작용할 수 있다는 점은 주목할 만하다.

2. 인터넷 중독의 유형과 단계

1) 인터넷 중독의 유형

게임 중독

게임 중독은 게임에 접속하여 게임을 시작하면 그만두고자 하는 자기통제력을 잃고 집착하여 사용하는 상태를 말한다. 인터넷이 가지는 게임 자체의 속성과 재미, 폭력성, 익명성, 상호작용성 등 여러 요소가 복합적으로 작용하게 된다.

WHO는 게임 중독을 게임 이용 장애라고 이름을 붙였다. WHO에서는 게임 이용 장애 진단 기준을 3가지로 제시하고 있다. ①게임을 하고 싶은 욕구를 참지 못하며 끝내지 못하는 경우, ②다른 일상생활보다 게임을 하는 것을 우선시하는 행위, ③게임 때문에 문제가 생겨도 게임을 중단하지 못해 문제를 일으키는 상태를 장애의 진단 기준으로 보고 있다. 이러한 증상이 12개월 이상 지속되는 경우 게임 이용 장애로 분류된다.

쉽게 빠져나오지 못할 정도로 게임의 스토리 구성 및 전개가 진화되어 가고 있고, 즉각적으로 반응하는 게임의 특징과 청소년의 활력적 정서가 잘 맞아떨어져 게임 중독 현상이 생긴다. 게임을 통하여 공격성, 폭력성을 배설하기도 하고 현실에서 불만에 찬 자신의 능력을 사이버 공간에서 발휘하여 자아 만족감이 커지기도 하고, 익명성을 전제로 게임 내 유저들과 자유로운 의사소통이 가능하여 새로운 대인관계 형성하는 재미도 있다. 이러한 온라인에서의 게임의 속성으로 인해 게임 이용 장애, 게임 중독인 줄도 모르고 일상적으로 게임에 빠져 사는 경우가 생긴다.

채팅 중독

채팅 중독은 문자 등의 대화에 과도하게 집착하여 사회적, 정신적, 육체적 및 금전적 지장을 받고 있는 상태를 말한다. 사이버 관계(Cyber Relationship) 자체에 탐닉하게 된다. 채팅 중독의 특징은 대면적 만남의 욕구를 대리 배설하는 역할을 한다. 인터넷

채팅은 변신 욕구를 자극해서 새로운 인생을 살게 한다. 삶은 이야기인데 새로운 아이디나 닉네임으로 새로운 나의 정체성(아이덴티티, Identity)을 만들고 새로 탄생한 '나'는 사이버 공간에서 누군가와 대화를 하고 감정을 나누며 실존하게 된다. 대면적 만남에서 말 걸기, 대화하기는 쉽지 않지만, 채팅은 소극적 성격이라 하더라도 선제적 대화, 공격적 대화가 가능하고, 대면적 만남과는 달리 예의에 얽매이지 않는 만남을 즐길 수 있다. 마음을 잡지 못하면 인신매매 및 성폭력 관련 범죄로 연결되는 경우가 잦아 사회문제가 될 정도로 채팅은 신분을 조작하거나 은폐함으로써 부정적 관계로 끝이 날 가능성도 있다. 아는 사이의 채팅인 경우 관계 자체가 부정적인 것은 아니지만 서로 불필요한 시간을 낭비할 수도 있다. 랜덤 채팅에서는 상대를 바꿔가며 '하이(Hi), 하우 아 유(How are you?)'만 수십 번을 하기도 한다.

음란물 중독

음란물 중독은 음란물을 보거나 음란한 채팅을 하는 데 강박적으로 몰입하는 현상을 말한다. 음란물 보기나 채팅은 공개된 장소에서 자유롭게 하기 어려워 스마트폰 등의 기기를 홀로 있는 공간에서 사용하고, 가족이나 친구에게 은폐하는 경향이 있다. 자신에게 떳떳하지 못한 행동이라 생각하는 경우에는 음란물에 탐닉하는 자신의 행동으로 인해 우울감, 죄책감을 느끼기도 한다. 음란물이 표현한 왜곡된 성에 대한 집착으로 성 비행을 저지른다고 보는 사람들은 음란물 중독을 사회가 나서서 막아야 하는 것으로 생각한다.

검색 중독

검색 중독은 특정한 지식과 정보를 설정하지 않고, 검색 자체에 병적으로 몰두하는 상태를 말한다. 검색 중독의 특징은 창조하기보다 자료를 찾는 데 시간을 다 보내게 된다. 검색의 종류도 다양한데 일반적으로 자료를 찾기 위해 검색을 하기 시작하지만 검색하는 일에 빠지다 보면 특정한 목적 없이 즉흥적으로 정보를 검색하느라 시간 통제가 안 된다. 개미가 먹이를 모으듯이 검색해서 자료를 모으기는 하지만 불필요한 저장에 불과할 때가 많다. 새로운 것을 검색하는 것에서 새끼치기를 하게 되면 끝이 없다. 검색하는 일에 빠지게 되면 일상의 지루함을 견디기 힘들어하며, 더 선정적이고 자극적인 정보를 검색하려는 집착이 생길 수 있다. 폐쇄적인 정보에 접근하기 위해서는 돈이 필요하기 때문에 또 다른 문제를 낳을 수도 있다.

시간 지각 왜곡

사이버 공간의 특성으로 인해 사이버 공간에서는 시간 지각의 왜곡이 생긴다. 현실 공간에 비하면 짧은 시간에 더 많은 공간을 넘나들 수 있다. 따라서 상대적으로 시간의 흐름에 둔감하게 된다. 1분만 더 검색을 하겠다는 것이 이곳저곳 들르다 보면 30분이 지나는 것이 예사다. 현실 공간에서 흡연자가 딱 담배 한 개비만 더 피겠다고 하고, 술꾼이 딱 한 잔만 더 하겠다고 하는 것이 어느덧 중독이 되어 있듯이 1분만 더 하겠다고 하는 것이 인터넷 중독으로 되는 현상을 '1분만 더 증후군(one more minute syndrome)'이라고 한다. 익명으로 호기심을 충족하고 마음껏 유희를 할 수 있는 권력자로서 시공의 제약을 받지 않고 활동할 수 있는 사이버 공간을 빠져나오는 것이 쉽지 않다. 탈억제 현상이 생기는 것이다. 익명인 상태에서 통제자를 인식할 이유가 없기 때문에 이목이 두렵지 않아 방만하게 시간 가는 줄 모르고 인터넷을 하다가 중독되는 것이다.

2) 인터넷 중독의 단계

초기 단계

처음에 인터넷을 접하게 되는 것은 환경적 요인에 의한 것으로 볼 수 있다. 인터넷을 할 수 있고, 스마트폰을 가지고 있는 유아부터 노인까지 게임이 다가온다는 말이 적절할 듯하다. 재미있나 보자 하고 시작했다가 스트레스를 해소하겠다고 반복하게 된다. 점차 빠져들어 검색, 쇼핑, 게임 등 흥미를 느껴 몰입하고, 스트레스나 고민을 잊는 경험을 하게 된다. 스트레스가 쌓일 때마다 쇼핑몰을 드나들기도 하고, 이런저런 동영상을 연이어 보게 되는데, 이런 경험이 반복돼 중독으로 이어진다.

중간 단계

일단 중독의 단계로 접어들게 되면 실생활보다 사이버 생활이 더 편하게 느껴진다. 사이버 공간의 특성상 오감을 작동할 필요도 없이 시청각만 동원하는 편리함도 있고, 대면 관계가 주는 부담들로부터 벗어나는 편안함이 있다. 수시로 인터넷 활동을 갈망하게 되며, 인터넷을 접속하지 않으면 불안해지는 등 금단 증상이 심화되면서 대인 관계가 위축된다. 가족을 비롯한 대면 관계에서 마찰이 있을 때마다 스스로 반성도 하지만 이미 끊기가 쉽지 않은 단계에 와 있기 때문에 쉽게 벗어날 수 없다. 사이버 공간에서 보내는 시간이 점차 늘어나는 내성 증상, 인터넷을 못할 때 나타나는 금단 증상, 대인관계나 학업·사회생활 유지에 지장을 주는 증상들이 나타나면 중독이라고 자각해야 한다.

중증 단계

더 심하게 되면 각종 부작용이 드러난다. 사이버 공간에 이미 익숙해져 몸도 사이버 공간에 더 맞도록 되어 있기 때문에 충동 조절이 잘 안 되고, 판단력이 흐려져 과격하거나 돌발적인 행동을 하는 등 이성보다는 감정이 앞서게 된다. 사이버 공간에서 생활하는 것도 현실 공간에서 활동을 할 때 돈이 필요하듯이 게임을 하든 동영상을 다운받든 돈이 필요하다. 청소년들 같은 경우에는 인터넷 사용에 따른 비용이 늘어나면서 돈을 자주 빌리게 되고, 성인들은 게임, 도박, 쇼핑 중독일 때는 대출을 받는가 하면 불법적인 방법으로 돈을 마련하려고 한다. 이 단계에서는 인터넷 중독과 현실 공간에서 문제까지 얽혀 우울증이나 충동조절장애와 같은 정신과적인 문제도 생길 수 있다.

3. 인터넷 중독 대처 방안

중독의 상대성

인터넷의 활용은 이제 생활의 일부이기 때문에 어디부터가 중독인지를 밝히는 것도 쉬운 문제는 아니다. 인터넷 생활과 거리가 먼 사람들은 인터넷에 들어가서 일을 하는 것조차 중독으로 볼 수도 있을 것이고, 인터넷에서 일뿐만 아니라 여가를 보내는 사람들은 중독이라기보다는 일상이라고 여길 것이다.

가족에게 도움 받기

개인에 따라 다를 수 있지만 인터넷에서 하는 일이나 놀이가 바람직하지 않다고 여겨지는데도 의지대로 벗어날 수 없다면 스스로 중독이라 진단하고 빠져나올 수 있는 길을 찾아야 한다. 우선 가족이 지치기 전에 도움을 청해야 한다. 가족들이 인터넷 하는 것에 대해서 통제를 하고자 하면 반박하기보다는 지나치니까 통제하는 것이라는 생각을 해 봐야 한다. 아무리 가족이라도 지치면 포기하게 된다는 점을 염두에 두자.

재미있는 일 찾기

다음으로 인터넷 중독에서 벗어나기 위해서는 더 재미있는 일을 찾아야 한다. 더 재미있는 일은 자아실현을 할 수 있는 일로 누구에게든 있다. 남과 경쟁하는 것이 아니라 자기 자신과 경쟁하고, 성과를 비교하는 것이 아니라 스스로 만족할 수 있는 결과를 내는 일이다. 그리고 책임지는 자신에 대한 존중감을 갖는 것도 중요하다. 다른 사람으로부터 존중받는 것도 중요하지만 스스로 존중할 수 있다는 것이 무엇보다 핵심이 된다. 책임지지 않는 자아에 대해 스스로 무시하기 시작한다면 남들로부터 무시당하는 것은 불을 보듯 뻔하다. 인터넷상에서 책임진다는 것은 자신이 하는 일로부터 도피하지 않는 것이다.

리셋증후군 극복

인터넷 세대들에서 나타나는 리셋증후군(Reset syndrome)을 극복해야 하는 것도 중요하다. 컴퓨터가 말을 듣지 않을 때, 인터넷을 하다가 맘에 들지 않을 때 리셋버튼을 누르면 모두 사라지고 리셋된다. 리셋증후군은 자기 맘에 안 들면 지금까지 벌여 놓은 일이나 인간관계 등을 끝내 버리고 쉽게 다시 시작하려는 현상을 말하는데, 게임, 채팅 등에서 참을성 없는 행동과 타인을 배려하지 않는 자기 위주의 행동으로 두드러지게 나타나고, 책임감 없는 행동으로 연장되고 있다.

중독 예방 모델

인터넷 중독을 예방하기 위한 대책을 거시적 관점에서 보면, 법 집행 모델, 의료적 모델, 교육적 모델 등을 새겨볼 필요가 있겠다. 이러한 예방 모델들이 각각 완전한 것은 아니나 각각의 의미는 찾아볼 수 있다.

법 집행 모델

첫째, 법 집행 모델(law enforcement model)은 인터넷 과용을 방지하기 위한 법적인 예방책을 마련하는 것이다. 지금도 관련법들이 마련되어 있지만, 미흡한 것들과 시대가 변하면서 달라져야 하는 것들을 적절하게 마련해 대처해 나가는 방안이다.

의료적 모델

둘째, 의료적 모델(medical model)에서는 인터넷 중독도 치료를 필요로 한다는 시각에서 예방하기 위한 시도들을 해야 한다는 것이다. 이 모델의 특징은 경찰이나 부모, 교사 등 당사자의 중독을 알 수 있는 사람들이 의학적 조처가 필요할 경우에는 선택할 수 있도록 역할을 해야 한다.

교육적 모델

셋째, 교육적 모델은 중독이 가져오는 결과와 위험에 대한 무지로부터 빚어진 잘못된 선택에서 비롯된다고 가정한다. 중독의 위험에 대해서 교육을 받는다면 그들은 올바른 결정을 하여 인터넷 과용을 피할 것이라고 기대한다.

◈ 생각 정리하기

생각 나누기 1

가톨릭 성직자가 여성 행세를 하는 남성과 음란 채팅을 즐기다 돈을 뜯긴 사건이 발생했다. 한 인터넷에서 남성들과 채팅을 즐겨 오던 A(46) 씨는 2005년께 한 인터넷 미팅 사이트에서 B 씨를 알게 돼 대화를 나눴다. 그날 이후로도 몇 차례 둘 사이에 채팅이 오가던 중 A 씨는 우연히 B 씨가 가톨릭 신부라는 사실을 알게 됐다. 음란한 내용의 대화를 주고받던 A 씨는 B 씨에게 '성기를 찍은 사진을 보고 싶다'라고 했고, '유혹'을 못 이긴 B 씨는 자신의 성기를 촬영한 사진 파일을 A 씨에게 보내고 말았다. A 씨는 이때부터 B 씨에게 "성직자 신분으로 음란 채팅을 하고 성기 사진까지 찍어 보낸 사실을 언론사에 알리겠다"라고 협박해 약 20차례에 걸쳐 수천만 원의 금품을 뜯어냈다. 이 사실이 교단 윗선에 보고될 경우 성직자회의를 통해 중징계를 받게 될 것을 우려한 B 씨는 한동안 전전긍긍하다 결국 경찰의 수사를 요청했고, 경찰은 최근 기소중지돼 있던 A 씨를 붙잡았다. 조사 결과 A 씨는 자신이 남성인 사실을 숨기기 위해 화상채팅은 하지 않았으며 음성채팅을 할 때도 여성 목소리를 낼 수 있는 음성변조기를 사용한 것으로 드러났다. 경찰은 이날 A 씨를 공갈 등의 혐의로 구속했다(KBS뉴스, 2007.10.17.).

채팅 앱에서 여성 행세를 하며 남성을 유인해서 여자인 줄 알고 나온 남성을 때려눕혀 강도 짓을 한 10대가 검거된 적도 있다(SBS뉴스, 2021.6.22.).
채팅에 중독되지 않고 즐기는 상태라 하더라도 여러 가지 부작용들이 생기게 된다. 위 사례는 사이버 공간의 익명성으로 인해 생길 수 있는 여러 가지 특징들이 잘 드러나 있다.

사이버 채팅이 줄 수 있는 긍정적 기능과 부정적 기능에 대해 생각해 보고 발표해 봅시다.

생각 나누기 2

주부 윤 씨(전업주부, 20대)는 잠시라도 컴퓨터 앞을 떠나면 불안하다. 여러 쇼핑몰을 들르려면 시간이 부족하기 때문이다. 들르지 않으면 불안하고 허전하고 초조해지고 다급해진다. 물 마실 여유도 없어 물컵을 들고 컴퓨터 앞으로 돌아와야 안심이 된다. 하루의 대부분 시간을 인터넷 쇼핑에 할애하는데, 아침 6시 30분에 남편이 출근하고 나면 세수하면서 컴퓨터 부팅한 이후로 줄곧 쇼핑몰에서 보낸다. 대부분의 생활용품을 인터넷으로 구매했지만 정작 그것들을 어디에 써야 할지 모른다. 일단 사고 보자는 충동을 억제하지 못해 구매는 하지만 사고 난 이후에 불필요하다는 것을 알게 된다. 의류, 침구류 등이 사기 전에는 예쁜데, 사고 나면 안 예쁘다고 생각된다. 자신이 인터넷 쇼핑 중독이라는 것을 모르는데 자신은 고가의 물건을 사는 것이 아니기 때문에 그렇게 심하다고 생각을 하지 않는 것이다(SBS, 2006.8.19.)

TV 화면에서 한정 특가 판매 상품을 알리면 자신도 모르게 주문까지 일사천리로 끝을 내고마는 홈쇼핑 중독자처럼 인터넷 쇼핑 중독자들은 인터넷에서 할인한다는 배너광고들을 보면 클릭하지 않고는 일을 진행할 수가 없어서 시간을 빼앗긴다. 여러 쇼핑몰을 비교하러 다니다가 결국은 가격에 대한 감각이 무뎌져서 상품을 구매하게 되고 최저가로 샀다며 위안을 삼는다.

쇼핑 중독을 일으키는 심리적 요인과 사이버 공간의 상품광고가 쇼핑 중독에 미치는 영향에 대해 생각해 보고 자신의 경험이나 생각을 발표해 봅시다.

◈ 활동하기

'인터넷 중독 진단'을 검색해서 관련 사이트를 찾은 후 자기진단을 한 후 다음 질문에 답하시오(게임 중독, 음란물 중독, 채팅 중독, 쇼핑 중독 등에 대한 진단으로 대체해서 답을 해도 됩니다).

1. 성인 대상 인터넷 중독 진단을 한 후 성인 인터넷 중독 관찰자 척도 해석 내용을 적으시오.

2. 성인 대상 스마트폰 중독 진단을 한 후 관찰자 척도 해석 내용을 적으시오.

◈ 참고하기

인터넷 중독의 유형

- 사이버 섹스 중독(Cybersexual addiction): 섹스나 포르노 등의 내용물을 담고 있는 인터넷 사이트들에 대한 중독
- 사이버 관계 중독(Cyber-relationship addiction): 사이버 공간의 인간관계에 몰두하고 실제 인간관계를 등한시하는 경우
- 네트워크 강박증(Net compulsion): 강박적으로 온라인 은행, 쇼핑, 주식 매매 등에 의존도가 높아서 일상적인 직업 생활에 장애를 가져옴.
- 정보 과부하(Information overload): 필요 이상의 정보 수집 자체에 집착해 강박적으로 웹사이트나 자료를 검색하여 타인보다 우위에 서고자 함.
- 컴퓨터 중독(Computer addiction): 컴퓨터를 이용한 게임, 도박 등에 강박적으로 집착하여 현실생활에 지장을 받게 됨.

미국의 심리학자 '킴벌리 영'의 인터넷 중독 유형

출처 : Kimberly Young, Molly Pistner, James O'Mara, and Jennifer Buchanan, Cyber-Disorder : The Mental Health Concern for the New Millennium, Cyber Psychology &Behavior, 3(5), 2000. pp.475-479,

12장

사이버 공간에서의 예절

1. 예절의 의미와 네티켓의 원칙

1) 예절의 의미

예절이란 사회생활을 하는 사람들이 함께 살아갈 수 있도록 행동과 마음으로 나타내는 규범이다. 예(禮)란 관행으로 이어 오는 사회계약적 생활규범이다. 사람 사이의 관계를 원만히 하려면 서로 약속해 놓은 방식으로 드러내 보임(示)으로써 자신을 풍성(豊)하게 하는 것이다. 사회에서 약속해 놓은 방식으로 자신을 드러내면 스스로를 풍성하게 하는 것으로서 사람대접을 받으면서 자아존중감을 갖고 살아갈 수 있다. 그러나 드러내 보임이 사회가 약속한 규범과 어긋나면 스스로 자신을 깎아내리고 파괴함으로써 자신을 풍성하게 할 수 있는 기회를 져 버리고 존재 가치를 잃어버리게 된다. 남들로부터 무시당하거나 비난받게 되며 사람대접을 받지 못함으로써 스스로도 비하하게 된다. 사람대접을 받으며 사람과 더불어 살려면 사람끼리 약속해 놓은 생활 방식인 예절을 알아서 실천해야 한다. 따라서 예절을 실천하지 않는 것은 바른 사람이 되기를 거부하는 것과 마찬가지이다.

말과 행동의 격식

드러내 보여서 풍성해진다는 禮(礻:보일시변 시 + 豊:풍년 풍)는 마음만 있어서는 안 되고 반드시 그 마음을 상대편에게 인식시키는 말과 행동이 따라야 한다. 서로가 자기의 마음을 상대편에게 인식시키는 것을 의사소통이라 하는데 의사소통 수단인 말과 행동은 미리 정해 놓은 방식으로 하지 않으면 안 된다. 정해 놓은 말이 언어의 격식이고, 정해 놓은 몸놀림이 행동의 격식이다. 즉 예절의 실제는 의사(意思)의 형태로 마음속에 있는 것이고, 예절의 격식은 그 의사를 남에게 인식시키는 의사소통의 수단이다.

문화 양식

예절은 사회적 인간이 만들어 낸 문화 양식으로 한 개인이 특별히 만드는 것이 아니다. 종교에서처럼 신의 계시에 의한 것이거나 절대군주가 하달한 것이라고 볼 수도 없다. 산이 있으면 산을 가장 잘 넘어갈 수 있는 길이 생기듯이 사람의 삶에서 인생을 가장 수월하게 살아가는 길이 저절로 생긴 것이다. 삶에도 여러 생활권에서 그 생활권에 가장 잘 맞는 삶의 길을 만들어 간 것이다. 삶이 축적되면서 가장 합리적(合理的)이고 가장 편리하기 때문에 누구든지 다 그렇게 하는 것이 가장 나은 생활 방식으로 그 문화권의 예가 된 것이다. 따라서 예절을 실천하지 않는 것은 합리적이고 편리한 생활 방식을 버리고 이치에 맞지 않고 불편하게 사는 것과 같다.

예의 자율성

예절은 실천하지 않는다고 해서 강제적으로 처벌하는 것은 아니다. 사회문화권에 따라 처벌이 주어지는 사회도 있을 수 있지만 법치주의 국가에서는 예를 지키지 않은 것은 법을 어긴 것과는 다르게 간주한다. 예를 지키지 않으면 비난의 대상이 될 수는 있어도 동시에 법까지 어긴 것이 아니라면 처벌받지는 않는다. 툭하면 법대로 하자는 사람은 자율적으로 살아가는 사람이 아니라 법에 기대어 사는 사람이다. 자율적인 사람들은 법과 무관하게 살아간다. 책상 앞에 '자리에 눕지 말자'라고 스스로 써 붙여 놓고 공부를 열심히 하겠다고 책상 앞에 앉아 있는 학생은 자율적인 것이다. 엄마가 자리에 눕지 말고 책상에 지긋하게 앉아 있으라고 해서 앉아 있는 학생이 있다면 이는 자율적인 것이 아니라 타율적인 것이다. 이렇듯이 누가 찾아가서 인사를 해라 해서 방문을 한다면 타율적인 것이겠고, 스스로 찾아뵙고 인사를 해야겠다 해서 방문한 것이라면 자율적인 것이라 할 수 있다. 자율적인 사람들은 자신의 힘에 지배를 받는다. 예를 지키는 사람들은 법 없이도 살 사람들이다. 다른 것의 힘에 이끌릴 이유가 없다 하겠다. 예에 어긋나지 않으면 법과 관련될 일도 없을 것이다.

예와 부끄러움

모든 사람들이 예를 지키며 살아간다면 굳이 법을 내세울 필요가 없겠지만 예를 벗어나는 사람들이 강제적으로 예를 지키도록 하기 위해서 법이 마련된 것이다. 예는 강제적인 것이 아니기 때문에 강제적인 규범이 질서유지를 위해서 예를 대신하게 된 것이고 그것을 법이라 할 수 있다. 사람들이 자율적인 것을 좋아하면서도 타율적인 법의 지배를 받게 된 데는 자율성을 행사하지 못하는 사람들이 늘어났기 때문이다. "자율하지 못하는 것은 부끄러워하는 염치심(廉恥心)이 없어서이고, 염치심이 없는 것은 스스로를 꾸짖는 자책지심(自責之心)이 없어서이고, 자책하지 못하는 까닭은 자기가 하는 일에 대해 잘잘못을 가리는 시비판단(是非判斷)을 하지 못해서이고, 시비를 가리지 못하는 것은 예절을 몰라서이다." 논어에서 말하는 것처럼 법으로 질서를 잡기 시작하면 예가 무너지는 문제가 있다. 정치적 제도와 법률로 국민을 인도하고 형벌로 질서를 잡으려 하면 국민은 법망을 벗어나려고만 하고 부끄러움이 없어진다. 이에 비하여 덕으로서 국민을 인도하고 예로서 질서를 바로잡고자 하면 국민들에게 부끄러움이 생기고 저절로 질서가 자리 잡게 된다(道之以政 齊之以刑 民免而無恥 道之以德 齊之以禮 有恥且格).

습관화

자율적으로 사람과 사람의 교류와 접촉에서 지켜야 할 도리를 예절이라고 하는데 요즘은 형식에 더 비중을 두어 '에티켓(etiquette)' 또는 '매너(manner)'라는 말도 많이 쓰고 있다. 예절은 말과 행동으로 마음을 보이는 것으로 번거롭게 여겨질 수 있으므로 몸에 배도록 습관화하는 것이 필요하다. 가까운 사람에서부터 먼 사람까지 구별해서 때와 경우에 맞게 행동하는 것이 예절을 지키는 것이다. 아버지와 마트에서 마주친 사람을 구별해서 예를 갖춰야 한다. 예절에는 성정(性情)이 작용하는 것이다. 사이버 공간에서 예절도 인간의 성정을 미루어 짐작할 수 있으므로 자기가 대접받기를 바라는 대로 남을 대하면 지켜지는 것이다. 현실 공간에서 부모에게 효도하듯이 미루어 다른 어른을 공대해야 하는 것처럼 사이버 공간에서도 형제간에 정을 나누듯이 미루어 남과 어울리고 인정이 담기도록 하는 습관화가 필요하다.

2) 인터넷 예절의 원칙

네티켓의 개념

인터넷 예절을 네티켓(Netiquette)이라고 한다. 네티켓은 네트워크(Network)와 에티켓(Etiquette)을 더한 말로서 사이버 공간에서 지켜야 할 행위규범을 뜻한다. 현실 공간에서 에티켓을 선악과 관련되는 행위라고 보는 것이 아니라 품위의 문제로 보듯이 네티켓도 사이버 공간에서의 품위와 관련된 개념이다. 지키지 않았다고 해서 강제적 제재가 더해지는 것은 아니지만 스스로 더 자유롭기 위해서 자기 규제로서 지켜 나가는 윤리인 것이다.

네티켓의 핵심 원칙

지금은 누구나 다 네티즌이라 할 만하지만 초기에는 네티즌과 아닌 사람을 구분할 수 있을 정도로 일부만이 인터넷을 활용했다. 그런데 시간이 지나자 네티즌(누리꾼)들의 수가 늘어나 사이버 공간에서의 질서 문제가 생기게 되었다. 이러한 문제들로 인해서 인터넷 예절의 필요성이 제기되자 1994년에 버지니아 세어(Virginia Shea, 2004) 교수가 '네티켓의 핵심 원칙'(The core rules of netiquette)을 제시했다. 그가 제시한 네티켓의 핵심 원칙들은 여전히 유효하다.

원칙1: 사람임을 기억하라.

유치원 때부터 배워 왔던 것이 다른 사람이 네게 했으면 하는 대로 다른 사람을 대우하라는 것이다. 그 사람의 신발을 신고 그 사람의 안경을 끼고 그 사람의 느낌을 상상해 보고 사이버 공간에서도 상대방을 나와 같은 사람임을 기억하는 것이 필요하다. 모니터로 상대방을 접할 때 대면 관계와는 다르게 상대방의 얼굴 표정, 몸동작, 목소리 톤을 직접 접하지 않기 때문에 실제 사람이라는 것을 간과하기 쉽다. 그래서 사이버 공간에서 문자를 주고받든 댓글을 달든 명심해야 할 가장 기본적인 태도는 상대방도 나와 같은 감정이 있는 실제 인간이라는 점이다. 나를 드러내지 않는 익명성과 상대방을 실제 인간이라는 생각을 하지 못하는 사이 음란하고 무례한 행동을 유발하기도 하고, 실생활에서는 행해질 수 없는 부분까지도 허용될 것이라는 착각을 불러일으킬 수 있다. 거이(Guy Kawasaki)는 포스팅을 할 때나 메일을 띄울 때, '이런 말을 얼굴을 마주보고도 할 수 있을까?'라는 질문을 자문해 볼 필요가 있다고 한다. 대답이 노라면 다시 쓰고 다시 읽고를 편안한 느낌이 들 때까지 반복해야 한다. 한 번 올린 글은 자신이 지웠다고 해서 사라지는 것이 아니라 누군가가 저장했거나 퍼 나르기를 했다면 내가 통제할 수 있는 범위를 넘어서기 때문에 사이버 공간에서 글쓰기도 신중을 기해야 한다. SNS에서 술 취한 사람처럼 감정을 통제하지 못하고 상대방을 사물화한 채로 글을 남기게 되면 후회하는 일이 생길 수도 있다.

원칙2 : 실제 생활에서 따르는 것과 똑같은 기준과 행동을 고수하라.

실생활에서는 대부분의 사람들은 대면 관계에서 부끄러움 때문에 윤리적 응대를 하고, 적발되는 두려움이나 불이익 때문에 법을 준수하게 되지만, 사이버 공간에서는 윤리 기준이나 법 제도의 적용을 덜 받는다고 생각하기 쉽다. 흔히 사이버 공간은 규범의 구속이 없는 공간인 양 현실 감각 없이 마음을 내려놓고 참여하기 쉽다. 사이버 공간에서는 보다 느슨하게 윤리 기준이 적용되는 것으로 착각할 수도 있다. 그러나 사이버 공간에서도 실제 생활과 마찬가지로 윤리적 기준의 강도는 같다. 사이버 공간에서 윤리적 딜레마를 만난다면 현실 공간에서 적용하는 강령들을 참고로 해서 대처하면 된다. 사이버 공간에서도 범죄를 저지른 것이 아닐지라도 불법적인 일을 시도하려 한다면 윤리적으로 이미 문제가 있다.

원칙3 : 사이버 공간의 어디에 있는지를 알고 행동해야 한다.

네티켓이 모든 사이트에 통용되는 것도 있지만 사이트마다 다른 점도 있다. 한 곳에서 완전히 받아들여지는 것도 다른 곳에서는 무례한 것일 수 있다. 특히 정치 정향과 관련되는 사이트들은 그들만의 관념이 뚜렷하다. 그러므로 어느 사이트에 있는지를 아는 것은 중요하다. 사이버 공간에 새롭게 참여하고자 할 때에는 그 환경을 잘 파악하여야 한다. 약간의 시간을 투자해서 채팅하는 것을 좀 들어보거나 게재된 글을 읽어 보고 그곳의 분위기를 익힌 후 참여하는 것도 하나의 방법이 될 수 있다.

원칙4 : 다른 사람의 시간을 존중하라.

오늘날 사람들이 이전보다 더 시간이 적은 것처럼 보이는 것은 클리세(cliché)[1]다. 문자를 보내거나 글을 띄울 때, 다른 사람들의 시간에 대한 충분한 배려가 필요하다. 보낸 글을 읽게 되는 사람들이 시간을 허비하지 않도록 하는 것은 글을 올리는 사람 각자의 책임이다. 따라서 어떤 글을 올리기 전에 다른 사람들이 알고 싶어 하는 것인지를 따져봐야 하며, 만일 다른 사람들이 원하지 않는 정보라면, 그들의 시간을 빼앗지 않도록 주의해야 한다. 올리는 시간과 열어 보는 시간이 낭비되는 것임으로 이중의 시간 낭비가 있게 된다. 카톡과 같은 SNS에서 보내기 버튼을 누르기 전에 한 번 더 보내야 하는 글인지, 봐야 하는 동영상인지 생각해 보는 습관을 기르자. 본인의 판단으로는 더 많은 사람들이 공유하고 봤으면 하는 글, 그림, 동영상이라 하더라도 상대방은 매우 다르게 받아들일 수 있음을 인식하는 것이 좋겠다.

원칙5 : 온라인상의 자신을 근사하게 만들어라.

사이버 공간에서도 스스로 존중할 수 있는 자아를 형성하는 것이 좋다. 현실 공간에서 첫인상이 좋아서 나쁠 것이 없듯이 사이버 공간에서 만나는 사람들끼리도 좋은 인상을 갖고 교류한다면 더 좋을 것이다. 현실 공간에서의 지인끼리 만나는 단톡방이 아니라면 온라인상에서 만나는 대다수는 이전에 만난 적도 없기 때문에 피부, 눈동자, 머리카락, 몸무게, 나이, 옷의 색깔로 판정할 수는 없다. 오직 그 사람이 쓴 글의 수준에 따라 평가를 받게 된다. 철자를 올바르게 써야 함은 말할 것도 없고 당연히 문법에 맞는 내용 전달이 명확한 글을 적어야 한다. 그리고 유쾌하고 공손해야 한다. 공격적인 언어의 사용을 자제하고, 대립각을 세우지 말아야 한다. 굳이 자극적이거나 품위 없는 아이디나 닉네임을 사용하면서 악성댓글을 다는 등 자신을 저급스럽게 만들 이유가 없다.

원칙6 : 전문적인 지식을 공유하라.

사이버 공간의 힘은 그 속에 있는 수에 있다. 질문이 올라오면 수많은 지식을 보유한 사람들이 그 질문을 읽게 되고, 그들 중 일부만이 지적인 답변을 하게 되더라도 세계의 토탈 지식은 증가하게 된다. 과학자들이 정보를 나누기를 원했기 때문에 인터넷이 생겨서 성장했고 점차로 일반인까지 역할을 하게 되었다. 누구든지 아는 것이 있다면 두려워하지 말고 공유하면 된다. 특히 내가 질문해서 얻은 결과를 공유하는 것은 예의 바른 것이다. 지식을 공유하는 것은 즐거운 일이다. 그것은 네트워크상의 오랜 전통이며, 더 나은 세상을 만들게 한다.

원칙7 : 논쟁은 절제된 감정 아래 행하라.

논쟁은 어떠한 격렬한 감정을 절제하지 않고 강하게 표현할 때 생겨난다. 그것은 사람들이 반응하게 하는 메시지의 일종이다. 네티켓은 논쟁을 부정하지 않는다. 논쟁은 오랫동안 지속되어 온 관행이며, 글쓴이와 읽는 사람에게 흥미를 유발할 수 있는 요소로 네티켓에서는 이를 허용하고 있다. 하지만 논쟁을 지루하게 하는 것을 금하고 있다. 논쟁의 시작 단계에서는 많은 사람들의 흥미를 끌 수 있으나, 격렬한 논쟁이 지속될 경우 이에 끼어들고 싶지 않은 사람들은 곧 싫증을 내게 된다. 서로 직접적인 감정배설을 하게 되고 그룹원 간 감정을 깨뜨릴 수 있으므로 이성적으로 절제해야 한다. 논쟁은 가슴이 아니라 머리로 해야 한다는 비유를 염두에 두면 좋겠다.

원칙8 : 다른 사람의 사생활을 존중하라.

현실 공간에서는 다른 사람의 서랍을 열어 봐서는 안 된다. 따라서 서랍 속에 있는 편지를 읽을 일도 없다. 그런데 동료들의 전자우편을 비롯한 정보를 훔쳐 보거나 허가 없이 복사하여 배포하는 등, 타인의 사적인 영역을 함부로 침범해서 문제가 된 경우도 있고 해고된 경우도 있다. 아무리 사이버 공간상에서 이루어지는 부분이지만, 다른 사람의 사생활을 존중하는 마음이 없다는 것은 단지 나쁜 네티켓만으로 그치지 않는다. 그것은 또한 직업 생활에도 해를 주게 된다. 다른 사람의 사생활을 보호한다는 것에는 사적 감정을 침해하지 않는 것도 중요하다. 다른 사람의 기쁨, 슬픔 등 감정을 침해하지 않도록 하는 것도 필요하다.

원칙9 : 내가 가진 권력을 남용하지 말라.

사이버 공간에서 어떤 사람들은 다른 사람들보다 더 많은 권한을 가진다. 다른 사람들보다 좀 더 잘 안다거나 그들이 하는 일보다 더 많은 권한을 지닌다고 해서 그들을 이용할 수 있는 권리를 주는 것은 아니므로 이를 남용해서는 안 된다. 예를 들면 관리자들이 개인 메일을 결코 읽어 봐서는 안 된다. 사이트 운영진들은 공익을 위해서 특권이 허락되기도 하지만 그 권한을 회원들에게 해가 되는 쪽으로 남용해서는 안 된다. 나도 모르게 내가 가진 힘이 있다면 다른 사람들의 권리와 자유를 침해하기 쉽다.

원칙10 : 다른 사람의 실수를 용서하라.

누구든지 한때는 네트워크 초보자였다. 따라서 철자가 틀리거나 어리석은 질문을 하는 등 누군가 실수를 할 때에는 그것에 관해 관대하게 대하거나 친절을 베풀 줄 알아야 한다. 만일 그것이 아주 사소한 실수라면 그냥 넘기도록 하고, 비록 크게 느껴지더라도 지적하기 전에 거듭 생각해 봐야 한다. 아무리 친절한 사람이라 하더라도 모든 사람들의 잘못을 고쳐 주라는 면허가 주어진 것은 아니다. 타인의 실수를 지적함에서도 공손하게 지적하고, 공개적이 아닌 개인적인 메시지를 보내도록 한다. 또한 의심이 가는 부분들에 대해 그들이 단지 더 좋은 무언가를 알지 못했다고 가정하고 좋게 해석해 주도록 한다. 인터넷을 통한 생활 반경이 넓어지면서 모르는 것을 따라잡는 것이 쉽지 않다.

3) 디지털 시민성과 윤리강령

디지털 시대가 되면서 네티즌들은 디지털 환경에서 생활해나가는 디지털 시민으로서 살아가고 있다. 디지털 시민에게 요구되는 것이 디지털 시민성이라고 한다면, 디지털 기반 환경 안에서 나의 권리를 침해받지 않고 타인의 권리를 존중하며 생활하는 능력이 디지털 시민성의 핵심이라 할 수 있다. 디지털 시민은 우선 미디어 리터러시가 중요해졌다. 이러한 능력, 다시 말해 미디어 환경에서 활발히 소통하고 생활할 수 있게 하는 다양한 능력의 결합을 우리는 미디어 리터러시라고 한다. 이는 방송통신심의위원회(구, 정보통신윤리위원회)가 정보통신 환경의 변화에 따라 사이버 공간의 이용이 급증하자 초기에 선포했던 내용이다. "네티즌은 사이버 공간에서 유익한 정보를 서로 나누고 건전한 인간관계를 형성하며, 다양한 경험을 쌓는다. 또한 사이버 공간을 통해 정보사회의 성숙한 인간으로 성장하며, 인류사회 발전에 기여한다. 사이버 공간의 주체는 네티즌이다. 네티즌은 사이버 공간에서 표현의 자유와 권리를 가지고 있으며, 동시에 의무와 책임도 지니고 있다. 이러한 권리가 존중되지 않고 의무가 이행되지 않을 때 사이버 공간은 무질서와 타락으로 붕괴되고 말 것이다." 이러한 인식을 바탕으로 해서 사이버 공간을 모두의 행복과 자유, 평등이 실현되는 공간으로 발전시킬 수 있도록 '네티즌 윤리강령'을 제정하고 이를 실천할 것을 다짐한 것이다.

네티즌 기본 정신

가. 사이버 공간의 주체는 인간이다.
나. 사이버 공간은 공동체의 공간이다.
다. 사이버 공간은 누구에게나 평등하며 열린 공간이다.
라. 사이버 공간은 네티즌 스스로 건전하게 가꾸어 나간다.

행동 강령

가. 우리는 타인의 인권과 사생활을 존중하고 보호한다.
나. 우리는 건전한 정보를 제공하고 올바르게 사용한다.
다. 우리는 불건전한 정보를 배격하며 유포하지 않는다.
라. 우리는 타인의 정보를 보호하며, 자신의 정보도 철저히 관리한다.
마. 우리는 비·속어나 욕설 사용을 자제하고, 바른 언어를 사용한다.
바. 우리는 실명으로 활동하며, 자신의 ID로 행한 행동에 책임을 진다.
사. 우리는 바이러스 유포나 해킹 등 불법적인 행동을 하지 않는다.
아. 우리는 타인의 지적재산권을 보호하고 존중한다.
자. 우리는 사이버 공간에 대한 자율적 감시와 비판 활동에 적극 참여한다.
차. 우리는 네티즌 윤리강령 실천을 통해 건전한 네티즌 문화를 조성한다.

2. 인터넷 언어의 특징과 예절

인터넷에서 글을 쓸 때 사용하는 언어는 인터넷 언어다. 인터넷 언어는 일상적인 대화나 글쓰기와는 다른 특징을 갖고 있다. 인터넷 언어에는 실제 인간의 표정과 동작이 담기지 않고, 음성이 없는 문자로 신속하게 소통하는 특징이 있다.

이모티콘 활용

첫째, 게시판 글쓰기는 말로 하는 것이 아니기 때문에 글 쓰는 사람의 표정과 동작이 작용하지 않는다. 따라서 인터넷 글쓰기에서는 얼굴 표정을 나타내는 다양한 부호들을 활용하게 된다. 행복한 웃음, 눈웃음, 하하 호호 하는 웃음, 억지 웃음, 부끄러운 웃음 등 웃는 모습만 해도 다양한 이모티콘(Emoticon)으로 나타내고 있다. 이모티콘은 감정(Emotion)과 아이콘 (Icon)의 합성어다. 이모티콘으로 미묘한 감정 표현도 하고, 행간에 숨겨져 있는 의미를 상상해 볼 수도 있고, 줄 글보다도 더 명료한 뜻을 전달할 때도 있다. 컴퓨터 자판의 부호들을 적절히 조합하거나 매체에서 제공하는 이미 만들어진 이모티콘을 조합해서 감정뿐만 아니라 이야기를 형성해 내기도 한다. 이모티콘이 상업화되면서 각자의 개성을 살릴 수 있고 그들만의 더 세밀한 감정 교류도 가능하게 되었다. 그런데 다른 한편으론 공포심·불안감을 유발하는 이모티콘을 활용한 사이버 폭력이 다양화되는 등의 문제점도 생기고 있다. 이 점을 유념하면서 메타버스 캐릭터를 근사하게 만들어 가상공간의 나를 가꾸어 간다면 의미가 있을 것이다.

발음 중심 글쓰기

둘째, 인터넷 언어는 목소리보다 글쓰기가 지배적이다. 게시판에 의사표시를 할 때 목소리의 크기, 높낮이, 음색 등으로 전달할 수 있는 감성이 표출되지 않기 때문에 게시판을 사용할 때는 자신의 발음을 그대로 상대방에게 전달해서 자신의 목소리를 전하듯 한다. 마치 애교스러운 목소리를 내는 뜻이 소리 나는 대로 적거나 글자를 변형시키게 된다. 물론 각자의 목소리가 아니라 이제는 전형화된 인터넷 언어(방가워, 따랑해 등)로써 자신의 애교를 대신한다. 인터넷에서 보내는 시간이 길어지면서 말로 할 것도 글로 대체되는 등 대화식 글을 쓰는 시간은 계속 늘어나고 있는 실정이다.

맞춤법 무시

셋째, 인터넷 언어는 글로 표현되기 때문에 소리처럼 빠를 수가 없다. 대화를 주고받는 속도만큼은 아니라 하더라도 지연되는 데서 오는 답답함이나 감정의 단절을 원치 않기 때문에 준말이나 띄어쓰기를 무시한 말들이 난무한다. 오타를 수정할 여유가 없다는 것을 알고 오타를 짐작해서 받아들이다 보니 어느덧 받침 없는 글자들이 인터넷 글로 자리 잡기도 한다.

감정처리 수단

이러한 인터넷 언어의 특성으로 인해서 언어가 사적 감정처리의 수단으로 전락하는 측면도 있다. 논리적으로 사고하여 생각을 전하기보다는 무책임한 감정 표현과 저속한 은어 남용, 맞춤법을 지키지 않고 규칙을 무시하는 방만함 등 네티즌들의 품위 없는 언어 사용이 현실 공간까지 확대될 수 있다. 현실 공간과는 다른 언어 사용도 하위문화로 인정받을 수 있겠으나 인터넷 세대들끼리도 세대교체가 일어나기 때문에 어떤 언어들이 언제 어떻게 변형되고, 새로운 글쓰기 방식이 자리 잡을지 속단할 수는 없다.

소통과 언어예절

인터넷 언어의 현재성을 이해할 수는 있지만 바람직하다고 보기 어렵다. 규칙에 맞는 언어생활과 통신예절에 비하여 결코 소통에 적합하다고 볼 수 없기 때문이다. 생각을 체계적으로 적절한 언어로 표현하지 않았을 때 오히려 오해의 소지와 감정적 충돌은 잦아지는 것이다. 인터넷 게시판들에서 악성댓글이 난무하는 것도 서로 소통을 하고 있다기보다는 대면적 대화 상황과는 달리 비정상적인 언어 사용으로 단절되고 있다고 볼 수 있다. 따라서 소통을 제대로 하기 위해서는 규칙에 맞는 언어 구사와 언어예절이 필수적이라 할 수 있다.

1) 게시판 예절

유사한 글이 반복되지 않도록 한다.

제일 먼저 다른 사람들의 글을 살펴본 후 이미 비슷한 내용이 있는 경우는 새로운 글을 올리기보다는 질문을 하거나 댓글로 지지를 하여 같은 내용이 반복되지 않도록 하는 것이 좋다. 남의 글은 읽지 않고 자기 표현만 하는 사람들은 이미 올려진 똑같은 글을 다른 사이트에서 오려 붙여 짜증을 불러일으키는 일도 있다.

게시판의 글은 간결하게 쓴다.

하고자 하는 말은 결론부터 쓴다. 글쓰기에서 가능한 한 부사, 형용사 같은 꾸미는 말을 쓰지 않는 것이 진솔하게 뜻을 전하는 방법 중의 하나다. 다만, 간결하게 써는 것이 좋지만 가능한 한 서술어는 생략하지 않는 것이 좋다. 말줄임표나 단어 나열식 글쓰기는 문장을 갖춘 경우보다 감정적으로 흐르고 오해를 불러일으킬 수 있다.

알맞은 제목을 사용해야 한다.

클릭 수를 늘리기 위해서 속이는 제목을 사용하는 것은 옳지 않다. 제목은 내용을 짐작할 수 있지만 궁금하게 하는 것이면 더 좋겠다. 그러나 과장하거나 선정적인 표현을 써서 미끼로 사용하는 것은 클릭한 네티즌들의 화를 돋우는 행동이기 때문에 게시판이 더럽혀질 수 있다는 점을 예측하고 솔직하게 쓰는 것이 더 낫다. 동영상의 클릭이 돈이 되는 경우 미끼 제목으로 속이거나 논쟁을 불러일으켜 클릭 수를 늘리는 수작을 하는 경우도 있다.

글쓰기의 기본을 지켜야 한다.

편리함 위주로 흐르게 되면 맞춤법을 무시하고 예의를 간과하게 된다. 쓸 때 편하면 읽는 쪽도 편할 것이라고 생각할 수 있으나 무리수가 될 수 있다. 가장 안전한 방법은 문법에 맞는 글쓰기이다. 기본 규칙을 맞춘 후 자신의 개성이 드러나게 하면 돋보일 수 있으나 기본이 안 된 상태에서 자신을 드러내는 것은 제살깎기가 될 수 있다.

상대방의 글에 문제가 있더라도 반박은 최소화하는 것이 낫다.

올려진 글이 설령 자신을 괴롭히더라도 울분을 터뜨리기보다는 피하는 쪽을 택하는 것이 더 낫다. 맞서 싸우다 보면 승리감에 취할 수 있는 것이 아니라 상처만 더 커질 수 있다. 글을 올린 사람들이 품위를 갖춘 경우에만 댓글을 다는 것도 하나의 방안이다. 좀 가르쳐 줘야겠다고 부모의 마음으로 관여한다고 해도 상대방이 선의로 받아들일지도 의문이고, 사이버 공간에서 감 놓아라 배 놓아라 해서 깨우치기는 쉬운 일이 아니다.

근거 없는 내용을 올리지 않는다.

사이버 공간에는 현실 공간의 뜬소문에 비할 바가 아닐 정도로 근거 없는 내용들이 많다. 가짜뉴스 퍼 나르기 행태에서 알 수 있듯이 자료의 최초 근거를 찾기가 쉽지 않기 때문에 인터넷에서 올려진 글들의 책임을 묻기도 쉽지 않다. 끊임없이 아가 어가 되고, 어가 아로 변하기 때문에 바른 내용도 변신을 거듭한다는 것을 알아야 한다. 하물며 근거 없는 내용을 올려 말빚을 질 필요가 있을까? 말빚은 죽어도 사라지지 않는다고 한다.

2) 전자 우편(e-mail) 예절

문자메시지나 보이스메시지의 발달로 이메일이 과거의 손편지처럼 보수적인 스타일로 여겨질 수 있다. 그렇더라도 공식적으로 활용되는 경우가 많은 만큼 이메일을 활용할 땐 기본 예절에 충실히 하는 것이 득이 된다.

첫 메일에서는 자신의 신분을 밝힌다.

이메일은 간단하게 소식을 전하는 것이 미덕이기 때문에 격식을 차려 인사를 안 하는 경우가 많다. 주고받는 것이 쉽게 반복되기 때문에 첫인사 끝인사를 생략하는 것도 관행이 되었다. 그러나 첫 메일에서는 자신의 신분을 밝히고 적절한 인사를 하는 것이 기본적인 예의다. 호칭을 불러 줄 수 있도록 자신을 드러내야 한다.

꼭 필요할 때만 불특정 다수에게 동시에 보낸다.

좋은 글이나 감동적인 글 혹은 공유하고 싶은 그림이나 동영상이라 하더라도 불특정 다수에게 보내면 메일로서 가치가 폄하된다. 따라서 마음을 전하고 싶으면 개별 메일을 보내는 것이 좋다. 주소록에 있는 모두에게 동시에 전달되지 않도록 보내기 버튼을 누를 때 신중을 기해야 한다. 직위의 위아래를 구분해야 하는 경우에도 동시에 보내기보다는 따로따로 보내는 것이 더 나을 때가 있다.

내용은 교정을 본 후 보내도록 한다.

한 번 보내게 되면 되돌리기 어려우므로 작성한 내용을 거듭 읽어 본 후 보내는 것이 좋다. 한두 글자가 잘못되어도 고유명사, 숫자 등의 경우는 항의를 받을 수도 있다. 틀린 줄도 모르고 있으면 바보 되기 십상이다. 대략 보내고 난 후 내용이 잘못되었다, 첨부가 잘못되었다고 여러 메일을 보내는 것은 상대방의 시간을 낭비하는 일이다.

메일은 주기적으로 체크한 후 답변을 한다.

메일을 열어 보지 않는 것도 예의에 어긋나는 것이다. 몇 날 며칠을 방치해 두면 일 처리에 착오가 생길 수 있다. 마감이 있거나 경제적 손실을 입게 되는 메일일 경우 책임 문제가 생기기도 한다. 메일을 수시로 체크하고 답변이 필요하면 간단하게라도 받았다는 답 메일을 보내는 것이 예의다. 메일로 소통을 하는 시대에는 메일을 체크하는 것도 일상적인 의무로 볼 수 있다. 나는 메일은 잘 열어 보지 않는다면서 자랑할 일은 아니다.

제목은 메시지 내용을 함축하여 적고 내용과 중복되지 않으면 좋다.

제목으로 현혹하거나 과장해서는 안 된다. 메일을 열어 보게 한 후 막상 열어 보면 내용도 없을 시 불신감을 팽배하게 하는 죄를 짓는 것이다. 제목에 내용이 모두 드러나는 것도 최선은 아니다. 제목만으로 알 수 있는 내용이 전부인 경우에도 실망을 하게 된다. 열어 보게 했다면 그에 따른 심적 보상이 주어질 수 있도록 내용에 정성을 들이는 것이 기본이다. 알맹이가 있는 내용이란 정보가 있거나 생각을 일깨우거나 감동을 주는 것으로 읽고 나서 허무하지 않게 하는 것이다.

끝에 필요하다면 성명, 직위, 단체명, 메일주소, 전화번호 등을 포함하는 것도 좋다.

충분한 설명을 할 수 없거나 질문이 필요할 때 다른 매체로 접촉할 수 있도록 안내하는 역할을 할 수 있다. 나 잘났다고 자신을 광고하는 정도라면 문제가 되겠지만 기본 정보를 알리는 것이라면 격식에 맞다고 볼 수 있다.

문단 나누기를 하는 것도 습관화하자.

비록 짧은 글이라 하더라도 문장의 길이와 문단 나누기에 신경을 써야 한다. 될 수 있는 한 짧은 문장을 쓰고, 주제 중심으로 문단을 나누어서 내용을 바로 파악할 수 있도록 하면 된다. 여력이 있으면 글자 모양, 크기, 색깔에도 정성을 들이면 전달 효과가 더 커지게 된다. 너무 작거나 큰 포인트의 글은 보낸 사람을 쫀쫀하거나 싱거운 사람으로 선입견을 갖게 할 수도 있고, 욕을 날리면서 글을 읽게 할 수도 있다.

입말보다는 글말로 쓴다.

친한 관계라 하더라도 입에 붙은 욕설을 글로 쓰거나 내키는 대로 입말을 사용하는 것은 좋지 않다. 글은 말과 다르게 지속되는 이미지를 갖게 된다. 친소 관계를 떠나서 정중함을 잃지 않도록 한다.

3) 채팅 예절

인터넷에서 실시간 대화도 문자에서 화상으로 발전되었다. 타이핑 방식의 채팅에서 음성채팅, 화상채팅, 아바타 채팅 등 다양한 선택을 할 수 있게 되었다. 양자 대화로부터 시작되어 이제는 다자간 대화도 가능하게 되었다. 채팅만 하는 것이 아니라 게임을 하면서도 채팅을 할 수 있을 정도로 기술의 발달로 채팅 상황도 다양화되어 있다. 무엇보다도 텍스트 형식의 채팅이 다른 어떤 방식보다도 채팅의 매력을 고스란히 가지고 있기 때문에 가장 오랫동안 지속될 것으로 보여진다. 자신의 모습이 드러나는 화상채팅이나 목소리가 드러나는 음성채팅보다는 익명성이 보장되는 텍스트 채팅이 더 매력적일 수 있다. 얼굴을 알더라도 실제 만나기는 싫고 SNS로만 친하게 지내는 친구도 있다. 채팅친구 1년이면 고교동창보다 낫다는 세상이 되었다. 실제 만나는 것보다 아는 사이에 이루어지는 채팅이라 하더라도 감추고 싶은 감정을 드러내지 않을 수 있는 장점이 있다. 그렇긴 해도 어떤 유형의 채팅이든 실시간 대화에서는 즉흥적인 사고나 감정이 되새김질 없이 그대로 드러나기 때문에 상대방에 대한 배려가 부족할 수 있다. 바르지 못한 감정 표현은 채팅 후 후회를 하게 하는 등 감정 소모가 크기 때문에 채팅을 할 때 신중을 기할 필요가 있다.

본인의 ID로 접속한다.

문자 채팅에서 다른 사람의 아이디로 접속해서 자신을 숨기는 경우가 있다. 사이버 공간이 갖는 특성으로 인해서 다른 사람의 이름, 아이디로 가장 하거나 자신의 아이디라 하더라도 변신이 가능하기 때문에 가식적으로 변할 수 있다. 이름을 걸고 할 때 진정성이 있게 된다. 실명도 개명하기 쉬운 세상이다 보니 아이디 바꾸고 가장 하는 것은 아무것도 아니라는 생각을 할 수 있지만 자신의 이름을 걸고 하는 언행이 자신을 최적으로 표현한다는 점을 새겨볼 필요가 있다.

진행 중인 대화를 지켜본 후 자신을 소개한 후 대화에 참여한다.

사이트마다 하위문화가 형성되어 있다. 자신을 감추고 가식적으로 하위문화에 자신을 맞추는 네티즌들도 있지만, 사이트의 분위기를 파악하지 못하고 멋대로 채팅에 참여하는 경우도 있다. 가능한 한 분위기를 파악한 후 자신의 이름을 걸고 진정성 있게 그 문화에 적응하고 참여하는 것이 지속적인 활동을 가능하게 한다. 많은 사람들이 대화가 진행 중일 때 끼어드는 것을 참지 못하는 편이다. 대화 잘라먹기의 장인이 된다면 인간관계는 절망에 이르게 된다.

친절하게 대응한다.

상대방을 비방하거나 욕설이나 빈정대는 말은 하지 않도록 주의한다. 자신보다 더 뛰어나다고 생각될 경우 겸허하게 배우는 자세, 듣는 자세가 좋고, 자기보다 초보라고 생각될 때는 친절하게 대하되 상대방의 실수가 있을 때는 너그럽게 대하는 것이 자신의 스트레스를 줄이는 채팅법이다.

대화실에서 나올 때도 인사를 한다.

현실 공간에서 만나서 대화를 하고 헤어지는 것과 똑같이 인사를 하고 감정을 공유하고 정리하는 것이 필요하다. 만날 때는 반가움을 표하고, 대화를 할 때는 문자 채팅이라도 화상 채팅처럼 마주보고 있는 듯이 대화를 하고, 헤어질 때는 아쉬움을 표하는 것이 후유증이나 스트레스를 줄이게 한다.

공감대를 형성할 수 있는 대화를 한다.

자기 중심의 사적 이야기나 논조는 피한다. 자신의 이야기를 할 때는 한걸음 물러나서 보편성을 확보하고, 남이 이야기를 할 때는 한 걸음 다가가서 내 이야기인 듯 감정이입을 해서 대화를 하는 것이 좋다. 상대방의 이야기는 거리를 두고 평가하듯이 듣기보다는 내 이야기인 듯 허용적으로 듣는 자세가 필요하다.

4) 스마트폰 예절

휴대폰의 대중화 이후 채팅은 주로 휴대폰을 이용하는 경우가 많다. 휴대폰의 소통도 말보다는 문자를 선호하게 되었다. 음성에서 감정이 드러나는 것이 부담스럽고, 특별한 일이 아닌 경우 가볍게 소통하기 편하기 때문이다. 음성으로 한마디만 할 수는 없지만 문자로는 이모티콘 하나만으로도 충분하기 때문이다. 스마트폰 시대가 된 후 채팅도 여러 가지 앱을 사용해서 더 편리하게 할 수 있게 되었다. SNS에서 다양한 캐릭터와 아바타, 이모티콘을 제공하기 때문에 간편하게 감정과 의사표현을 하게 되었다. 그렇긴 해도 스마트폰을 이용한 소통에서 예절도 이전의 휴대전화 예절과 같은 맥락에서 생각해 볼 수 있다. 결국 나의 편리를 위해서 다른 사람의 복지를 훼손해서는 안 된다는 원칙을 적용할 수 있다. 스마트폰이 대중이 함께하는 공간에서는 소리나 빛으로 다른 사람을 방해해서는 안 될 것이다. 스마트폰 내의 사이버 공간에서 예절은 여타 채팅 예절을 준수하면 될 것이다. 스마트폰에서 예절도 사이버 공간의 예절에 속하므로 특별한 예절이 있다기보다도 일상적인 전화 예절을 기준으로 해서 준수하면 된다.

벨 소리는 다른 사람의 감정을 상하지 않을 정도로 선택한다.

개성을 강조하기 위해서 독특한 벨 소리를 선택하면 본의 아니게 타인에게 피해를 줄 수 있다. 벨이 울리면 빨리 전화를 받아서 벨 소리가 소음공해가 되지 않도록 한다.

통화가 시작되면 바른 말을 사용한다.

영상통화가 아닌 경우에는 상대방을 보지 않고 대화를 하기 때문에 반말이나 욕설을 해도 된다고 생각해서는 안 된다. 친한 사이라 하더라도 전화 통화의 말은 상대방만 듣는 것이 아니라 주위에도 들린다는 점을 생각하고 고운 말을 사용하도록 해야 한다. 무선 이어폰을 끼고 대화에 몰입하다 보면 앞뒤 사람에게 들리는 줄도 모르고 사적 대화를 하는 것이 다 들린다. '너 변했어.' '나한테 이러지마.' 이런 말도 다 들린다.

공공장소에서는 휴대폰을 무음 모드로 해 두어야 한다.

극장이나 도서관 등에서는 진동 모드보다도 무음 모드나 완전히 꺼 두는 것이 좋다. 부득이하게 켜 둬야 한다면 무음 모드로 해야 한다. 영화를 보는 중에 퍼런 빛이 나오게 하는 것은 다른 관람객들의 몰입을 방해하기 때문에 완전히 꺼 두는 습관을 길러야 한다. 영화관이나 도서관에 있는 동안은 휴대폰을 벗어나 있는 것이 몰입에 도움이 되고 남에게 피해를 주지 않는 길이다. 몰입하는 즐거움을 아는 사람이 문화생활을 할 수 있는 자격을 가진 사람이라 할 수 있겠다.

늦은 시간에는 문자를 보내거나 통화하는 것을 절제해야 한다.

일하는 시간과 쉬는 시간이 있는 법이다. 주로 밤에는 휴식을 취하여 기운을 회복하는 시간이기 때문에 늦은 밤에 생각거리나 놀라게 하는 소식을 전하는 것은 바람직하지 않다. 문자 오는 소리나 신호음으로 잠을 깨게 되면 바로 잠들지 못하는 사람도 있다. 야간 모드를 해 두지 않는 경우를 기준으로 판단하면 된다.

일이 진행 중일 때는 휴대폰을 사용하지 않는다.

회의 중이거나 수업을 듣는 등 현실 공간에 참여하고 있을 때는 휴대폰을 떼어 두는 것이 좋다. 수업을 듣는 중에 문자를 받는다든지 회의 중에 휴대폰을 들고 밖으로 뛰쳐나가는 것은 자신을 돋보이게 하는 행동이 아니라 저급한 이미지를 만들게 된다는 것을 명심하자. 스마트폰을 수업에 활용하는 경우가 아니라면 시간조차 잊도록 켜 보지 않는 것이 좋다.

스마트폰의 여러 기능을 자랑하지 않는다.

음성 검색이 가능하다 하더라도 큰소리로 검색하는 것은 큰소리로 통화하는 것과 마찬가지로 품위 없는 일이다. 폰 카메라로 동의 없이 이런저런 상황에서 사진을 찍는 것도 삼가야 한다. 재미 삼아 하는 행동들이 인권 침해가 될 수도 있고 불건전한 정보를 생산하는 일에 가담하는 실수를 저지를 수도 있다. 최신폰을 가졌다고 해서 새로운 기능들을 자랑하는 것은 스스로는 자부심일 수 있지만 상대방들은 유치하게 본다는 사실도 잊지 말자.

3. 사이버 공간의 놀이 윤리

1) 윤리 원칙의 적용

사이버 공간에서 놀이가 비윤리적일 때를 윤리 원칙을 적용해서 찾아볼 수 있다. 응용 윤리 영역에서 주로 활용되고 있는 악행 금지의 원칙, 선행의 원칙, 자율성의 원칙, 충분한 설명에 의한 동의의 원칙, 사익 추구 제한의 원칙, 정직성의 원칙 등을 기준으로 해서 사이버 공간에서 놀이가 비윤리적인 경우를 찾아볼 수 있다. 현실 공간에서 비윤리적인 놀이들을 가려내어 조치를 취하듯이 사이버 공간의 놀이들 중에 바람직하지 못한 것이 있다면 밝혀내어 사이버 놀이 공간을 건강하게 만들 필요가 있다.

사이버 공간의 놀이

사이버 공간에서 놀이도 그 자체로는 진(眞), 선(善)과도 다르며, 놀이 행위가 윤리적 행위를 지향하는 마음과도 관계하지 않는다. 그렇더라도 사이버 공간의 놀이가 문제라는 인식은 기존의 윤리적 원리에 위배되고 있다는 판단에서 비롯되고 있음을 알 수 있다. 사이버 공간에서 놀이도 현실적인 놀이의 유형 이상으로 헤아릴 수 없을 만큼 다양하다. 따라서 개별놀이를 평가하기보다는 비윤리적으로 평가될 수 있는 요소를 찾아서 기준을 가져보는 것이 좋을 것이다.

해악 금지의 원칙

첫째, 현실 공간에서 놀이건 사이버 공간에서 놀이건 사회에 해악을 끼치는 놀이는 비윤리적이라고 볼 수 있다. 놀이에 대한 잘못된 인식이나 참여는 사회를 병들게 하고 개인들의 삶을 망치게 한다. 특히 사이버 공간에서 매춘, 범죄, 마약 등을 조장하거나 연계된 향락사업들은 놀이 가담자들을 범죄의 길로 들어서게 하거나 부정적인 가치관을 갖게 한다. 따라서 다른 사람이나 사회에 해를 끼치는 경험적 사례가 있는 경우에는 악행 금지의 윤리적 요구에 의해 제재가 요구된다.

선행의 원칙

둘째, 놀이는 몰두하게 하는 특징이 있다. 호이징하는 놀이는 놀이자에게 마법을 건다고 본다. 그것은 행위자를 맹렬하게, 철저하게 열중시키는 매혹적인 것이며, 환각 체험을 갖게 한다. 자기 자신에게 몰두하는 것은 지극히 바람직한 것일 수 있다. 어쩌면 삶을 진정으로 즐기면서 산다고 할 수 있는 것이다. 문제는 그 몰두하는 정도에 있다. 그 몰두가 지나치면 많은 화를 불러일으킬 수 있다. 사이버 중독증은 자신의 요구와 욕구에 따르는 것이지만 저항할 수 없는 충동에 지배되는 것이다. 어린이

뿐만 아니라 성인들도 충동에 따라 자율의지를 잃게 될 수 있다. 게임 중독에 따라 죽음을 맞기도 한 사례들이 현실에서 종종 생기고 있다. 스스로 중독을 벗어나기는 쉽지 않다. 그러므로 사회가 나서서 놀이자의 복지에 관심을 가지고 규제할 것과 장려할 것을 가려 나가야 한다. 제도가 선행의 원리에 따라 개인을 규제하는 것은 억압이 아니다. 개인이 충동의 지배로 벗어나지 못하고 있는 것을 제도가 나서서 구제해 주는 것은 선행의 원리에 어긋나지 않는다.

자율성의 원칙

셋째, 놀이가 자발적이라는 것은 하나의 필수적인 특징이다. 왜냐하면 개인에게 놀이를 강요하거나 강제로 시킬 수 없기 때문이다. 강제로 한다면 놀이가 아니다. 마찬가지로 놀이 행동은 놀고 싶을 때 하는 행동으로 사람이 놀고 싶을 때를 사전에 알거나 계획하기가 어렵기 때문에 자발성을 요구한다. 자유롭고 자발적이며 그 자체를 위해 추구되는 활동이 놀이이기 때문에 여기에 관련된 윤리적 원리로써 자율성의 원칙을 들 수 있다. 놀이가 강요될 수는 없다. 놀이는 행하는 사람이 주인이다. 놀기 싫으면 놀이를 중단하는 것도 전적으로 놀이자 자신의 판단에 달린 것이다. 놀이판, 놀이마당에 타의에 의해 가담하는 것이 되어서는 놀이의 의미를 상실하게 된다. 놀이자가 원치 않는 놀이를 강요하는 것은 문제가 있다.

충분한 설명에 의한 동의 원칙

넷째, 놀이에 대해 제대로 알아야 놀이에 몰입할 수 있다. 따라서 새로운 놀이에 대해서는 충분한 설명이 있어야 한다. 그렇지 않으면 놀이 방법을 모르거나 규칙을 몰라 놀이 경험이 불가능할 수 있다. 자연스러운 상태에서는 놀이하는 방법을 지켜보고 자기가 할 수 있다고 여겨지면 참여하는 것이 놀이가 전수되는 일반적인 방식이다. 그러나 오늘날에는 이런 과정을 거치는 놀이의 대부분이 사행성을 조장하거나 상업주의의 영향을 받아 그릇된 놀이가 많다. 이는 오늘날 행해지는 어떤 놀이는 그릇된 문화 상황에서 만들어졌거나 전달되기 때문이다. 특히 사이버상에서 이루어진 놀이들은 사이버 문화에 익숙하지 않으면 참여 자체가 불가능하다. 설령 참여를 한다 하더라도 충분한 설명에 의한 동의 원리가 무시되어 놀이에 참여하는 것은 속는 것이 되는 경우도 많다. 끊임없이 사이버 머니, 쿠폰, 포인트, 복권 제공 등의 유혹을 하는 게임들은 충분한 설명에 의한 동의의 원칙을 위배하는 경우가 많다.

사익 추구 제한의 원칙

다섯째, 놀이는 놀이 자체가 최상의 목적일 뿐, 경제적 사익을 추구하기 위해서 하는 것이 아니다. 놀이는 그 자체가 목적인 비교적 자기 충족적인 활동이다. 놀이 행위자는 외적 보상에 의해 행동을 수행하도록 동기화되지 않는다. 왜냐하면 선택된 놀이 활동에 참가하는 행동이 추구된 즉각적인 보상이기 때문이다. 흔히 갖고 있는 부정적인 놀이관 즉 놀이는 시간 낭비, 쓸데없는 짓, 아이들의 소일거리라고 생각하는 것은 바로 놀이 그 자체가 목적이지 이익을 추구하지 않는다는 점에 기인된다. 그런데 이것은 놀이의 본질적 측면이기 때문에 윤리적 비난의 대상이 될 수 없다. 오히려 놀이를 통해서 이익을 추구하는 것이 문제라고 할 수 있다. 놀이를 매개로 해서 부당한 이익을 취하는 게임, 사이버 유흥산업들이 셀 수 없이 많다. 이윤 추구의 동기가 놀이에까지 확산됨으로써 놀이가 인간의 탐욕에 의해 지배되고 저속화되고 있다. 평범하게 행해졌던 놀이들이 소비를 조장하고, 유행의 대상이 되어 새로운 것으로 계속 교체되어 인간이 놀이에 지배당하는 현상이 생기고 있다. 다른 사람들을 희생시켜 개인적 이익을 취하고자 하는 방향으로 변이되고 있는 것이 문제이다.

정직성의 원칙

여섯째, 정직성의 원칙은 놀이자들에게도 적용될 수 있지만, 놀이판을 제공하는 사람들에게 거짓말, 사취, 사기, 나쁜 길로 유도하지 말 것을 요구하는 원리로 받아들일 수 있다. 한탕주의를 조장하는 사람들이나 상업주의에 물들어 있는 놀이 현실에서 정직성을 찾아보기는 어렵다. 과거에 없던 놀이들이 창조되는 것은 바람직하지만 인간의 본질적인 놀이 욕구를 악용하는 놀이 현실로 몰아가는 놀이창작자들의 사기성에 검열이 강화되는 것이 바람직하다 하겠다.

윤리 원칙을 적용하면 사이버 공간에서 어떤 놀이가 문제가 되는지 좀 더 쉽게 알 수 있다. 사이버 공간에서 쾌락을 추구하는 행위들 중에는 일도 있겠지만 대다수는 놀이로 볼 수 있다. 놀이가 어떠해야 하는지를 살펴보는 기준 설정 자체가 어려운 문제지만, 오늘날 사이버 공간의 놀이에 있어서 문제가 많다는 것을 전제로 하고, 위의 윤리적 원칙들을 기준으로 해서 어떤 놀이가 윤리적인지를 확인해 볼 필요는 있다 하겠다.

2) 예와 악의 조화

사이버 공간에서 놀이는 잉여쾌락을 제공함으로 네티즌들이 인터넷에 중독되게 하면 건전하지 못한 놀이판을 만드는 것으로 부정적인 측면이 부각될 수 있다. 사이버 놀이 공간을 더 풍요롭게 하고 여기서 생기는 비윤리성을 극복하기 위해서는 개인적인 노력과 사회적인 노력이 병행되어야 할 것이다. 사이버 공간에 대한 사회의 제도, 구조, 정책 등의 개선과 더불어 개인들의 인터넷 윤리의 정립이 요구된다.

예와 악

사이버 공간이 갖는 놀이판의 성격은 현실 공간에서 악(樂)을 추구하는 것과 유비될 수 있다. 현실 공간에서 악(樂)을 추구하는 인간 존재에 대해서는 유가(儒家)에서 관심을 가졌었다. 유가 사상은 예(禮)와 악(樂)의 조화를 이루고자 했던 사상이다(이근용, 133). 현실 공간에서 차별과 질서를 강조하여 상하 수직적 관계를 규정했던 규범이 예(禮)고, 화합과 조화를 강조하면서 횡적 수평적 인간관계를 원만히 유지하는 역할을 했던 것이 악(樂)이다.[2] 여기서 예(禮)를 경직되게 해석하지 않고, 사이버 공간에 맞추어 해석한다면 실체가 보이지 않더라도 자율적으로 자기 규제를 하는 것이 예(禮)라 할 수 있다.

윤리 원칙과 예의 실천

사이버 공간이 무제약적 악(樂)을 추구할 수 있는 놀이 공간이라 하더라도 상대방에게 진실하고, 상대방을 배려하고 공동의 이익을 염두에 두고 절제하는 것이 예(禮)라 할 수 있다. 익명성을 띠더라도 기본적인 예(禮)를 갖추고 능동적으로 참여하는 것이 예의 있는 행동이다. 악(樂)을 절제하지 못하면 사이버 공간의 익명성, 즉흥성, 환상성, 충동성으로 자기 파괴 및 사회적 해악을 낳는 비극을 불러올 수 있다. 비윤리적 놀이의 기준 중에서 자율성의 원칙, 해악 금지의 원칙, 선행의 원직, 정의의 원칙, 충분한 설명에 의한 동의 원칙 등을 지키는 것이 예(禮)를 지키는 것이다.

공자의 예의 실천

공자가 말했던 예(禮)가 아니면 보고, 듣고, 말하고, 행동하는 이 모든 것을 하지 말아야 한다[3]는 원칙이 사이버 공간에서도 유효하다. 공손하면서 예(禮)가 없으면 고생스럽고, 신중하면서 예(禮)가 없으면 소심해지고, 용감하면서 예(禮)가 없으면 난폭해지고, 정직하면서 예(禮)가 없으면 각박해진다[4]는 공자의 말이 오늘날 사이버 놀이 공간에도 그대로 적용된다 하겠다.

법의 한계

비록 사이버 공간의 보편성이나 개방성으로 모든 사람들이 참여한다는 의미에서 이들 사이에서 일어나는 것은 가상놀이 하는 인간들 스스로 자율적으로 해결하는 것을 최우선적으로 할 필요가 있지만 꼭 필요한 경우는 최소한의 규제 원칙에 근거하여 법적인 해결을 도모할 필요도 있다(이재진, 271). 그러나 현실 공간에서도 법에 의해 질서를 잡으려고 하면 지키려는 사람들보다 빠져나갈 궁리를 하는 사람들이 늘어나는 것처럼 사이버 공간에서도 마찬가지 현상이 생기게 된다. 오히려 빠져나가기가 쉽기 때문에 더 심할 수 있다. 사이버 공간에서 생기는 범죄는 놀이판과는 비교할 수 없도록 규모도 크고 위협적이다. 따라서 제도적 측면의 대책이 사이버 공간의 범죄가 진화하는 것을 따라잡을 수 있도록 선제적으로 마련되어야 한다. 그러나 사이버 공간이 어떤 성격으로 확장될지 성장 과정에 있기 때문에 외부적 통제는 한계가 있을 수밖에 없다. 근본적인 대책은 개인들의 내적 절제에 의해서 가능하다.

사이버 공간에서의 신독

사이버 공간에서도 부끄러움을 잃지 않고 스스로 삼가는 자기수양이 최선의 윤리다. 혼자 있을 때일수록 삼가는 것(愼其獨也)이 인터넷 윤리의 시작이라고 생각된다. 사이버 공간에 들어가서 행하는 일을 가족과 친구는 물론이고 법조차 관여하기가 쉽지 않다. 사이버 공간이라 하더라도 내 마음을 미루어 다른 사람에게 미치도록 하고

(推己及人) 개인적 욕망을 이겨내서 예(禮)로 돌아가는 것(克己復禮)이 가상놀이 하는 인간에게 요구된다고 하겠다.

◈ 생각 정리하기

생각 나누기 1

한의원에서 일하는 간호조무사가 자신의 SNS에 환자의 신상을 공개하고 조롱해 논란이 된 적이 있다. 부천시의 한 한의원에서 일하는 간호조무사 A(여) 씨는 자신의 페이스북에 발기부전 환자의 처방기록 사진과 함께 "친구들 너희는 아직 팔팔하지? 늙어서 이러지 마라"라며 "너무 안쓰러우면서 웃기다"라는 글을 남겼다. 또한 A 씨는 진료를 받기 위해 한의원을 찾은 사람들의 명단을 찍어 올리고 "여기가 너희 집이냐. 힘드니까 그만 와라"라는 글을 덧붙였다. 사진에는 환자들의 이름과 나이, 성별, 진료 내용 등이 모두 공개돼 있다. 그뿐만 아니라 침대 위에 누워 치료를 받고 있는 사람들의 사진도 올린 뒤 "얘넨 치료받으러 온 건지, 놀러 온 건지"라는 글도 올렸다. 이 같은 게시물들이 인터넷상에 퍼지면서 누리꾼들의 비난이 이어지자 A 씨는 페이스북에서 탈퇴했다(서울신문, 2012.11.17.).

오래전 일이지만 위의 사례에서 물의를 일으킨 A의 문제점을 네티켓의 핵심 원칙의 관점에서 찾아보고 자신의 생각을 발표해 봅시다.

생각 나누기 2

직장인 서 모(45·해운대구) 씨는 친목 모임에 갈 때마다 씁쓸함을 느낀다. 참석자 모두 귀만 열어 놓은 채 눈은 저마다 테이블에 올려놓은 스마트폰에만 집중하면서 대화의 흐름이 끊어지는 일이 잦기 때문이다. 서 씨는 "다음 번 모임 때는 '스마트폰 감옥'이라도 사서 가져가야겠다"라며 혀를 찼다. 미국에서 판매 중인 일명 스마트폰 감옥(Cell Lock-up)은 스마트폰을 최대 6대까지 감옥 형태의 철창 속에 넣고 15분 단위로 1시간까지 가둘 수 있도록 만든 장난감이다. 개발회사 측은 "'가족·친지들과의 소중한 대화의 시간을 방해하는 스마트폰은 범죄'라는 생각에서 이 장난감을 개발하게 됐다"라고 말했다.

스마트폰의 대중화로 대면 관계에서조차 매너 없이 스마트폰에 매달리는 경우가 많다. 수업 시간 동안 넣어 둘 수 있는 '스마트폰 안전금고'가 제작·판매되기도 하고, 가족과 친지들의 만남 시간을 방해할 수 없도록 '스마트폰 감옥(Cell Lock-up)'이 만들어지기도 했다.

일정 시간 동안 스마트폰을 사용하지 못하도록 분리하는 '스마트폰 금고'와 '스마트폰 감옥' 중 어느 이름이 더 적절한지 자신의 생각을 정리해서 발표해 봅시다.

◈ 활동하기

인터넷 언어, 인터넷 예절, 네티켓, 정보 윤리 등의 개념을 검색한 후 자료를 찾아서 다음의 질문에 대해 답하시오.

1. 인터넷 언어와 예절을 듣고 요약해서 쓰시오.

2. 네티켓 개선 실천 방안을 듣고 요약해서 쓰시오.

3. 분야별 네티켓을 요약해서 쓰시오.

◈ 참고하기

안티 문화

안티, 안티팬은 어떠한 대상에 대하여 반대하고 공격하는 집단을 통틀어 이르는 말이다. 이러한 집단은 인터넷의 발달과 동시에 본격화되었다. 영어의 "~에 반대한다"라는 뜻인 접두사 anti-에서 왔다. 인터넷 용어들은 새롭게 탄생하고 빠르게 사라지기도 한다.

특정 인물 또는 단체를 무조건적으로 배척하는 사람을 비하해서 부르는 용어로 '까'라는 말이 쓰이기도 했다. '까'의 반대말로는 '빠'가 쓰였다. 이 말들은 인터넷이 대중화되면서 생긴 신조어이다. 일반적으로, 인터넷상에서 '빠'가 널리 쓰이기 시작한 이후 이에 대항하기 위해 사용되기 시작했을 것이라고 추측된다. 비속어 '까(까다)'는 한국어로 '발로 사람을 찬다' 또는 '비판하다'라는 의미를 가지고 있기 때문에 '빠'에 비하면 어원을 쉽게 추측할 수 있다.

출처 : 위키백과사이트(http://ko.wikipedia.org/wiki)

•

13장

전자민주주의와 책임 윤리

1. 전자민주주의의 요청

국민에 의한 통치

민주주의(democracy)는 어원 데모크라티아(demokratia)라는 말로 미루어 보면 데모스(demos)의 지배(kratia)라는 말로 국민에 의한 통치(the rule by the people)의 의미를 갖고 있다. 국민에 의한 통치라는 말이 어원이 된 것은 일인 군주에 의한 절대 통치는 무법적 통치로 전락하기 때문에 다수에 의한 정치가 바람직하다는 측면에서 강조된 것이다. 그렇지만 오늘날 민주주의는 '국민에 의한'에 국한된 하나의 의미를 갖는다기보다는 다의적으로 사용되고 있다. 실은 국민에 의한 통치는 아테네 민주주의를 제외하고는 물리적 공간의 확대로 이루어지기 어려웠다. 인구수가 늘어남으로써 다수의 감정을 하나로 모은다는 것은 불가능하기 때문에 직접민주주의는 이루어질 수 없었다(엘빈 토플러, 1989 : 509).

대의 민주주의

그래서 근대 이후의 대의 민주주의(representative democracy)는 직접민주주의의 문제점을 극복하기 위한 현실적 필요로 자리 잡은 것이다. 입법부가 필요한 이유는 외교, 국방, 보건, 복지, 교육, 경제 등 갖가지 사항들에 대한 정책 결정 및 법안 통과 시 국민들이 한자리에 모여 의사를 결정하는 일이 현실적으로 불가능하기 때문이다. 그런데 대의민주주의는 다수 시민들의 정치적 무관심, 투표율 저조, 정치 엘리트들의 사익 추구 극대화와 도덕적 타락을 지속적으로 노출해 왔기 때문에 문제를 안은 채로 지속되고 있다.

지리적 한계 해결

인터넷 시대가 되면서 전자민주주의(electronic democracy)가 요청받고 있는 이유는 무엇보다도 지리적 한계를 해결해 줄 수 있기 때문이다. 전자민주주의는 사이버 공간에서 다수 네티즌들의 공론을 정치적 의사결정에 참여시키고자 하는 새로운 민주주의 양식이라고 볼 수 있다. 현실 공간에서 아테네 광장이 민주주의를 발전시켰듯이 사이버 공간에서는 전자 광장(electronic agora)에서 수많은 네티즌들이 의사결정에 참여함으로써 참여민주주의 본래적 이상을 구현해 볼 수 있는 가능성이 열렸기 때문이다.

평등한 관계 형성

사이버 공간에서 익명성이 보장될 경우 개인들은 모두가 계급 등의 현실적 조건들과 무관하게 평등한 관계를 형성한다. 다음으로 사이버 공간이 전자민주주의의 실현의 장이 될 수 있을 것으로 기대되는 것은 다양한 의견을 제시하는 것이 자유롭다는 것이다. 기존의 매체들이 한 방향에서 의견을 제시할 수 있었다면 인터넷에 의한 게시판이나 아고라 등 사이버 공론장에서는 쌍방향적인 의견 교환과 토론이 가능하다. 시공간의 제약 없이 정보의 공유를 쉽게 하면서 더 많은 네티즌들이 의사소통을 하게 하여 정치적 공론을 형성할 수 있게 한다(F. Evans, 4-10).

소프트웨어 발달

전자민주주의는 지리적 한계를 극복하고 누구든 평등하게 자유로운 권리 행사를 할 수 있다는 점에서 대의민주주의에서 정치적 관객에 불과했던 군중들이 정치적 참여자로 권리를 회복할 수 있다는 점에서 긍정적 기대를 갖게 한다. 이미 전자민주주의를 가능하게 하는 소프트웨어의 개발, 블로그와 페이스북과 트위터, 카카오톡 등 소셜네트워크서비스의 출현과 확산으로 선거 시즌이 되면 활기를 띠고 있다. 물론 평소에도 사이버 공간에서 시민운동의 형식으로 여론형성을 주도하고 있다. 그래서 가장 민주주의의 의미를 이상적으로 실현하는 매체가 인터넷이 될 수도 있을 것으로 전망을 하기도 한다.

2. 전자민주주의의 문제점

전자민주주의가 가져올 장점들은 새로운 참여민주주의에 대한 기대를 갖게 하지만 한편으로는 전자민주주의가 가질 수 있는 맹점들에 대한 우려도 만만찮다. 익명성, 사이버 포퓰리즘, 정보 불평등 등이 현재 나타나고 있는 문제점이기도 하다.

파편화된 자아

첫째, 사이버 공간에서 활동하는 네티즌들의 파편화된 자아가 익명성에 따른 문제점을 노출하고 있다. 익명성으로 인해서 개인들이 자신의 견해에 대한 책임을 담보하지 못하는 윤리적 문제를 야기한다. 네티즌들은 사이버 공론장에서 통합된 자아가 활동하는 것이 아니라 이름을 감춘 채 자신의 일부가 활동하게 된다. 정체성이 담보되지 못함으로써 허위를 진실로 둔갑시키고, 사익 추구를 공익 추구인 듯 가장함으로써 사이버 공론장은 거짓이 난무하고 사익 추구의 장이 되어 공론장이라기보다는 갈등을 증폭시키는 장이 될 수도 있다.

사이버 포퓰리즘

둘째, 네티즌들의 정치의식 수준을 신뢰하기 어려운 상황에서 사이버 포퓰리즘(populism)이 지배할 수 있다. 포퓰리즘은 '대중주의', '민중주의'를 말하는데, 정책의 현실성이나 가치판단의 옳고 그름보다는 대중적 인기에만 영합해 목적을 달성하려는 정치 행태를 가리키는 말로 부정적으로 쓰이고 있다. '대중의 뜻을 따르는 정치 행태'라는 점에서는 결코 부정적인 의미로만 보기 어렵지만, 대중이 이성적이기보다는 감정에 휩쓸리고 공익보다는 자신의 이익을 우선할 가능성이 높다는 점에서 대중을 우민으로 보는 경향이 있기 때문에 부정적으로 쓰이는 경우가 많아진 것이다. 따라서 대중이라는 말과 구분해서 민주주의에 맞는 다수를 지칭하는 말로 '공중'이라는 말을 쓰기도 한다. 공중은 감성보다는 이성적인 판단을 하고, 사익보다는 공공성이나 책임성을 염두에 두고 소수의 의견도 존중하는 다수라는 의미를 갖는 것으로 규정하고 있다.

밴드왜건 효과

사이버 공간에서 네티즌들은 즉흥적인 민주의 목소리를 냄으로써 오히려 반민주적으로 흐르는 경향도 있다. 게시판에도 과잉 감성이 문제로 나타난다. 댓글에 댓글을 다는 밴드왜건 효과(bandwagon effect)로 여론에 신뢰를 떨어뜨리는 결과를 낳는다. 밴드왜건(band-wagon)은 행사 때 맨 앞에서 음악을 연주하는 밴드를 태운 악대차를 말한다. 대열 앞에서 행렬을 선도하는 악대차가 연주하면서 지나가면 사람들은 뭔가 하고 모여들게 되고, 사람이 모여 있으니 또 다른 사람들이 또 뭔가 하고 모여들게 된다. 밴드왜건 주위에 모여든 사람들은 뚜렷한 목적을 가지고 모였다기보다는 남이 모여 있으니까 그냥 모인 것이다. 밴드왜건 효과는 목적 없이 편승하는 효과를 말한다. 선거에서는 우세해 보이는 사람을 지지하는 현상, 상품 시장에서는 어떤 상품이 유행함에 따라 그 상품의 소비가 촉진되는 현상, 게시판에서 댓글에 댓글을 다는 현상, 조회 수가 많은 동영상을 무조건 클릭해 보는 현상 등을 밴드왜건 효과로 볼 수 있다.

정보의 불평등

셋째, 정보의 불평등도 사이버 공간에서 나타나는 반민주적인 현상이라 볼 수 있다. 사이버 공간이 참여민주주의에 기여하는 긍정적인 요소로 차별 없는 주권 행사가 가능하다는 점을 든다. 사이버 공간에서는 성차별, 인종 차별, 빈부 차별 없이 누구나 수평적이고 개방적이라고 여길 수 있다. 그러나 사이버 공간에서 활동하는 네티즌들 간의 정보 활용 능력에서는 차이가 크다. 누군가는 고급 정보를 활용하고, 누군가는 저급한 정보들만 접할 수 있다. 정보의 가치를 판별할 수 없는 네티즌들도 많다. 옳고 그름을 판단할 수 없는 네티즌들이 다수의 아이디로 다양한 변신을 하면서 제시하는 정보나 의견들은 오히려 반민주적일 수 있다.

전자 감시

넷째, 전자 감시도 참여민주주의에 역행하는 문제를 낳는다. 사이버 공간 자체가 갖는 디지털화된 전자 체계가 인간에 의해 통제 가능하다는 것이다. 전자 감시는 기술이 인간을 지배하는 문제와 인권을 침해하는 윤리적 문제를 갖고 있다. 기술 사회 전체를 감시하고 통제하는 빅브라더(Big Brother)의 출현도 우려하고 있다. 포털사이트들이 빅브라더가 되면 여론몰이나 횡포도 가능하게 될 것임을 우려하기도 한다.

데이터베이스 기반 감시

파놉티콘(Panopticon)의 감시 체계가 등장할 수 있음도 경계한다. 새로운 파놉티콘은 데이터베이스 기반 감시와 전자 눈의 감시로 나타난다(이종구 외 공저, 348). 데이터베이스 기반 감시란 정보화에 따른 디지털 기술의 발달로 개인의 사적 정보가 데이터베이스화되는 데서 생기는 감시이다. 전자상거래를 하더라도 사적 정보가 데이터베이스화되어 기업에 저장되는데 기업이 자의적으로 활용함으로써 개인을 감시할 수 있다. 즉, 기업이나 정부가 데이터베이스화된 개인정보를 상업적 목적이나 주민 통제를 위해 자의적으로 활용할 수 있다는 것이다.

전자 눈의 감시

또한 새로운 파놉티콘에는 전자 눈의 감시가 있다. 사이버상의 모든 활동이 전자 기술에 의해 일상적으로 감시된다는 것이다. 전자 눈에 의해 누군가는 자신도 모르게 쇼핑광으로 포르노광으로 분류될 수 있다. 전자 눈에 의한 감시는 윤리적 기준이 마련되지 않으면 빅브라더로서 개인들의 프라이버시와 인권을 침해하게 될 것이다.

여론몰이

다섯째, 편파성이 가중되는 문제도 있다. 마녀사냥식 여론몰이나 타인에게 적대성을 표출하는 플레이밍(flaming) 현상이 더 쉬워지고 있다. 인터넷에서 플레이밍은 공공연히 누군가에게 심하게 빈정대는 것을 의미한다. 지하철에서 개똥을 치우지 않고 내린 여성의 사진을 인터넷에 올려서 개똥녀라는 몰매를 주고, 신상을 파헤치는 것 등은 편파적 여론몰이의 대표적인 예다. '버스 무릎녀'는 고속버스가 사고로 장시간 정차하게 되자 나이 든 버스회사 직원에게 무릎을 꿇어 빌게 했다는 사진 속의 여성을 두고 한 말이다. '분당선 담배녀', '맥주녀'는 전철 내에서 만취 상태로 담배를 피고 맥주를 들이부은 행위로 SNS에 사진이 퍼져 폭풍 비난을 받은 여성을 가리키는 말이다. 어른이 아이에게 뜨거운 된장 국물을 끼얹고 달아났다는 아이 엄마의 인터넷 글로 인해 '된장 국물녀'에게 누리꾼들이 공분했었던 적이 있다. 인터넷상의 갤러리나 커뮤니티 등의 여론몰이에 휩쓸리지 않도록 공적 기준을 가지고 평가하는 것이 요구된다 하겠다.

인터넷 플레이밍

일반적으로 플레이밍은 좋지 못한 네티켓이다. 올바른 여론 형성보다는 편파적인 경우가 많고 대중의 울분을 자아내어 상대방의 사생활과 자유, 인권에 대해서는 전혀 배려하지 않는 경향이 있다. 어떤 쟁점들은 자신의 입장을 단호하게 표명하는 답변들을 유발하는 경향이 있다. 그러나 플레이밍은 쟁점들이나 정보 그 자체에서 발생하기보다는 오히려, 독단적인 전문가, 또는 뉴스그룹에서 자기 의견만을 고집하는 신출내기 등에게서 주로 나타난다. 정보 선택은 개인들의 지식과 관련되지만 좋은 정보를 선택할 수 있는 지식을 갖추는 요건도 개인적 여건에 따라 다르기 때문에 정보 불평등의 문제는 해결되지 않는다.

사이버 공간은 탈영토적 공간으로서 개인들의 자유 실현에 기여하기도 하지만 민주주의와는 배치되는 특성을 동시에 갖는다는 점을 알 수 있다. 더 많은 다수가 참여하여 여론을 형성할 수 있는 장점이 있음에도 전자 감시의 문제점을 동시에 갖고 있다는 점을 염두에 둬야 할 것이다. 전자민주주의의 성공 여부도 결국은 다른 사람에게 해를 입히지 않고 선을 행하겠다는 개인들의 윤리의식을 바탕으로 하지 않고서는 제도 마련만으로는 성공할 수 없다는 것을 알 수 있다.

3. 사이버 공간의 공동체와 책임 윤리

사이버 공동체의 탄생

사이버 공간에서 생활이 일상적으로 이루어지면서 인터넷상에서 매일매일 관심사가 실시간 이슈로 떠오른다. 클릭을 하면 이슈들에 대해서 자신의 의견을 제시할 수도 있고 다른 견해에 맞서 토론도 할 수 있다. 의견이나 취향이 비슷한 사람들끼리 동호회를 만들기도 해서 담론을 생산하기도 한다. 이를 사이버 공동체로 볼 수 있다. 사이버 공동체는 같은 이해관계를 가진 사람들이 온라인에서 모여 정보를 공유하는 집단이다. 특정 사이트에서 구성원들끼리 서로 공동의 연대를 가지고 상호작용을 하는 크고 작은 집단이다.

포털과 사이버 공동체

사이버 공동체들은 전자정부 아래에 속해 있는 것이 아니라 자유롭게 형성되지만 주로 포털사이트들이 제공하는 공간에 토대를 두고 있다. 개방된 공동체들도 있지만 회원제로 운영되는 경우 포털들은 하위 공동체들이 지속되도록 회원들을 관리해 주고, 활동을 받쳐 주고 있다. 포털사이트들은 하나의 문화를 이루면서 작은 공동체들이 하위에 조직되도록 판을 펼치고 있다. 물론 인터넷 공동체는 누구든지 가입 탈퇴를 통하여 자유롭게 참여 여부를 개인들이 결정할 수 있도록 되어 있다. 현실 공간의 공동체에 비하면 개인들의 자유 정도가 훨씬 더 크다고 할 수 있다. 서로 다른 이념이나 가치관을 갖는 공동체에 동시에 가입할 수도 있다. 사이버 공간에서의 자율성은 비판적, 능동적 행동을 가능하게 한다. 포털사이트들은 연고도 없이 파편화될 수 있는 네티즌들을 묶어서 사이버 공동체의 활성화로 사이버 공간이 역동적이게 하는 역할도 하고 있다.

사이버 공동체의 영향력

사이버 공동체의 영향력은 정치적, 경제적으로도 점점 커지고 있다. 정치적으로는 전자민주주의 체제에서 분산과 결집이 자유로운 사이버 공간의 특성에 의해 필요한 경우 강력한 힘을 발휘하기도 한다. 범세계적인 네트워크를 통해 인권 문제 등 국제적 이슈에 대해서도 영향력을 행사할 수 있다. 경제 활동에서도 사이버 공동체들의 영향력을 무시할 수 없다. 공동구매를 하거나 불매운동을 할 수도 있고, 기존의 제품을 구매하는 데에만 그치는 것이 아니라 자신들이 원하는 제품을 생산하도록 영향력을 행사한다. 작은 공동체들이 공동이익을 위해 연대하게 되면 사이버 공간의 특성상 전 세계적인 조직으로써 힘을 갖게 된다.

현실 공동체와 사이버 공동체

사이버 공동체는 현실 공동체와 비교해 볼 때 드러나는 차이점이 있다. 현실 공동체는 자연적으로 형성된 운명적이고 귀속적인 데 비해서 사이버 공동체는 자발적으로 선택할 수 있는 의도적 공동체(intentional community)라 볼 수 있다. 현실 공동체에서는 시간과 공간의 제약을 받으며 전인격적 대면적 만남이 이루어지지만 사이버 공동체에서는 간접적으로만 만나게 된다. 현실 공동체에는 법적, 윤리적 규제의 정도가 강하지만 사이버 공간에서 규제는 상대적으로 약하다. 연대성 면에서 볼 때 가상 공간은 현실 공간에 비하여 약하다고 볼 수 있다. 사이버 공동체가 정기모임 등을 통해 현실 공동체와 같이 강한 결속력을 갖는 경우도 있지만 전반적으로 개인들의 가입과 탈퇴가 자유롭기 때문에 연대성은 제한적일 수밖에 없다.

연대성과 참여민주주의

사이버 공동체가 공동체를 위한 최소한의 연대는 있지만 인간다운 공동체를 위한 바람직한 유대감을 충분히 갖고 있다고 보기는 어렵다. 현실 공간의 학연, 지연에 묶인 공동체에서는 공동체를 위해 개인의 자유와 권리가 쉽게 제한되는 문제점이 있지만, 공동체의 지속엔 기능적이다. 사이버 공동체도 지속되기 위해서는 뿔뿔이 흩어질 수 있는 구성원들을 묶어 낼 수 있는 공동체의식이 필요하다. 개인들이 가질 수 없는 공공선을 공동체가 가질 수 있다. 사이버 공동체는 공동체주의 속성을 가지면서도 자유주의 속성을 갖고 있기 때문에 현실의 공동체처럼 전체주의로 흐를 위험은 거의 없다. 취미, 사회봉사 등 엮일 수 있는 여러 요소를 바탕으로 다양한 공동체가 형성, 발전되고 있지만 공동체에 의해 개인의 가치가 희생되지는 않을 전망이다. 그러나 게시판, 안티사이트 등의 상호연대나 집합 행동은 개인의 존엄성을 파괴할 수 있는 여지도 갖고 있다. 사이버 공동체가 바람직한 유대감을 가질 경우는 참여민주주의를 강화할 수 있는 바탕이 될 수도 있지만 안티 운동 등 격렬한 의사표현으로 인해 현실공간의 열린 사회에 스트레스를 증가시킬 수도 있다.

책임 윤리 요청

사이버 공동체가 바람직한 연대감을 가지고 개인의 자유와 권리를 존중하는 전자민주주의에 기여하기 위해서는 책임 윤리가 요청된다. 무연고의 사이버 공동체가 무책임하게 집단이기주의에 매몰된다면 여론을 호도하고 참여민주주의를 왜곡하게 될 것이기 때문이다. 무책임하다는 것은 책임이 있다는 것을 전제로 한다. 사이버 공간에서 사이버 공동체로 존재한다는 것은 사이버 공간에서 책임을 지게 되는 것이다. 사이버 공동체의 구성원이 된다는 것은 스스로 선택한 것이기 때문에 공동체에 대한 의무를 받아들이고 책임 이행을 하겠다는 것이다.

선한 동기와 결과의 책임

책임 윤리는 도덕적 판단을 할 때 동기의 선함과 결과에 대한 책임을 함께 성찰해야 한다는 데 초점이 주어져 있다. 베버에 의하면 양심 윤리의 관점에서는 행위의 결과보다 선의지(善意志)만을 중시한 데 비해서 책임 윤리는 심정 윤리도 중요하지만 예견할 수 있는 행위의 결과에 대해 책임을 묻는 것을 의미한다. 사회구조, 제도, 정책, 법 등의 윤리적 문제에 대해서는 동기뿐만 아니라 행위의 결과까지 고려해야 수미일관적이고 공허해지지 않기 때문에 책임 윤리가 요구된다. 베버는 관료들의 판단과 정책 선택이 국가사회에 엄청난 결과를 미치는 데도 그 결과에 대한 책임을 묻지 않고 행위의 동기를 묻는 것은 공허하다는 점을 주장하면서 책임 윤리를 제창한 것이다.

전통 윤리와 양심

전통적으로 동서양을 막론하고 행위의 결과보다는 양심이나 선한 동기에 자족적인 행위를 권했다. 도덕적 양심을 갖는 인간을 온전한 것으로 전제하고 양심에 따른 판단을 했을 때 결과에 상관없이 바람직한 행위로 보았다. 그런데 이러한 관점은 양심이 문제가 아니라 인간이 불완전하기 때문에 각자의 양심도 절대성을 갖기 어렵다는 데서 문제가 생긴다. 따라서 책임 윤리는 양심을 과소평가한다기보다는 보통 인간의 불완전성으로 인해서 어떤 행동을 하든 그 속에 불완전성을 갖고 있기 때문에 결과를 두려워해야 한다는 것이다. 직접적으로 의도되지 않은 부수적인 결과까지도 우려하는 마음으로 충분히 인식하고 행동해야 한다. 양심 윤리가 받쳐 주지 않는 책임 윤리는 합목적성으로 인한 실용론에 그칠 수 있기 때문에 책임 윤리는 양심 윤리를 기본으로 해야 윤리적 방향성을 유지할 수 있다.

책임감과 전자민주주의의 발전

사이버 공간에서 전자민주주의가 꽃을 피우려면 사이버 공동체를 이루고 있는 개인들의 책임에 대한 자각이 필요하다. 사이버 공간의 공동체적 선에는 기여하지 않고, 이곳저곳을 방랑하면서 자유만 만끽하는 네티즌들이 민주시민이 될 수는 없다. 사이버 공간을 인간이 만들었듯이 사이버 공간의 질서도 인간이 유지해야 한다. 네티즌들이 익명성에 가려 있다 하더라도 양심을 져버리지 않고, 자신의 행동이 사이버 공동체에 미치는 결과까지 고려하는 책임감 있는 행동을 한다면 사이버 공간은 열린 민주주의의 이상을 향해 전진할 수 있을 것이다.

◈ 생각 정리하기

생각 나누기 1

선거는 민주주의의 축제다. 모든 유권자들은 자신의 의사를 자유롭게 표현함으로써 이 축제를 즐길 자유와 권리가 있다. 온라인은 그 특성상 저비용 고효율의 의사표현이 가능한 공간이며, 특히 소셜네트워크서비스(SNS)는 이러한 참여가 가장 극대화되는 공간이다. 선관위는 2003년부터 인터넷상 정치적 의사표현은 상시적으로 허용하자고 주장해 왔으며, 헌법재판소도 인터넷을 '가장 참여적인 시장', '표현 촉진적인 매체'로 인정했다.
'입은 풀고, 돈은 묶는' 것이 선거법의 기본 정신이다. 이에 가장 부합하는 수단이 온라인, SNS 공간임은 의심의 여지가 없다. 그렇기 때문에 블로그 등 온라인 공간과 SNS를 통해 자신의 정치적 의사를 표현하고 수많은 사람들과 정보를 공유하는 것은 오히려 권장해야 할 일이다. 국민은 민주주의를 억압하는 권력을 반드시 심판한다는 역사적 교훈을 명심해야 할 것이다(아시아뉴스통신, 2011.10.21.).

윗 글은 표현과 사상의 자유를 허용하라는 성명서의 일부이다. 인터넷을 가장 표현 촉진적인 매체로 보고 정치적 의사표현을 상시적으로 허용하자는 주장에 대한 자신의 생각을 정리하고 발표해 봅시다.

생각 나누기 2

전자투표란 기존의 종이로 된 투표지 없이 정보기술을 활용해 투표를 수행하는 것이다. 기존 투표소나 간이투표소 등 지정된 장소에서 전자투표 단말기를 이용해 수행하는 오프라인 전자투표와 PC나 모바일 장비로 인터넷과 유선 네트워크 등의 인프라를 이용한 온라인 전자투표 방식으로 구분된다. 온라인 투표는 신체적 장애를 가진 사람이나 노약자를 포함해 투표소에 가기 어려운 사람에게 민주주의의 꽃인 투표에 참여할 수 있는 기회를 제공한다는 점에서 전자민주주의 시대의 핵심 기술이라고 부를 수 있다. (중략)

온라인 투표 회의론을 뛰어넘어 온라인 투표가 오프라인 투표를 대체하거나 보충하기 위해서는 보통선거, 평등선거, 직접선거, 비밀선거의 원칙을 정보시스템을 통해 실질적으로 구현할 수 있는 기술적·관리적 대책을 지속적으로 마련해야 한다. 이를 위해 기술적으로는 적합한 유권자임을 확인하기 위한 인증기술, 투표 내용이 안전하게 전송되기 위한 암호통신기술, 투표자의 익명성과 수집된 투표의 기밀성·무결성을 확보하기 위한 암호화 기술, 시스템 전체의 신뢰성 확보를 위한 접근 통제 기술과 시스템 변경 및 접근과 변경 행위에 대한 기록 기술 등을 확보하기 위한 노력을 수행해야 한다. 관리적으로는 온라인 투표 시스템 개발업체와 운영업체의 독립성 유지와 제3의 감독기구에 의한 감사와 감시 수행 등의 노력이 수행돼야 한다. 이러한 노력을 통해 온라인 투표 시스템의 투명성, 신뢰성, 안전성이 증명될 때 온라인 투표가 전자민주주의의 꽃을 피우기 위한 핵심 기술로 자리매김하게 될 것이다(임종인, 2012).

위 글은 민주주의의 꽃으로 온라인 투표가 역할을 할 수 있기를 기대하는 글의 일부다. 온라인 투표는 인력·비용을 줄이고 참정권 행사 도움이 되는 데 시스템 투명성·안전성 확보가 관건이라고 보고 있다. 온라인 투표의 긍정적 측면과 부정적 측면을 생각해 보고 자신의 생각을 발표해 봅시다.

◈ 활동하기

위키백과 사이트(http://ko.wikipedia.org/wiki)를 방문하여 전자민주주의를 검색한 후 다음의 질문에 답하시오.

1. 사이버 망명(Cyber Asylum)이 무엇인지 설명해 보시오.

2. 전자민주주의와 대의민주주의를 비교해서 간략하게 적으시오.

◈ 참고하기

인터넷신문윤리강령[1]

제1조 표현의 자유와 책임

인터넷신문에 종사하는 언론인(이하 '언론인')은 인터넷신문이 한국 사회의 표현의 자유를 신장시킴으로써 국민의 알권리를 보장하고 건전한 여론 형성에 기여한다고 믿고, 동시에 이러한 자유에는 그에 상응하는 책임이 따른다는 점을 명심한다. 이에 따라 다음 사항을 준수한다.

①(표현의 자유의 옹호) 언론인은 건전한 여론의 형성에 장애가 되는 부당한 간섭을 배격하고, 이를 통해 편집의 자유, 나아가 표현의 자유를 옹호한다.

②(언론의 책임) 언론인은 편집 및 표현의 자유가 이에 따르는 책임에 토대를 두고 있음을 명심하고, 건전한 여론의 형성, 공공복리의 증진, 문화의 창달, 국민의 기본권 수호에 노력한다.

③(언론의 독립) 언론인은 정치·경제·사회·문화적 권력 또는 세력으로부터 독립하여 언론 활동을 하고, 이러한 권력 또는 세력의 압력과 청탁을 거부한다.

④(개인의 명예와 사생활 보호) 언론인은 공익이 우선하지 않는 한 개인의 명예를 훼손하지 않고, 개인의 사생활도 침해하지 않는다.

⑤(편견과 차별의 금지) 언론인은 인종, 민족, 지역, 신념, 종교, 나이, 성별, 직업, 학력, 계층, 지위 등에 대한 편견을 배제하고, 이러한 편견에 근거해 개인이나 집단을 차별하지 않는다.

⑥(사회적 약자 및 소수자 보호) 언론인은 어린이, 장애인, 외국인 등 사회적 약자와 소수자의 권리를 보호하고, 이들의 견해에 유념한다.

제2조 신속성, 객관성, 공정성

언론인은 인터넷 매체의 특성을 충분히 활용하여 신속한 보도를 위해 노력하되, 그 보도가 객관성과 공정성을 잃지 않도록 한다. 이를 위해 다음 사항을 준수한다.

①(성실한 게이트키핑) 언론인은 신속한 보도를 이유로 게이트키핑을 소홀히 하지 않는다.

②(사실과 의견의 구분) 언론인은 독자가 사실과 의견을 혼동하지 않도록 표현하고 편집한다.

③(균형감각) 언론인은 취재 및 보도를 함에 있어서 경합하는 사실, 사람, 세력 간의 균형에 유의하고, 가능한 한 사실의 전모를 충실하게 전달하도록 노력한다.

제3조 이해의 상충

언론인은 취재·보도 과정에서 발생할 수 있는 개인적인 이익과 공적인 이익의 이해상충을 배제하도록 노력한다. 이를 위해 다음 사항을 준수한다.

①(사적 이익 추구 금지) 언론인은 취재 과정에서 얻은 정보로 언론인 개인과 언론사의 이익을 추구하지 않고, 취재 과정에서 알게 된 미공개 정보를 주식이나 부동산 투자 등에 이용해 금전적 이익을 얻거나 손실을 회피하는 행위를 하지 않는다.

②(이해관계 유의) 언론인은 본인 또는 친·인척의 정치적, 경제적, 사회적 이해관계가 취재 및 보도 행위에 영향을 끼치지 않도록 유의한다.

③(주식 등 거래의 제한) 언론인은 주식 및 증권과 관련된 보도 업무에 종사하는 동안 주식 및 증권의 거래 행위에 직·간접적으로 관여하지 않는다.

④(부당한 집단 영향력 행사 금지) 언론인은 공동 취재나 친목 또는 직업적 공동이익을 위한 목적 이외에 단체를 구성하거나 활동하지 않고, 출입처와 기업 등 취재원에 대해 부당한 집단적 영향력을 행사하지 않는다.

⑤(광고 판매 행위 요구 금지) 언론사는 보도 업무에 종사하는 언론인에게 광고 판매를 요구하지 않고, 언론인도 그러한 요구를 받아들이지 않는다.

제4조 어린이 보호

언론인은 13세 미만의 어린이들의 건전한 인격 형성과 정서함양을 위해 노력하고 음란하거나 폭력적인 유해 환경으로부터 이들을 보호한다. 이를 위해 다음 사항을 준수한다.

①(어린이 취재 보도) 언론인은 부모, 보호자 또는 학교장 등 보호책임자의 동의 없이 어린이를 대상으로 인터뷰나 촬영을 하지 않는다.

②(성범죄와 어린이 보호) 언론인은 어린이나 어린이의 가족이 성범죄에 연루된 경우 그 어린이의 신원을 밝히지 않는다.

③(유괴 보도 제한 협조) 어린이가 유괴된 경우 무사히 생환하는 데 모든 협조를 다하고, 특히 유괴된 어린이가 범인의 수중에 있는 때에는 가족이나 수사기관의 보도 제한 요청에 응한다.

④(유해 환경으로부터의 어린이 보호) 언론인은 유해 환경으로부터 어린이를 보호하기 위하여 폭력, 음란, 약물 사용의 장면을 미화하거나 지나치게 상세하게 보도하지 않는다.

제5조 취재 준칙

언론인은 인터넷신문의 정착과 건전한 발전을 위해 취재 시 다음 사항을 준수한다.

①(취재원의 신뢰성) 언론인은 취재원의 신뢰성 유무를 늘 확인하고, 공공기관이나 각종 단체의 홈페이지 등과 같은 공개자료에 대해서도 취재 시 그 정확성을 검증한다. 특히 취재원의 증언이 감추어졌던 사실의 폭로일 경우에는 그 의도와 정확성, 완전성을 복수의 취재원을 통해 검증한다.

②(금품·향응 수수 금지) 언론인은 취재 및 보도와 관련하여 금품 또는 향응을 받지 않는다. 특히 대가의 제공을 조건으로 접근하는 취재원을 경계하고, 취재 및 보도의 대가로 금품 또는 향응을 요구하거나 받지 않는다.

③(당사자 동의) 언론인은 공익이 우선하지 않는 한 사적영역이나 제한된 공적영역을 방문하여 취재하는 경우 반드시 당사자의 동의를 얻고 프라이버시 보호에 유의한다.

④(재난 등 취재) 언론인은 재난이나 사고를 취재할 때 인간의 존엄성을 침해하거나 피해자의 치료를 방해하지 않고, 재난 및 사고의 피해자, 희생자 및 그 가족에게 적절한 예의를 갖춘다.

⑤(피해자 보호) 비극적 사건이나 슬픔을 겪은 사람들과 그 친지들의 사진이나 이들과의 인터뷰를 취재에 이용할 때 특별한 주의를 기울인다.

⑥(기타 비윤리적 취재의 금지) 언론인은 경제적 이득과 관련된 방식이 아니더라도 도청, 비밀 촬영, 신분 사칭, 자료의 허가 없는 검색 및 반출, 기타 비윤리적인 방식에 의하여 취재하지 않는다.

제6조 보도 준칙

언론인은 신뢰성이 높은 보도를 위해 다음 사항을 준수한다.

①(취재원의 명시) 언론인은 기사의 취재원 또는 출처를 명시적으로 밝히는 것을 원칙으로 한다. 다만, 그 취재원의 신원이 드러나 불이익을 받거나 신변이 위태롭게 될 우려가 있는 경우에는 예외적으로 익명으로 할 수 있다.

②(정확한 인용) 언론인은 취재원의 발언, 자료 등을 기사 중에 인용할 때 그 내용을 정확하게 인용하고, 그 내용의 취지, 강조점 등을 보도의 목적에 맞게 변형하지 않는다.

③(조사의 신뢰성) 언론인은 여론조사 등을 바탕으로 보도할 경우 그 조사의 신뢰성의 근거를 분명히 밝힌다.

④(표절의 금지) 언론인은 기사 작성에 있어 신문, 통신, 인터넷, 잡지, 사진, 이미지, 동영상, 음원, 기타 저작권 있는 출판물 등을 인용할 때 반드시 그 출처를 밝히고, 인터넷 댓글, 소셜미디어를 활용한 취재내용 등도 그 출처를 명시한다.

⑤(반론권의 보장) 언론인은 보도로 인해 불리한 입장에 처할 수 있는 개인과 단체 등에 대해 해명할 수 있도록 사전에 반론 기회를 주고, 사후에라도 반론권을 행사하겠다는 의사 표시가 있을 경우 그 내용을 기사에 포함시키도록 노력한다.

⑥(이미지 조작의 금지) 언론인은 사진이나 영상의 이미지를 조작해서는 안 되고, 그 내용을 개선하기 위해 기술적 수정을 가하는 경우 그 사실을 밝힌다.

⑦(선정보도의 금지) 언론인은 성범죄, 폭력 등 기타 위법적이거나 비윤리적 행위를 보도할 때 음란하거나 잔인한 내용을 포함하는 등 선정적으로 보도해서는 안되며, 범죄수법을 과도하게 자세히 보도해 모방범죄를 유발하지 않도록 유의해야 한다.

⑧(신원의 보호) 미성년(만 18세 이하) 형사 피의자와 성범죄 피해자의 신원은 밝히지 않는 것을 원칙으로 한다.

⑨(자살 보도의 신중) 자살 보도는 사회에 미치는 영향을 고려하여 신중해야 한다. 자살방법 등에 대한 구체적 묘사 등 대중의 호기심에 영합하는 보도를 해서는 안 된다.

제7조 편집 준칙

언론인은 보다 품격 있는 인터넷신문의 제작을 위해 편집 시 다음 사항을 준수한다.

①(과잉표제의 금지) 언론인은 기사의 제목이 기사의 내용을 과장하거나 왜곡하지 않는 방법으로 편집한다.

②(기사와 광고의 구분) 언론인은 독자들이 기사와 광고를 명확하게 구분할 수 있는 방식으로 편집한다.

③(어뷰징[Abusing]의 금지) 언론인은 기사의 페이지 뷰를 늘리기 위해 작위적으로 기사의 일부 내용 또는 제목을 변경해 재송신하는 행위를 하지 않는다.

④(댓글의 관리) 언론인은 기사에 따르는 댓글을 통해 타인의 인격권 침해 등이 발생하지 않도록 관리에 유의한다.

제8조 보도로 인한 피해의 구제

언론인은 보도로 인해 피해를 입었다고 주장하는 당사자가 있을 경우 그 의견을 최대한 경청하고, 그 결과 기사의 수정이 필요하다고 판단되면 최대한 신속하게 조치한다. 이를 위해 다음 사항을 준수한다.

①(직접 대면) 언론인은 보도로 인해 피해를 입었다고 주장하는 당사자가 있을 경우 그 의견을 가능한 한 직접 대면해 듣도록 노력한다.

②(즉각적인 수정) 언론인은 당사자의 소명에 의해 보도의 부정확성 등이 확인됐을 경우 최대한 신속하게 기사 내용을 수정한다.

③(반론·정정보도문 게재) 언론인은 반론·정정보도문을 게재하는 경우 이에 대한 접근 및 접속이 용이하도록 편집에서 배려한다.

제9조 언론 윤리 교육 및 윤리기구 설치

언론인은 취재, 보도, 편집 활동의 품위를 유지하고 인터넷신문의 신뢰도를 한층 높이는 방안을 지속적으로 모색한다.

①(언론 윤리 교육) 인터넷신문은 언론인이 가능한 한 정기적으로 언론 윤리와 관련한 교육을 받을 수 있도록 노력한다.

②(윤리기구의 설치) 이 윤리강령의 실천을 지속적으로 촉진하고 점검할 수 있는 기구를 설치·운영한다.

◈ 주

제1장 윤리와 디지털 윤리의 이해

1. RFID 칩이 개인 식별 (human identification)을 위해 사람에게도 사용되고 있다. RFID이식과 관련된 초기 실험은 1998년 자신에 팔에 칩을 이식한 Kevin Warwick에 의해 실행되었다. 또한 2004년에 Conrad Chase는 자신의 바르셀로나와 로테르담의 나이트클럽에서 그들의 VIP고객을 식별하기 위해 이식된 칩의 도입을 제안했고 결국 음료의 가격을 지불하는데 사용되었다. RFID 식별자가 어디를 가더라도 추적함으로써 잠재적으로 개인의 사생활을 침해할 수 있다는 우려를 발생시켰다. 심지어 몇몇은 독재정부에 의해 시민들의 자유를 억제하며 행동의 감시하는 파놉티콘의 절정체로서 악용될 가능성을 염려했다. 프라이버시의 중요성을 강조하는 사람들은 RFID칩의 사용의 잠재적 남용과 오용을 경고하며 반대하고 있지만 여전히 RFID 기술을 사람에게 적용 시키는 것은 많은 논쟁의 여지를 가지고 있다. https://ko.wikipedia.org/wiki/RFID 참조.
2. Rafael Capurro, "DIGITAL ETHICS", This paper was originally presented at the 2009 Global Forum on Civilization and Peace organized by The Academy of Korean Studies, Seoul, December 1-3, 2009
3. 정언명령은 조건이 없는 명령을 말한다. '거짓말하지 마라'는 어떤 조건이 부과되지 않음으로 정언명령이다. 만약이라고 하는 조건이 부과되어 있는 명령은 가언명령(假言命令)이라고 한다. '우정을 유지하려면 거짓말하지 마라'는 조건이 부과되어 있음으로 가언명령이다. 가언명령은 조건을 버리면 명령도 사라지게 된다. 우정을 유지하는 것을 버린다면 거짓말하지마라는 명령도 효과를 유지할 수 없다.

제2장 사이버 공간의 쾌락과 고통

1. "Ethics 05 - Emotivism", http://www.harryhiker.com/et/et-05-00.html
2. 구나발타라(求那跋陀羅) 한역, 『雜阿含經』 제9권 제252경 〈우파선나경(優波先那經)〉 "佛即為舍利弗而說偈言...貪欲瞋恚癡 世間之三毒 如此三毒惡 永除名佛寶..."
3. 호법 등 지음, 현장 한역, 『成唯識論』 제6권. 진(瞋)심소.
4. 山下有澤損君子以懲忿窒欲, 『주역』 山澤損卦 41.
5. 懲忿如救火窒慾如防水. 『明心寶鑑』, "正己篇"
6. 설러(John Suler)는 행동의 탈억제효과를 가져오는 요인으로는 분리된 익명성, 비가시성, 비동시성, 심리적인 내면투사(solipsistic introjection), 분리된 상상, 줄어드는 권위 등을 들고 있다. 이러한 탈억제 효과를 바탕으로 인터넷은 욕망의 배출구, 욕구의 해방구로서 여겨지게 되기도 한다. http://www.jmcolberg.com/weblog/archives/002526.html
7. 본래 '잉여 쾌락'이란 지젝(Slavoj Zizek)이 즐겨 쓰는 용어로, 욕망은 대상의 고유 가치와 교환 가치의 차액인 잉여 쾌락에 의해 지속되고, 자본주의 사회는 이 잉여 쾌락에 의해 지속된다고 했다. 권택영, 『잉여 쾌락의 시대』(서울 : 문예출판사, 2003). 표지설명 참조. 그러나 여기서는 이 개념을 단지 차용하여 현실공간에서 수요할 수 있는 것 이상의 쾌락을 사이버 공간에서 추구하는 것을 일컫고자 한다. 물론 현실공간에서도 잉여쾌락을 추구하는 경우가 있다. 일례로 부부관계 안에서의 정상적인 성관계가 기본 욕구를 충족시키는 것이라면, 불륜도 잉여쾌락을 추구하는 것으로 볼 수 있고, 음란물에 중독되어 비정상적인 성행위에 몰두하는 것도 잉여쾌락을 추구하는 것으로 볼 수 있을 것이다. 그러나 현실공간에 비하면 사이버 공간에서는 단일 정체성이 아니라 다양한 정체성을 가지고 쾌락을 추구할 수 있음으로 인해 잉여쾌락의 정도를 몇 배로 증폭시킬 수 있는 점에서 하나의 특징으로 볼 수 있겠다.
8. 종종 PC방에 살다시피 하며 게임에 몰두하다 본인이 숨지는 사건들도 있지만, 가족들을 돌보지 않아 피해를 보는 경우도 있다. 엄마와 아빠가 모두 인터넷게임에 중독돼 아기를 돌보지 않아 아이가 죽은 사건도

있다. 부부가 아기를 혼자 안방에 놔둔 채 거의 매일 밤 인근의 피시방에서 게임을 하는 사이, 아기는 굶주림을 이기지 못하고 숨진 사건도 있다. https://www.hani.co.kr/arti/society/society_general/408073.html.

9. 영(K. Young)은 인터넷 중독을 다섯 가지 세부 유형으로 분류하고 있다. 첫째는 사이버 섹스나 사이버 포르노 등을 다루는 성인 웹사이트에 대한 사이버 성적 중독(Cybersexual Addiction), 둘째는 온라인 관계에 대한 과대한 몰입으로 사이버 관계 중독(Cyber-relationship Addictions), 셋째는 강박관념에 사로잡힌 온라인 도박, 쇼핑, 증권거래 등으로 넷 강박충동(Net Compulsions)이라 하며, 넷째는 강박적인 웹서핑이나 데이터베이스 탐색으로 정보 과부하(Information Overload)이며, 다섯째는 강박관념에 사로잡힌 컴퓨터 게임으로 컴퓨터 중독(Computer Addiction)으로 분류하고 있다. Kimberly Young, Molly Pistner, James O'Mara, and Jennifer Buchanan, Cyber-Disorder : The Mental Health Concern for the New Millennium, *Cyber Psychology & Behavior*, 3(5), 2000. pp.475-479.

제3장 사이버 공간의 존재와 자아정체성

1. 이 장은 김대군, "사이버 공간의 공간에서의 자아정체성 확립방안", 한국윤리학회, 『윤리연구』(2012)의 내용을 수정 보완함.
2. 플라톤의 경우 본질은 개별적 사물과 실제적으로 동떨어져 있는 반면, 아리스토텔레스의 경우 본질은, 그것이 현상적인 대상들 속에서 스스로를 실현시키고 거기에서 감각경험에 의해 감지 가능한 외양을 취할 때 비로소 실재적인 것이 된다. 자연전체는 그 어디에서나 스스로를 실현시키고자, 그 가능태를 현실태로 전개시키고자 한다. 윌리엄 사하키안, 권순홍 역, 『서양철학사』(서울: 문예출판사, 1998), pp.95-96 참조.
3. 역할이란 어떤 상황이나 사물, 사람에 대해 한 사람이 갖는 관계 양식을 말한다. 이성호, 『교수방법론』(서울: 학지사, 1999), p.294.
4. 게임 폐인녀 "하루 15시간 게임, 모델 꿈도 버려", http://nbiz.heraldcorp.com/view.php?ud=20120327000950

제5장 사이버 공간에서 합리적 선택

1. 서울 동작경찰서는 2007년 10월 17일 자신과 음란 채팅을 하던 B 씨가 가톨릭 성직자라는 사실을 알고 협박해 수천 만원의 금품을 뜯어낸 A(46) 씨에 대해 공갈 등의 혐의로 구속했다. "성직자 홀린 여장남…음란채팅 협박 돈 뜯어내" http://news.hankooki.com/lpage/society/200710/h2007101718231522000.html
2. 인터넷 실명제는 이름을 숨기거나 변신함으로써 욕구를 실현하는 사이버 공간의 놀이터를 통제한다는 점에서도 지지받기 어렵다. 인간은 이름을 감추고 현실을 벗어나고자 하는 변신 욕구를 가지고 있다. 누구든지 사이버 공간에서는 현실 공간의 인종, 성별, 나이를 마음대로 바꿀 수 있다. 사이버 공간은 현실 공간의 이목을 두려워하지 않고, 자신조차 잊고 스트레스를 날릴 수 있는 유희의 세계로서 해방구 역할을 하고 있다. 현실 공간에서의 경제력, 권력을 떠나 공정한 기회 균등의 놀이 공간이다. 따라서 평등하게 욕구를 실현할 수 있는 유희공간을 인터넷 실명제라는 족쇄로 통제하는 것은 정당화될 수 없다.
3. 《주역》의 〈건괘〉에 "건은 원형이정이다(乾, 元亨利貞)"이라고 하고 있고,〈문언전(文言傳)〉에는 "원은 착함이 자라는 것이요, 형은 아름다움이 모인 것이요, 이는 의로움이 조화를 이룬 것이요, 정은 사물의 근간이다."라고 풀이하고 있다.

제9장 사이버 공간에서의 범죄와 대책

1. "사이버범죄란?" http://www.ctrc.go.kr/cyber/division011.jsp

제10장 디지털 성폭력

1. 섹스가 남녀 간의 신체적 구분뿐만 아니라 남녀의 성교를 칭할 때, '섹스는 남녀가 하는 것'이라는 전제를 자연스럽게 수용하고 있기 때문에 남녀 간의 성행위 외의 것을 인정하지 않는 차별의 근원이 된다는 견해도 있다.
2. 포르노그래피가 남성 중심이라고 지적하는 사람들은 포르노그래피에는 피임, 출산, 낙태와 성의 연결고리가 나타나지 않고 있음을 드러낸다.
3. 양성애, 동성애, 트랜스젠더 등 자기정의에 의해 생기는 수많은 정체성들이 가능하다고 본다. 남성과 여성이라는 개념의 존재로 이성애, 동성애가 있지만 이 구분조차 작위적이라는 것이다. 살고 싶은 사람과 사는 것이 섹슈얼리티의 진정한 의미라고 보면서 차이는 토대(foundation)가 아니라 관계(relation)라면 차별은 사회가 만들었다는 것이다. 변혜정, "섹슈얼리티와 권력", 한국양성평등교육진흥원, 『섹슈얼리티로 바라본 세상』(서울: 양성평등교육진흥원, 2008), p.34.
4. Sexual Harassment는 성적인 집적거림, 성가심, 괴롭힘, 성적 학대, 농락 모욕, 희롱 등을 의미하는데 흔히 성희롱으로 번역한다. 그 기준은 피해자의 관점에서 불쾌한 것을 말한다.

제12장 사이버 공간에서의 예절

1. Cliché는 프랑스어로 '정형화하다'의 과거분사형이다. 이미 정형화된 상투적이고 진부한 이미지나 이야기를 의미한다. 다른 것과 차별되는 힘과 신기함이 사라진 문장이나 표현, 혹은 생각을 뜻한다. 이 단어는 보통 부정적인 맥락에서 사용된다.
2. 樂者敦和. 禮者別宜. 樂者爲同, 禮者爲異. 同則相親, 異則相敬. 禮記集說 卷九十四 및 卷九十二 참조.
3. 非禮勿視, 非禮勿聽, 非禮勿言, 非禮勿動. 周易衍義 卷六 참조.
4. 恭而無禮則勞,『而無禮則』, 勇而無禮則亂 直而無禮則絞. 論語 八卷 참조.

제13장 사이버 공간에서의 예절

1. 2011년 3월 23일에 한국인터넷신문협회가 '인터넷신문 윤리강령'을 선포했다. 인터넷상에 글을 올리는 사람들은 누구든지 인터넷 신문 기자와 마찬가지로 소명의식이 있어야 한다고 볼 수 있다.

1장 윤리와 디지털 윤리의 이해

- 김일순, 손명세, 김상득, 『의료윤리의 네원칙』(서울: 계축문화사, 1999).
- 김춘태, 이대희 공저, 『서양 근세 윤리학』(서울: 형설출판사, 2002).
- 리사 슈와츠 외 공저, 조비룡 외 공역, 『사례중심의 의료윤리』(서울: 인간사랑, 2008).
- 황경식, 『개방사회의 사회윤리』(서울: 철학과 현실사, 1996).
- 황두환, 김대군, 『인간과 윤리사상』(서울: 형설출판사, 2005).
- 폴 테일러, 김영진 역, 『윤리학의 기본원리』(서울 : 서광사, 1988).
- Beauchamp TL, Childress JF. *Principles of biomedical ethics*, 5 th ed. New York City,. NY: Oxford University Press; 2001.
- Downie,R., Calman, K., *Healthy respect*. Oxford: Oxford University Press, 1994.
- Dworkin R., *Taking rights seriously*. London: Duckworth, 1978.
- Gilligan, C., *In a different voice*. Cambridge, MA: Harvard University Press, 1982.
- Mill, J.S. *On liberty*. Indianapolis: Bobbs-Merrill, 1956.
- Macklin, R., *Against relativism: cultural diversity and the search for ethical universals in medicine*. New York: Oxford University Press, 1999.
- Nozick, Robert, 강성학 역, 『자유주의의 정의론』(서울: 대광문화사, 1991).
- Rawls, J., *The Theory of Justice* (Cambridge, Mass. : Harvard University Press, 1971).
- 사회학사전, 고영복 편, 2000.10.30., 사회문화연구소(http://dic.naver.com).
- 위키백과(http://ko.wikipedia.org/wiki).
- 한국인터넷진흥원(http://www.nethics.or.kr/new_intro.jsp).
- http://summ.tistory.com/30
- http://www.hankyung.com/news/app/newsview.php?type=2&aid=2006121469638&nid=910&sid=0106

2장 사이버 공간의 쾌락과 고통

- 구나발타라(求那跋陀羅) 한역, 『雜阿含經』 제9권 제252경 〈우파선나경(優波先那經)〉 "佛即為舍利弗而說偈言…貪欲瞋恚癡世間之三毒 如此三毒惡 永除名佛寶…".
- 권택영, 『잉여 쾌락의 시대』(서울: 문예출판사, 2003).
- 김대군, "사이버 공간에서의 자아정체성 확립 방안", 한국윤리학회, 『윤리연구』86호, 2012.
- 김대군, "분노조절에 대한 윤리상담적 접근-세네카의 분노론을 중심으로", 한국윤리교육학회, 『윤리교육연구』 34권(한국윤리교육학회, 2014).
- 김재성, "초기불교의 분노와 치유", 『비폭력연구』 제4호(경희대학교 비폭력연구소, 2010).
- 박성호, "쾌락에 관한 아리스토텔레스의 분석과 비판", 대한철학회, 『철학연구』제94집, 2005.5.
- 박장호 편저, 『윤리의 응용과 교육』(부산: 경성대학교 출판부, 2002).
- 박찬구, 『우리들의 응용윤리학』(서울: 울력, 2012).
- 손병석,『고대희랍 로마의 분노론, 분노하는 인간 호모 이라쿤두스 연구』(서울: 바다출판사, 2013).

- 스털링 램프레히트, 김태길 외 공역, 『서양철학사』(서울: 을유문화사, 1984).
- 엄정식, 『지혜의 윤리학』(서울: 지학사, 1998).
- 플라톤, 조우현 옮김, 『국가/소크라테스의 변명』(서울: 삼성출판사, 1983).
- 플라톤·아리스토텔레스, 최명관 옮김, 『향연, 파이돈, 니코마코스 윤리학』(서울: 을유문화사, 1995).
- 용타, 『마음 알기 다루기 나누기』(서울: 대원정사, 1997).
- 호법 등, 현장 한역, 『成唯識論』 제6권, 진(瞋)심소.
- 홍성욱, 백욱인 엮음, 『2001 사이버 스페이스 오디세이』(서울: 창작과 비평사, 2001).
- 『明心寶鑑』, "正己篇".
- 『주역』 山澤損卦 41.
- Aristoteles, 이종오 옮김, 『수사학 Ⅱ』(서울: 리젬, 2012).
- Brand P. & Ph. Yancey, 『고통이라는 선물』, 송준인 옮김, 두란노, 2001.
- Collins, Gary R., *Christian Counseling: A Comprehensive Guide*, Revised Edition, Waco: Word Publishing, 1988.
- Griffiths, M.D., "Internet addiction: fact of fiction", The British Psychological Society, *The Psychologist* 12(5), 1999.
- Levinas, E. "Useless Suffering", *Entre Nous: On Thinking-of-the-Other*, Columbia University Press, New York, 1998.
- Young, D.,"Craving Your Next Web Fix", *U. S. News & World Report*, 128(2), (Jan. 17, 2000).
- Young, Kimberly, Molly Pistner, James O'Mara, and Jennifer Buchanan, "Cyber-Disorder : The Mental Health Concern for the New Millennium", *Cyber Psychology & Behavior*, 3(5), 2000.
- http://blog.naver.com/junyc438/30004920323.
- http://www.asiatoday.co.kr/news/view.asp?seq=318196.
- http://www.jmcolberg.com/weblog/archives/002526.html.
- https://www.hani.co.kr/arti/society/society_general/408073.html.

3장 사이버 공간의 존재와 자아정체성

- 강학순, "하이데거에 있어서 실존론적 공간해석의 현대적 의의" 『하이데거 연구』(제14집), 2006.
- 김대군, "사이버 공간의 놀이에 대한 윤리적 고찰", 『윤리교육연구』12집(한국윤리교육학회, 2007).
- 김대군, "사이버 공간의 공간에서의 자아정체성 확립방안", 한국윤리학회, 『윤리연구』(2012).
- 김종길, "사이버 공간에서의 자아인식과 복합정체성 수행", 『사회이론』2008 봄/여름.
- 박동준, "사이버 공동체의 정체성에 관한 연구", 『윤리연구』제79호, 2003.
- 엄정식, 『철학으로 가는 길』(서울: 미완, 1987).
- 윌리엄 사하키안, 권순홍 옮김, 『서양철학사』(서울: 문예출판사, 1998).
- 이동성, "인터넷 사이버 공간의 존재론" 『동서언론』제7집, 2003.
- 이성호, 『교수방법론』(서울: 학지사, 1999).
- 이종관, 『사이버문화와 예술의 유혹』(서울: 문예출판사, 2003).
- 최혜실, "사이버 공간의 환상성 연구", 『인문콘텐츠』 제8호, 2006.12.
- J. 호이징하, 권영빈 옮김, 『놀이하는 인간』(서울: 기린원, 1991).

- Gergen, K., *the saturated self: dilemmas of identity in contemporary life*, (New York: Basic Books, 2000).
- Goffman, Erving, *the presentation of sell in everyday life*(New York: Doubleday, 1959).
- Lash, S. & J. Freidman(ed.), *Modernity and Identity* (Oxford: Blackwell, 1992).
- Mckinnon, R, "Searching for the Leviathan in Usenet", S.G.Jones(ed.), Cybersociety *Computer-mediated* Communication and Community(Thousand Oak, CA:Sage Publications, 1995).
- *Turkle, S. Life on the Screen Identity in the Age of the Internet* (New York: Simon and Schuster, 1995).
- 위키백과 사이트(http://ko.wikipedia.org/wiki)
- 게임 폐인녀 "하루 15시간 게임, 모델 꿈도 버려", http://nbiz.heraldcorp.com/view.php?ud=20120327000950.
- "세컨드 라이프를 즐기다가 퍼스트 라이프가 붕괴된 사나이, http://isao76.egloos.com/2370104.
- "Why "Kubernetes"?, http://www.kubernetes.co.uk/about/the-word-kubernetes.

4장 인공지능과 로봇 윤리

- 김상득, "기계의 메타 윤리학: AI 로봇의 윤리적 결정을 중심으로", 『동서철학연구』 제96호 (한국동서철학회 논문집, 2020).
- Edmond, Awad etc, "The Moral Machine experiment", *Nature*. 563 (October 24, 2018).
- Foot, Philippa, The *Problem of Abortion and the Doctrine of the Double Effect in Virtues and Vices* (Oxford: Basil Blackwell, 1978).
- Grunwald, Armin, *Living Technology* (Singapore: Jenney standford, 2021).
- Johansson, L., "Robots and Moral Agency"(Dissertation, Stockholm University, 2011)..
- Kagan, Shelly, *The Limits of Morality* (Oxford: Oxford University Press, 1989).
- Malle, B.F., "Moral Competence in Robots?" In Seibt, J., Hakli, R., & Nørskov, M. (Eds.), *Sociable robots and the future of social relations: Proceedings of Robo-Philosophy* 2014 (Amsterdam, Netherlands: IOS Press, 2014).
- "Moral Machine". https://www.moralmachine.net.
- Moor, J.H., "The Nature, Importance, and Difficulty of Machine Ethics", *IEEE Intelligent Systems* 21(4), 2006.
- Singer, Peter, "Ethics and Intuitions", *The Journal of Ethics* Vol. 9, No. 3/4, (2005).
- Wallach, W. & Allen, C., 노태복 옮김, 『왜 로봇의 도덕인가』(서울: 메디치, 2014).

5장 사이버 공간에서 합리적 선택

- 박효종, 『합리적 선택임과 공공재 Ⅰ』(서울: 인간사랑, 1995).
- 김대군, "인터넷 시대의 민주시민교육 방향", 한국시민윤리학회, 『한국시민윤리학회보』제20집 2호, 2007.
- 김대군, "공직자의 도덕적 해이 현상에 대한 공공선택론적 분석", 한국국민윤리학회,『국민윤리연구』60호, 2005.
- 사울 스탈, 박형빈 옮김, 『게임이론』(서울: 경문사, 2005)
- 소광희 외, 『철학의 제문제』(도서출판 벽호, 1998).
- 욘 엘스트, 김성철, 최문기 옮김, 『합리적선택』(서울: 신유, 1993).

- 인터넷윤리실천협의회, 『U시대의 인터넷윤리』(서울: 이한출판사, 2011).
- 한국정치경제학회 편, 『정치경제학의 이론과 전개』(서울: 법문사, 1992).
- 《주역》의 〈건괘〉.
- 정란기, "욕망 이론과 영화에 대하여", http://italcinema.com/review/review3.htm.
- Downs, Anthony, *An Economic Theory of Democracy*, N.Y. : Harper and Row, 1957),
- Dougherty, James E., & Robert L. Pfaltzgraff, Contending Theories of Unternational Relations, N.Y. : Lippincott, 1971.
- Downs. Anthony,, An economic theory of democracy. New York: Harper and Row. 1957.
- McCain, Roger A., 이규억 옮김, 『게임이론』, 시그마프레스, 2004.
- http://www.nethics.or.kr/new_intro.jsp.
- http://news.chosun.com/site/data/html_dir/2013/02/12/2013021200480.html.
- http://news.hankooki.com/lpage/society/200710/h2007101718231522000.htm.
- 위키백과 (http://ko.wikipedia.org/wiki/).

6장 표현의 자유와 사이버 공간에서 규제

- 강준만 편저, 『대중매체법과 윤리』(서울: 인물과 사상사, 2001).
- 권영빈, 『컴퓨터시대의 인터넷윤리』(서울: 인터비전, 2009).
- 김대군, 『생활문화와 윤리』(진주: 경상대학교출판부, 2012).
- 백윤철, 이준복, 『알기쉬운 인터넷윤리』(서울: 이담, 2009).
- 인터넷 윤리실천협의회, 한국정보처리학회, 『U 시대의 인터넷 윤리』(서울: 이한출판사, 2008).
- 팽원순, 『언론법제신론』(서울: 나남, 1989).
- 한국정보문화진흥원, 『정보통신윤리』(서울: 대한교과서주식회사, 2006).
- 홍원의, 황장선, "인터넷 광고의 심의와 규제에 대한 연구", 『한국광고홍보학보』 제13권 3호 (2011).
- 황경식, 『개방사회의 사회윤리』(서울: 철학과 현실사, 1995).
- Boorstin, Daniel J., *Democracy and Its Discontents : Reflection on Everyday America* (New York : Vintage Books, 1975).
- Dworkin, Gerald, *Paternalism, Morality and the Law*, P.A. Wasserstro, ed. (Wadsworth,1971).
- Dworkin, Gerald "Moral Paternalism," *Law and Philosophy*, 24(3), 2005.
- Harsanyi, J. C., "Cardinal utility in welfare economics and in the theory of risk-taking", J. Polit. *Economy* 61 (1953).
- Mappes, Thomas A., & Jane S. Zembaty, *Social Ethics* (New York : McGRaw-Hill Book Company, 1987).
- Lindley, Richard, *Automomy* (Macmillan, 1986).
- Rawls, John, *A Theory of Justice, Cambridge*, Massachusetts: Belknap Press, 1971.p.260.
- 류제명, "인터넷의 자유냐 지적재산권 보호냐", http://eiec.kdi.re.kr/nara/contents/nara_view.jsp?sendym=201102&idx=8108&pg=4.
- 박성용, "인터넷광고규제가이드라인", http://karb.or.kr/upload/monthly/PDF.
- http://contentskorea.or.kr/6602.
- http://onlinead.or.kr/?page_id=442&returl=/?page_id=222.

- http://www.ohmynews.com/NWS_Web/View/at_pg.aspx?CNTN_CD=A0001193566.
- http://onlinead.or.kr.

7장 프라이버시권과 정보 프라이버시

- 강준만 편저, 『대중매체법과 윤리』(서울: 인물과 사상사, 2001).
- 권영빈, 『컴퓨터시대의 인터넷윤리』(서울: 인터비전, 2009).
- 김동길, "알 권리와 프라이버시" 1985년 통권17여름호, http://pac.or.kr/press/webzine_db/webzine
- 리차드 스피넬로, 이태건 외 공역, 사이버윤리.(서울: 인간사랑, 2001).
- 백윤철, 이준복, 『알기쉬운 인터넷윤리』(서울: 이담, 2009).
- 인터넷 윤리실천협의회, 한국정보처리학회, 『U 시대의 인터넷 윤리』(서울: 이한출판사, 2008).
- 정완, 『인터넷법연구』, 한국형사정책연구원, 2009.
- 한국정보문화진흥원, 『정보통신윤리』(서울: 대한교과서주식회사, 2006),
- Cohen, Julie E, "Examines Lives: Informational Privacy and the Subject as Object", 52 Stan. L. Rev, 2000,
- Emerson, Thomas, *The System of Freedom of Expression* 545 (1970).
- Gavison, Ruth, "Privacy and the Limits of the Law", *The Yale Law Journal* 89, 1984.
- Goffman, E., *The presentation of Self in Everyday Life*(1959), Peter Smith Pub Incorporated, 1999
- Tribe, Laurence H. American *Constitutional Law* 887 (20 ed. 1988).
- Mccarthy, J. Thomas, *The Rights of Publicity and Privacy*, Thomson/West, 2006
- Pressor, William L., "Privacy", *California Law Review*, Vol.48, (1960)
- Weible, R.J., "Privacy and Data", doctoral dissertation, Missisipi State Univ, 1993
- Westin, Alan F., *Privacy And Freedom*, 25 Wash. & Lee L. Rev. 166 (1968), http://scholarlycommons.law.wlu.edu/wlulr/vol25/iss1/20.
- 김동훈, 개인정보보호協 "구글, '잊혀질 권리' 보장하라, http://www.hankyung.com/news/app/newsview.php?aid=201203267201g.
- 김재훈, 온라인 무차별 '신상털기' "혹시 나도…", http://www.cstimes.com/news/articleView.html?idxno=64750
- " 英 음란사이트 차단 급물살",http://imnews.imbc.com/news/2012/world/article/3059490_10164.html
- 정유진,'제로다크서티', 캐스팅 비화 공개 '실존인물과 무조건 다르게'(2013)(http://news.zum.com/articles/5556165).
- 개인정보보호 종합포탈(http://www.privacy.go.kr/cus/emp/man/manHarm.do)
- 개인정보위원회(http://www.pipc.go.kr/cmt/not/inf/notPerInfo.do)
- 헌법재판소(http://www.ccout.go.kr).
- 대법원(http://www.scourt.go.kr).
- 서울중앙지방법원(http://seoul.scourt.go.kr).
- 방송통신위원회 (http:// www.kcc.go.kr).
- 한국소비자보호원 (http://www.kca.go.kr).
- 한국인터넷진흥원 (http://www.kisa.or.kr).

8장 사이버 공간에서의 지적 재산권

- 강준만 편저, 『대중매체법과 윤리』(서울: 인물과 사상사, 2001).
- 김대군, 『공학윤리』(서울: 형설출판사, 2003).
- 리차드 스피넬로, 이태건외 공역, 『사이버윤리』(서울: 인간사랑, 2001).
- 백윤철, 이준복, 『알기쉬운 인터넷윤리』(서울: 이담, 2009).
- John Locke, 강정인·문지영 역, 『통치론』(서울: 까치, 1996).
- 한국원자력연구소편, 『과학기술 연구윤리 현황 및 사례』(서울: 당대, 2001).
- 한국윤리학회, 『과학기술과 윤리』(서울: 형설출판사, 2008).
- 황경식, 『개방사회의 사회윤리』(서울: 철학과 현실사, 1995).
- Nozick, R., *Anarchy, State, and Utopia* (Baxic Books, 1972).
- Rawls, John, *A Theory of Justice*, Cambridge, Massachusetts: Belknap Press, 1971.p.260.
- Lanz,Diego, *Copyleft Vs Copyright: Some Competitive Effects of Open Source*, 2005
- 송수연, "2월 23일부터 개정 저작권 법의 카페나 블로그는 규제 대상에서 제외 된다고", http://blog.daum.net/whuang/963128
- 홍기백, 英 도서관 "전 소장도서 인터넷 공개"··저작권은?, http://me2day.net/mbcnews/2012/04/04
- 한국저작권위원회(http://www.copyright.or.kr/main/index.do)
- 사이버테러대응센터(www.netan.go.kr)
- 사이버권리침해상담(http://www.icec.or.kr/01_online/cyber_Faq.php?&page=2)

9장 사이버 공간에서의 범죄와 대책

- 권영비, 『컴퓨터시대의 인터넷윤리』(서울: 인터비전, 2009).
- 김진화 외, 『청소년 문제행동론』(서울: 학지사, 2002).
- 백윤철, 이준복, 『알기쉬운 인터넷윤리』(서울: 이담, 2009).
- 이상현, 『소년비행학』(서울: 박영사, 2004).
- 인터넷 윤리실천협의회, 한국정보처리학회, 『U 시대의 인터넷 윤리』(서울: 이한출판사, 2008).
- 한국정보문화진흥원, 『정보통신윤리』(서울: 대한교과서주식회사, 2006).
- 경찰청사이버테러대응센터(http://www.ctrc.go.kr/).
- "사이버범죄란?" http://www.ctrc.go.kr/cyber/division011.jsp.
- "사이버 범죄란?. http://www.netan.go.kr.
- 성윤숙, "사이버 공간도 현실이다." http://www.hangyo.com/APP/news/article.asp?idx=39601.
- 손효숙, "피싱보다 더 무서운 '파밍' 주의보",http://media.daum.net/society/newsview?newsid.
- "사이버권리침해상담", http://www.icec.or.kr/01_online/cyber_Faq.php?&page=2 요약.

10장 디지털 성폭력

- 김대군, 『생활문화와 윤리』(진주: 경상대학교출판부, 2012).
- 남정림 외, "사이버 성희롱의 실태 및 대책", 여성부 연구보고서연구보고 2004-19, p.16.
- 한국양성평등교육진흥원, 『섹슈얼리티로 바라 본 세상』(서울: 양성평등교육진흥원, 2008).
- Jackson, Stevi and Scott, Sue, "Sexual Skirmishes and Feminist Factions : Twenty-Five Years of Debate on Women and Sexuality ", Stevi Jackson and Sue Scott(ed.) *Feminism and Sexuality : A Reader*, New York : Columbia University Press, 1996
- 위키백과 사이트(http://ko.wikipedia.org/wiki)
- 국가인권위원회 홈페이지(http://www.humanrights.go.kr)
- 한국성희롱예방전문강사협의회 홈페이지(http://www.gad.or.kr)
- http://news.khan.co.kr/kh_news/khan_art_view.html?artid=201212241447271&code=960801
- http://www.asiae.co.kr/news/view.htm?idxno=2008081210311838425
- http://news.sportsseoul.com/read/life/591870.htm.

11장 사이버 공간에서의 중독

- 권영빈, 『컴퓨터시대의 인터넷윤리』(서울: 인터비전,2009).
- 김진화 외, 『청소년 문제행동론』(서울: 박영사, 2004).
- 양만우, 『청소년 비행병』(서울: 신지성사, 1999).
- 유네스코한국위원회 편, 『가치를 꿈꾸는 과학』(서울: 당대, 2001).
- 이상현, 『소년비행학』(서울: 박영사, 2004).
- 차경수 외 공저, 『현대사회의 제문제』(서울: 한국방송통신대학출판부, 1994).
- 황두환, 김대군, 『인간과 윤리사상』(서울: 형설출판사, 2005).
- 황상민, 한규석, 『사이버 공간의 심리』(서울: 박영사, 1999).
- "게임중독 관련 최근 사건 사례" 여성가족부 보도자료, 2011. 4. 29.
- 인터넷 윤리실천협의회, 한국정보처리학회, 『U 시대의 인터넷 윤리』(서울: 이한출판사, 2008).
- 인터넷 중독진단센타(http://iapc.or.kr/main.do).
- 위키백과 사이트(http://ko.wikipedia.org/wiki).
- Shea, Virginia, "Introduction", http://www.albion.com/netiquette/introduction.html.
- http://en.wikipedia.org/wiki/Internet_addiction_disorder.
- http://www.albion.com/netiquette/introduction.html.
- "Signs of Internet Addiction", www.netaddiction.com
- http://www.dailian.co.kr/news/news_view.htm?page=7729&code=&gubun=tot&id=85762.

12장 사이버 공간에서의 예절

- 권영비, 『컴퓨터시대의 인터넷윤리』(서울: 인터비전, 2009).
- 경상대학교 기초교육원, "예절인성교육", 경상대학교 기초교육원 교양교육지원센터, 2012.

- 유네스코한국위원회 편, 『가치를 꿈꾸는 과학』(서울: 당대, 2001).
- 한국인터넷진흥원(http://www.nethics.or.kr/new_intro.jsp).
- 이근용, "인터넷 커뮤니케이션 윤리와 유교의 예 정신" 『영산논총』, Vol.15, 2005, p.133.
- 이재진, 『한국언론윤리법제의 현실과 쟁점』(서울: 한양대학교출판부, 2002), p.271.
- 禮記集說 卷九十四 및 卷九十二.
- 周易衍義 卷六.
- 論語 八卷.
- 위키백과 사이트(http://ko.wikipedia.org/wiki).
- Beauchamp and Childress, *Principles of Biomedical Ethics*, Fourth Edition. (New York : Oxford University Press, 1994).
- http://www.sewanee.edu/Philosophy/bioethics/principles.html.
- http://article.joinsmsn.com/news/article/article.asp?total_id=9914616.
- http://news20.busan.com/controller/newsController.jsp?newsId=20130212000066.

13장 전자민주주의와 책임 윤리

- 강준만 편저, 『대중매체법과 윤리』(서울: 인물과 사상사, 2001).
- 박효종, 『민주주의와 권위』(서울: 서울대학교출판부, 2005).
- 엘빈 토플러, 이규행 역, 『제3의 물결』(서울: 한국경제신문사, 1989).
- H.요나스, 이진우 옮김, 『책임의 원칙』(서울: 서광사, 1994).
- 인터넷 윤리실천협의회, 한국정보처리학회, 『U 시대의 인터넷 윤리』(서울: 이한출판사, 2008).
- 임종인, "전자 민주주의의 꽃 온라인 투표", https://www.segye.com/newsView/20120530022881.
- 한국인터넷윤리실천협회(http://www.kina.or.kr).
- Evans, F.,"Cyberspace and the Concept of Democracy", Peer Reviewed Journal on the Internet, http://firstmonday.org/htbin/cgiwrap/bin/ojs/index.php/fm/article/viewArticle/796.
- 위키백과 사이트(http://ko.wikipedia.org/wiki).
- http://terms.co.kr/flaming.htm.
- http://www.laborsbook.org/dic/view.php?dic_part=dic05&idx=1977.
- http://www.segye.com/Articles/ISSUE/ISSUES/Article.asp?aid=20120530022881&sid=1000058&subctg1=&subctg2.

디지털 시대의 인터넷 윤리

2021년 12월 28일 초판 1쇄 발행
2023년 3월 1일 초판 2쇄 발행
2025년 3월 14일 초판 3쇄 발행

지은이	김대균
펴낸이	권순기
부장	박현곤
행정팀장	김성균
편집	이가람
디자인	이희은

펴낸곳	경상국립대학교출판부 | 출판등록 1989년 1월 7일 제16호
주소	경남 진주시 진주대로 501
전화번호	055) 772-0801(편집), 0802(디자인), 0803(도서 주문)
팩스	055) 772-0809
전자우편	gspress@gnu.ac.kr
홈페이지	http://gspress.gnu.ac.kr
페이스북	https://www.facebook.com/gnupub
블로그	https://blog.naver.com/gnupress12
인스타그램	https://www.instagram.com/gnupress

책값은 뒤표지에 있습니다.

이 도서의 국립중앙도서관 출판시도서목록(CIP)은 서지정보유통지원시스템 홈페이지(http://seoji.nl.go.kr)와 국가자료공동목록시스템(http://www.nl.go.kr/kolisnet)에서 이용하실 수 있습니다.